JN437915

하산 길

양건 문집

백산서당

아내 이명숙 님, 혜진, 혜근에게

차 례

프롤로그 - 해거름 햇살처럼 / 7

제1부 지나온 풍경들

한탄강을 건너다 11
피난지 풍경 24
별난 학교 28
화동언덕 38
그 시절 동숭동 51
먼저 떠난 동숭동 사람들 82
강단 38년 101
관직의 길 153
하산 무렵 181
회색인 193
행동가란 ? 206

제2부 나의 플라타너스

봄날, 유행가 산책 229

우울하지만 아름답게 : 슈베르트 234

음악론 고(考) 251

음악에 부쳐 262

야구의 추억 283

야구란 무엇인가 : 하늘을 보는 스포츠 292

마지막 야구영웅 312

나가사키 산책 323

타이베이 기행 340

<폴란드로 간 아이들> 352

제3부 삶의 근본모순

어떤 대화 363

노년의 아침, 저녁 368

교황 프란치스코 377

네 권의 책 선물 : 김용준 선생님을 추모하며 393

헌법 인연 55년 : 김철수 교수님을 추모하며 408

불 멸 422

삶의 근본모순 431

<죽음>을 읽고 435

사모곡(思母曲) 440

못다 부른 사모곡 446

에필로그 - 사랑의 이름으로 / 452

후기 / 455

프롤로그 - 해거름 햇살처럼

'어르신'이라고 누가 부를 때 처음엔 남을 부르는 줄 알았다. 지하철에서 자리 양보하는 착한 젊은이에게는 극구 사양하였다. 언제부턴가 사양할 기회조차 사라지고 있지만, 이제는 전철에 올라타 빈자리가 보이면 반갑다. 노화란 '할아버지'라는 소리에 익숙해지는 과정이다. 노인이 된다는 건 이런저런 섭섭한 느낌에 길들여진다는 뜻이다.

'유유자적(悠悠自適).' 정성스레 글씨 써서 책상 위에 붙여놓았건만, 그뿐인가. 오랜 교직에 이은 관직의 길에서 내려와 어언 십년 세월이다. 아직은 서성이는 날들이 드물지 않다. 옅은 해거름 햇살이 머뭇거리듯.

늙어간다는 것은 무엇인가. 사라져간다는 것이다. 소멸을 향해 다가간다는 것이다. 산화 과정의 막바지 단계이다. 뻔한 이야기지만 그렇다. 노년은 뒤늦게 철학을 강요한다. 미루고 미뤘던 숙제는 어렵기 그지없고 좀체 풀리지 않는다. 다만 인생의 모든 국면에는 그 나름의 명암이 엇갈린다. 노년 또한 마찬가지로 보인다. 어느 가을날 오전 10시, 객석 스무남짓의 초(超)소극장에서 영화 - 어느 미국 소도시의 시내버스 운전사이자 무명시인의 밋밋한 이야기를 그린 영화 따위 - 를 홀로 보고 앉아 있는, 이런 돌발 사건이 노년에는 가능하다.

'47년생, 이제 노년의 초입이다'라고 생각한다. 때로는 하산 길이 아름답다.

제 1 부

지나온 풍경들

- 개인의 생애 자체가 나날의 '부활', 날마다 겪는 '윤회'다.
'기억'은 생명이고 부활이고 윤회다. -
최인훈, <화두>, 21세기의 독자에게.

한탄강을 건너다

"신통하게도 울지 않았지." 함경도 말씨 특유의 억양이 남아 있었다. 햇볕이 따사로운 한가로운 오후, 혹은 비가 내리며 갑작스레 쌀쌀해진 저녁, 더러 명절날이면 아침 시간에라도 어머니는 때도 없이 그 이야기를 들려 주셨다. 어릴 적부터 족히 일백 번은 되지 않을까. 이제는 한 편의 영상물처럼 펼쳐지며 떠오르는 그날의 이야기. 어느 덧 흰 머리 덮인 나 역시 한 잔 걸치면 느닷없이 읊어대는 이야기. 마치 내 눈으로 목격하고 생생히 기억하듯이.

어머니의 버선목

잔뜩 흐린 초저녁, 허허벌판에 스산한 기운이 스며들었다. 1948년 9월 9일, 접경마을 연천.

며칠째 초조와 불안의 연속이었다. 이따금 내무서원이 산골 동네를 훑고 다녔다. 낮이면 한 가족 모두 짐승처럼 산속으로 숨어들었다. 이미 소학교 학생이던 여덟 살 첫째 사내아이는 두렵고 슬프다. 아버지가 무슨 큰 잘못을 저질렀기에 이렇게 대낮에 몸을 숨겨야 하는가.

청진을 떠난 지는 이미 여러 날. 네 식구 한 가족이 여염집 구석방에 묵고 있은 지도 며칠이 지났다. 문 밖으로 밭두렁이 펼쳐진 나지막한 야산 언저리, 초가집이 대부분이던 시절, 제법 함석을 얹은 집이다. 저녁을 물리고 났을 즈음, 길 안내꾼이 찾아왔다. "오늘 떠납시다. 이런 궂은 날이 좋습니다." 짐꾼 한 명이 함께 따라왔다.

산길이었다. 갓 돌배기 둘째 사내아이를 등에 업은 어머니가 자주 발을 헛디뎠다. 돌덩어리가 굴러 발등을 찍는다. 어머니는 종내 절룩거리기 시작한다. 빗방울까지 떨어지기 시작했다. 걸음이 늦어지자 안내꾼은 낭패스런 얼굴이 됐다. "안되겠소. 이러다간 못갑니다. 돌아갑시다." 안내꾼의 종용에 젊은 어머니는 기운을 낸다. "아니오, 그냥 갑시다." 멀리 초소에서 왁자지껄한 소리가 들려왔다. 초가을 저녁, 북에 진주한 로스케들과 젊은 인민군 병사들은 곧잘 술판을 벌이는 모양이었고, 달빛 없는 궂은 날이면 더 그럴 것임을 안내꾼은 잘 알고 있는 터였다.

등에 업힌 아기가 문제였다. 이미 길 안내꾼은 단단히 주의를 주었다. "애가 우는 날에는 다 끝장이오. 아오지 탄광이오." 며칠 전 먼저 길을 떠난 옆방 부부가 붙잡혀갔다지 않는가. 우는 아기 입을 막아 숨 막히는 일이 드물지 않다고 집 주인은 일러주었다. 잔인한 선택이다. 아기를 잃느냐, 아니면 아오지냐.

신통한 일이었다. 그처럼 보채던 아이였지만, 어머니가 돌부리에 걸려 넘어지고 넘어져도 아기는 잠에서 깨지 않았다. 천운이었나. 나무 등걸을 붙잡고 산비탈을 힘겹게 내려오기를 한참, 이윽고 강기슭이다. 안내꾼이 손전등을 꺼내더니 강 건너를 향해 깜박깜박 작은 불빛을 보낸다. 고요한 물살을 갈라 쪽배 하나가 건너온다. 그렇게 한탄강을 건넜다. 아버지, 어머니, 사내아이, 그리고 어머니 등에 업힌 아기. 이렇게 네 사람의 한 가족은 밤새도록 걷고 또 걸었다.

얼마나 걸었을까. 먼동이 틀 무렵, 길 안내꾼이 입을 열었다. "이제 이남(以南)이오." 그제야 어머니는 행색을 살핀다. 거지가 따로 없었다고 했다. 고무신은 언제 달아났는지 몰랐고, 버선은 바닥이 보이지 않는다. 버선목만 댕그러니 매달린 채 발목은 퉁퉁 부었다. 어머니는 주저앉았다. 이남이라는 안내꾼의 말을 듣자 더는 한 걸음도 뗄 수 없었던 것이다. 큰 아이의 얼굴에 안도감 섞인 눈물이 주르륵 흘러 내렸다. 어머니는 보따리 하나를 풀어 사지 양복감 한 벌을 안내꾼에게 건넸다. 약정한 길 안내 요금에 더 얹은 성공 사례의 표시였다.

머지않은 곳에 민가가 보였다. '고생 많았습니다.' 집 주인이 따뜻한 말을 건네며 아침상을 내준다. 꿀맛이었다고 했다. 소가 끄는 수레를 타고 동두천에 이르자 천막이 나타났다. 월남민 임시 수용소였다. 미군 헌병이 온 몸에 소독약 디디티를 뿌려댔다. 서울에 지인이 있음을 설명한 끝에 수용소를 이내 벗어나 일로(一路) 서울로 향한다.

어째서 갑작스레 서둘러 월남을 결행하게 되었는가. 일제 강점기에 부모님은 만주 용정에서 살았다. 용정(龍井, 룽징)은 어떤 곳인가. <하늘과 바람과 별과 시>의 시인 윤동주가 학교를 다녔던 곳이고, 박경리의 <토지>에도 등장하는 두만강 건너 '용두레 마을.' 항일 독립운동가들의 거점이자, 소도시이면서도 유달리 학교가 많았던 교육도시이기도 했다. 후일 우리 역사에 이름을 남긴 여러 분들이 용정 출신이다. 강원룡 목사, 문익환 목사, 동요 <반달>의 작곡가 윤극영, 국무총리를 지낸 정일권 장군 등.

해방 후, 만주에서 청진으로 건너올 수 있었던 것은 어머니 덕이었다. 중국말 발음이 좋았던 아버지는 중국인 친구들을 사귀었고, 일본이 패망하자 중국인 지인들이 만주 체류를 권유하면서 일자리까지 마련해줬다. 그러나 어머니 생각은 달랐다. 일본이 물러가자 만주의 중국인들 행태가 달라졌고 이제는 자기들 땅이라고 큰소리쳤다. 제 나라에서 살아야 한다고 느낀 어머니는 어떻든 고향으로 돌아가야 한다고 판단했다. 그러나 아버지를 설득하는 게 문제였다. 홀로 청진의 친정으로 내려온 어머니가 두만강 건너기를 여러 차례 거듭했지만 아버지는 좀체 용정을 떠나려 하지 않았다. – 만주에서 맞은 해방 전후 이야기들은 어머니가 자주 들려준 지난 시절 이야기 가운데 하나다. 어느 저녁, 팔뚝에 시계 여러 개를 둘러찬 소련 로스케들이 집안으로 들이닥쳤다. 러시아말을 할 줄 아는 이웃이 있어 다행히 화를 피하였다. –

어머니가 꾀를 냈다. 아버지 친구 한 분이 떠올랐다. 일제하 만주에서는 허름한 노동자처럼 지낸 사람이었으나, 해방이 되자 다른 사람이 됐다. 권총을 차고 나타난 그는 지하 공산당원이었다. 한**. 어머니는 평양으로 그를 찾아 나섰다. 청진에서 평양까지는 먼 기찻길이다. 목탄을 때는 기차가 터널 오르막에서 멈춰서기를 반복했다. 한**은 평양역 플랫폼까지 차를 타고 들어왔다. 어머니는 그에게 편지 한 장을 부탁했다. 아버지 일자리를 만들어 놨으니 돌아오라는 거짓말 편지였다. 계략은 주효했다. 어머니의 평양행과 거짓말 편지가 아니었다면, 지금 나는 연변의 조선족 후손의 한 사람이었을 것이다.

아버지는 친구들과 어울리기를 좋아했다. 청진에서의 어느 날 저녁 무렵, 낯선 사람 몇이 집에 찾아와 아버지를 찾았다. 어머니는 무언가 감이 이상했다. 늦게 들어온 아버지를 곧바로 먼 친척집에 피신시켰다.

아버지는 친구의 권유로 어떤 모임에 가입했다. 그 모임이 북쪽 김일성 정권 눈에는 '반동'이었다. 친척집에서 긴급 가족회의가 열렸다. 당장 월남해야 한다는 결론을 내는데 오랜 시간이 걸리지 않았다. 다만 한 가지 점에 의견이 갈렸다. 나의 형님, 여덟 살의 큰 사내아이를 같이 데려갈 것인지에 대해서였다. 38선이 이토록 오래 갈 것으로는 미처 생각하지 못하던 때였다. 여학교 교사이자 공산당원인 야무진 작은 이모가 강하게 주장했다. "사람일, 앞으로 어떻게 될지 모른다. 죽든 살든 가족은 함께 움직여야 한다." 급히 짐을 쌌다. 어머니는 금붙이 몇 점, 그리고 시집 올 때 가져온 옷감들을 보따리에 넣었다.

남행길이 간단치 않았다. 1948년 8월, 남쪽에 대한민국 정부가 수립되었고, 북쪽에서도 흑백 투표로 선거를 치른 뒤였다. 이미 38선에는 남북 군인들이 대치하고 있었다. 아버지는 마른 오징어 장사꾼으로 위장하고 등짐을 졌다. 큰 아이는 아버지 손을 잡고, 작은 아이는 어머니 등에 업혔다. 멀찌감치 따로 따로 거리를 뒀다. 청진을 떠난 기차가 원산에 닿았다.

원산은 어머니 고향이다. 그곳에는 어머니의 가까운 친척들이 살고 있었다. 원산역에 다다르자 역을 벗어나는 일부터 난관이었다. 단속이 심했다. 등짐장사로 꾸민 아버지는 큰 아이와 함께 별 탈 없이 먼저 역을 벗어났다. 뒤에 처진 어머니는 불안에 떨며 줄을 섰다. 요행이었나. 앞줄에 섰던 사람들이 단속원에게 걸려들었는지, 잠시 옥신각신이 벌어졌다. 젊은 함경도 어머니는 기민했다. 그 사이를 놓치지 않고 재빨리 빠져나왔다. 작은 외할아버지 - 어머니의 작은 아버지 - 댁에서 묵은 다음, 다시 길을 나섰다. 원산역에서 남행열차에 올라 철원을 거쳐 열차를 내린 곳은 연천. 지금은 휴전선 이남이지만 당시에는 38선 이북, 월남 길의 길목에 위치한 작은 마을이었다. 당시 아버지 나이 서른, 어머니 스물일곱 때의 일이다.

그로부터 오십여 년 지난 어느 봄날, 불현 듯 홀로 연천 남녘의 한탄강을 찾았다. 강 언덕에 올라 무연히 남쪽을 바라본다. 가파른 비탈 아래 작은 물줄기가 한낮의 적막 속에 무심하다. 반 세기 전 그 부근 어디에선가 하룻밤 사이에 펼쳐졌던 저 험난하고 전율 어린 시간들이 파노라마처럼 지나간다. 아무 일 없었다는 듯 고즈넉한 눈앞의 풍경이 초현실적으로 평화롭다. 부드러운 강바람을 맞으며 한참동안 망연히 서 있던 어느 순간, 알 수 없는 날큰한 좌절감이 스쳤다. 1948년 9월 9일, 그날은 어머니 등에 업혀 한탄강을 넘어온 아기의 돌날이자, 북조선 정권이 수립된 날이기도 했다. 한탄강(漢灘江)이란 이름은 큰 여울이라는 뜻이지만 내게는 늘 한 많은 강, 한탄강(恨歎江)으로 들린다.

한반도 1947-48

8·15해방 2년째 되는 1947년 8월 12일, 내가 태어나기 20여 일 전, 2차 미·소(美·蘇)공동위원회가 아무 성과 없이 막을 내렸다. 소련 측 수석대표 슈티코프(Shitikov) 대장은 회담장 덕수궁 석조전을 벗어나 서울을 떠났다. - 슈티코프는 그 후 평양 주재 소련 대사로 6·25 전란 중인 51년까지 재임했다. - 이로써 한반도에 단일한 통일정부 수립을 위한 국제적 노력은 사실상 끝나버렸다. 미·소 냉전의 본격화와 더불어 이미 1945년 말 시작된 한반도의 분단 과정은 막바지로 치닫고 있었다.

거슬러 올라가 보면, 2차 세계대전에서 미국과 소련이 손잡았다는 사실부터 지독한 역설이었다. 자유민주체제와 공산독재체제의 연합이라니! '도둑처럼 뜻밖에 온 해방'은 한반도 분단의 시작이었다. 미국은 8·15 직전 38도선을 분계선으로 일본군 무장해제를 결정했고 스탈린은 이를 수락하였다. 이미 소련군은 8월 12일 함경도 청진에 상륙했지만, 이 시기 미군의 최전방 부대는 아직 오키나와에 머물고 있었다. 미국의 우선 관심사는 일본의 분할점령을 피하는 것이었다. 전범국가인 일본의 분단 대신 한반도가 분단되는 역사의 액운이 거듭되면서 한민족의 수난은 지속된다. 함석헌 선생의 말씀대로 고난의 역사였다.

미·소공동위원회 결렬 이후 미국은 남한 단독정부 수립을 위한 정책을 본격적으로 추진한다. 이미 46년 2월, 북한지역에는 북조선임시인민위원회라는 이름의 사실상 정부가 설치된 터였다. 1948년 5월 10일 UN 감시 하에 남한지역만의 총선거 실시에 뒤이어, 8월 15일, 조선총독부 건물이었던 중앙청에서 '大韓民國 政府樹立 國民祝賀式'이 열렸다. 1919년 상해 대한민국임시정부의 계승인 점에서는 정부수립이었고, 국제(법)적 관점에서는 신생국 대한민국의 건국이었다.

한편, 북녘에서는 1947년 2월 21일, 북조선인민위원회가 출범하여 김일성을 위원장에 선출하였다. 북조선인민위원회는 행정 각 부처를 갖춘 정부와 다름없었다. 이듬해 48년 2월에는 북한 정규군인 '조선인민군'이 창설되었다. 이로써 북한의 공식적인 정부수립은 형식적인 절차만 남기고 있었다.

1948년 남한의 5·10 총선거를 앞두고 평양에서 열린 남북정당·사회단체 대표자 연석회의는 북한정권의 정통성 확보를 위한 연극 무대였다. 김구, 김규식, 조소앙 등이 참석한 이 회의는 4월 23일, '남조선 단독선거'를 비난하는 결의를 채택하였다.

이후 8월 25일 북한에서 북조선최고인민회의 대의원 선거가 실시되었다. 악명 높은 공산당 식 흑백투표였다. 북한당국은 이에 앞서 8월 22일부터 24일에 걸쳐 남한지역에서도 비밀 '지하투표'가 실시됐다고 터무니없는 주장을 펼쳤다. 9월 3일 최고인민회의가 헌법을 채택한 데 이어, 1948년 9월 9일, 김일성을 수상으로 하는 '조선민주주의인민공화국' 정부수립이 선포되었다. 2차 대전 이후 동유럽에 등장한 '화물열차 정부(baggage-train government)' – 소비에트 군대가 실어 나른 위성국가 정부체제

- 가 한반도 북쪽에도 나타났다.

– 이른바 9.9절은 북한의 사회주의 5대 명절의 하나로 꼽힌다. 중앙보고대회, 공연, 미술전, 체육경기, 군사퍼레이드 등 각종 행사가 펼쳐진다고 한다. 이런 행사에 대해 한 외국인은 이렇게 썼다. “북한 주민들은 정치행사에 참여하는 걸 고된 일로 생각하지 않았다. 오히려 일상에서 벗어날 기회로 여겨 행사를 기다렸다. 기념일이면 적어도 하루를 쉬고(물론 연설을 들어야 하지만), 종종 추가로 식량・옷을 배급받았다.” (존 에버라드 전 평양주재 영국대사). –

사진을 사진 찍다

나는 함경북도 청진에서 태어났다. 내 형님은 만주 용정 출생이다. 나의 돌날 가족이 월남했기에 용정과 청진, 모두 그 모습은 내 기억에 없지만 그 이름만은 늘 나와 함께 해왔다. 용정에 가 본 것은 쉰 살이 넘어서다.

2000년 7월, 연변 여행 때의 일이다. 연변과학기술대학에서 강연 초청을 받았다. 마침 제자인 한상돈 교수가 당시 그곳 교수로 재직 중이어서 주선을 해주었다. 연변 가는 길에 처음으로 중국항공사 비행기를 탔다. 장춘(長春)을 거쳤다. 장춘은 옛 만주국 수도 신경(新京)의 이전 이름이자 다시 찾은 이름이다. 중국 여자승무원의 근무 양태가 가관이었다. 심드렁한 표정으로, 작은 점심 도시락을 닭 모이 주듯 휙 던져 주는 것이었다. 당시만 해도 사회주의적 행태가 여전했던 탓인지 아직 서비스 개념이 별로 없었다. – 귀로에도 장춘을 경유, 1박하였다. 항공사가 마련한 숙소는 법원 건물 사무실을 임시 개조한 것이었다. 썰렁한 빈 방에 달랑 침대 두 개를 놓았을 뿐. 낯선 사람과 같은 방을 써보기는 처음이었다. 장춘 도심의 거대한 빌딩들은 제법 위용을 갖추었지만 낡은 건물 특유의 음산한 기운이 감돌았다. –

연변의 중심도시라지만 연길(延吉, 옌지)은 낙후된 곳이었다. 큰 길의 자동차들이 서로 엉켜 무질서하게 달렸다. 대우호텔에 묵었다. 연길에서 제일 좋은 숙소의 하나라고 했지만, 샤워기를 틀자 흙탕물이 쏟아졌다. 연변과학기술대학은 재미교포와 한국인 목사 등이 주축이 되어 설립한 대학이다. 시멘트 건물은 조악했어도, 학생들은 선량해 보이고 열정적이었으며, 어떤 개척정신이 캠퍼스를 감돌고 있었다.

강연 후의 행선지는 용정이었다. 용정! 어려서부터 늘 어머니 말씀으로 수없이 들어왔던 그 용정 아닌가. 용정 가는 길이 얼마나 설레었던가. 사실 강연보다는 용정 여행이 내심 주목적이었다. 용정은 연길에서 멀지 않았다. 택시를 탔다. 택시 운전사는 1960년대 한국 농민 모습의 조선족이었다. 연길 부근 시골에서 농사를 짓고 살았다고 했다. 아들이 캐나다 유학을 꿈꾸고 있으며, 항공료를 마련하기 위해 택시를 몬다는 것이었다. 비행기만 타면, 그 다음은 아들 혼자 어떻게든 해나갈 것이라고 말하는 모습에서 한민족의 못 말리는 자식사랑과 교육열이 묻어났다.

한 시간 가량 달렸을까. 용정은 연길보다 훨씬 작았다. 일제 시절의 오래된 관공서 건물들이 이 소도시의 역사를 말해주고 있었다. 우선 용정중학을 찾았다. 일제시대에 있었던 여러 중학교들을 통합해 용정중학이라고 부르고 있었다. 학교 건물 역시 시청 청사처럼 낡고 칙칙했다. 교문을 들어서자 한쪽에 군대 막사 같은 작은 2층 건물이 보인다. '윤동주 기념관'이다. 기념관 이층으로 올라가자, 통폐합된 과거의 여러 학교들 하나하나 칸막이를 만들어 놓았다. 소박했다. 예전의 교장선생, 교사들, 그리고 학생들 사진들이 전시물 대부분을 차지하고 있었다.

기념관을 이리저리 기웃거리던 나는 한 표지판 앞에서 눈이 번쩍 뜨였다. '동흥중학교'와 '광명중학교'. 동흥중학교는 할아버지가 설립자의 한 분인 학교이고, 광명중학교는 부모님이 다니신 학교가 아닌가. – 광명중학교는 1921년 5월 28일 설립되었고, 그 전신은 영신학교이다. 동흥중학교는 1921년 10월 1일 개교하였다. –

가슴이 콩닥거렸다. 누렇게 바랜 사진들을 훑어보던 나는 '아'하고 소리를 내뱉을 뻔 했다. 박박 깎은 머리에 탁구선수 운동복 차림을 하고 트로피를 안은 채 동료선수와 나란히 앉은 낯익은 모습. 그것은 틀림없는 외숙의 얼굴이었다. 어머니 거실 사진틀에서 오래 동안 보아왔던 바로 그 얼굴이 아닌가. 어머니는 북에 남은 큰외숙 사진을 늘 사진틀에 끼어 놓고 함께 하셨던 것이다. 어머니가 지니고 있었던 친정식구 사진은 오직 두 장, 그 사진과 이모 - 어머니 누이동생 - 의 사진뿐이었다. - 훗날 어머니는 동창생에게서 옛 졸업 앨범 사진 복사판을 구했다. - 6·25 피난지 부산 국제시장에 큰 불이 났을 때 북에서 가져온 사진들 대부분은 불타버렸다. 나는 외숙의 사진을 사진 찍었다. 어머니께 그 사진을 보여드렸을 때, 예상보다 감정의 동요가 커 보이지는 않았다. 워낙 세월이 흐른 탓이었을까.

어머니가 갖고 계시던 외숙과 이모 사진.

– 시인 윤동주는 용정의 광명중학교 졸업생이다. 윤동주가 다니던 평양의 숭실중학교가 신사참배 거부로 폐교 당한 후 그는 용정으로 돌아왔다. 광명중학은 용정의 한인 유지들이 뜻을 모아 설립하였는데, 후일 만주국 정부가 접수하여 공립학교로 전환하였다. 지금의 용정중학교는 과거 용정의 여러 학교들을 통합하여 세워진 것이므로, 윤동주기념관이 용정중학교 교정에 자리 잡고 있는 것은 근거가 있다. -

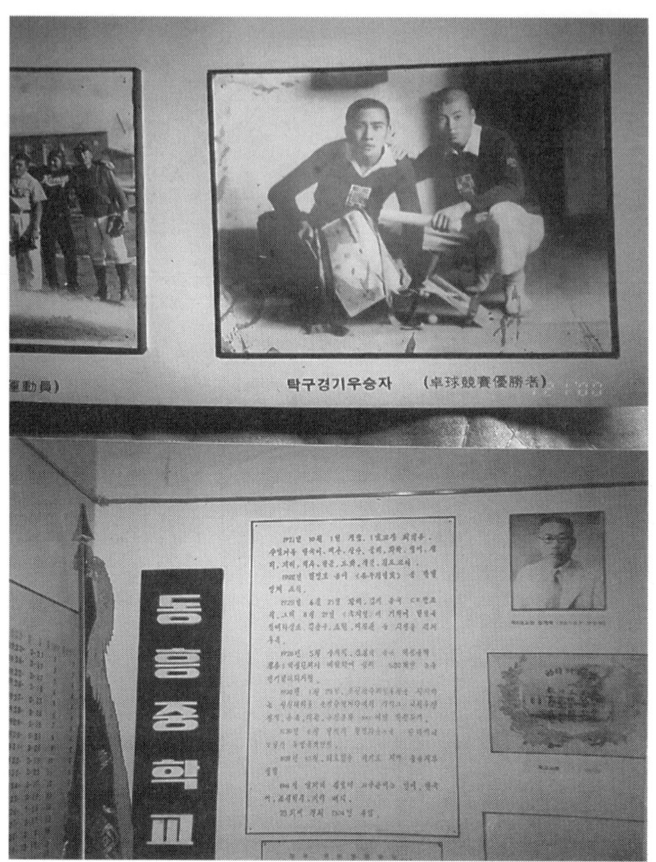

동흥중학 부스에 걸린 외숙과 동료의 사진.

광명중학 부스.

연변 과기대에서의 강연.

용정 외곽의 일송정 아래에서.

'하나원'은 탈북민들이 일시 머무는 곳이다. 몇 해 전, 관직에 있을 때 굳이 그곳을 방문했다. 어머니 등에 업혀 한탄강 건넌 얘기를 들려주자 탈북민 여성 한 사람이 이런 말로 받는다. "우리와 비슷합네다." 뒤이은 한마디도 귓전에 남아 있다. "해방 후 똑똑한 사람들은 다 내려갔다고 하데요."

부설 한겨레중고등학교도 찾아 탈북민 학생들을 만나보았다. 건물 정문 앞에서 학생대표가 작은 꽃다발을 건네준다. 반갑고 설레던 마음은 잠시다. 초등학생처럼 작은 키의 그 학생이 고등학교 3학년이라는 선생님 소개를 듣자 가슴 한 구석이 내려앉는다. 어설픈 미소를 짓고 있던 그 학생의 얼굴은 풋풋한 청소년의 모습이 아니었다. 그을리고 주름진 얼굴과 작은 키의 부조화에서 오는 애잔한 느낌이 쉽게 가시지 않았다.

국민권익위원장 재직 시 탈북주민들과의 간담회.

시인 김종삼(金宗三, 1921-1984)의 짧은 시 한 편을 떠올린다. 그 섬뜩함과 먹먹함은 오늘에도 여전하다.

민간인(民間人)

1947년 봄
심야
황해도 해주 바다
이북과 이남의 경계선 용당포

사공은 조심조심 노를 저어가고 있었다.
울음을 터뜨린 한 영아(嬰兒)를 삼킨 곳
스무 몇 해나 지나서도 누구나 그 수심(水深)을 모른다.

피난지 풍경

아버지는 다락방에 숨었다. 어머니는 시장바닥에 나가 쌀장사를 했다. 위장 쌀장사였다. 1950년 6월 25일, 한반도에 기어코 전쟁이 터졌을 때, 나의 일가족은 대부분 서울시민들처럼 미처 피난을 떠나지 못하였다. 국군은 일찌감치 한강다리를 파괴했다. 공산군 치하의 서울살이는 누구에게나 힘들었고 우리 가족도 마찬가지였다. 북에서 넘어온 월남민이었으므로 당연히 더 힘들었다. 처음 해보는 어머니의 쌀 됫박질은 어설펐다. 하루 쌀 팔고 집에 돌아오면 꼭 한 됫박씩 손해가 나더라고 했다.

9·28 서울 수복의 기쁨도 잠시, 중공군 개입으로 전세는 역전됐다. 51년 1·4후퇴 당시 가족은 용케 기차에 올랐다. 지붕 없는 화물칸이었다. 태어난 지 두어 달밖에 안 되었던 핏덩이 누이동생(영옥)은 엄동설한 속에서도 용케 살아남았다. 당시 어머니 나이 서른이었다. – 한 작가의 인터뷰에서 이런 이야기를 들었다. '1·4후퇴 피난 당시, 고관대작들은 열차 칸에 가구 집기까지 실어 날랐다. 그런 나라였다.' 그 작가는 역시 작가였던 아버지에게서 들은 얘기라고 덧붙였다. –

내 기억의 맨 처음이 어떤 장면인지는 가물가물하다. 뚜렷한 영상을 꼽는다면 6·25전란 중 부산 피난시절의 몇 장면들이다.

가파른 돌계단 위의 완월동 목조주택. 예전 유곽 자리였다든가. 천정이 높아 썰렁한 그 어두컴컴한 집에서의 어느 새벽 절망적으로 쑤셔오던 치통. 그때 캄캄한 정적 속에 들려오던 안마사의 피리소리. – 어느 외국 작가의 소설 한 구절이 떠오른다. " '나는 생각한다. 고로 존재한다'는 치통을 과소평가하는 지식인의 말이다. … 자아의 토대는 사유가 아니라 고통, 즉 감정 중에서 가장 기초적인 감정이다.”(밀란 쿤데라). 피난지 어둠 속에서 그 어린애의 자아가 확고했다면 우습게 들린다. –

어느 날 오갈 데 없는 아버지 친구 한 분이 집에 찾아온 밤, 비좁은 잠자리에서 온몸 부대끼며 쳐다본 시커먼 허공. 국제시장 부근으로 이사한 후, 대화재가 일어났던 저녁, 멀리 보이던 불길이 삽시간에 눈앞에 닥쳤다. 불길이 그처럼 빨리 퍼져 오는 줄은 그때 알았다. 그 엄청난 화염에 놀라고 밤새도록 엄마 손 잡고 이리저리 헤매던 일. – 영화 ‘국제시장’의 아쉬움 하나는 큰불 장면이 빠진 점이다. –

난리통이었지만 힘들었던 기억만 남아 있는 건 아니다. 옆집 어린아이와 세발자전거를 함께 타고 놀던 일. 모처럼 어머니가 마루 위 난로불에 순대를 삶던 날, 따뜻한 수증기가 뭉게구름처럼 하얗게 피어오르던 장면. 선지와 두부로 속을 가득 채운 함경도 순대의 구수한 맛. – 언젠가부터 서울에 나타난, 당면이나 밥알로 가득찬 순대는 전혀 다른 음식이었다. – 어느 날 형님 친구가 쇠틀을 가져와 풀빵을 구워 먹던 기억. – 국화빵이라는 아름다운 이름은 팥소라도 들어 있어야 어울린다. – 훗날 형님(梁精康)은 치과의사가 되었고, 그 형님 친구는 대기업 ‘대우’의 무역역군으로 활약했다.

봄날 미군 수송선을 타고 진해 벚꽃놀이에 갔던 화려한 추억, 그 배 밑바닥의 수용소 같던 풍경. 진해 길거리 벚나무에서 동화처럼 휘날리던 꽃잎들. 벚나무 아래서 찍은 조그만 사진 속 어머니 얼굴이 해쓱하다. 어머니는 피난지에서 결핵을 앓았다. – 전쟁통에 봄나들이라니? 전란 속에도 후방의 삶은 지속된다. 1953년 봄, 휴전을 앞둔 시점이었다. 내게 진해는 지금껏 아름답고 따뜻한 남쪽 나라 도시이다. –

무엇보다 육군 병원에 ‘위문’공연을 갔던 일을 잊을 수 없다. 이 장면에 대해서는 몇 마디 덧붙여야겠다. 어머니의 자식교육열은 남달랐다. 부산 피난살이 와중에도 나는 유치원에 다녔다. 그 유치원에서 어느 날 부상병들 위문을 갔던 것이고, 아이들은 무대 위에서 노래를 불렀다. “동

부산 송도 해변에서 형님과 함께.

이 트는 새벽 … ” 군가였던가. 너른 강당에 펼쳐져 놓인 야전침대 병상 위에 흰 붕대를 두른 군인들이 누워 있던 모습. 1951년과 53년 사이의 어떤 날들, 다섯 살 안팎의 어린아이 두뇌 속에 자리잡은 피난시절 풍경들이다.

부산 송도 바닷가에서 형님과 나란히 서서 찍은 사진 한 장이 남아 있다. 작은 아이의 상의 가슴에 예쁜 리본이 달려 있고 멋진 모자까지 걸쳤다. 여자아이 옷이다. 구제품(救濟品)임에 틀림없다. – 그 시절 미국 등지에서 보내온 구호물품을 그렇게 불렀다 – 한쪽 발에는 양말이 보이지 않는다. 아이가 얼굴을 잔뜩 찡그린 까닭이 그 때문인가 생각한 적이 있었지만, 초등학교 입학기념 단체사진을 보니 거기에도 똑같이 찡그린 얼굴이 보인다. 햇볕 때문인지 또 다른 무슨 까닭이 있는지는 모를 일이다. 쪼그만 아이 얼굴이 왜 그토록 험상궂은지 보기에 편치는 않다. 국제시장 대화재에서 용케 살아남은 명함 반쪽 크기의 흑백 사진이다. 하단에 쓰여 있는 글씨가 제법 뚜렷하다. ‘松島 4284.6.3.’ 1951년 1·4 후퇴 후 불과 5개월 지난 시점이다.

– 얼마 전부터 국제아동보호단체를 통해 한 어린이의 후원자 역을 맡고 있다. 페루 밀림에 산다는 남자 아이 L. 후원대상으로 대기하는 어린이들의 사진을 보다가 연이 닿게 된 어린아이이다. 첫 후원금 도착 후 L에게서 짧은 온라인 편지 한 장이 도착했다. 그 사진에서 입은 옷은 형이 입던, 제일 좋은 옷이라는 이야기가 쓰여 있다. 그저 평범한 반팔 티셔츠와 짧은 반바지 차림이었을 뿐이다. L의 모습에서 70년 전 부산 송도 해변에 서 있던 어린애가 보인다. –

1953년, 서울 환도(還都) 후, 중구 광희동 좁은 골목길 단칸 셋방에 살 적, 그 궁핍한 시절에도 아이들에게 크리스마스가 있었다. 전기는 가끔 들어왔고, 석유 호롱불을 켰다. 아직 초등학교 입학 전, 산타클로스를 반신반의하던 때다. 크리스마스 당일 아침 눈을 떠보니 베개맡에 작은 선물 하나가 놓여 있다. 초록빛깔 플라스틱 필통 한 개. 내가 받은 첫 크리스마스 선물이다.

피난살이 중의 진해 벚꽃놀이.

그 성탄절 이듬해부터 60년이라는 긴 세월, 나는 학생으로 또는 선생으로 학교에 머물렀다. 내게 학교인생 길을 이끌어 준 것은 꿈 같던 그 초록필통이었다는 생각이 그저 허튼 상상만은 아니라고 믿고 싶다.

별난 학교

그 초등학교의 하굣길 풍경은 별났다. – 당시는 '국민학교'라고 불렸다. – 수업이 끝나면 교문 앞에 늘어선 검정 지프 행렬이 장관이었다. 지금은 보기 힘든 건빵 모양의 검정색 사각 군용차량들이다. 내가 속한 반(班) 50명 학생 중, 장군 집 아이들이 8명이었고, 별의 숫자로 따지면 20개에 가까웠다. 별이 빛나는 별난 학교였다.

나의 동급생 150명의 아버지들 가운데 훗날 국무총리를 지낸 분이 넷이고, 그 중 셋은 장군 출신이었다. – 정일권, 김정렬, 강영훈 총리. 다른 한 분은 관료 출신의 신현확 총리. – 휴전협정이 체결된 것이 1953년 7월 27일이고, 내가 그 학교에 입학한 것은 그로부터 불과 1년도 안 되는 시점이었다. 계급장의 별빛이 눈부실 때였다.

초등학교 재수

함경도 또순이의 핏줄을 지닌 나의 어머니는 대단하였다. 1948년 초가을, 갓 돌을 맞은 나를 업고 밤새 38선을 넘어온 처지에 – 지난 시절 북에서 넘어온 월남민(越南民)을 가리켜 '38따라지'라는 하대의 호칭이 있었다. – 어떻게 그런 당대의 '귀족학교'에 날 들여보낼 수 있었는가. 터무니없는 일이었다. 부산 피난시절 이웃에 그 학교에 다니는 아이가 있었다. 만주 용정에서부터 가깝던 아버지 친구의 아들이었다. 그 집 어머니는 제 자식 자랑이 심했다. 내 어머니는 마침내 형님을 부산 피난지의 그 학교에 전학시켰고, 서울 환도 후 나 또한 그 학교 입학에 성공하였다.

재수 끝의 합격이었다. 초등학교 입학을 위해 재수라니. 그 초등학교는 입학시험을 치렀다. 이런 문제가 나왔다. 그림을 보여준다. 바닷물 위에 큰 배 한 척이 떠 있다. 뱃머리에 깃발이 날리고 선미의 굴뚝에서는 연기가 흐른다. 깃발과 연기는 서로 반대 방향으로 날리고 있다. 선생님이 묻는다. 무엇이 잘못되었는가라고. 이런 류(類)의 문제다. 틀린 답을 했기에 용케 기억에 남아 있다. 나는 낙방했다. 한 살 이른 나이에 응시했기 때문이라고 위로를 받았다. 그 후 어머니는 아이들 학습을 위한 그림책을 어디서 구해 왔다. 초등학교 입시 재수를 위한 가정학습을 한 셈이다. 1954년, 이듬해의 합격은 모두 함경도 또순이 엄마의 힘이었다.

1954년, 서울사대부속국민학교 입학기념. 1학년 3반.
맨 앞줄 왼쪽 끝에 앉은 어린이가 저자.

어머니(史錦子, 1921-2015)는 함경남도 원산의 미션스쿨 루씨여고 재학 중 가족의 만주 이주에 따라 용정의 광명여고를 졸업했다. 졸업 후 용정에서 은행원 생활을 하였다. 외할아버지(史廷鉉)는 용정의 신문사 '간도일보' 기자였고, 외할머니(金瓊愛)는 서울에서 신학교 졸업 후 용정에서 광명여고 교사로 지냈다. 어머니는 2남2녀의 맏이었다. 1948년 월 어머니가 친필로 남긴 이북의 형제들 신상기록.

남 당시 어머니의 형제들은 청진 청덕여중 교사, 함흥의대 3학년생, 청진 중앙은행 은행원이었다. 어머니는 노년의 어느 날, 북녘 가족들의 신상을 친필로 남겨주셨다.

모두 생사를 모르는 분들이다. 언제 자손들이라도 만나보는 날이 올 것인가. 7순을 넘긴 백발의 사촌형제들이 첫 상면하는 모습을 볼 수 있을까. 그런 기적이 있을까. 해방 후 전쟁이 터지기 전 사이의 잠시, 남북 사이에 편지왕래가 가능했던 시절이 있었다. 어머니는 무사히 38선을 넘었다는 소식을 알리기 위해 외할머니에게 편지를 보냈다. 수신인 주소는 외할머니가 다니시던 교회. 답장이 왔다. 밋밋한 내용이었다. 어머니는 편지 행간을 읽었다. 더 이상 편지하지 말라는 완곡한 뜻이 숨어 있었다. 그것이 마지막이었다. 어머니는 적십자사 이산가족상봉 신청을 했지만 남들 만나는 광경만 쳐다보았을 뿐이다.

– 어머니는 이따금 농반 진반으로 이렇게 말씀하시곤 하였다. '나는 대국사람이다.' 사(史)씨는 한국에서 희성이다. 위키백과에 의하면 '청주 사씨(靑州史氏)는 중국 산둥성 청주를 관향으로 삼는 한국의 성씨이다. 시조 사요(史繇)는 명나라에서 예부상서를 지내다가 1372년(공민왕 21년)에 귀화하였다. 그의 아들 중(重)이 파주에 살면서 조선 세종 때 경상좌도관찰사를 지냈고, 그 후손이 파주·울진·연기·홍천·함흥·철원·강화 등으로 분파하였다.' 예전 호적부에는 어머니의 본관이 '淸州'로 되어 있었는데 이는 '靑州'의 오기로 보인다. –

'나는 싫어요.'

한 학년 세 반으로 단출한 그 초등학교에는 나름의 이런저런 전통이 있었다. 입학 때 이뤄진 같은 반 친구들이 5학년까지 그대로 올라간 다음, 6학년에 가서는 남학생 두 반, 여학생 두 반으로 갈린다. 학년 진급을 할 때 담임 선생님은 바뀌는 것이 통례였다.

1학년을 마치고 방학에 들어가는 날, 수업이 끝나고 담임 선생님이 아이들에게 말했다. 무슨 학교사정이 있었는지 2학년에 올라가서도 담임에 변경이 없다는 것이었다. 그러고서 물었다. '어떠냐. 싫은 학생 있느냐.' 아이 하나가 손을 들었다. 학년말이라서 많은 학부모들까지 교실 뒤쪽에 들어와 서 있는 상황이었다. 이후 나는 학부모들 사이에서 별난 아이로 꼽혔다. '아이 어른'으로 불렸다. – 결코 어린애에게 좋은 별명이 아니다. – 어린애와 담임 선생님 사이에 신경전이 벌어진 것은 물론이다. 1학년 어린 나이에 나는 차별받는다고 느꼈다. 너무 일찍 쓰라린 비교감정을 느끼게 된 탓이었지만, 돌아보면 아무리 그렇기로서니 그 조끄만 어린아이가 그리 당돌했다니, 아무튼 불편한 기억이다.

초등학교 1학년 소풍, 창경원에서 어머니와 함께.

신당동 이층집 현관 앞의 어머니. 1955년 무렵.

이웃 100여 미터 거리에 같은 반 아이가 살았다. 그 집에 자주 놀러갔다. 대문 열고 들어서면 딴 세상이 펼쳐진다. 그 시절, 너른 마당에 푸른 잔디가 깔려 있다. 대문 입구 가까이 왕릉에서나 볼 수 있는 석상이 자리잡고 있고, 구석 한 쪽에는 알록달록한 비치파라솔과 의자들이 놓여 있다. 그 아이 방에 들어가도 별난 풍경이다. 반짝반짝 빛나는 빨강 파랑 하얀색 꼬마 자동차들이 드르륵 저절로 굴러다닌다. 그 아이 아버지는 별 셋이었다. 오랜 세월 지난 후, 그 아이의 비극적 후일담을 전해 듣고 망연하였다. 마음이 여린 아이였다.

부잣집 100여 미터 거리의 나의 동네가 빈민가일리 없다. 신당동 우리 집은 작지만 깔끔한 일본식 이층집이었다. 찻길에서 골목으로 접어드는 가도에 자리잡은 그 집은 마당이 없었기에 대문도 없었다. 현관문을 열면 신발을 벗고는 바로 방으로 연결되었다. 이층에는 일본식의 작은 다다미 방 두 개가 있었다. 부산 피란지에서 서울로 환도 후 처음에는 아버지 친구 집에서도 여러 날 묵었고, 을지로 6가 광희동 좁은 골목 끝의 단칸방에도 1년 넘게 살았다. 번듯한 이층집으로 이사하고 나니 갑자기 부자가 된 듯 뿌듯하였다.

경이로운 성취

아버지는 북에서 넘어와 서울서 2년, 뒤이은 3년간의 부산 피난살이, 다시 서울살이 1년 남짓, 한 가족 이끌고 월남한 지 6년여 만에 어엿한 그 집을 마련하였다. 북간도 용정에서 중학 야간부를 채 못 마치고 생활에 뛰어든 소년이었다. 일본에서 문방구를 수입해 팔던 용정의 합자회사에서 일했다. 나이 갓 서른, 남북 양쪽 정부가 들어선 직후, 식솔을 이끌고 38선을 건넌 후, 다시 전쟁을 겪으며 소상인으로 성실하게 이룬 경이로운 성취였다. 아버지의 고초가 어떠했을지는 짐작조차 어렵다.

아버지(梁俊泰, 1918–1983)는 함경남도 단천군 수하면 내촌리 출생으로, 양기영(梁基永) 할아버지와 김보배 할머니의 8남매 가운데 3남이었다. 초등학교 졸업식 날 아버지(양기영 할아버지)가 돌아가셨다. 할아버지는 만주 용정의 교민회장을 지낸 그곳 유지였고 민족계열 학교인 동흥중학 설립자의 한 분이었는데, 잘못 선 빚보증 때문에 가세가 돌연 기울었다. 서울 선린상업 졸업생으로 동경 유학길에 올랐던 큰아버지(梁河喆)도 발길을 돌려야 했다. 용정의 동흥은행 지점장을 지낸 큰아버지는 나의 이름을 지어주신 분이다. 어머니는 큰아버지 말씀을 이렇게 일러주었다. '이제 나라를 세워야 할 때이니, 세울 건(建)자가 좋겠구나.'

– 대학 1학년 때, '철학관'에 간 일이 있다. 처음이자 지금껏 유일한 경험이다. 경복궁 근처 골목길 한옥이었다. 법대 동급생인 고교 동창들과 한 잔 걸친 후, 한 친구가 근처에 용한 관상쟁이가 있다며 끌고 들어갔다. 내 차례가 되어 생년월일시를 물어 일러주었더니 글월 문(文)자가 셋이나 들어 있다며 학교 쪽으로 갈 운이라고 하였다. 신입생 시절에 학교 쪽은 꿈에도 생각해 본 적이 없었던 터라 내심 크게 실망하였다. 큰아버지가 지어준 이름 내역을 말하며 판정 번복을 기대하였으나, 돌아온 대답은 역시 학교 쪽이었다. '학교를 세울라나.' 그 사주 풀이가 전혀 틀리지 않을 줄은 꿈에도 생각 못할 때였다. –

아버지는 6·25전쟁 휴전 후 화공약품 수입상으로 일군 약간의 재산을 후일 주물 제조업에 투자, 실패하였다. 사업 몰락 후 병고에 들기 시작할 무렵 어느 날, 아버지는 어머니에게 서류 무더기를 가져오게 했다. 남들에게 받아둔 금전차용증과 어음장 뭉치였다. 아버지는 모두 불사르라고 일렀고, 어머니는 순순히 따랐다. 아버지는 '장사꾼'은 아니었다.

초등학교 5학년 때. 1958년.

초등학교 시절 겪은 특별한 일 가운데 하나는 큰 병을 앓았던 점이다. 4학년 때 알 수 없는 열병을 한 달 여 앓았다. 당시 의사선생님이 집으로 왕진을 다닐 때였다. 무척 많은 주사를 맞았던 탓에, 의사선생님은 팔뚝 부근에 주사바늘 찌를 자리를 찾기 힘들어 하였다. 어머니는 인삼・녹용까지 지어 오셨다. 한약을 마시는 일은 고역이었다. 녹용 다린 맛은 쓴 맛의 정수를 뽑아낸 듯 했고, 인삼의 야릇하게 역한 맛은 어린아이에게 가혹했다.

병이 나아 오랜만에 학교에 다시 나가니 잘 적응이 안 되었다. 산수 시간에 나누기를 할 줄 몰라 며칠 애먹기도 하였다. 공부도 공부지만 서먹서먹한 느낌이 불편하였고 스스로도 내 행동이 어색했다. 그 학기 통지표 행동평가란(欄)에 담임 선생님께서 지적해주신 내용을 잊을 수 없다. 충청도 출신의 지삼규 선생님은 인간관계에서 내가 고쳐야 할 태도를 따뜻한 표현으로 기록해주셨다. 내 속을 들여다보신 것 같은 선생님의 세심한 관찰이 놀라웠다. 지금껏 감사드리고 싶은 마음이다. 1,2학년 이후에는 선생님과 불화한 적이 없다.

대한민국이 겪어온 지난 그 곤궁하던 시절에도 나는 여태껏 배고팠던 기억이 없고, 일찍 돌아가신 아버지께 지금껏 감사하고 있지만, 어린 나이에 눈으로 확인한 상대적 격차는 뚜렷했다. 학교가 끝나면 군용 지프차로 집에 데려다주겠다고 호의를 베푸는 아이가 있었지만 나는 사양했다. 집에 돌아와서는 어머니에게 말했다. '어떤 애들은 태워달라고 졸라. 나는 같이 타자는데 안 탔어.' 어머니는 후일 요양원에 계실 때도 내게 그 이야기를 거듭 들려준 적이 있다.

상대적 격차에 대한 나의 인식이 유별났으며 자존감 또한 과도했음에 틀림없다. 되돌아보면, '배고픈 기억 없다'는 표현은 부적절하다. 그 시절 우리나라 형편으로는 큰 호사를 누렸다고 해야 옳다. 가령 이런 뿌듯했던 기억들이 남아 있다.

초등학교 3학년 때던가. 집안에 백색의 윤나는 일제 히다치(日立) 전기냉장고가 들여졌다. 아버지가 직접 수입한 것이었다. 요즘의 대형에는 미치지 못하지만 얼음덩어리 넣고 사용하던 이전의 얼음냉장고와는 격이 달랐다. 그 무렵 독일제 피아노도 직수입하여 집안에 놓여졌다. 호마이카라고 불렀던, 광택이 빛나는 업라이트 피아노였다. 응접실에서 흰 나무궤짝 포장을 뜯어낼 때의 광경이 선하다.

또 다른 호사의 기억이다. 초등학교 졸업식이 끝난 후 아버지는 곧바로 우리를 시내 중심가로 데려갔다. 을지로 입구의 이름난 중식당 '중화반점' 별실에서 점심식사를 했다. 둥근 탁자에 식구들이 둘러앉자 아버지는 종업원에게 처음 듣는 요리이름들을 대며 주문했다. 첫 주문은 '후카노히레', 상어지느러미 요리였다. 일찍부터 일본출장을 다녔던 아버지는 중국요리 이름을 일본말로 주문했고 종업원은 그대로 알아들었다. 1960년 당시 한국에서 그 요리를 맛본 사람이 얼마나 됐을까를 생각하면 대단한 호사였음에 틀림없다. 아버지가 우러러 보인 것은 당연했다. – 미각의 기억은 잊히지 않는다. 큰 도로에서 동네로 들어서는 골목 입구에 중국집 덕복루(德福樓)가 있었다. 어머니는 가끔 집에 배달을 시켰다. 연말이면 주문을 안 했는데도 요리 두 접시가 배달되었다. 단골에 대한 감사 표시였다. 그때 배달된 값비싼 공짜 요리, 특히 팔보채의 맛은 각별하였다. 요즘의 팔보채는 그 맛이 아니다. –

그 별난 초등학교에서 나는 꽤 열심히 공부했다. 상대적 격차와 차별에 대한 나의 대응방식이었는지, 혹은 타고난 경쟁심이었는지 어떤지는 잘 모를 일이지만, 복합적일 것이다. 돌이켜보면 안쓰럽기 그지없다. 무얼 그렇게 … . 경쟁이 사람을 꼭 불행하게 만든다고 볼 수는 없지만 꼭 행복하게 하는 것도 아니다.

> – 초등학교에 입학했던 1954년 한국의 1인당 국민총소득은 60달러 선에 불과했다. 지금은 그 500배 넘어 3만 5천 달러에 달하는 선진국에 살고 있다. 그렇지만, 그 시절이나 지금이나 한국사회에서 나의 상대적 부의 위치는 별 차이가 없게 느껴진다. 말 뜻 그대로 절대적인 '배고픈' 단계를 넘어서면 부 또는 빈곤 의식은 역시 상대적인 듯하다. –

어쨌거나 그 학교, '서울대학교사범대학 부속국민학교', 약칭 '사대부국'에 정중히 감사하고 싶은 마음이다. 사대부국의 '덕'을 본 게 하나둘 아닐 터인데, 그 가운데 하나는 이런 것이다. 그 학교 6년 간, 상스럽고 나쁜 욕하는 소리를 들어본 기억이 없다. 역시 별난 학교였다. 을지로 5가 방산시장과 중앙의료원 사이에 자리잡고 있던 사대부국 교사는 오래 전 사라지고 지금은 주차장으로 변모하였다.

— 사르트르의 자전 작품 <말>을 읽노라면 놀라게 되는 점이 한둘 아니다. 우선 유소년 시절 이야기를 어떻게 그처럼 극세밀화처럼 소상하고도 길게 그려낼 수 있는가. 천재적 기억력에 문학적 허풍이 끼어들었겠지만 그것만은 아닌 듯싶다. 일찍 아버지를 여의고 외아들로 외가에서 자란 특수 환경이 그를 과도하게 예민하도록 만들었고 그 때문에 그 시절이 깊게 각인되었을 것이다. 어린 시절 자신과 가족들의 복잡 미묘한 심상에 대한 가차 없는 그의 정신분석은 가혹하고 가학적으로까지 보인다.

'38따라지' 가족이었지만 따뜻한 부모형제의 보살핌 속에서 자란 나는 그런 혼란 없이 유소년시절을 보냈다. 다만 별난 초등학교의 환경에서 약간 민감한 심성이 생겼는지는 모른다. 어려서부터 자신의 존재의의를 찾아 헤맸다는 사르트르는 자기의 유년기 불안을 형이상학적이라고 표현했는데, 내 그 시절의 갈등의식은 다분히 형이하학적이라고 해야 할지.

노년에 들면서 점점 더 부모님에 대한 감사의 생각을 떠올리게 된다. 우선 배고픈 기억이 없었을 뿐 아니라 돈 벌어야겠다는 욕심이 생기지 않을 만큼의 경제적 여유가 있었으니 얼마나 행운인가. 이런 형이하학적 차원에서만이 아니다. 아버지는 내게 '덕이 있어야 한다'고, 어머니는 내게 '융통성이 있어야 한다'고 늘 일러 주셨다. 나는 서로 어울리지 않을 것 같은 두 덕목을 늘 의식하지 않을 수 없었다. —

화동언덕

조선시대 궁궐에 들어가는 화훼를 길렀다는 서울 종로구 화동(花洞). 어머니 손을 잡고 화동언덕을 오르던 그 봄날, 입학등록을 위해 경기중학을 찾았던 그날의 기쁨과 설렘이 엊그제처럼 새롭다. 본부건물 1층의 학교 서무실에서 등록금 납부 등 입학절차를 마친 다음 어머니와 나는 화신(和信) 백화점으로 향했다. – 당시의 경기중고등학교 건물은 지금 '정독도서관'으로 사용되고 있다. –

화신백화점

경기중학 입학이 감격스러웠던 것은 시험을 치른 후 내가 낙방할지도 모르겠다고 걱정했기 때문이었다. 입학시험에서 산수시험을 망쳤다. 시험문제 중간 쯤 어려운 문제를 붙들고 오랜 시간을 보내버렸기 때문에 여러 문제를 손대지도 못하였다. 나는 자주 맹꽁이처럼 답답할 때가 있다. 합격자 발표를 기다리는 그 힘든 시간, 아버지는 여러 차례 낚시터에 날 데리고 가셨다. 그때 지렁이 미끼를 끼우는 법이랑, 낚싯대 휘감아 던지기 등을 배웠고 붕어 입질할 때의 손마디 느낌도 경험해 보았다. 다행히 합격하였으므로 아버지와의 낚시동행 추억은 흐뭇하게 남아 있다.

종각 사거리 가도에 자리잡고 섰던 화신백화점의 이름은 일찍부터 익히 들어왔다. 일제 강점기 만주 용정에서 일제 문방구 수입상 점원으로 일하던 아버지는 동경 출장에서 돌아오는 길에 화신백화점에 들러 아기 옷을 사 오셨다고 한다. 나의 형님의 아버지에 대한 즐거운 추억은

1960년, 경기중학교 1학년 7반.
담임 김관영 선생님은 후일 문교부에 재직 후 고교 교장직에서 은퇴하셨다. 관직에 몸담고 있던 어느 스승의 날, 화분을 보내드린 일이 있다. 병석에 계셔서 직접 통화는 못하였다. 함께 보내드린 편지에 이런 구절을 담았다. "늘 말씀이나 표정에서 명쾌하시고 깨끗하시던 모습이 기억에 남아 있습니다."

무엇보다도 형님의 돌날 그 때때옷 때문이다.

입학등록을 마치자마자 화신백화점을 찾은 것은 그곳 꼭대기 층에 교복 판매점이 있어서였다. '신생'이라는 그 교복 집 상호는 새내기 신입생에게 잘 어울렸다. 일제 강점기 일본 순사들 복장과 닮은 당시의 시커먼 교복은 특히 목의 컬러 부분이 답답하였지만 입학의 기쁨에 비하면 아무런 문제도 되지 않았다. 입학 후 내가 화신백화점에 들르는 사유는 두 가지였다. 교복 집 외에 또 하나는 1층 구석의 레코드 가게였다. 그 이야기는 뒤의 다른 글에서 다루기로 한다.

화신백화점 건물은 당시 서울에서도 손꼽히는 건물의 하나였다. 서양 제국주의 시대의 육중한 건축미를 흉내낸 외양이 그럴 듯하였다. 그 건물은 사라진 지 오래다. 살짝 아쉽다는 느낌이 없지 않지만 헐지 말았어야 한다는 생각까지 들지는 않는다. 그 주인은 '친일분자'의 대표적 인물로 꼽힌다. 일제 강점기 부자로 소문난 화신백화점 주인 박**이 총독부에 비행기 한 대를 헌상했다는 이야기는 잘 알려져 있다. 뒤로는 독립

일선 군부대 위문방문 학생대표의 일원으로.
앞줄 오른쪽 처음이 동급생 김상희 군, 세 번째가 저자.

운동 자금을 댄 적도 있다는 이야기를 얼핏 들은 일이 있지만, 사실이라 하더라도 양쪽에 '보험금'을 바친다는 속셈이었을지 모른다.

장준하 선생의 회고담에 이런 이야기가 나온다. 해방 후 김구 선생이 서대문 경교장에 기거하실 때 광복군 출신 장준하 선생이 백범의 비서 역할을 하였다. 백범 선생을 만나러 몰려든 수많은 사람들 중에는 화신 백화점 주인 박**도 있었다. 일찌감치 경교장에 돈 보따리를 들고 나타났던 그는 당연히 쫓겨났다고 한다.

중학 1학년 때인 1960년, 4·19학생의거가 일어났고, 이듬해 5·16쿠데타가 터졌다. 아직 그 사건들의 의미를 이해할 나이는 아니었다. 4·19날 오후 멀지 않은 곳에서 총소리가 여러 번 들려왔고 학교에서는 수업을 중단, 일찍 귀가를 종용했다. 평시에는 안국동 사거리를 거쳐 종각에서 동대문행 전차나 버스를 탔으나, 그날은 동쪽으로 계동을 지나 동대문을 거쳐 신당동 집까지 오래 걸었다. 휴교 중 신당동집 근처 부통령 이기붕의 집에 불이 붙었다는 소문이 들렸고, 그 양아들 이강석 일가의 권총 자살 소식에 이어, 이승만 대통령이 하야하였다. '국민이 원한다면 하야할 것'이라는 성명을 남기고 이화장으로 향하던 길가에서 많은 시민들이 눈물을 흘렸다는 뉴스가 전해졌다. 그 이듬해 5·16 날 새벽부터 하루 종일 혁명공약을 거듭해 낭독하던 KBS 박종세 아나운서의 낭랑한 목소리에는 어딘지 모를 긴장감이 어린 듯 들렸다.

중학교 졸업식 날, 이웃에 살던 전철호 군과 도서관 앞에서.
전 군은 탁구·장기에서 나의 호적수였다.

어떤 기적

경기중학 시절, 나는 학교신문 기자로 뽑혔다. '순간(旬刊)경기'라는 제호처럼 열흘마다 간행되지는 못했지만 제법 외양을 갖춘 신문이었다. 함께 학생기자를 했던 친구 중에 N군이 있다. N군은 서정적인 글을 잘 썼고 나를 주눅들게 했다. 장차 그는 필시 시인이나 소설가가 되리라고 짐작했건만, N은 후일 미국에서 경제학박사를 취득하고 돌아와 국책 경제연구소장을 지냈다. 그 소식을 들었을 때 얼토당토않게 마치 배신이라도 당한 것 같은 기분이 들었다.

교내 백일장에서도 나는 맥을 못 추었다. 학교 야구선수를 하면서 야구를 잘하고 싶었지만, 그보다 글 잘 쓰는 것이 더 부러웠다. 글을 잘 쓰려면 우선 책을 많이 읽어야 한다는 점을 당시엔 몰랐다. 출력만 욕심내고 입력할 줄 몰랐다. 대학생 수준의 책들을 형님 책장에서 꺼내 읽기도 했지만, 나는 몰입하는 책벌레는 아니었다. 진득이 오래 붙어 앉아 있는 품성이 못됐다.

긴 인생항로에는 더러 짧지만 깊은 인연이 있다. 1963년 고교 1학년 2학기 국어시간에 새 선생님이 교실에 들어오셨다. 소문이 대단했다. 이미 대학 재학 중 동아일보 신춘문예로 등단한 시인이자, 또한 경기고등학교 선배님이라는 얘기였다. 한 번은 작문 숙제를 내주신 다음, 일일이 독후평(評) 여러 줄을 써주셨다. '수필가 김진섭 선생의 문체를 닮은 논리적 글 …'. 이때의 감격을 잊을 수 없다. 김진섭 선생이라면 교과서에서 접한 대 문필가 아닌가. 그 국어선생님, 김원호(金源浩) 시인은 나의 글을 학교 문예반 문집에 실어주었다. 나온 문집을 보니 내 글은 정식 문예반원들의 알아들을 수 없이 현학적이고 고답적인 글과는 전혀 어울리지 않았다. 그럴 수밖에. 내 수필 제목은 "한국여성과 스포츠"였으니 무슨 논설 제목 같았다. 어쨌거나 돌아보면 이 사건은 내 인생 행로의 결정적 변곡점이었다. 이후 글짓기에 주눅이 들지 않을 정도는 되었다.

김원호 선생님은 군 입영 전, 자투리 시간에 잠시 모교 강사로 오신 것이었고, 그 짧은 만남은 나의 삶에 깊은 영향을 끼쳤다. 교육의 힘이요, 인생사 우연의 묘미라고 할는지.

환갑에 즈음해 신문에 실렸던 시사평론 글들을 묶어 책을 냈다. 김원호 시인의 연락처를 수소문하여 편지와 함께 그 책을 보내드렸다. 답장이 왔다. "44년 만에 이 무슨 기적과 같은 일입니까." 편지에는 교사시절의 일화들, 예컨대 출석을 부를 때 동급생 백재하(白在昰)군을 백재정이라고 잘못 부른 일 등도 적혀 있었다.

그 후 시인의 답장에서 언급된 친구 장명국(내일신문 사장)과 함께 직접 만나 뵙는 자리를 마련하였다. 서울시청 부근 오래된 일식집에서였다. 시간은 무서웠다. 그 옛날 뿔이 높고 키 큰 백록(白鹿) 같던 시인은 그 자리에 보이지 않았다. 밝은 안색이 아니셨다. 세월이 시인에게 무례하였는가, 시인이 세월에 무심하였는가. 시청 전철역 부근에서 헤어질 때, 준비해 간 와인을 선물로 드렸다. 후일 술을 못하신다는 이야기를 전해 듣고 나의 불찰을 탓했을 뿐이다.

2018년 여름, 김원호 시인으로부터 시집 선물을 받았다. 『비밀의 집 - 김원호 시선』. "이 시선집은 막 예순을 넘은 제자들이 이제 여든을 바라보는 스승 김원호 시인께 드리는 작은 선물입니다." 화동언덕의 후배이자 제자인 문인들이 시인께 마련해드린 이 시집의 머리말 첫 문장이다. 시인께서 지천명(知天命)에 들어설 무렵 쓰신 시 <비밀의 집>의 처음과 마지막 연을 옮긴다.

언제부턴가 내 가슴 속에
비밀의 집을 한 채 짓고 있었습니다.
벽돌 한 장씩 쌓아 올리며
온갖 아름다운 생각을 다 떠올렸습니다.
…
낮에는 햇빛이 환히 비추고
밤에는 별빛이 내리비치는
짓다 만 비밀의 집 한 채가
아직까지 내 가슴 속에 남아 있습니다.

누구에게나 비밀의 집 한 채가 있는 게 아닐까. 시인의 비밀의 집은 과연 무슨 집인가. 시인의 제자 시인(이성복)은 이렇게 안내한다. 비밀의 집은 '시의 집', '진정한 사랑의 시', '이미 잃어버린 집'이 아닐까라고. 하산 길에 들어서며 나의 그 집을 뒤돌아본다. 비밀이 실종된 비밀의 그 빈 집.

일탈

학창시절의 하이라이트는 역시 특별활동이다. 학과 외의 특별활동시간은 수업시간의 따분함이나 자주 닥치는 시험시간의 압박을 덜어주는 활력소였다. 중학교 시절, 학교신문 기자를 하면서 동시에 야구반에도 들어갔다. 되돌아보면, 글쓰기와 야구는 평생 나와 함께 길을 걸어온 친구들이다. 두 친구는 기질이 전혀 달랐다. 야구는 평생 가깝게 지내온 재미있는 친구인 것과 달리, 글쓰기는 까다롭기 짝이 없고 골치 아픈 친구였다. 둘의 공통점이 있다면 잘하기 어렵다는 점이다.

화동언덕을 떠나기 전, 나는 작지 않은 일탈을 획책하였다. 1965년 봄, 고등학교 3학년에 올라와 모두들 한창 대학입시 준비에 불을 지피고 열을 내기 시작할 무렵, 나는 또 다른 곳에서 불을 지폈다. 그 한 해전부터 온 나라가 한일(韓日)회담을 둘러싸고 혼란스런 상황이 지속되고 있을 때였다. 전국적인 대규모 반대운동이 전개되는 가운데 고등학생들까지 시위에 나섰다. 전년인 1964년, 한 학년 선배인 3학년 조영래가 한일회담 반대 경기고 시위를 주도했다. – 조영래는 훗날 '인권변호사'로 활동한 인물이다. – 당시 학생들은 "이것이 민족적 민주주의드냐"라는 구호가 적힌 플래카드를 들고 거리에 나섰다. 그 시위 사진은 한일회담반대운동을 담은 유명한 기록사진으로 남아 있다. '민족적 민주주의'는 5·16 쿠데타 후 박정희 정권이 내놓은 정치 슬로건으로, 이를 빗댄 고교생들의 구호는 절묘했다. 이 시위를 통해 조영래를 알게 되었고 이 만남은 대학시절과 그 후에도 이어지면서 내 인생행로에 적지 않은 영향을 끼치게 된다.

반대시위는 이듬해 1965년에도 이어졌다. 그해 봄, 나는 고교 3학년 학생으로서 시위를 계획하고 이끌었다. 1965년 4월15일(?) 월요일, 전교생이 운동장에 모이는 학교 조회 날을 D데이로 잡았다. 부산과 광주에서 상경한 친구들의 하숙집에 모여 모의하면서 플래카드 등을 준비하였다. 이 일로 나는 '무기정학' 처분을 받는다. 단어 무기정학 앞뒤에 왜 작은 부호를 붙였는지는 뒤에 밝힌다.

당시 고교 3학년은 대학입시 준비에 여념이 없는 시기다. 학교에서는 정규수업시간 전에 국어 · 수학 · 영어 등 주요 과목의 특별한 과외수업을 실시하였다. 아침에 등교 후 나는 과외수업시간만 듣고 정규수업시간에는 교실을 나와 '양호실'로 내려갔다. 아픈 학생들이 간단한 치료를 받고 쉬는 작은 공간이다. 하루 종일 양호실 창가에 별도로 마련된 책상에서 혼자 공부하였다. 나로서는 '모범생'을 벗어난 첫 일탈이었고, 지금껏 받은 유일한 공식적 '처벌'이다. 그렇지만 말이 '무기'정학이지 14일 지나 징계는 풀렸다. 여기에는 후일담 두 대목이 따른다.

첫 대목은 어머니와 관련되어 있다. '거사' 전날, 밤늦게 집에 돌아온 후 전화 한 통이 걸려왔다. 조영래 선배였다. 나는 그에게 알린 적이 없으나 우리의 시위계획을 알고 있었다. 어떻게 알았는지 묻지는 않았다. 그는 구호가 무엇인지 물었다. 두어 개 준비한 것을 알려주니, "중요한 것이 빠졌다. '가조인(假調印) 철회하라'를 꼭 넣어야 한다."고 일러주었다. 당시 아직 정식 조약체결 직전이었다. 조영래는 시위 구호 외에도 시위전략이나 나의 개인적 처신 등에 관한 조언을 주었다. 이 통화를 통하여 나는 그가 지사적 풍모에 더하여 대단히 현실정치적 감각과 능력이 뛰어난 인물임을 느꼈다. 이 점은 훗날 그와의 교류에서도 확인하게 된다.

이튿날 교정에서 조회가 끝나갈 무렵, 미리 꾸민 대로 확성기에서 '시위에 나서자'는 방송반 친구의 목소리가 흘러나오자 우리는 정문 쪽으로 떼 지어 나아갔다. 그런데 이게 웬 일인가. 정문 철문은 이미 닫혀 있고 문 밖에는 이미 경찰들이 포진해 있는 것이 아닌가. 일부 학생은 월담하여 거리로 뛰쳐나갔으나 대부분은 정문 안쪽에 연좌하여 구호를 외치는 수밖에 없었다.

이상한 장면은 또 나타났다. 경찰기동대 근처 골목 어귀에 어머니의 모습이 보이는 것이 아닌가. 어찌 아셨나. 귀가 후 어머니 앞에서 혼잣말처럼 뇌었다. '이상하다. 경찰이 어떻게 알았나.' 나는 자주 몹시 둔하다.

1년여 지나 대학에 입학한 후 어느 봄날, 어머니가 조용히 입을 여셨다. '거사' 전날 조영래와의 통화를 옆방에서 들었다는 말씀이었다. 다음날 아침 내가 학교로 떠난 후 학교 당직실에 전화를 걸어 학생들의 시위계획을 알리니, 그럴 리가 없다는 반응이더라는 자초지종을 담담히 풀어놓으셨다.

또 한 대목의 후일담이다. 2011년 봄, 나는 뜻 밖에 감사원장 후보로 지명 받았다. 인사청문회 준비는 예상보다 심층적이었다. 그 준비과정에서 새롭게 알게 된 사실이 있다. 나의 중고교 학적부까지 검토한 감사원 준비 팀 직원에 따르면, 고교 3학년 때의 기록에 '사고 14일'이라고 기재되어 있다는 것이다. '사고'라… ?

이렇게 추측해본다. 학교 당국으로서는 어떻든 징계를 하지 않을 수 없다. '죄목'의 정치적 성격에 비추어 적어도 명목상으로는 중징계를 내릴 수밖에 없다. 그러나 학교 당국은 특별한 교육적 배려를 베풀었다. 대외적으로는 무기정학 처분을 내렸다고 알리면서 실제 기록상으로는 '사고'라는 징계 아닌 징계처분을 고안해낸 것이 아닌가. 학생의 장래를 고려한 이 결정에 지금도 나는 감복할 따름이다.

덧붙여 이런 생각도 든다. 당시 어머니의 '밀고'로 사태의 악화를 방지할 수 있었던 점을 감안, 학교 측에서 정상 참작한 것은 아니었을까. 어머니는 학부모라고만 밝히고 학생 이름은 알리지 않았다지만, 학교 당국은 능히 짐작했을 것이다. 당시의 우리 어른들, 나의 부모와 학교선생님들의 깊은 사려에 고개가 숙여진다.

인터넷에서 자료검색을 하던 중 우연히 『한일회담반대운동』이라는 문헌을 접했다. 1965년 4월 3일 한일기본조약 및 부속협정 가조인 이후의 기록에 이런 구절이 보인다.

"학생시위는 마치 불을 뿜듯이 강력했다. 경기고 학생 1,000여명 은 '평화선 암매! 을사년은 통곡한다'라는 플래카드를 들고 시위하였으며, …"(민주화운동기념사업회 편, 2005년 12월, 103쪽).

출판기념강연

은퇴 후 2018년, 졸저 『헌법의 이름으로』를 출간했다. 출판사에서 판촉을 위한 기념강연을 하자고 제안하였다. 공교로웠다. 출판사에서 임의로 정한 강연 장소가 화동 정독도서관, 곧 경기고등학교의 옛 자리였다. 가까운 친구들이 찾아주었고 형님과 맏딸도 참석하였다.

가까운 사람들 앞에서는 긴장이 고조되는 법이다. 강단에 오르려니 갑자기 가슴이 뛰었다. 마이크 앞에 앉은 순간, 미리 준비했던 말이 아니라 즉석에서 다른 말이 튀어나왔다. '수십 년 강의를 해왔는데 지금 이 자리처럼 가슴 뛰었던 적은 없습니다. 이 강연 장소는 제가 50여 년 전 고등학생으로 공부하던 바로 그 교실 부근입니다. 이 자리는 3학년 5반 교실이 아니었나 생각합니다.'

『헌법의 이름으로』는 상업적으로 실패했지만 더 큰 보상을 받았다. 한국일보사가 주관하는 '한국출판문화상' 학술 저술 부문에서 후보작 10개 중 하나로 선정되었다.

이 책을 쓰면서 몇 나라의 헌법사를 꽤 길게 다루었다. 프랑스혁명 당시의 헌법사를 정리하면서는 로베스피에르를 만나지 않을 수 없다. 고향 소도시의 '인권변호사' 출신이기도 한 그는 파리에 진출한 후, 새 헌법 초안을 작성하기도 했던 헌법이론가였다.

책 출간 후 편집자와 이런저런 뒤풀이 이야기를 나누던 중, 불현듯 그가 로베스피에르 이름을 꺼냈다. 한때 신부의 길을 고민했고 대학 때 역사학도였다는 그는 웃음 결에 이런 말을 흘렸다. '로베스피에르에게 동정적인 글은 처음 봤어요.' 그렇게 비치지 않으려고 이런저런 단서들을 내 딴엔 세심하게 부연하고 말미에 다시 못을 박았지만 전문가의 매서운 눈에는 걸려들 수밖에 없었을 것이다. 동정적이라는 지적을 받았지만, 로베스피에르의 초상화를 보는 순간, 그에 대한 동정심이 썰물처럼 쓸려나가기도 했다. 다만 모름지기 초상화란 그림 그릴 때의 정치상황에 따라 모습이 다르다는 얘기가 있다. 시대적 평가에 따라 초상화 형상이

출판기념강연. 2018.7.6. 옛날 경기고등학교 3학년 교실 자리에서였다.

정독도서관 정원. 강연 안내 포스터가 붙어 있다.

출판기념강연을 하던 날, 정독도서관 정원에서 고교동창 친구들과 함께. 오른쪽부터 이제병, 박용우, 저자, 황주경, 이수문, 류명건 諸兄. 사진을 찍은 주대원 仁兄이 보이지 않는다.

졸저 『헌법의 이름으로』 출간 축하 모임. 고교동창 표학길 교수, 하영선 교수 부부와 함께.

달라진다는 이야기다. 어떻든 내가 편집자의 눈매에 걸려들 그 문장들을 써내려간 순간, 화동언덕 시절을 떠올리고 있었는지 모른다.

화동언덕 6년은 행복한 시절이었다. 10대에 하고 싶었던 거의 모두를 할 수 있었던 복 받은 시절이었다. 무엇보다 지금 학생들처럼 입시에 짓눌리지 않았다. 입시 준비에 몰두한 고교 3학년 1년간을 제외하면, 행복한 학창시절이었다. 야구유니폼을 입고 동대문야구장에서 뛰놀아도 보았고, 동해안 최북단 항구 대진에서부터 경포대로 걸어 내려오는 무전여행 흉내도 내보았으며, 슈베르트와 미국 팝송을 즐기며 간간이 시 · 소설도 읽었다. 얼마나 감사한 일인가. 꿈같은 시절이었다. 아울러 그 시절은 내가 터무니없는 정치적 망상을 꿈꾸던 시간이기도 하였다. 나는 광주, 부산, 안동 등 지방에서 상경한 친구들과 특히 가까웠다.

안동역에서.
대학입시를 치른 후 친구들과 겨울여행을 떠났다. 오른쪽부터 장인상, 이호섭, 김상현, 저자, 김원철, 한부환 諸兄.
안동의 장인상 인형이 후일 내 사돈어른이 되실 줄은 미처 몰랐던 시절.

그 시절 동숭동

예전 시골 면사무소 같은 납작한 2층 본부건물, 우중충하게 웅크린 어둡고 낡은 시멘트 교사, 손바닥만한 앞마당.

1966년 봄, 서울대학교 법과대학에 입학하였다. 이 작고 초라한 곳이 '가슴마다 엉큼스런 야망을 품은' 젊은이들의 배움터란 말인가. – '가슴마다 성스러운 이념을 품고 …'로 시작하는 서울대 교가 가사를 법대생들은 바꾸어 불렀다. – 동숭동 초입에 자리잡고 있던 서울 법대 캠퍼스는 그 시절 한국 땅을 말해주듯 볼품없고 스산하기 그지없었다. 턱없는 자부심에 가득찬 법대생들이 부르던 노랫가락들만 뒷골목 막걸리집 골방에 흩어졌을 뿐이다.

'훌륭한 정치가'

일찍부터 법과대학을 지망하였고 이 선택에 망설임은 없었다. 초등학교 졸업반 때 교지 <푸른교실>에 장래희망을 '훌륭한 정치가'로 적었는데, 내가 어릴 적 왜 정치가가 되고 싶었는지는 아리송하다. 남자아이들 희망이 대통령이나 정치가인 것은 흔한 일이었지만, 어린 나의 희망이 왜 육군대장이나 위대한 과학자. 또는 의사선생님이 아니고 정치가였을까.

초등학교 1학년 때 교지에 학생들의 일기가 실렸다. 나의 일기는 달랑 한 줄, '대통령 미국에서 돌아오신 날.' 50년대 자유당 시절, 국회의원 선거 때면 라디오 개표 방송이 있었고 야당 민주당후보의 당선을 바라시던 아버지는 밤늦게까지 라디오에 귀를 기울였다. 그 옆 이부자리에서 나도 사뭇 진지하게 귀를 쫑긋 세우곤 하였다. 무슨 생각에서 그랬는지, 당시 내 마음 풍경을 기억하지는 못한다. 일찍부터 신문을 열심히 읽었고 모르는 한자들을 아버지께 물으며 익혔다.

초등학교 등하교길 담벼락에 붙어 있던 대통령선거 포스터가 왠지 잊히지 않는다. 거기에 쓰인 '못살겠다 갈아보자'는 구호가 워낙 강렬해서였을까. 셈하여 보니 1956년 초등학교 3학년 때다. 내 기억 속의 그 포스터는 검푸른 단색과 백색 바탕으로 자그마했다. 좌우 상단에는 대통령 후보 신익희와 부통령 후보 장면의 사진이 실려 있었고, 정 중앙 위에서 아래로 그 유명한 선거구호가 쓰여 있었던가. – 신익희는 상해 임시정부 내무청장 출신으로, 해방 후 정부수립 당시 이승만 밑에서 일했다. 그는 이승만이 총재로 있던 '대한독립촉성국민회' 부총재로 있었고, 국회의원 총선 후 이승만 박사가 국회의장일 적에 부의장이었다. 수년 지나 신익희는 야당인 민주당 대통령 후보가 되어 이승만과 맞섰지만 선거유세 도중 호남선 열차 안에서 급사한다. –

장래 희망이 '훌륭한 정치가'인 아이가 훗날 법대를 지망한 데는 별 고민이 없었다. 정치학과가 있었지만, 정치는 '하는 것'이지 연구할 것은 아니지 않은가라는 단순한 생각에 의문을 품지 않았다. 당시에도 우리나라 정치인 상당수가 법대 출신이었다. 특별히 판검사나 변호사가 되고 싶다는 생각은 없었다. 부모님 역시 스스로 법대를 가겠다는 나의 선택에 아무 이견이 없었다. 대체로 자식이 법률가가 되기 바라는 심정은 고금동서 가리지 않는 듯하다.

오대산 행

동숭동은 대학동네였다. 법대 맞은편 길 건너에 미술대학이 있었고, 혜화동 방향으로 우중충한 공업연구소 건물을 지나 오른쪽에 문리과(文理科)대학, 길 건너 왼쪽 야트막한 언덕 위에 의과대학이 자리잡고 있었다. 문리대와 의대 건물은 외양이나마 식민지시절 근대식 건축물의 품위를 지니고 있어 이 동네의 역사와 품격을 보여 주었다.

대학원 석사과정까지 포함해 6년간, 동숭동시절은 향후 내 삶의 행로가 정해진 시간이다. 그 행로는 화동언덕의 꿈과는 전혀 딴 방향으로 흐르고 있었다. 내심으로 엉뚱하게도 '세상을 움직여 보자'고 꿈꾸던 내가 어떻게 화동시절의 망상을 접게 되었는가. 동숭동은 과연 어떤 동네였기에. – 망상의 실체가 무엇이었는지 입 밖에 낼 용기는 없다. 그저 유치하고 허황된, 말 그대로 망상일 뿐이었다. –

대학 1학년 교양과정 강의는 대체로 실망이었다. 다만 몇 분 교수님의 강의는 인상 깊었는데, 특히 임원택 교수의 경제원론 강의가 그랬다. 동경제대 출신의 천재라고 소문났던 그 교수님은 칠판에 그림을 그리며 열성적으로 마르크스의 유물사관을 설명해주었다. 그 장면은 어찌나 선명했던지 후일 강단에 서게 된 나 역시 강의에서 똑같은 그림을 그려가며 설명하곤 하였다.

그 해 1학년 가을, 학기 중임에도 불구하고 나는 오대산 산골로 향한다. 그야말로 청춘을 맘껏 구가하여 마땅한 그 푸른 시절에 나는 깊은 무기력증에 빠져 있었다. 무기력증의 까닭이 무언지는 굳이 밝힐 만한 것이 못된다. 그 나이 즈음 누구나 겪는 일을 조금 심하게 앓았을 뿐이다.

시들한 강의실에 그저 맥없이 앉아 있을 수는 없었고, 침체한 심신에 어떻게든 전환의 계기가 필요했다. 청량리 부근에서 출발한 강원도 행 시외버스는 황량한 진부읍 정거장에 나를 내려놓았다. – 당시의 시외버스는 요즘의 고속버스와는 질적으로 전혀 다른 차량이다. 요즘에는 동남아 시골에서나 찾아볼 수 있을까. – 이불보따리까지 메고 큰 가방을 끌면서 20리 길을 하염없이 터덜터덜 걸어 월정사 입구에 닿았다. 친구로부터 미리 수소문한 초가집 민가는 어둡고 초라했으나 왠지 마음은 편했다. 나로서는 처음 갖는, 나 홀로 집 떠난 경험이었다.

적막강산이었다. 이웃에 초가 두어 채가 앉아 있을 뿐. 밤이면 계곡 물소리가 청아하고 투명하였다. 산골의 노인 내외는 희화적으로 보일 만큼 잘 어울렸다. 큰 키에 비쩍 마른 할아버지는 말없이 가끔 미소만 띠었고, 짜리몽땅 작은 키의 할머니는 다소 수다스럽게 늘 쾌활했다. 이 집은 나와 고교 동급생인 J군이 대학 재수를 위해 여름 한철 공부하던 곳이었다. 할머니 증언에 따르면 J군은 산골의 뱀 잡으러 다니느라 공부할 시간이 없었다고 했다.

소박하기 이를 데 없는 아침상을 물리고 나면, 늘 월정사로 향하는 전나무 숲길을 걷는다. – 밥상에는 언제나 짙은 시골 맛 풍기는 된장국이 빠지지 않았다. 가끔 저녁밥상에 간 고등어 한 토막이 올라오면 꿀맛이었다. – 구부러지는 길목의 낡은 성황당이 살짝 두려움을 안겨 주었고, 이따금 아름드리 고목에서 딱따구리 부리 쪼는 소리가 정적을 깼다. 월정사 경내에 이르면 한 바퀴 돌아 나온다. 대웅전 신축공사가 막 시작될 무렵이었다. 한쪽 곁에 수수한 요사채가 나지막하게 앉아 있을 뿐, 요즘 보는 빽빽하게 들어찬 절집들이 없던 때였다. 두 손 모아 받쳐 든 보살석상 뒤로, 약간 기울어진 팔각 구층 석탑만이 우뚝 하늘을 향해 솟아 있을 뿐, 병풍처럼 자리잡은 배산(背山) 아래 고요하게 펼쳐진 풍경이 허허로웠다. 고적한 정경이 청춘의 방황을 감싸 주었다.

초가에 돌아오면 책을 읽는다. 쪽마루에 걸터앉아 루소의 『고독한 산책자의 몽상』을 펼친다. 제목이 마음에 들어 구입한 책이었다. – 열아홉 청춘이 루소의 말년 마지막 저서를 탐독하는 모습이 자연스럽다고 보기는 힘들다. – 어떤 날 상원사에 올랐고, 그 후 어느 날, 적멸보궁(寂滅寶宮)까지 걸어 올랐다. 홀로 오르는 산길은 멀고 깊고 고적했다. 점심 무렵에야 오른 적멸보궁은 하늘에 떠 있었다. 성곽처럼 둘러싼 눈높이 정도의 산봉우리들, 그 한가운데 보물처럼 자리잡은 조그만 암자, 부처님 사리를 모셨다는 그곳에서 들려오던 비구니의 독경소리.

이따금 친구에게 편지를 쓰는 일은 한가한 산중에서의 중요한 일거리다. 미술학도이면서 영화감독 지망이던 친구 Y는 나의 오대산 행을 두고 '방법적 고독'이란 멋진 표현을 붙여주었다. 우편배달부는 사나흘마다 작은 개울 건너 인근 구멍가게에 들러 편지들을 맡기거나 받아 갔다.

주인 할머니는 이따금 산머루랑 다래랑 한 꾸러미를 건네주었다. 청산별곡에 나오는 다래를 그때 처음 맛보았다. 산책과 독서, 그리고 멍하니 하늘보고 나무보기, 그렇게 가을 한 달을 보냈다.

– 소설 한 구절을 떠올린다. "젊었을 때가 더 외로운 법이지. … " 나쓰메 소세키, <마음>, 김활란 역. –

30여 년이 흐른 뒤 다시 오대산을 찾았다. 세상에 이런! 월정사는 물론이거니와 적멸보궁까지 저잣거리처럼 변한 모습이다. 참혹했다는 느낌은 과장이 아니다. 그렇건만 아주 망가져 보이는 요즘의 월정사를 다시 찾을 때가 있다. 가슴 속 남아 있는 그 시절 오대산을 떠올리며.

동숭학회

신입생 시절은 내 앞길에 대한 생각을 혁명적으로 바꾸어 놓았다. 정치와 정치현실에 대한 관심은 계속 유지되었지만, 정치의 의미가 무엇인지, 내가 그 세계에 대해 할 일이 무엇인지에 대해서 근본적인 사고의 전환이 이뤄지고 있었다. 고교 3학년 시절부터 월간지 『사상계』를 정기 구독하며 조금씩 나름의 세상 생각을 만들어 오기 시작했지만, 결정적 계기는 새로운 친구들 · 선배들과의 만남, 그리고 그 시절 동숭동의 분위기였다.

1966년, 입학 후 여름방학이 지난 어느 날, 세칭 '삼성 사카린 밀수사건'이 터졌다. 대학마당에서 규탄 집회가 열리고 학생들이 자유로이 나와 열변을 토했다. 그 자리에서 눈에 띄어 만나게 된 66학번 몇 몇이 작은 동아리를 만들고 이름까지 지었다. '동숭학회'.

선배 조영래가 매개 역할을 해주었고, 조선배가 소개한 이영희 선배(후일의 노동법 교수, 노동부장관)는 모임의 지도자 역을 맡아 주었다. 이 선배는 법대에서 제적당한 뒤 복적을 기다리던 참이었다. – 이영희 선배가 서울법대 시위 주동으로 제적당한 것이 1965년이다. 되돌아보니 그 무렵은 내가 고교 3년생으로 시위주동을 하고 징계를 당했을 때다. - 이 선배가 주제를 정한 후, 우리는 수시로 모여 토론을 벌였다. 내 차례에서 '민족주의'를 주제로 이런저런 참고문헌 - 최문환 교수의 『민족주의의 전개과정』, 사상문고, 잡지 등 - 을 뒤져 발표한 기억이 어제 같다. 우리는 모두 이 선배를 '영희 형'이라고 불렀다. '우리들의 영희 형'이었다.

조영래 선배는 이미 오래 전 고인이 되었고, 영희 형도 수년 전 세상을 떠났다. 회원의 일원이던 박세일(교수, 정치인)은 근년에 타계하였다. 출범 당시의 동숭학회 회원으로 정일수(변호사, 작고), 권병태(전 정치인, 개인사업), 김재천(전 국회의원), 이종찬(전 판사, 변호사), 장기표(재야운동가), 홍주관(전 증권사사장) 등이 있었고, 후년에 류정석(전 관료), 이석희(전 관료) 등 몇몇 친구들이 가담하였다. 동숭학회는 66학번만의 비공식 모임이었다. 상급학년에 올라가면서 회원 상당수는 공식적 학생모임인 '사회법학회'에 가입하였고, 나 역시 그 회원이었다. 사회법학회는 서울법대 학생운동의 구심점 역할을 한 공식기구였다.

동숭학회 모임을 지속하면서 나는 '훌륭한 정치가'가 아니라 '지식인 운동가'의 길을 꿈꾸게 된다. 출세지향은 저급한 삶이며, 자신을 앞세우는 것 역시 극복해야 할 과제로 여기게 되었다. 이것은 내게 큰 변화였다. 앞에 나서서 외치는 것보다 뒤에서 돕는 일에 더 이끌렸다. '세상을 위해 나를 던지자'는 청년 특유의 이상주의에 빠져 있었다. 법대 학생회장에 출마하려는 한 친구가 내게 출마 여부를 물으며 자신이 출마할 것이니 양보해달라고 말했을 때 나는 기꺼이 그 요청을 받아들였다. 공식적인 학생기구 따위는 대수롭지 않게 여겼다. 당시 나는 몹시 오만하였음에 틀림없다.

법학을 빗댄 독일어에 '빵을 위한 학문'(Brotwissenschaft)이란 말이 있다. 우리말로 바꿔 '법학은 밥학'이라고 하면 신성모독이 될는지 모른다. 대학 2학년 때이던가, 민법 · 형법 강의를 듣기 시작할 무렵이다. 당시 잡지 『사상계』에 유진오(兪鎭午) 선생의 일제 하 대학시절 일기 여러 편이 실린 적이 있다. 그 중에 이런 대목이 유독 눈에 띄었다. 선생께서 기대를 갖고 들어간 민법 시간에 교수의 강의는 이런 내용이더라는 것이다. '사과가 나무에 매달려 있으면 부동산이고, 땅에 떨어지면 동산이 된다.' 선생은 이게 무슨 학문인가라는 생각에 법학에 흥미를 못 느꼈다고 했다. 이 대목을 보고 나는 동지라도 얻은 듯한 기분이었고, 법학수업을 등한히 하는 구실로 삼았다.

자연히 사법시험공부는커녕, 학교수업 역시 소홀히 하였다. 이영희 선배는 일본어공부를 독려했다. 일본책에 '좋은' 내용들이 많다는 것이었다. 당시 이 선배의 한마디는 내게 교시(教示)였다. 1학년 겨울방학, 청계천 헌책방에서 『일본어 교본』(한국외대 교수 박성원 저술)과 사전을 구해 자습했다. 두어 달 공부하니 한자가 많은 사회과학 서적을 사전 뒤지며 독해할 만했다. 처음 읽은 일서 중에는 『社會科學講義』(高島善哉)가 있다. 무슨 경전의 해설서나 되는 것처럼 숙독하고 그 내용을 요약 정리한 분량이 대학노트 한 권을 채웠고, 어쩌다 지금껏 소지하고 있다.

이후 충무로의 일본책 서점, 특히 '아카데미'서점을 자주 찾았다. 혹간 쉽게 구하기 어려운 이념서적이 눈에 띄면 계약금을 걸고 찜해두었다. 주머니가 비었을 때는 부근 명동 뒷골목의 전당포에 시계를 맡긴 적도 있다. 전당포가 어떻게 생겼는지 그때 처음 보았고 지금껏 유일한 경험이다. 『죄와 벌』의 라스코리니코프를 떠올리기도 했다. – 아카데미에서 고가로 구입했던 일서 가운데 루카치의 『미학』 번역서가 있다. 어느 날 선배 조영래가 나의 집에 들렀다가 책장을 훑어보더니 그 책을 빌려가겠다고 했다. 그 책은 돌려받지 못했다. –

일서에 빠지다보니 영어공부가 소홀해졌다. 법대 강의에서는 외국서적을 교재로 택하는 경우가 거의 전무했다. 이래선 안 되겠다는 생각에 광화문의 범문사 등 원서 서점에도 이따금 들렀다. 러셀의 『서양철학사』(*A History of Western Philosophy*)를 완독한 후 뿌듯하였다. 나로서는 드물게 몰입해 읽었던 또 한 권의 책은 에리히 프롬의 *The Sane Society*이다. – 저자 스스로 그의 전작 『자유로부터의 도피』의 속편이라고 밝힌 이 책은 20세기 민주주의 사회에서의 '소외'(alienation)의 문제를 분석하고 있다. 그의 이론은 프로이드의 정신분석과 마르크시즘의 결합으로 평가되었다. 저자는 이 책에서 스스로 '인도주의적 정신분석'(humanistic psychoanalysis)을 시도하였다고 말한다. – 훗날, 일서보다 영어원서를 더 열심히 읽었어야 했다고 후회한 적도 있다. 어쨌거나 일생 처음, 지적 욕구가 치솟아오를 때였다. 그때와 유사한 감정을 다시 느껴본 것은 은퇴 후 칩거에 들어가서이다.

미라보 다리

법대 강의가 없는 시간이면 이웃 문리대(文理大) 캠퍼스를 자주 찾았다. 법대 옆 중앙공업연구소를 가로질러 문리대로 통하는 구름다리 계단을 이용하기도 하고 동숭동 대로에 나서 걷기도 했다. 지금은 자취마저 찾아볼 수 없지만, 법대에서 문리대로 가는 오른쪽 대로변으로 꽤 넓은 개천이 흘렀다. 문리대 정문에 들어서려면 인도 우측으로 다리를 건너야 한다. 대학천이란 이름의 그 개천을 세느강, 그 다리를 미라보 다리라고 부르기도 했다. 유행가 제목이나 가사에 '인도의 향불', '꽃 피는 홍콩 아가씨', '샌프란시스코 차이나타운' 등 먼 나라의 환상이 범람하던 때다. 환상에는 때로 마술 같은 힘이 있다. 그렇지만 마치 현실을 일깨우듯, 개천에는 그런 멋쟁이 이름에 걸맞은 맑은 물이 흐른 것은 아니었다. 막걸리 몇 잔 걸치고 밤길에 개천 방뇨를 불사하며 호기 아닌 치기를 부리는 녀석들도 있었다.

문리대 교정에 들어서면 다른 공기가 흘렀다. 이름만 들어도 이국 향취가 물씬한 마로니에 나무 때문만은 아니다. 어떤 학생은 여름날에 두툼한 검정색 외투를 걸치고 군화를 끌며 교정을 활보했다. 철학과 학생이라는 그의 눈매에는 광기가 어른거리는 듯하였다. – 그의 철학과 동급생인 내 친구에게서 후일 들은 얘기다. '왜 여름에 겨울코트를 입고 다니느냐'는 물음에 '겨울에 입은 옷을 아직 벗지 않았을 뿐'이라는 대답이었다나. 60년대 동숭동 류의 소피스트라고 해야 할까, 아무튼 빼앗길 수 없는 청춘의 특권이 있었다. –

문리과대학에서 도강(盜講)도 했다. 철학자 박종홍 교수의 보조국사 지눌(知訥) 강의는 대형 강당을 가득 메웠다. 불교 교리에 문외한이었던 내게 그 강의는 너무 높은 수준이었으므로 두어 번 참석 후 그만두었다. 젊은 신임 교수였던 정치학과 L교수의 독재론 강의도 인기여서, 기다랗게 큰 교실에 빈자리가 거의 없었다. 강의내용은 프랑스 정치학자 · 헌법학자인 뒤베르제(M. Duverger)의 『독재론』을 거의 그대로 옮긴 듯이 보였다. 마침 그 책의 일역본을 읽은 뒤였기에 역시 두어 시간 듣고 철수하였다. 외교학과 이용희 교수의 강의도 소문나 있었지만 워낙 고압적 강의 분위기라는 소문에 질려 아예 포기하였다.

고시준비생으로 가득한 법대 도서관을 찾은 적은 거의 없다. 법전을 경전처럼 펼쳐놓고 머리를 싸매고 있거나 곰처럼 웅크려 졸고 앉아 있는 고시준비생들 사이에서 『그레이구락부 전말기』를 읽거나 마르크스, 막스 베버를 펼쳐놓을 만치 오만하지는 않았다. 신입생 때부터 고시공부를 하는 학생들도 더러 있었지만 대개는 2,3학년 때부터 시작하는 낌새였다. 고시는 출세주의자들의 길이라는 게 동승학회 지도 선배들의 지론이었고 우리들 대부분도 거기에 이의를 달지 않았다.

내가 법대 도서관 2층 열람실에 들어가 본 것은 한두 차례에 불과하다. 친구를 찾을 일이 있어 두리번거린 적이 있었고, 철야농성을 위해 책걸상을 치우고 쌀가마 거적을 깔아 하룻밤 누웠던 일이 있다. 법대 도서관은 당시 집권당 소속 정치인이자 선배인 모씨가 건축비를 기증하여 신축했다고 했는데, 얼핏 보아도 날림 공사임이 역연했고 대학건물다운 품위나 미감과는 거리가 멀었다.

문리대 도서관은 달랐다. 몹시 후락했고 때로 을씨년스럽기도 했지만 고색창연한 나름의 멋이 없지 않았다. 특히 높은 천정에 널찍하고 서늘한 열람실 분위기가 싫지 않았다. 1학년 겨울방학 때 달리 갈 곳도 없어 자주 찾은 그 컴컴한 공간에서 최재희 교수의 칸트 해설서를 읽었다. 숱한 관념적 개념들의 구조가 마치 시계 부품들의 구조물처럼 복잡하게 느껴졌고, 노트 한 권에 정리하던 중, 조금 질리는 기분이 들었다.

문리대 도서관 서고에 들어가 참고문헌을 찾은 적이 있다. 교과서 각주에서 그 제목을 보았던, 19세기 후반 및 20세기 초반 출간된 외국 명저들이 빠짐없이 갖추어져 있음에 놀라며, 내심 제국일본의 지적 저력에 탄복하기도 했다. – 훗날 알게 되었지만, 일제 강점기 시절, 서울 을지로 입구, 당시 황금정 사거리에 일본의 유서 깊은 대표적 서점인 마루젠(丸善)서점의 경성 출장소가 있었다. 경성제대 도서관에는 이 서점 직원이 상주하였고, 교수와 학생들이 주문하는 영·독·불 서양 서적들을 무이자 재정지원 및 무관세 등 특혜정책으로 싼값에 제공했다고 한다. –

이상화(李相和)와 이장희(李章熙)의 시를 백기만이 편집한 시집 〈尙火와 古月〉의 표지. 〈빼앗긴 들에도 봄은 오는가〉, 〈봄은 고양이로다〉 등이 수록되어 있다.

2학년 겨울방학 언젠가는 외교학과 친구인 김윤수, 하영선과 더불어 고전 읽기 모임을 한 적도 있다. 지독히 추웠던 날, 회현동에 있던 하영선의 집 이층 마루 난롯가에 앉아 존 스튜어트 밀의 『자유론』을 함께 읽었다. 그 모임은 오래 가지 못했다.

동숭동과 머지않은 청계천 헌책방에도 자주 들렀다. 닭장처럼 촘촘히 웅크려 앉아 있던 그 골목의 헌책방들은 태풍에 휩쓸리듯 오래 전 사라져 버렸다. – 도쿄의 간다(神田) 고서점가는 지금도 명소의 하나라는데. – 청계천 헌책방에 꼭 필요한 책을 사려고 갔던 적은 두어 번뿐이며, 그저 마음이 허할 때 찾았고 그럴 때가 잦았다. 뜻하지 않게 귀한 책을 만난 적이 가끔 있다. 6·25전쟁 중에 출간된 시집 『尙火와 古月』(1951) 등.

근년에 문리대 출신 4,5년 윗줄의 선배가 쓴 <아아, 문리대!>란 제목의 글을 읽은 적이 있다. 내가 그 시절 회고의 글을 다시 쓴다면 그 제목이 결단코 '아아, 법대!'는 아닐 것이다. 우선 감탄사와 느낌표는 문리대의 것이며 법대에는 어울리지 않는다. '가슴 속에 엉큼스런 야망을 품고' 그 푸르른 시절을 잿빛 법서(法書)에 담보 잡힌 청춘들의 집합소에 무슨 감탄과 격한 느낌이 있겠는가. 또한, 그 시절 동숭동 대학촌의 제1 주역이라면 역시 문리대라고 할 수밖에 없다. 늘 방황과 격정, 자유의 바람이 넘실대던 곳, 불안 · 울분의 한숨마저 기꺼이 만끽하며 젊은 숨결이 넘치던 곳은 미라보 다리 건너 마로니에 교정이었다.

학생운동

1960년대 중 · 후반 대학가에는 학생시위가 끊이지 않았다. 정치 · 사회 쟁점이 불거질 때마다 대학은 몸살을 앓았고 휴강사태가 다반사였다. 4·19에 이은 6·3사태의 후유증이라고 볼 수 있지만, 당시 대학생들은 사회의 엘리트 역할을 자임하였다. 1969년 대학 4학년 시절, 또다시 전국적인 시위 소용돌이가 벌어졌다. '3선 개헌' 반대시위였다. – 1970년대 유신시대 이전, 대통령 박정희는 대통령직 3선을 허용하는 개헌을 관철시켰다. – 효창공원 축구장에서는 야당의 반대집회가 열렸다. 이철승, 김영삼, 김대중, 당시의 세 야당 지도자들이 차례로 연설을 벌였다. 그때 처음 현장의 정치연설을 들었다. 나선 모양처럼 어조를 상승시키며 선동적으로 목청을 뽑던 김대중의 연설이 인상적이었다.

'데모'라고 불린 당시 학생시위의 외양은 훗날의 양상과는 달리 낭만적인 구석마저 있었다. 교내에서 '성토대회'가 끝나면 교문 밖에 포진해 있던 경찰들과 대치 전선이 만들어진다. 학생들이 앞으로 밀고 나가면 결국 경찰들과 부딪친다. 당시만 하여도 경찰들이 당장 몽둥이를 휘두르지는 않았다. 얼굴을 맞대고 승강이를 벌이던 어떤 경찰관이 호소하듯 달래며 말했다. '그만하고 들어가지.' 흘러간 유행가 한마디처럼 은은했다.

학생운동을 통해 만난 여러 후배들도 소중한 인연이었다. – 송두환, 이신범, 이인제, 조희부, 진동수 등. 대중연설이 뛰어난 이신범은 국회의원을 지냈다. 다방면의 빼어난 능력을 제대로 펴보지 못해 아쉬운 인물이다. 관료의 길에 나선 진동수는 후일 금융위원장을 지냈다. 푸근한 인품을 지닌 송두환은 민변(民辯) 회장을 거쳐 헌법재판관 · 인권위원장에 올랐다. 정치인 자질이 뛰어났던 이인제는 끝내 '대권의 꿈'을 이루지 못했다.

– 1971년 11월, 이른바 '서울대생 내란음모사건'이 터졌다. 법정에 선 피고인들은 그 혐의에 어울리지 않게 앳된 얼굴이었다. 서울대 법대 제적생 이신범, 장기표, 사법연수원생 조영래, 그리고 서울대 상과대학 제적생 심재권이 그들이었다. 또 다른 상대 제적생 김근태는 피신 중이었다. 피고인들 대부분은 훗날 재심에서 무죄선고를 받는다. 이 사건은 이듬해 1972년의 '10월 유신'을 예비하는 조작사건이었다. –

몇 년 더 아래 후배인 박인제 변호사는 나의 후년에 인연이 깊었다. 그는 사법시험 2차 시험을 두 번 합격한 수재이다. 학생운동 경력 때문에 첫해 3차 시험인 면접에서 탈락하자, 다시 도전하여 합격을 따냈다. 십여 년 전까지만 해도 시내에서 모임이 파하고 나면 그와 나는 곧잘 이영희 선배 댁으로 쳐들어갔다. 자정을 넘겨가며 못 마시는 독주를 폭음한 날이 한두 차례가 아니다. 나의 첫 공직이었던 국민권익위원장 시절, 박변호사는 부위원장으로서 나와 함께 일했다. 그가 아니었다면 나의 첫 공직은 훨씬 힘들었을 것이다.

누구보다 특이하고 깊은 인상을 심어준 후배는 조희부 선생이다. 그는 대학 졸업 후 농촌으로 들어갔다. 1976년부터 충청북도 괴산 산골의 눈비산(雪雨山) 마을에서 양계를 하며 '한살림'과 연계한 공동체운동의 기둥 역할을 수행해 왔다. 소탈하면서도 탈속한 현자(賢者)의 풍모를 지닌 속 깊은 인물이다. 학생 때부터 그랬다. 경남 출신인 그는 1980년 5·18 소식이 들려 왔을 때 광주로 내려가겠다고 했다. 후일 들으니, 중도에 차단당해 현지에 이르지는 못했다고 한다. 지금 그는 괴산의 '큰 어른'으로 지낸다는 소식이다. 10여 년 전쯤, 그의 괴산 농장을 방문한 후 모주를 곁들여 저녁을 함께 했던 기억이 홍겹다. 조희부는 한국적 공동체운동을 모색한 선구자로 꼽힌다.

또 한 분의 후배인 원정연 선생 역시 서울법대 출신으로는 좀체 보기 힘든 인물이다. 그를 생각하면 나는 몹시 부끄러워진다. 그는 나처럼 이영희 선배로부터 크게 영향 받은 인물인데, 훨씬 진지하고 순수한 분이었다. 이 선배처럼 그는 졸업 후 노동운동에 투신하였다. 원정연의 각별한 면모는 분노의 얼굴이 아니라 늘 미소 어린 온화한 모습으로 한결같이 그 길에 헌신하였다는 점이다. 내가 권익위원장 재직 시 일요일에 그를 찾아가 만난 적이 있다. 그는 의정부 부근의 외국인노동자 보호기관 책임자로 일하고 있었다. 외국인노동자들의 실태에 관해 새로 알게 된 점들도 놀라웠지만 그보다도 원정연의 변치 않은 모습이 깊은 감동을 안겨 주었다.

대학선배들 가운데는 이영희, 조영래 두 분 말고도 우뚝한 분들이 적지 않았다. 중앙일보 기자생활을 벗어나 정치에 뛰어든 이협 선배는 고향 익산에서 국회의원을 여러 차례 지냈다. 도봉산 중턱의 오두막 같은 산장에서 결혼식을 올렸던 이 선배는 서민 정치인의 대명사였다. 의원시절에도 장기간 연탄 때는 작은 아파트 생활로 널리 회자되었다. 형수님은 힘들었을 것이다.

변호사였던 정성철 선배는 부유한 좋은 집안 자제로서는 별난 분이었다. 그의 집은 한동안 조영래의 도피생활 은신처이기도 했다. 경실련(經實聯)의 상임집행위원장으로서 초기 시민운동에 사비를 들여 열정을 쏟는 모습을 바로 곁에서 지켜봤다. – 초기의 시민운동에는 순수한 열정이 넘쳐났다. 그 시절이 지나자 정치운동만이 남았다. – 안타깝게도 정 선배는 수년 전 일찍 세상을 떠났다.

김규칠 선배 역시 특이한 풍모였다. 외교관생활을 박차고 정치에 뜻을 두었지만 오래지 않아 거두어 들였다. 근엄한 재가불자인 김 선배가 정치판에서 견디기는 어려웠을 것이다.

그 시절 서울법대 학생운동을 돌이켜보자니 이런 한 토막 기억도 남아 있다. 대학 3,4학년쯤 언젠가, 서울법대 학생운동권 선후배 10명가량이 나의 집에 모여 '회의'를 벌인 적이 있다. '무엇을 어떻게 할 것인가'의 토론 모임이었다. 당시 이영희 선배, 이협 선배, 박세일 등 동숭학회 여러 친구들이 함께 모였다. 그 자리에서 뾰족한 방책은 내지 못했다.

서울대 법대가 출세주의자들의 집합소쯤으로 여겨지던 때가 있었다. 그런 인식이 조금이나마 바뀐 것은 1964년부터 이듬해에 이르는 한일회담반대 법대생 시위, 그리고 뒤이은 일련의 법대 학생운동 때문이라고 본다. 한일회담 반대시위의 절정은 1964년 6·3 계엄 사태였고 그 주동은 문리대 학생운동이었는데, 그 지도부가 일망타진되면서 반정부시위의 주도권은 법대로 넘어갔다. 법대의 이영희, 조영래, 장기표, 이신범은 이 시절의 걸출한 맹장들이었다. 요즘의 세상 돌아가는 것을 보면, 불원간 대학의 존재가 사라지지 않을까 염려되기도 한다. 대학은 지식의 전수와 연구의 장소만은 아니다. 대학은 사람 만나는 곳이다. 사람을 깊게 만나 세상을 함께 걱정하는 곳이다.

갈래 길

대학 상급반이 되자 현실이 눈앞에 다가왔다. 어떤 진로를 택할 것인가. 운동가의 길? 나는 소심했다. 대학 입학 후 점차 내향성 인간이 되어 갔고 행동가의 길은 멀어져 갔다. 졸업을 앞두고 한 걸음 더 물러났다. '지식인 운동가'가 아니라 '참여적 지식인' 지향이라고나 할까.

두 갈래 길이 보였다. 첫째는 신문기자. 나는 서울대학교의 <대학신문>에 몇 차례 기고한 일도 있었고("大學生 社會參與의 새로운 방향 : 새 肯定을 위한 創造的 破壞 필요", 서울대학교 <大學新聞> 第673호 1967.4.24. 등), 두어 차례 좌담회에 초청받은 일도 있다. 대학선배의 영향도 있었다. 조영래와 가깝던 정영일 선배는 졸업 후 동아일보 기자가 되었고, 가끔 만나 기자생활에 관해 듣기도 하였다. 정영일은 동아투위(東亞鬪委) 활동으로 해직당한 후 사법시험에 합격하였다. 늦은 판사생활을 거쳐 변호사가 된 분이다. 해직기자 가운데 특이한 성공사례다.

신문기자의 길은 내가 가지 않은 길이다. 그 앞길의 풍경은 어떠했을까. 수년 전, 현직 기자와 만나 내 젊은 시절을 말하던 도중 그 이야기를 꺼냈다. 그가 이렇게 받는다. '쫓겨났겠지요.'

또 다른 길은 대학교수의 길이었다. 결국 내가 택한 길이지만, '뜻밖의 길'이다. 이 길은 고교 졸업 때까지만 하여도 꿈에라도 생각해 본 적이 없던 길이다. 교수가 되고 싶다는 마음의 근저에는 대학 입학 후 갖게 된 지식인 선망, 그 대표적 직업으로서의 교수직 동경이 있었다.

그러나 내가 결코 진정한 뜻의 '학자'가 되기 위해 교수의 길을 찾은 것은 아니다. 그보다는 교수직을 '참여적 지식인'의 방편으로 여겼을 뿐이다. 학문 연구의 목적이라기보다 수단으로서 교수직을 추구한 것이다. 이 점에서 나는 정통 교수라기보다 사이비 교수에 가깝다. 또한, 학자는 모름지기 '책벌레'여야 할 것이지만, 나는 그렇지 못했다. 내가 앎 자체에 깊은 흥미를 느끼고 기쁨을 갖게 된 것은 현직에서 퇴임한 이후이다. 스스로 학자라고 자임하게 된 것도 퇴임 후 묘한 희열을 느끼며 저술에 몰두할 때였다.

교수의 길로 마음을 굳힌 후에도 방황은 그치지 않았다. 무엇을 공부할 것인가. 우선 법학을 떠나자고 마음먹고 학사편입을 통한 전과(轉科)를 생각했다. – 대학 졸업 후 다른 학과의 3학년으로 편입할 수 있는 제도가 있었다. – 당시의 '운동권학생'들은 경제학을 우러러 보았다. 경제학이야말로 세상을 바꾸기 위한 가장 유용하고 강력한 학문적 도구라고 여겼다. 나 역시 한때 조앤 로빈슨, 폴 스위지 등 영국, 미국, 일본의 사회주의 경제학자들의 서적을 뒤져보기도 했지만 제대로 이해하지 못한 건성이었을 뿐이다. 무엇보다 내가 경제학으로의 전과를 포기한 것은 수학에 자신이 없었기 때문이다.

경제학이 아니라면 어떤 분야인가? 다음으로 찾은 길은 정치학이다. 구체적으로 중국연구를 위한 일본유학까지 그려보면서 선배들을 찾아보기도 했다. 당시 중국은 아직 미지의 땅이었고, 모택동의 전설이 신화처럼 서구 대학가를 휩쓸면서 한국 땅에도 바람이 미치던 때였다. 김상협 고대 총장의 『모택동 사상』이 출간된 것도 그 무렵이다.

나는 소극적인 타협의 길을 택하였다. 법학 분야에도 정치학과 밀접한 분야가 있지 아니한가, 헌법학이 그렇지 않은가라는 결론에 이르렀다. 여기에는 일찍부터 읽었던 진보성향의 일본 법학서적들 영향이 크게 작용했다. 특히 당시 출간되기 시작한 이와나미출판사(岩波書店)의 <現代法講座> 시리즈에 매료되었다. 거기에서 새로운 '진정한 (헌)법학'의 가능성이 있다고 판단한 것이다. 특히 도쿄대학 고바야시 나오키(小林直樹), 와타나베 요조(渡邊洋三) 교수의 글이 좋았다.

헌법학 전공 발심의 계기가 된 일본서적들.

한때는 노동법 전공도 생각해 본 적이 있다. 진로를 상담했던 권태준 교수님으로부터 권고를 받고서였다. – 권 교수님은 환경대학원으로 이전하시기 전, 법대 교수로 계셨다. – 당시 노동법은 아직 현실에서 법으로서의 힘을 발휘하고 있지 못하던 때다. 헌법도 그랬지만 노동법 역시 과연 법이냐는 물음이 생소하지 않은 시절이었다. – 스물두 살의 평화시장 재단사 전태일이 '근로기준법 준수하라!'고 외치며 온몸을 불사르고 숨을 거둔 것이 1970년 11월이다. 조영래의 작품인 『전태일평전』 읽기는 고통이다. 당시의 현실이 그토록 참혹한지 미처 몰랐던 '먹물'에게는 특히 그럴 것이다. –

내가 존경하고 따랐던 권 교수님의 말씀이었을 뿐만 아니라 – 내가 누구에게 먼저 다가가는 일은 좀체 드문 일이다 – 장래를 염두에 둔 미래지향적 선택이겠다 싶었지만, 결국 가지 않은 길이 되었다. 갑자기 노동문제 관련 서적들을 찾아보고 읽어보았지만, 무엇보다도 노동법학에 대한 나의 인식 및 나 자신에 대한 인식이 그 길을 막았다. 노동법연구는 모름지기 노동자계급을 위한 것이어야 한다고 생각했다. 과연 노동자계급을 위해 일생 헌신할 자세가 돼 있는지 자문했다. 자신이 없었다. 이를테면 계급의식이 없다고 자가진단을 내렸다. 스스로에게 변명거리도 찾았다. 계급의식의 형성은 출신성분이 결정적인데, 쁘띠부르주아 출신의 나로서는 노동계급에의 헌신은 어려울 것이라고 지레 단념하였다. 비겁한 자기변명이었다.

– 1960년대 중반 당시는 아직 산업화 과정이 본격화하기 전이다. 이미 당시에도 계급의식으로 무장한 자생적인 사회주의자 청년들이 없지 않았지만, 내게 노동계급의 문제는 아직 타인의 문제였다. 노동계급에의 헌신이라는 이상은 관념적인 도덕 차원에 머물렀을 뿐이다. 남의 문제를 나의 문제로 전화하는 데는 어떤 계기가 필요하다. 마치 신적 체험으로 신앙의 길에 들어서듯. 내게 그런 특별한 계기는 없었다. –

학생시절에도 내가 사회주의자인 때는 없었다. 마르크시즘에 관심을 가지고 구할 수 있는 책들을 찾아 읽기도 했지만 주로 지적 호기심 만족을 위한 것이었을 뿐이다. 주변 선후배들이 수배를 당할 때 그런 책들을 소각하거나 친구 자취방에 옮기는 난처한 일들도 있었다. 『공산당선언』을 친구에게서 건네받고 꼼꼼히 손으로 베껴 쓴 일도 있다. – 아직 복사기가 없던 시절이었다. – 흡사 비밀의 외전(外典)을 훔쳐보는 불경한 수도자의 긴장감이 흘렀다. '사회'라는 단어가 들어간 제목만으로도 도서 검열이 행하여지던 시절이었다.

마르크스주의 시각의 사회 · 역사 분석에 수긍한 부분도 없지 않았지만, 그러나 이론을 넘어선 실천의 지침으로서 사회주의에 경도된 적은 없다. 당시 서울법대 학생운동권의 대부분도 나와 큰 차이가 없을 것으로 짐작하고 있다. – 그 시절, 사회과학도의 필독서처럼 여겨진 책들이 있다. 김상협 고대 총장의 『기독교민주주의 · 사회민주주의 · 교도민주주의』, 서울대 총장을 지낸 최문환 교수의 『민족주의의 전개과정>, 『막스웨버 연구』, 외국학자로는 카(E. H. Carr)의 『역사란 무엇인가』, 에리히 프롬(Erich Fromm)의 『자유로부터의 도피』 등이다. –

당시 졸업논문 제도는 없었지만, 대학 졸업하기 전, 논문 한 편을 쓰고 싶다는 생각이 들었다. 마침 법대 학생잡지 『휘데스Fides』에서 투고 요청이 있어, "법 및 법학의 정치성"이란 제목의 첫 논문을 써보았다.

– 은퇴 후 2019년에 쓴, 아마도 내 마지막이 될 논문의 주제 역시 공교롭게도(?) '헌법과 헌법재판의 정치성'이다. ("헌법의 이름으로 - 대통령 박근혜 탄핵심판과 이익형량론 비판." 원문은 영문으로, 홍콩대학 로스쿨 학술지에 실려 있다.) 50년 만에 다시 잡은 주제 또한 '법과 법학의 정치성'으로 되돌아온 것이다. 하나의 주제에 이끌려 50년을 헤맨 것인가. –

대학원 시절

1970년, 대학원 석사과정에 입학하였지만 당시 법과대학 대학원과정은 아직 체제가 잡히지 못한 상황이었다. 대학원생 대부분이 고시준비를 위한 군대 징집연기 목적이었다. 법과대학 졸업생 한 학년 160명 가운데 '순수' 대학원 입학생은 나를 포함, 단 2명뿐이었다. 대학원 분위기에 실망했지만 어떻든 석사논문 한 편은 부끄럼 없이 남기자는 작정을 하고 일찍부터 논문준비에 매진했다.

제목을 "학문의 자유와 대학의 자치"로 잡았다. 당시 이른바 '스튜던트 파워' 문제가 세계를 휩쓸 때였다. 이웃 일본에까지 바람이 불어 도쿄

대학 야스다(安田)강당이 불타는 사건이 있었고, 서울대학교에서도 총장퇴진 운동이 일어나던 참이었다. 논문을 쓰던 도중, 총장퇴진 운동에 앞장섰던 정치학과 동일학번 김세균(金世均) – 후일 서울대 정치학과 교수 – 의 부탁으로 대학개혁 청사진을 건넨 적도 있었다. – 김세균은 본래 나처럼 육군사관학교 교관시험에 합격하여 함께 복무할 예정이었다. 그러나 그는 앞의 사건과 그 후의 시국사건에 연루되는 바람에 좌절되었다. 그 무렵 나 역시 혹시나 하고 긴장하였지만 무사하였다. 김 교수에게 고마운 마음을 제대로 전하지도 못하였으니 빚으로 남아 있다. –

학문 연구에서도 나는 항상 현실 문제에 매달렸고 그렇기에 학생운동과 직결된 당시의 뜨거운 주제를 논문주제로 삼은 것이다. 그렇지만 대학자치에 관한 참고자료 구하는 일이 쉽지 않았다. 주제와 관련된 한국소재 문헌은 거의 다 찾아보았을 것이다. 후일의 박사논문 집필 시보다 더 열정을 퍼부었기에 지금도 박사논문보다 석사논문에 더 애착이 간다. – 박사논문 집필 당시는 유신시절이었고, 의도적으로 현실을 떠난 논문주제를 잡았기에 쓰면서도 즐겁지 않았다. –

석사논문을 쓰면서 여기저기 도서관을 뒤지는 것은 물론이고, 관련 인물들을 찾아 직접 인터뷰하는 작업도 마다하지 않았다. 그때 이 시대의 칼럼니스트 류근일 선생을 처음 뵈었다. 서울대 정치학과 학생시절, 이념문제를 건드린 필화 사건으로 한국 학생운동사의 전설로 회자되던 분이다. 당시 출옥 후 신문사에서 근무하기 시작하신 지 얼마 안 되는 시점이었다. 20대 청춘을 차가운 감방에 갇혀 억류당한 분이라고는 믿기지 않을 만큼 밝은 에너지를 발하시던 모습이 인상적이었다.

한편, 논문을 쓰면서도 간간이 학생운동 친구들의 부탁을 받고 성명서 쓰기 등, 이런저런 '다른 일'들도 감당해야 할 시절이었다. 대학원 석사과정 1학년(?) 시절이었다. 학생운동을 하던 후배의 부탁으로 성명서 한 장을 쓴 일이 있다. 제목이 유별나고 치기가 흐른다. "점잖은 언론인이여, 거칠게 저항하라." 당시 신문사 언론인 몇 사람이 저지른 어떤 불미스런 일을 두고 발표한 성명서이다.

젊은 교수 시절, 어느 날 잡지 부록을 뒤적이다가 낯익은 필치가 눈에 들어왔다. 위의 성명서였다(1985년 1월, 『월간조선』 별책부록 <사료 해방 40년>). 나의 기억에는 1969년 대학 4학년 재학 때 서울법대 운동권 지휘부에 전한 것이었으나 이 부록에는 1970년 11월 서울대 총학생회 명의로 되어 있다. 나의 기억의 왜곡인지 기사의 오류인지 여부는 확인하지 못했다. 어쨌든 어느 모로 보나 해방 40년 사료에 오를 만한 문건은 아니다. 아마도 특이한 내용일 뿐 아니라, 5공 후반, 서서히 전두환 정권에 대한 저항운동이 확대해 갈 무렵, 혈기 방장한 젊은 기자가 선정하지 않았을까 짐작할 뿐이다. 이 성명서의 마지막 대목이다.

> 언론계를 발판으로 세속 출세를 탐하는 사이비 언론인들이여, 당장 펜대를 던져라. 권력이 그리우면 직접 정치판에 뛰어들라. 돈을 벌려는 자는 장사판에 들어가라. 기회주의자처럼 보기 싫은 것이 없다.

대학원 시절, 법과대학 지하신문인 <자유의 종(鐘)> 편집과 출간을 몇 차례 맡은 적도 있다. 당시 법대 본부건물 입구 한 쪽에 조그만 종이 매달려 있었다. 그 종에 붙여진 이름이 '자유의 종.' 그 이름을 따 지하신문 제호로 삼은 것이다. 본래 이 지하신문은 1년 후배로 당시 서울법대 학생운동의 선봉장이던 이신범이 주도해 발간한 것으로, 그가 수배 대상이 되어 도피함에 따라 임시 대타로 내가 떠맡게 되었다.

'자유의 종 동인회' 명의로 발간된 '4303.11.30. 제6호'(단기檀紀 4303년이니 서기西紀 1970년이다) 1면의 머릿기사 제목은 이랬다. "大學街와 教會에 퍼진 참회와 각성의 메아리 - 故 全泰一 先生 분신 이후의 事件日誌."

그 신문 모퉁이에 당시 시집 <농무農舞>로 주목받은 신경림(申庚林)의 시 한편을 『창작과 비평』에서 뽑아 무단 전재하기도 했다. 다시 무단 전재한다.

僻 地

살얼음이 언 냇물
행길 건너 술집
그날 밤에는 첫눈이 내렸다
교정에 깔리던 僻地의
挫折

숙직실에 모여
묵을 시켜 먹고
십릿길을 걸어
장터까지 가도
가난하고 어두운 밤은
아직도 멀어

서울을 얘기하고 그 더러운 허영과 부정
乞食兒童 삼십 프로 연필도 공책도 없는 이
疏外된 교실, 잊어버리자 우리의 통곡
귀로에 깔리던
벽지의 절망
그날 밤에는 첫눈이 내렸다

4305. 11. 30
제 6 호

자유의 종

자유의종 동인회

=大學街와敎會에퍼진침회와 각성의 메아리=

―故全泰一先生분신이후의事件日誌―

〈자유의 종〉 6호.

부유층의 사치풍조

조향록 [초동교회목사]

(詩) 僻地

申庚林

신경림의 시 〈僻地〉가 실린 〈자유의 종〉.

마치 낡은 흑백 영화의 스틸 사진들을 보는 듯하다. 그 시절 시인의 절절하기 그지없는 마음의 풍경을 지금 젊은이들이 공감할 수 있을까. 당시 인쇄는 '등사(謄寫)'였다. 철필로 기름종이를 긁어 글씨를 쓴 다음, 먹물을 묻혀 한 장 한 장 찍어내는 것이다. 갑자기 혼자서 이 일을 맡으니 등사기구가 없었다. 서울시청 옆 골목 어느 등사 가게에 원고를 맡기고 찾으러 갈 때면 늘 조마조마했다.

교수의 길로 매진하자고 작정하기까지에는 심리적 방황이 적지 않았다. 학문을 일생의 업으로 작정했다면 꾸준히 밀고가면 될 일이었지만, 나는 그런 경우가 아니었다. 나에게 학문과 교수의 길은 어디까지나 도구였지 목표가 아니었다. 사회참여적 글쓰기와 행동적 지식인이 내가 설정한 길이었고, 그 수단으로 교수의 길에 들어서기로 마음먹었을 뿐이다.

일찍 석사논문 초고를 마치고 나니 예정된 군 입대까지 1년 가까이 시간 여유가 있었다. 교수에의 길을 진로로 잡았지만 막막하였고, 지도교수님은 나의 진로에 별 관심을 보여주지 않았다. 게다가 뜻밖의 소식이 전해졌다. 후배들에게 고시준비를 말렸던 조영래 선배가 고시공부를 시작했다는 것이었다. 운동가의 길로 나서려면 도구가 필요했고 변호사라는 직업은 그 유용한 무기였다고 판단했을 것이다. 여러 혁명가들이 법률가 출신이다. 레닌, 카스트로, 간디, 만델라 등등.

구파발 부근 암자에서 공부하던 조 선배를 찾아가 그 옆방에서 수개월 고시공부를 했다. 한 차례 시험장에 나가본 적도 있지만 낙방이었고, 나는 더 이상 미련을 두지 않았다. 판검사나 변호사가 목표가 아닌 이상, 더 붙잡고 있을 것이 못된다고 마음먹었다. 학부시절 법학 공부에 건성이었던 만큼, 법학 전반의 기초지식을 다진 셈 치면 시간낭비도 아니라고 생각했다.

교수직에의 길로 결심을 굳힌 데는 석사논문 심사 때의 일화가 결정적이었다. 마지막 논문심사 결과를 통보받기 위해 교수실 밖에서 최종심사결과를 기다릴 때였다. 나보다 앞서 심사를 받고 나오던 민사법 전공 동급생 K군이 이런 말을 전해주었다. 나의 지도교수이신 김철수 교수님이 다른 심사위원에게 내 논문을 칭찬하더라는 얘기였다. 또한 다른 심사교수들도 내 논문에 호평이더라고 말해 주었다. 내 차례가 되어 교수실에 들어섰다. 김 교수님은 언제나처럼 별 말씀이 없으셨고, 다른 심사교수님, 특히 고려대학교 헌법교수이시던 한동섭(韓東燮) 교수께서 크게 격려의 말씀을 주셨다. 나는 내 학문적 능력을 인정받은 점에 크게 고무되었다. – 추운 겨울날 가회동의 한동섭 교수님 댁을 찾아 이런저런 말씀을 듣던 기억이 남아 있다. 지금의 세련된 한옥동네가 아닌 원형의 가회동 골목 시절이었다. 유신시대에 한 교수님은 취중 발언으로 고초를 겪으신 적이 있다. 당시 이른바 '막걸리 반공법 위반'사건의 하나였다. –

풍향계가 멈춘 곳

– "자유로워 깃털처럼 가벼웠고, 불확실하여 납처럼 무거웠던 시간." 학창시절을 묘사하는 소설 한 구절. – 파스칼 메르시어, 『리스본행 야간열차』.

어떤 청춘이 그렇지 않을까마는, 동숭동 6년은 힘든 시절이었다. 청춘의 푸른 빛깔 아래에는 잿빛 불안이 그림자처럼 따라 붙는다. 그 시절, 작가 최인훈의 단편 <그레이구락부 전말기>, <회색인>을 내 이야기처럼 읽었다. 동숭동 그 시절은 깃털처럼 자유롭지는 않았으면서 납덩이보다 무거운 시간이었다.

청춘은 인생의 갈림길 앞에서 서성대는 혼돈의 시간이다. 그 소용돌이의 중심에 불안한 미래가 자리잡고 있지만 그런 세속적 문제들만이 아니다. 그에 더하여, 또는 사람에 따라 그보다 앞서, 삶 자체에 따르는 본원적 문제들은 특히 청년시절에 심한 통증으로 다가온다. 어떤 비범한 이들은 이 근원적 문제들 앞에서 범인이 엄두 못 낼 비상한 길을 택하고, 혹은 허무의 강에 빠지고 만다. 대개는 당장의 닥친 일 앞에서 본원적 문제들을 뒷날로 미루는 것이 보통이고 나 역시 그랬다.

대학 3학년 때. 동빙고동 집 2층 방에서.

무엇보다 당장 생존에 허덕인 수많은 젊음들의 삶이 어땠는지 나로서는 상상하기 어렵다. 대학 입학 전해인 1965년 한국의 1인당 국민소득은 110불에 불과했다. 당시 많지 않았던 중산층에 속했던 나는 행운이었지만, 대학등록금 마련에 힘들어했던 친구들이 한둘 아니다. 숙식을 해결해주는 입주 가정교사 자리가 돌연 종료되어 일시 강의실을 숙소로 삼던 '칫솔부대'도 간혹 목격하였다.

먼 훗날 오랜만에 만난 동창생이 이런 말을 건네주며 희미한 옛 기억을 되살려주었다. '그때 오갈 데 없을 때 너의 집에서 일주일간 잘 묵었다.' 그 친구들에게 나의 이야기는 유한 청년의 철없는 한담처럼 들릴지 모른다. 시골 출신 대학친구들에게서 후일 들은 이야기지만, 서울 올라

오기 전 주로 고구마와 보리밥으로 때웠고, 쌀밥 먹는 날은 드물었다고 했다. – 그 시절만이 아니다. 제자 중에도 입지전적 인물이 여럿이다. –

아무 것도 손에 잡히지 않는 때, 제일 견디기 어려운 것은 금쪽같은 시간을 허비하고 있다는 강박감이었다. 미래를 위해 노력해야 할 시간에 허송세월하고 있다는 느낌은 더욱 조바심을 재촉했다. 그럴 때 찾은 탈출구는 소설을 읽는 일이었다. 소설읽기는 눈앞의 현실에서 '한 발짝 벗어나기'였고, 잠시의 치유였다. 내가 즐겨 읽은 것은 윗세대와 동시대 한국 작가들의 글이다. – 내게 서양의 고전, 명작들은 매력적이지 못했다. 입에 붙지 않고 따라하기 힘든 등장인물의 긴 이름들도 그렇거니와 먼 나라 오래 전 이야기들은 그저 생소할 뿐이었고 내 이야기가 아니었다. 고지식한 나의 빈곤한 상상력은 내 주위를 넘지 못하였다. –

특히 <광장>의 작가 최인훈의 작품은 거의 모두 찾아 읽었다. 책벌레가 못되었음에도 심취할 작가를 가질 수 있었음은 다행이었다. 그 무렵 젊은 문학평론가 김현이 어느 책 후기에선가 이렇게 썼던 구절이 떠오른다. '최인훈은 지적 성직자다. 성직자에게는 모자를 벗는 것이 예의다.'

최인훈만이 아니라 당시 여러 잡지들에 실린 신예 작가들의 글이 좋았다. <서울, 1964년 겨울>이라는 단편으로 전혀 다른 소설작법을 들고 나온 김승옥을 비롯해, 이청준, 박태순 등의 소설은 『사상계』 등 처음 실린 잡지를 통해 읽었다. 1966년에 출범한 계간지 『창작과 비평』도 창간호부터 장기간 정기 구독하였다. 거기 실렸던 방영웅의 <분례기>가 화제였던 시절이었다.

그 무렵 신동엽의 서사시 <금강>(錦江)이 젊은 가슴을 뛰게 만들었고, 세상을 뒤흔든 담시(譚詩) <五賊>의 김지하가 첫 시집 『황토』를 펴낸 것도 그 시절이다. 길거리에 나가 <오적>이 실린 야당 기관지 호외를 구해 보고 가슴이 요동치던 기억이 새롭다. 출간 소식이 알려지자마자 청진동의 출판사를 찾아가 구입한, 황토빛 붉은 표지의 『황토』를 비롯해 김지하의 귀중한 초간본들을 세심하게 소장하지 못한 것이 아쉽다.

– 이 책의 초고를 출판사에 넘긴 뒤 김지하 시인의 부음에 접하였다. 2022년 5월 8일. 향년 81세. 오래 전 어느 모임의 옆자리에서 시인과 미소로 목례를 나눈 기억을 떠올린다. 그 수개월 전, 나는 한 일간지 시론 첫머리에서 그의 시를 길게 인용하여 읊었다.

김지하의 담시(譚詩) <오적>(五賊)에 이런 구절이 나온다.

"세째놈이 나온다. 고급공무원(跍礏功無獂) 나온다. …
산같이 높은 책상 바다같이 깊은 의자 우뚝나직 걸터앉아
공은 쥐뿔없는 놈이 하늘같이 높이 앉아
한 손으로 노땡큐 다른 손은 땡큐땡큐
되는 것도 절대 안 돼, 안 될 것도 문제없어,
책상 위엔 서류뭉치, 책상 밑엔 지폐뭉치 …"

이 시가 처음 발표된 것은 1970년 5월이다. 그로부터 20년이 흘렀다. 그동안 여러 차례 정변을 겪었고, 그때마다 공직사회 숙정이라는 '의례'도 거쳤다. …

지금 불고 있는 사정의 찬바람이 결코 일과성 한탕주의의 일례가 아니기를 바란다, 국정운영에서의 한탕주의는 권력의 정당성의 취약에서 비롯된다. …

<김지하의 오적, 그 후 20년>, 동아일보, 1990.6.26.

후년 한때 현실과 환상을 오가는 김지하의 기언(奇言)들이 우리를 당황스럽게 한 적도 있지만 그래서 더욱 비감하고 숙연하였다. 독방 수인(囚人)이 겪는다는 면벽증(面壁症)의 후유증이었는가.

시인을 추모하며 시 <황톳길>, 희곡 <금관의 예수> 등을 다시 읽는다. 그의 작품들을 오늘의 학생들에게 읽히고 싶다. 김지하, 그는 혼자 몸으로 그 시대에 맞서 우리를 대속(代贖)한 참 행동가였다. 거룩해서 외로웠던 참 시인이었다.

6월 25일 오후, 49재를 맞아 '김지하 시인 추모문화제'가 열렸다. 김 시인

의 작품 출판과 구명운동에 앞장섰던 미야타 마리에(宮田毬榮) 여사는 그날의 추모사 마무리에서 말을 잇지 못하였다. "너무 강한 악수. 그때마다 시인의 타고난 외로움을 느꼈습니다." –

시, 소설을 읽으면 마음이 가라앉았고 허송세월의 자책감에서 벗어날 수 있었다. 때때로 수작을 만나 작은 희열까지 느끼는 덤도 맛보았다. – 김승옥의 소설은 충격적일 만큼 인상 깊었다. 그런 신선함을 대중예술에서도 접할 수 있었는데, 신중현의 <꽃잎>, <봄비> 같은 새로운 노래들이 그랬다. 대학에 입학한 1966년 전후는 이를테면 한국현대예술사의 새 물결이 일던 시기로 보인다. –

회색의 계절이었지만 늘 흐렸던 것만은 아니다. 신입생 때, 오전 일찍 강의가 끝난 후 친구들과 함께 명동 부근 명보극장으로 향했다. 비오는 날이었다. 그날 보았던 영화가 나의 '인생영화'가 될 줄은 미처 몰랐다. <만추>(晩秋). <카사블랑카>처럼 시대적 배경이 얽힌 이야기는 아니지만, 나름의 쓸쓸한 시적 미학이 흑백의 영상으로 아름답게 펼쳐진다.

– 영화 마지막 무렵의 장면이 압권이다. 간이식당의 격자무늬 유리창문 밖으로 교도소 담장이 길게 배경을 이루고, 국수 그릇을 앞에 둔 남녀가 좌우로 클로즈업된다. 여인은 곧 교도소 철문 안으로 들어가야 한다. 청년은 쫓기는 범죄자. 근거리 어딘가에 형사가 기다리고 있는 상황이다. '어두운 백미'라고나 할까.

이만희 감독, 문정숙 · 신성일 주연의 이 영화 필름은 소실된 것으로 알려졌다. 영화광이었다는 북쪽 김정일의 필름 창고에 소장되어 있다는 소문이 있을 뿐이다. 당시 스페인 영화제에서 수상했다는 신문기사의 기억이 있다. 만추의 대성공 이후 문정숙 주연의 영화 몇 편이 연이어 상영되었다. 그 중 하나의 제목은 '외출.' 지금은 사라진 을지로 4가 국도극장에 혼자 들어가 본 일이 있다. 싱거운 태작이었지만 문정숙의 고적한 영상은 여전했다. –

동숭동 법대 캠퍼스 건너편에는 '낙산'다방이 있었다. 좁은 나무계단을 올라 문을 열고 들어서면 늘 아는 얼굴 한둘은 보였다. 법대 구내에도 다방이 있었지만 법대생들은 굳이 길 건너 낙산다방을 자주 찾았다. 이웃 미대 여대생들이 많이 드나든다는 점 말고는 아무 내놓을 것 없는 그저 그런 다방이었다. 지금껏 자리를 지키고 있는 문리대 정문 건너의 '학림'다방처럼 나름의 정취는 찾아보기 어려웠다.

대부분 법대생들은 자신들의 촌스러움이 미대생과 어울리지 않는다는 미적 감각조차 지니지 못했다. 작업복이라고 불린, 검게 물들인 군복에 군화 차림은 많은 법대생들의 평상복이었다. 경제적 사정도 그랬지만, 중산층의 나 역시 한때 그 차림이었음에 미루어, 겉모양을 무시하는 높은 콧대 때문이었을 것이다. 훌쩍 큰 키에 신성일 못지않은 미남인 한 선배는 추레한 바바리코트에 흰색 고무신을 끌며 좁은 대학 앞마당을 휘젓고 다녔다.

법대생들은 서울대학교 전체를 상징하는 배지를 달지 않았다. 남들이 알아보든 말든 법대만의 배지를 자랑스럽게 달고 다녔다. 그러나 우쭐대던 기분도 잠깐, 고학년이 되자 배지를 떼는 학생들이 많아졌고 나 또한 그랬다. 차가운 현실이 눈앞에 닥치자 거품 낀 자만심의 유효기간이 일찍 만료되었다. '온 세상이 내 것 같던 시절'은 짧은 봄날의 벚꽃들처럼 허망하게 흩날려 사라져갔다.

공연히 낙산다방에 들러 몇 차례나 우렸는지 모를 맛없는 커피를 홀짝인 다음, 이따금 그 가까이 중국집 '공락춘(共樂春)'에서 군만두에 독한 배갈(고량주)를 삼키기도 했다. – 짜장면 한 그릇에 100원이 안되었다. – 패거리가 만들어지면 청진동 '청일집'으로 진출했다. 정체 모를 막걸리였지만, 간장에 양파를 곁들인 빈대떡은 일품이었다. 30여 년 지나 다시 찾은 청일집에서 밀가루 맛 풍기는 빈대떡을 억지로 넘긴 적이 있다.

알 수 없이 어깨가 처지는 날은 '르네상스'에 들렀다. 종각 사거리와 광화문 사이 중간지점, 낡은 건물 2층에 있던 클래식음악 감상실이다. 입구에 '기도'라고 불리던 문지기가 앉아 있었고, – 기도는 출입구를 뜻하는 일본말 '木戸'임을 후에 알았다 – 입장권을 내고 들어가면 커다란 양질의 스피커에서 장중한 브람스 교향곡이 자주 들려왔다.

때로는 명동으로 진입했다. 상과대학 친구 표학길 군과 자주 동행하였다. 그나 나나 술은 약했다. 당시 국립극장 부근의 다방 '설파(雪波)'는 널찍한 공간에 옛 멋을 들인 천정 장식이 품격을 더해주었다. '살어리 살어리랏다 …' 청산별곡 구절을 목각으로 새긴 나무판 장식이 머리 위로 펼쳐 있어 아늑하고 고졸(古拙)한 분위기를 자아냈다. 여유가 생긴 날은 새로 생긴 맥주집 'OB캐빈'에서 호사를 누린다. – 신입생 시절, 친구 동생들의 가정교사를 몇 차례 한 적이 있다. – 당시로서는 첨단의 멋스런 장소였다. 앳된 모습의 학생가수 양희은이 그곳 무대에서 노래를 부르던 시절이다.

옛 미도파 백화점 앞 명동입구 지하도 계단에서 표학길 군과 함께.
그 시절 도심의 길거리에서 스냅사진을 찍어 파는 사진사들이 있었다.

또 한 곳을 빼놓을 수 없다. 서울시청 앞 로터리 뒷골목에 있던 '가화(嘉禾)'다방. 그곳 출입은 조금 시절이 지나서였을 것이다. 워낙 도심에 위치해 있어서 빈자리 없을 때가 많았지만 그 아름다운 옥호에 이끌려 자주 찾던 곳이다. – '嘉禾'는 삼국지 오나라 손권 시대의 연호임을 나중에 알았다. – 후년, 1987년 6월 혁명 당시 일화로 유명한 다방이기도 하다. '6·29 선언'으로 마침내 권력이 시민 앞에 무릎을 꿇던 날, 가화다방 문 앞에는 '오늘 커피 무료'를 알리는 종이쪽지가 붙었다던가.

어느 산문집 첫머리에 이런 글귀가 보인다. "청춘은 들고양이처럼 재빨리 지나가고 … ." (김연수, <청춘의 문장들>). 작가 나이 서른다섯에 쓴 글에서 '지나간 청춘'을 얘기한다는 게 우선 갸우뚱거리게 했지만, 지나고 보면 들고양이보다 더 빨리 사라지되 겪을 때는 거북이보다 느린 게 청춘 아니던가.

어쨌거나 청춘은 역설이었다. 푸른 봄날은커녕 잿빛 사계절이었다. 그럼에도 그 시절의 회억(回憶)이 싫지 않은 것은 무슨 까닭인가. '순정했던 동숭동 시절' 타령을 거듭 되뇌는 저의가 무엇인가. 혹 그 시절을 면죄부로 삼고 싶은 건 아닌가. 대체로 학교 문을 벗어나며 사람들은 서서히 오염되어 간다. 마치 공기청정기 필터가 시간과 더불어 검게 물들어 가듯이. 그 필터를 들여다보는 일은 편치 않다. 대책이 있어야 한다. 만만한 게 청춘시절이 아닌가. 그 시절의 백색 필터를 소환하여 정상참작을 기대하면서.

아무려나 그 회색의 동숭동 시절은 스스로도 몰랐던 나의 진면목을 찾는 암중모색의 전환기였고 당연히 소중한 시간이었다. 내 인생항로의 풍향계가 흔들림을 멈춘 것은 동숭동 시절 끝 무렵이다. 그 시절 만난 동숭동 사람들, 그 시절 읽은 책들이 나의 갈 길을 가리켜 주었다. 누추했지만 지식과 사유(思惟)의 위엄이 서려 있던 곳, 동숭동은 나의 성년을 잉태한 또 하나의 태반(胎盤)이다. 그 시절 나는 법대생이라기보다 동숭동대학생이었다.

먼저 떠난 동숭동 사람들

나이 들어가며 힘든 일의 하나는 지인의 부음을 접하는 일이다. 그 지인이 가까운 지기(知己)일수록 더 힘들다. 거듭될수록 익숙해지는 것이 아니라 역으로 더욱 더 힘들어진다.

친형님처럼 따랐던 이영희 선생이 근년에 세상을 떠난 데 뒤이어, 일 년 후 홀연 외우(畏友) 박세일이 타계하였다. 조영래 변호사가 유명을 달리한 지는 벌써 30년이다. 동숭동에서 만나 미래를 함께 고민하던 정일수 변호사가 불의의 사고로 숨진 지도 20년이 넘는다.

이영희 – 동숭동에서 만난 큰 바위 얼굴

이영희 선생 1주기 추모회 초청장.

노동법 교수이자 노동부장관을 지낸 이영희(李永熙) 선생은 내 또래 여러 사람들에게 형님 같은 분이었다. 내게도 그는 대학시절 이래 늘 큰바위얼굴 같은 형님이었다. 2017년 10월, 선생의 1주기 추도식에서 읽은 추도사를 통해 선생의 삶을 되돌아본다.

작년 이맘때, 2016년 10월 20일, 이영희 선생께서 우리들 곁을 떠났습니다. 아직도 선생이 떠나신 빈자리가 허전하기 그지없고, 때때로 망연해지는 심사를 어쩔 수 없지만, 그럼에도 시간의 힘은 오묘한 듯합니다. 1년이라는 시간적 거리는 이제 선생의 삶을 다소나마 차분히 되돌아볼 마음의 공간을 마련해 주는 것 같습니다.

이영희 선생의 74년간 평생을 조망하려고 하니, 그에 앞서 선생과의 인연이 처음 시작될 무렵, 그 시절을 떠올리게 됩니다. 벌써 50여 년 전 일입니다. 제가 대학 신입생이던 1966년 어느 가을날이던가, 학교 1년 선배이던 고 조영래 변호사가 선생을 소개시켜 주었습니다. 당시 삼성밀수규탄 교내집회를 계기로 조 변호사의 독려 아래 조그만 신입생 서클이 만들어졌고, 그 이름을 동숭학회라고 붙였습니다. 금년 초 타계한 박세일 선생을 비롯한 열 명 가량의 작은 모임이었습니다. 이영희 선생은 이 모임에서 독서와 토론의 지도역할을 맡아주었습니다. 그때 선생은 한일회담 반대 학생데모 주동자로 제적당한 후, 아직 대학 복교를 앞둔 시점이었습니다.

그 당시의 한 장면이 기억 속에 생생히 남아 있습니다. 몹시 춥던 겨울날, 미아리에 있던 선생 댁을 찾아간 일이 있습니다. 한옥의 아랫목 근처 앉은뱅이 책상 위에 놓인 사진 한 장이 눈에 들어왔습니다. 남루한 차림에 휑하니 불안한 눈빛을 지닌 길거리 한 젊은이의 모습. 무작정 갓 상경한 시골청년인 듯, 혹은 길거리를 헤매다 지친 배고픈 실업자인 듯, 그 흑백 사진은 잡지 『사상계』에 실렸던 것이라고 했습니다. 어쩌면 그 사진 한 장이 이영희 선생의 그 후 인생항로의 풍향계 같은 것이 아니었는지 모릅니다.

한 사람의 일생을 단 몇 마디로 규정짓는다는 것은 무리일 수밖에 없습니다. 그럼에도 불구하고 단편적이나마 몇 가지 면에서 선생의 삶을 살펴보려고 합니다.

28년간 대학교수로서 지낸 점에서만 보더라도 선생은 지식인의 한 분이었음에 틀림없습니다. 그러나 선생은 통상의 지식인에게서 보기 힘든, 각별한 면모의 지식인이었습니다.

우선 선생은 무엇보다도 행동가요, 실천가였습니다. 군복무와 제적으로 인한 8년 만의 법과대학 졸업에 이어 석사과정을 마친 1971년 3월, 선생은 돌연히 한국노총에 들어갔습니다. 주변 지인들에게는 충격이었습니다. 그 전 해 11월의 전태일 분신자살 사건이 직접적 계기였고, 또한 자신의 부르주아적 속성을 먼저 극복해야겠다는 생각 때문이었다고 선생의 회고록은 밝히고 있습니다. 그 무렵 두꺼운 근시안경을 벗어버리고 콘택트렌즈로 바꾼 것도 노동운동 현장에서 지식인 인상을 주지 않기 위해서였다는 일화는 청년시절 선생의 진지한 행동가적 일면을 전해줍니다.

선생의 행동가적 성향은 그 뒤에도 계속 이어졌습니다. 당시 한국노총의 현실에 한계를 느낀 후, 강원룡 목사님의 추천으로 장학금을 받아 독일 보쿰대학에 유학하던 시절, 선생은 남들과 달리 굳이 박사학위과정을 마다했고, 자청하여 오펠 자동차공장의 직공으로 수개월 일하기도 했습니다. 독일 노사관계 현장 체험을 위해서만이 아니라, 한국에서 노조활동에 종사하면서도 직접 노동을 해본 경험이 없다는 점이 늘 마음에 걸렸기 때문이라고 했습니다.

1978년 귀국 후 크리스찬 아카데미에서 사회운동가로 활동한 지 오래지 않아 10·26사태를 맞았고, 이듬해 5·17사태로 짧았던 서울의 봄이 허망하게 끝난 후, 그해 가을, 선생은 대학교수의 길로 행동과 실천의 현장에서 물러나게 됩니다.

당시의 심경을 선생은 회고록에서 이렇게 적고 있습니다. "교수는 애당초 내가 목표로 삼거나 추구했던 직업이나 삶이 아니었다." "만약 당시 민주화가 제대로 진전되었더라면 나는 학교에 올 생각을 하지 않았을지도 모른다." "그러나 대학에 온 이상, 남들에게 떨어지지 않는 교수가 되어야겠다는 생각으로 열심히 노력했다."

대학교수로서도 선생은 실천의 장을 외면하지 않았습니다. 개혁적 시민운동이 필요하다고 생각해 여기에 앞장섰고, 1991년, 수십 년 만에 부활한 지방자치 선거에 시민후보로 직접 나섰습니다. 선거에서는 패했지만 당시 선생의 순수했던 실천적 자세는 선생의 일생에서 자랑스러운 순간이었습니다. 아마도 우리나라 시민운동사에서 가장 순수하고 아름다운 시민운동의 모습은 그 순간이었는지 모릅니다.

행동가 지식인으로서 이영희 선생은 균형 잡힌 중용적 자세를 견지하였습니다. 선생은 사상에서나 행동에서나 편향적으로 기울지 않았습니다. 평생 노동문제를 다루셨지만 근래 노동운동 주도세력의 사상적 급진 노선에는 동조할 수 없었다고 밝힌 적이 있습니다. 독일, 일본, 미국 등에서의 연구와 경험이 그런 균형적 자세의 밑바탕이 되었을 것입니다. 근년의 노동부장관 재직 시에도 선생은 노사 균형의 입장을 지켰습니다.

행동가 지식인으로 균형적 자세를 지켜오면서, 무엇보다도 선생이 우리들에게 인상 깊게 보여주신 인간적 덕목은 다름 아닌 그 성실성에 있다고 생각합니다. 선생은 일상적 생활에서는 물론이고 자신의 삶을 대하는 기본자세에서 보기 드문 진실성을 보여 주셨습니다. 생각해보면 선생이 개인적 이익을 뛰어넘어 지식인으로서 행동과 실천의 장에 과감히 나섰던 것도 바로 인간적 성실성에 연유한다고 믿습니다.

행동가로서만이 아니라 연구와 사색의 지식인으로서 선생이 보여준 성실한 자세도 탄복을 금치 못하게 했습니다. 교수 정년이 가까울 무렵부터 선생은 가히 초인적이라 할 놀라운 저술활동을 지속했습니다. 2000년부터 2005년까지 5년간, 선생은 무려 네 권의 전공관련 서적을 출간했습니다. 그 가운데는 주전공인 노동법 서적만이 아니라, 이론법학 분야에 속하는 『법사회학』, 『정의론』 등이 포함되어 있습니다. 그뿐이 아니었습니다.

정년퇴임을 목전에 둔 2007년 말부터 잇달아 내놓으신 '삶과 죽음'의 3부작 또한 사색인으로서 선생의 성실함을 그대로 드러내 주고 있습니다.

요즘의 세태를 보면, 세상은 참을 수 없이 가벼워지고 있습니다. 지식인이라는 말조차 생소하게 되었고, 하물며 지식인의 책무 같은 관념은 이미 지난 시대의 사라져가는 잔향처럼 들리고 있습니다. 선생의 타계와 함께 개인의 이익을 넘어 공공선과 공익을 앞세우는 성실한 행동가 지식인의 시대는 이제 종언을 고하는 것입니까.

선생의 삶을 실천적인 행동가 지식인, 균형 잡힌 중용의 지식인, 성실한 지식인으로 매듭짓고 난 연후, 그럼에도 미진한 소회를 감추기 어려운 것은 무슨 까닭입니까. 그 무엇에 앞서, 선생은 매사 깨끗하고도 따뜻한 인간적 풍미를 지닌 분이었습니다. 깨끗한 사람은 차갑기 쉽고, 따뜻한 사람은 흐려지기 쉽지만, 선생은 처신에서 늘 깨끗하고도 따뜻한 분이었습니다. 그렇기에 지금껏 절절한 아쉬움과 그리움이 그치지 않고 있습니다.

선생께서 더 적극적으로 정치 현장에 나서기를 바랐던 주변 지인들이 적지 않았습니다. 저 역시 그러했습니다. 그러나 격변의 한국 현대사를 살면서 깨끗하고 따뜻하며 성실한 지식인 실천가와 함께 하였으므로 우리는 행복하였습니다.

청소년 시절, 행동주의 작가 앙드레 말로에 심취했던 이영희 선생, 이나라 산업화 · 민주화 시대의 격랑 속에서 한평생 한 점 부끄럼 없는 성실하고 올바른 삶을 희구했던 이영희 선생. 선생은 마지막 저서에서 삶과 죽음의 경계를 초월하는 절대적 자유의 경지를 말씀하셨습니다. 그 초월의 의지에 따르는 무거운 짐을 다 내려놓으신 지금, 이영희 선생님, 적멸의 피안 그곳에서 편히 쉬소서.

인권변호사 조영래

조영래(趙英來)의 이름 앞에는 늘 '인권변호사'가 붙는다. 나는 '인권변호사 조영래'라는 말을 접할 때, 내심으로 늘 흡족하지 못하다. 그는 '인권변호사의 틀'을 넘는 인물이었기 때문이다. 그렇다면 그는 누구였는가? 이 물음에 답은 쉽지 않다. 그는 여러 면모를 지닌, 미완의 대기(大器)였다.

그는 학생시절 학생운동가였고, 졸업 후에는 반독재투사였으며, 변호사가 되고 나서는 인권변호사로서, 87년 6월 시민혁명기에는 정치활동가로서, 이후에는 '시민공익'을 위한 변호사이자 문필가로서 숨 가쁘게 시대의 요구에 부응해왔다. 여기에서 더 나아가 조영래는 그 언젠가 '깃발을 들고 나설' 정치지도자로서 기대를 한 몸에 모아왔다. 이런 인물을 어떻게 한마디로 규정지을 수 있겠는가. 결국 잠정적이나마 '인권변호사 조영래'가 모범답안임을 수긍하지 않을 수 없다.

조영래의 얼굴은 혁명가 레닌을 연상시킨다. 그는 지사적 풍모와 더불어 현실정치의 지략까지도 겸비한 걸출한 인물이었다. 미인박명이라 했던가, 그는 마흔 셋 이른 나이에 세상을 떠났다.

2020년은 조영래의 30주기를 맞는 해였다. 대검찰청에서 뜻밖의 전화를 받았다. 검찰청으로부터의 전화가 반가운 사람은 드물 것이다. 제헌절을 맞아 검사들의 모임 주관으로 여는 세미나에서 이야기해달라는 부탁이었다. 주제는 '고 조영래 변호사, 법조인으로서의 삶과 헌법가치.' 조영래가 누구인가. 세월의 변화를 실감한다. 대한민국이 변하고 있음을 실감케 하는 일례일 것이다.

그의 일생은 이미 어린이위인전에 오를 만큼 많이 알려져 있다. 앞의 글 여러 대목에서 이미 그를 이야기했거니와, 아래에서는 나와의 개인적 인연에 얽힌 기억을 더듬어, 몇 장면을 되돌아본다.

1970년대 유신시대 후년, 어느 날 광화문 뒷골목을 걷고 있을 때였다. 마주 오던 사나이는 굵은 검은 테 안경을 쓰고 있었다. 조영래였다. 변장을 했지만 금방 알아보았다. 그는 1974년 민청학련(民青學聯) 사건 피의자로 수년째 도피 중이었다. 둘은 부근 뒷골목의 다방에 들어가 이런저런 담소를 길게 나눴다. 불쑥 조영래가 이런 말을 꺼냈다. '소비자보호운동이 중요해. 소비자보호법을 공부할 필요가 있네.' 아니, 도망자 신세에 소비자 걱정이라니. 그는 주위 지인들에게 영향력이 큰 인물이었다. 유신시대에 '어용학자'가 아니라면 헌법전공자가 할 일이 무엇이 있겠는가. 조영래의 얘기를 듣고 나는 한때 소비자보호법을 공부한 적이 있다.

논문도 두어 편 썼고, 그 논문을 본 가정학 교수의 부탁으로 서울대 가정대학 대학원 강의까지 한 적도 있었다.

1986년, 나는 졸저 『법사회학』을 출간하였다. 명색이 헌법교수인 나의 첫 학술서적은 헌법책이 아니었다. 이 책은 전두환 5공 정권의 부산물이다. 유신시대를 뒤 이은 5공 시대에 상황은 더 악화하였다. 이 시대를 나는 한국헌법사의 공포시대라고 부른다. 헌법공부가 무용하던 이 시절, 내가 학문적 도피처로 찾은 것이 법사회학이다. 독학이었다. 5공의 공포시대가 없었다면 이 책은 없었을지 모른다. – 역사에는 숱한 크고 작은 아이러니들이 산더미처럼 묻혀 있다. – 『법사회학』 출간 직후 책 한 권을 조영래에게 증정하였다. 그 후 다시 만났을 때, 그는 유독 그 책의 한 작은 부분에 대해서만 큰 관심을 보였다. '공익법운동'(public interest law movement) 부분이다.

공익법운동은 돈벌이의 영리 목적이 아닌 공익 목적의 집단적 변호사활동을 가리킨다. 미국에서 1960년대 중반 이후 전개된 변호사 사회의 새로운 움직임이었다. 가난한 사람을 위한 무료 법률서비스, 곧 법률구조(legal aid)는 뉴욕에서 이미 1876년에 시작되었지만 그런 차원을 넘는 변호사들의 개혁적 운동이었다.

졸저 『법사회학』에 관해 대화한 후 얼마 지나지 않아 그의 변호사 사무실을 찾은 적이 있다. 시청 부근 명지빌딩의 사무실 앞에 닿으니 못보던 큰 목제 간판이 세로로 걸려 있다. '시민공익법률상담소.' – 조영래에 관한 문헌들에 '시민공익법률사무소'라고 기록된 사례가 적지 않다. 조영래가 홀로 변호사 업무를 시작한 것은 1983년이다. 당시 조영래와 같이 일했던 노동운동가 박석운에 따르면, '조영래 법률사무소'의 부설 조직으로 1984년 4월에 문을 연 것이 '시민공익법률상담소'이다. 박석운은 상담소장으로 수년 간 일했다. –

'시민공익'이라는 작명은 음미할 만하다. 보통 '공익'이라고만 말하면 국가이익과 혼동되기 쉽다. 헌법 제37조 2항에 규정되어 있는 '국가안전보장 · 공공복리 또는 질서유지'는 기본권제한의 목적에 해당하는 원리이며, 뭉뚱그려 공익이라고 표현되기도 한다. 자칫 공익이라는 어휘가 인권보장이 아니라 인권제한의 근거로 받아들여질 수 있다. 이런 오해의 소지를 막기 위해 '시민'을 '공익' 위에 얹은 것이 아니었을까.

조영래의 작명 능력이 보이는 또 다른 예가 있다. '노동인권회관'은 조영래의 지원 하에 1989년에 발족하였다. 처음 박석운이 소장을 맡았고, 권인숙이 대표간사로 종사했다. '노동인권'이라는 조어도 조영래의 작품이었다.

공익법운동에 종사하는 변호사들을 public interest lawyer 또는 cause lawyer라고 부른다. 공익변호사를 상징하는 인물이 랄프 네이더(Ralph Nader, 1934-)이다. 인도계 출신인 그가 전국적 아니 세계적 인물로 등장한 계기가 자동차회사 GM을 상대한 세기적 소송이었다. 한 자동차사고의 원인이 자동차의 결함에 있었다는 점을 캐내고 '제조물책임의 법리'를 이끌어낸 소송이 네이더의 작품이었다.

랄프 네이더는 변호사 조영래 후년의 롤 모델이었다. 나의 기억으로는 조영래가 컬럼비아대학 연수를 위해 뉴욕에 머물 때 그를 만난 적이 있다고 했다. 조영래는 네이더처럼 한국에서의 자동차 소송을 시도한 적이 있다. 현대자동차 사고 사건을 맡았던 그의 의도는 성과를 내지 못하고 끝난다. 자동차회사에서 피해자에게 새 자동차를 제공하자 유야무야되고 말았다고 한다. 그의 후배이자 동료였던 박석운의 증언이다.

1987년 6월 혁명 – 흔히 '6월 항쟁'이라 부르지만 '6월 혁명'이라고 명명하여 마땅하다 – 이후, 대통령선거전이 전개되고 있을 때다. 민주화투쟁에 앞장섰던 김영삼, 김대중 양 정치지도자가 대통령직을 앞에 두고 숙명의 경쟁을 벌였다. 이른바 '후보단일화론'과 '비판적 지지론'이 맞섰다. 조영래는 후보단일화론에 앞장섰다. 김영삼 지지의 정치세력들은 후보단일화론이 유리하다고 보아 여기에 호응했고, 김대중 지지세력은 이른바 '4자 필승론'까지 꺼내며 비판적 지지론을 내세웠다. 조영래의 후보단일화 운동은 곧 정치활동이었다. 다만 당시 특수한 상황에서 인권변호 연장선의 의미를 지닌다고 풀이함이 적절할지 모른다. 상당수의 인권변호사들이 후보단일화론에 동조했고 일부 인권변호사는 비판적 지지론에 가담했다.

당시의 작은 사사로운 일화다. 조영래가 불쑥 나의 집에 찾아왔다. 그는 내게 후보단일화를 촉구하는 성명서의 초안 작성을 부탁했다. 능력에 부치는 일이었지만 거부하기는 어려웠다. 며칠 고심하여 문안을 만들어 주었다. 그는 성에 차지 않아 했다. 직접 초안을 작성했다. 조영래의 그 성명서는 명문이었다.

조영래의 일생은 슈베르트의 미완성교향곡을 연상케 한다. 서른하나에 요절한, 우울한 천재였던 슈베르트는 이 교향곡의 2악장까지를 완성한 뒤, 3악장 수십 마디의 편성을 끝으로 중단하고 말았다. 그럼에도 교향곡의 명곡 중 명곡으로 꼽힌다. 조영래의 일생도 미완에 그쳤다. 그렇지만 43세 생애만으로도 민주화투쟁가로서, 그리고 인권변호사로서 우리들 뇌리에 짙게 각인되어 있다. 짧지만 명작 인생이었다.

'미완'이어서만도 아니다. 조영래의 짧았던 삶은 미완성교향곡의 어두운 음조(音調)를 떠올리게 한다. 교향곡 첫 머리 콘트라베이스의 무거운 음률은 우울의 심연에 한없이 빠져들게 한다. 조영래의 삶 또한 결코 밝은 것은 아니었다. 고교생 시절 학비 마련에 힘겨웠고, 영어(囹圄)의 고난에 이어 긴 도피생활의 불안과 고통이 따랐다. 87년 대선 이후에는 피곤한 좌절의 세월이 이어졌다. 그럼에도 불구하고 그 신산(辛酸)의 시간들 속에서 그는 불꽃을 피워 올렸다. 미완성교향곡 2악장, 간간이 따뜻한 목가적 서정과 분출하는 격정, 장엄한 합성의 순간들이 흐르듯이. 이 교향곡 2악장은 종내 긴 여운을 남기며 고요히 숨을 멈춘다. 조영래의 삶과 죽음이 그러했듯이. 그의 말년 10년, 어두움 속에서 밝게 타오른 불꽃 같았던 삶. 어둠을 깨치고 피워낸 찬란한 불꽃이었다.

그의 많은 지인들은 그의 사후 때때로 이런 상념에 젖을 때가 있을 것이다. '이 상황에서 조영래라면 어떻게 했을까?' 그를 아는 일본인 기자까지도 추모의 글에서 그런 말을 남긴 적이 있다.

조영래는 끝내 자신의 손에 쥔 패를 보여주지 않은 채 우리 곁을 떠

조 변호사 30주기 기념모임 강연이 끝난 뒤.

났다. 그가 숨겼던 인생행로는 어디를 향하고 있던 것일까. 세월이 가고 또 흘러도 아쉬움이 끊이지 않기에, 부질없는 생각만 되돌려 반복할 뿐이다. 미완성이지만 완성된 삶이었다. 그럼에도 그는 '미완의 지도자', '미완의 대기'였다.

명동 YWCA강당에서의 영결식 마지막 장면이 떠오른다. 은사이시자 『제2자본론』의 저자 임원택 교수는 조사에서 탄식했다. '대통령감을 잃었다.' 뒤이어 홍성우 변호사는 애끓는 조사 끄트머리에서 식장이 떠나가도록 절규했다. "영래야, 잘가라." – 홍 변호사는 한때 순정한 변호사 황인철과 더불어 '인권변호사 홍 · 황 시대', '인권변호사 순수의 시대'를 이끌었던 분이다. – 마석 모란공원 묘역, 그날 운구의 뒤끝자락에서 언덕을 힘겹게 오르던 기억이 엊그제 같건만 30년 세월이 잠깐이다.

앞서 얘기한 검사들과의 모임 뒷얘기 한 토막을 덧붙인다. 강연이 끝난 후 질문 시간이 있었다. 그 중 한 여검사의 질문이 특히 흥미로웠다. '만일 조변호사가 지금 상황에서라면 무엇을 했을 것인가?' – 조영래 사후 그를 추모하는 모임 자리에서 언젠가 홍성우 변호사가 이런 말을 남긴 적이 있다. '한참 후배였지만 조변(趙辯)이 한마디 하면 일의 방향이 잡혔다.' 조영래는 뛰어난 상황 판단력을 지닌 인물이었다. 또한 철저하고 집요했다. – 질문에 대한 답변에서 순간 나는 당황스러웠다. 우선 '외통수 질문이다'라고 웃어 받아 넘긴 뒤, 잠시 뜸을 들인 후 이렇게 한마디 했다. '깃발을 들 것인지 고민하지 않았을까.' 아니, 벌써 깃발을 휘날렸을지 모른다.

사나이 정일수 변호사

정일수(鄭一樹)는 세상에 널리 알려진 인물은 아니다. 미처 뜻을 펴보려 나서지도 못한 채 오래 전 갑작스레 세상을 떠났다. 정일수를 처음 만난 것은 대학 1학년 때이다. 어떤 재미없는 교양과목 시간에 나는 『사상계』를 꺼내 읽고 있었다. 그 강의시간이 끝나고 그가 내게 말을 걸어온 후 가까워졌다. 훗날 그가 말했다. '수업시간에 사상계 읽는 모습이 흥미로웠다'고. 이후 우리는 가깝게 지냈다. 함께 세상을 이야기하고 미래를 설계하였다.

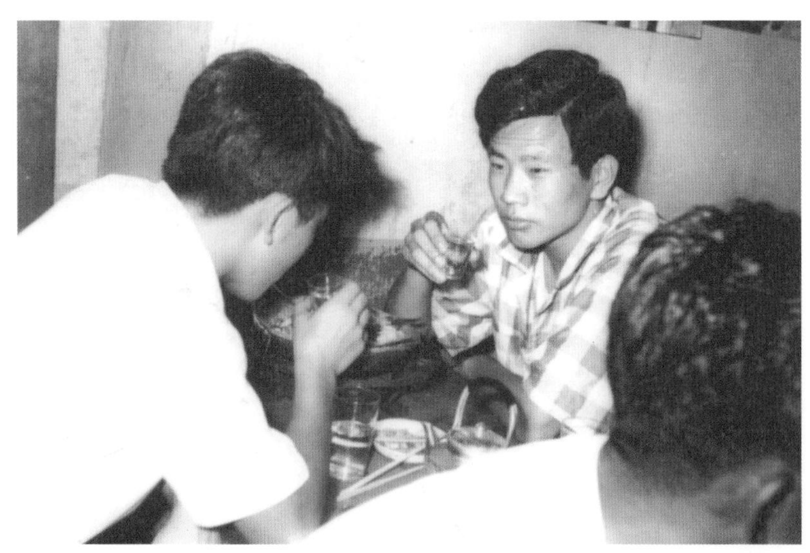

정일수 군과 명동 대폿집에서. 1966 혹은 1967년.

그는 고향 부산에서 변호사 생활 중, 어느 날 밤 교통사고로 숨졌다. 그 소식을 전화로 들었을 때, 망치로 머리를 맞은 것처럼 잠시 멍하였다. 벌써 20여 년 전 일이다. '참을 수 없는 존재의 가벼움'을 다시 확인한 순간이기도 했다.

부산 사나이 정일수는 장대한 체구의 태권도 유단자였다. 불량배들을 퇴치시킨 그의 무용담은 대학동창들 사이의 전설이다. – 내가 청소년 시절 못 해보았기에 아쉬운 일의 하나는 무술을 수련하지 않은 일이다. – 대학생 시절 하숙을 하던 그가 여러 번 우리 집에 온 적이 있다. 나의 어머니는 그가 오면 늘 푸짐한 쇠고기국을 끓여주었는데, 훗날 그는 히죽 웃으며 이렇게 말했다. '느그 집에 갔다 오면 기운을 다시 찾았고마.' 정일수의 아버지가 서울에 올라오셨을 때, 새파란 아들 친구들을 정중히 대하시던 모습이 떠오른다.

수년 전 정일수의 아들로부터 전화를 받았다. 결혼 주례 부탁이었다. 초등학교 졸업 무렵 아버지를 잃은 신랑은 아버지의 옛 모습에 대해 한 마디라도 더 듣고 싶어 하였다. 그 모습이 애틋했다.

수십 년 전 일이 떠올랐다. 정일수는 대학 졸업 후 수년 간 기질에 안 맞는 회사원 생활을 하며 몹시 힘들어 하였다. 어느 날 상사가 전화로 그에게 욕설을 퍼부었다. 정일수는 맞받아 소리쳤고 그 일로 회사를 그만 두었다. 뒤늦게 사법시험 공부를 하던 중 배필을 만났다. 그가 대학 은사에게 주례를 부탁하러 가는 길에 내게 동행하자고 하여 함께 교수실을 찾은 적이 있었다.

정일수의 아들 결혼식 주례사에서 신랑 아버지와의 옛 이야기를 하다가, 분위기를 되살리려 한마디 덧붙였다. '저는 정일수 변호사의 대를 이은 결혼도우미입니다.' 주례사를 마치고 내려오자 가족 중 눈물을 훔치는 모습이 보였다. 정일수는 시간이 날 때면 절간을 찾아 참선으로 심신을 다스리던 불자이기도 했다.

술 한 잔 걸치고 흥이 오르면 일수는 늘 이 노래를 불렀다.

"천둥산 박달재를 울고 넘는 우리 님아 / 물항라 저고리가 궂은비에 젖는구나 … ” 아직도 그의 부재가 허전하다.

위공(爲公) 박세일

박세일(朴世逸)은 동숭동에서 만난 법대생들 가운데 무척 깊고 깊은 인상을 남겨준 인물이다. 그는 많이 알려졌을 뿐만 아니라, 그를 추모하고 기리는 모임이 있고 그 활동 또한 꾸준하므로 그의 면모에 관하여 새삼 이야기할 필요는 없겠다. 사사로운 몇 장면을 회상해 본다.

신입생 시절 그와 처음 이야기를 나누게 된 것은 조영래 변호사를 통해서였다. 조영래와 박세일은 이미 고교시절 불교학생 모임에서 만난 사이였다.

갓 대학 초년생 때이다. 어느 날 그와 함께 을지로 6가 부근을 걷고 있었다. 그가 모퉁이의 작은 책방에 나를 이끌고 들어갔다. 그는 이내 어떤 책 한권을 집어 들어 내게 선물하였다. 『金剛般若波羅密多心經』(금강반야바라밀다심경). 그 시절 박세일의 곤궁함은 말로 옮기기 어려울 정도였다. 훗날 알게 되었지만, 가족이 함께 모여 살 형편이 안 되었고, 그는 늘 숙식이 해결되는 입주 가정교사로 버텼다. 자기 앞가림은 물론이고 집안 살림을 도왔다. 그가 새 책을 사서 내게 선물한 것은 자신의 처지를 무시한 행동이었다.

젊은 날 그 불경을 펼쳤을 때 해독이 어려웠고 그저 지식 이상은 아니었다. 오십 줄로 들어설 무렵, 심신이 몹시 피폐하던 어느 날, 심경을 꺼내 읽고, 읽고 다시 읽고, 다시 또 읽고, ‘산은 산이 아니요, 산은 산이다’의 뜻을 깨쳤다고 잠시 생각한 적이 있다. 지금 그 뜻은 가물가물하다.

박세일은 일찍부터 불교에 심취해 있었다. 대학시절 어느 몹시 춥던 겨울날, 그의 가족이 연탄가스 중독사를 당하는 비극을 당했을 때, 30대의 청년 법정 스님이 허름한 밀짚모자를 깊이 눌러쓰고 장례를 거두던 모습이 떠오른다. 당시 스님 이름이 글 소문으로 알려지기 시작하던 무렵이다. 변(變)이 일어난 박세일의 면목동 판잣집 상가를 찾아보고 큰 충격을 받았다.

그 시절 어느 날, 박세일과 함께 강남의 봉은사를 찾은 적이 있다. – 지금의 봉은사 일대는 상전벽해란 표현만으론 태부족이다. – 그가 어머니와 함께 절에 기거하며 학교를 통학하던 때였다. 뚝섬에서 나룻배를 타고 한강을 건너 숲속 밤길을 걸었다. 너른 승방에 스님들과 함께 둘러앉아 저녁 공양을 하였다. 먹을 만큼 음식을 덜고, 깨끗이 비운 다음, 그 자리에서 설거지까지 끝내는 과정이 첨단적이었다. 법정(法頂) 스님이 젊은 시절 거처하던 작은 승방을 힐끗 들여다보았던 기억도 남아 있다.

유학길에 오르기 전, 박세일의 운동가 정신은 충일했다. 동숭학회 멘토 이영희 선배가 결혼한다는 소식이 들렸을 때 그는 이렇게 못마땅해 하였다. '아니 할 일이 많은데 결혼을 한다니.'

40대 중반 무렵, 박세일이 미국 유학에서 돌아온 후, 어느 날 둘이 만났을 때였다. 그가 불쑥 이런 말을 꺼냈다. '너는 그 옛날에도 침대에서 잠을 잤지.' 그가 대학시절 와 보았던 내 방을 기억하고 꺼낸 얘기였다. 유학 후 그 무렵 박세일은 이념적으로 다른 사람이 되어 있었다. 그는 박정희 대통령을 숭배했다.

대학 졸업 후 그가 잠시 산업은행에 몸담고 있을 때일 것이다. 어느 날 둘이 만난 자리에서 그가 불쑥 종이 한 장을 꺼내더니 몇 자 휘날리듯 써내려갔다. 그의 필체는 칼날처럼 날카롭고 힘이 뻗친다.

生也一片浮雲起
死也一片浮雲滅
浮雲自體本無實
生死去來亦如然

굳이 옮겨 본다면,

삶은 한 조각 피어오르는 뜬구름
죽음은 한 조각 스러지는 뜬구름
본시 실체 없는 뜬구름일지니
삶과 죽음 오고 감이 바로 이러하거늘.

옛 선승의 게송(偈頌)으로 알려져 있다. 이따금 박세일은 한문 싯귀를 휘갈겨 쓰며 읊조리기도 했다. 어느 날인가는 김삿갓의 풍자시를 써 내린 쪽지를 건네준 적도 있다. 나는 한동안 그 쪽지를 수첩에 끼어놓기도 했다.

"此竹彼竹 化去竹 風打之竹 浪打竹 …
萬事不如 吾心竹 然然然世 過然竹"

(이대로 저대로 되어가는 대로, 바람 부는 대로 물결치는 대로, …
만사 내 마음대로 되지 않으니, 그런 그런 세상 지나가는 대로).

수년 전 내 어머니가 세상을 떠났을 때 빈소의 영정 앞에서 그는 풀썩 엎드려 깊게 절하였다. 그다운 모습이었다. 언젠가 나의 어머니와 박세일의 어머니가 만난 적이 있었다. 나중 안 일이지만 두 분 모두 원산 출신이었다. 원산은 부산 · 인천과 더불어 조선 말 처음 개항한 곳이다.

오랜 세월 박세일과 교류하며 그에게서 느낀 별난 점 하나는 이것이다. 그는 자기 신념의 정립에 주저함이 없었다. 어쩌면 그렇게 쉽고 빨리 확신을 갖는지 나로서는 놀라웠다. 그는 다방면의 독서가였고 깊이 있는 지식인이었다. 지식인은 흔히 망설인다. 곧잘 회의주의에 빠진다. 쉽게 판단하고 결정하지 못한다. 박세일은 달리 보였다. 기실(其實) 깊게 숙고했음이 틀림없을 것이지만, 그는 '쉽게' 신념을 굳히는 것처럼 보였다. 이것은 행동가 · 정치가에게는 큰 장점이다.

박세일의 화양연화(花樣年華)는 아마도 그가 김영삼 정부에서 정책기획수석을 지냈을 때가 아닐까. 당시 그는 '세계화'정책을 주도하였다. 사법개혁의 일환으로 시도했던 '로스쿨 제도' 도입 추진도 이 정책의 하나였다. 완강한 반대에 부딪쳐 사법시험 합격자 수를 대폭 늘리는 데 머물었지만, 로스쿨 제도는 후일 노무현 정부 하에서 실현되었다. 박세일이 이 제도를 추진할 당시 나는 학계에서 이를 뒷받침하는 일에 앞장섰다. 그때 기존 법조계에서는 박세일을 비롯한 사법개혁의 선도적 추진자들을 '사법 오적(五賊)'이라 부르며 비판한 적이 있다. 나 역시 그 일인으로 거명되었다.

아직 젊었던 시절, 관악산 중턱에서 함께.

그가 정책수석으로 일할 때 자신의 청와대 사무실에서 만나자는 연락이 왔다. 후일 기재부 장관을 지낸 박재완이 박세일 밑에서 일하던 때다. 박세일은 당시 신설 중이던 '여의도연구소'의 소장을 맡을 의향이 있느냐고 내게 물었다. 이 연구소는 당시 집권당 민주자유당의 싱크탱크 격의 연구소였다. 나는 그 자리에서 사양하였다. 왠지 내키지 않았다. 얼마 후 이영희 선배가 초대 소장으로 취임한다는 뉴스에 접했다. – 여의도연구소는 그 후 여의도연구원으로 개명하였다. – 내가 기억하는 박세일의 모습 중 가장 자신에 차고 행복하게 보였던 때가 그 시절이었다. 왜 안 그렇겠는가. 그의 나이 아직 오십도 되기 전이었다.

그 후 그가 박근혜 당대표 시절, 비례대표 국회의원을 지낸 적이 있다. 임기 중도에 돌연 사임한 후 만났을 때 그가 말했다. '국회의원은 나와 맞지 않아.' 박세일의 그 말뜻을 나름대로 헤아려 본 것은 훗날 내가 관직에 있으며 국회의원들의 행태를 눈여겨보았을 때다. 그가 직접 경험한 국회의원의 역할은 결코 국정운영의 중심이 아니었을 뿐만 아니라, 대부분 의원들의 행태는 더더욱 이해하기 힘들었을 것이다. – 2021년 2월 초, 정의당 소속 30대 여성의원이 인터뷰에서 말했다. "국회가 우리 사회에서 가장 뒤처진 곳 같다." –

박세일은 '일'을 중시했다. 그가 타계하기 2,3년 전 어느 날 모처럼 옛 동숭동 사람들이 모였다. 큰 수술을 받았던 이영희 선배가 동숭학회 친구들과 함께 한 자리였다. 자리를 파하고 나오면서 박세일이 나에게 한마디 던졌다. 나의 감사원장 업무와 관련해 남에게서 들은 듣기 좋은 얘기였다. '욕만 많이 먹었지'라는 나의 대꾸에 그가 말했다. '일하면 욕먹게 되지.'

어디서나 당당했던 그는 위암으로 세상을 떠났다. 장례식 때 관을 덮은 커다란 태극기가 강렬하게 눈에 들어왔다. 그의 아호 위공(爲公)은 그에게 잘 어울린다. 생전 가까운 친구들 모임에서도 그는 곧잘 신변잡사나 시중의 그렇고 그런 화제를 못마땅해 하며, 정치 · 경제 · 사회 등 공공적 사안에 관한 '토론'을 고집했다. 우리는 그런 그를 '세미나 박'이라고 불렀다. 그는 늘 열변이었고 문장에 능하였다. 가난했던 시절에도 의연했고 그래서 더 돋보였다.

박세일의 첫인상 중에 각별한 점은 그의 눈매에 있다. 어떤 결연한 의지를 날카롭게 내뿜는다. 박세일은 가슴에 품은 웅지를 다 펴지 못하고 안타깝게 일찍 눈을 감았다. 짧은 우리들 삶에서 자신의 뜻을 이루는 이가 얼마나 될까마는. – 나무관세음보살.

'동숭구락부 전말기'

동숭동에서 만난 사람들은 '정'에 앞서 '뜻'으로 만난 사람들이었다. 동숭동 시절, 우리는 '함께 해야 한다', '같이 가자'는 다짐도 여러 차례 했다. 그러나 오래 가지는 못했고, 졸업 후 뿔뿔이 인연 따라 제 갈 길을 갔다. 그렇더라도 그 후 다시 만날 때면 늘 설레었다. 사회생활에 들어선 이후에도 오래 동안 나는 '뜻으로 만난 친구야말로 진짜 친구'라고 여겨 왔다.

은퇴 후 산기슭으로 칩거에 들면서 언젠가부터 나의 오랜 이런 생각이 흔들리고 있다. '뜻'이란 무엇인가. 뜻이란 과연 무엇이었나. 뜻의 허망함이 모래성처럼 무너져 내리고 있음을 느낀다. 뜻으로 만난 친구들에게서 의식적으로 거리를 두는 요즘의 나를 그들은 이해하지 못할 것이다. 당황스러운 건 나 스스로도 마찬가지다. 도대체 노년의 이 변덕은 무엇이란 말인가. 먼저 떠난 동숭동 호걸들은 말년에 어떤 생각을 하였을까.

시인 김광규의 절창, <희미한 옛사랑의 그림자>는 4·19세대만의 청춘 만가(輓歌)는 아니다. 한때나마 '혁명'을 꿈꾸었던 지나간 모든 젊음들의 허허롭고 먹먹한 청춘 송가(頌歌)처럼 들린다. 6·3세대와 유신세대 사이에 낀 47년생들에게도 그 쓰리고 서늘한 노래는 남들만의 노래가 아니다.

결론 없는 모임을 끝낸 밤
혜화동 로우터리에서 대포를 마시며
…
우리는 달라진 전화번호를 적고 헤어졌다
…
몇이서는 허전하게 동숭동 길을 걸었다
…
오랜 방황 끝에 되돌아온 곳
우리의 옛사랑이 피 흘린 곳에
낯선 건물들 수상하게 들어섰고
…
부끄럽지 않은가
부끄럽지 않은가
바람의 속삭임 귓전으로 흘리며

4·19의거 전년의 칠흑같이 암울하던 시기를 배경으로 하는 소설 <회색인>의 인물 중에 정치학과 대학생 김학(金鶴)이 있다. 그의 학술 동인 '갇힌 세대'를 두고 소설에 이런 구절이 보인다.

> 서로 얼려서 웃고 떠들고 독백에 가까운 대화를 나누고 나면, 한결같이 무슨 일을 치르고 난 것 같은 느낌이 드는 것이었다. … 정체를 알 수 없는 안타까운 마음을 달래기 위하여 그들은 서툰 논리를 움직여보고 자기에게만 가장 확실한 아포리즘을 상대방에게 던지고 하면서 정신의 줄타기를 희롱하는 한 무리의 광대들이다. … 그 감격은 환상이라는 것을, 그 긴박감은 에고의 초조라는 것을, 약간의 아름다움은 자기도취라는 것을 그들의 속마음은 알고 있다. … 거짓에는 거짓의 진실이 있다. 마치 위험한 줄타기를 하는 광대들에게 그들대로의 우정이 있듯이. … 마음은 높고 현실은 낮았다.
> … 머리가 히끗한 점잖은 사람들이 아직도 인간은 신비스럽다고 생각하고, 따지고 또 따져도 해탈은 못 얻고, 그래서 마누라와 다 자란 자식들의 눈을 피해서 비밀의 동인들의 모임에 나간다. 그들은 평생 음모를 해왔으나 그들의 일은 이루어지지 않았다.

그 시절 우리들의 '동숭학회'가 소설 속 '갇힌 세대'를 그대로 닮지는 않았다. 그러나 전혀 다르지도 않았다. 혁명의 꿈은 어디서나 불모의 꿈이 아닌가.

누구나 소설가가 될 순 없어도 누구든 소설 한 편은 쓸 수 있다고 한다. 만일 내가 소설을 쓰게 되는 날이 온다면, 그 제목은 <동숭구락부 전말기>가 될 것이다.

강단 38년

뜻하지 않은 길

1950년대, 을지로 입구 광교방향 우측 모서리의 작은 건물 2층에 이비인후과 의원이 있었다. '한기택 이비인후과.' 한 손은 늘 하얀 의사 가운 주머니에 넣고 호두알을 굴리던 원장 선생님은 이 분야에서 이름난 분이었다. 코가 좋지 않았던 나는 초등학교 5학년 때 이 병원에서 비염 수술을 받았다. 중학 입학 후 변성기에 다시 병원을 찾았다. 성대에 폴립이 생겼는데 수술하기 어려운 상태라는 진단을 받았다. 성대가 부은 모양을 그림으로 그려주며, 의사선생님이 한마디 흘리셨다. "교수나 변호사는 힘들겠네."

– 병원을 찾은 계기는 중고교시절 미술 담당 최경한 선생님의 말씀이셨다. 어느 날 최 선생님이 조용히 나를 부르셨다. '성대가 심히 상한 것 같으니 병원에 가보게.' 최 선생님은 경기중고교 선배이기도 하셨고 학생 모두가 따르고 존경한 분이시다. 후년에 이중섭 미술상을 수상하셨다. 관직에 있을 적 스승의 날을 맞아 문득 최 선생님이 생각났다. 꽃 화분을 보내드렸다. 중병으로 병석에 누워계신다고 하였다. 수년 전 최경한 선생님의 부음에 접했다. –

대학교수의 길로 나서겠다는 나의 결심은 우선 내 생체조건에 부적합했다. 성대가 안 좋았을 뿐 아니라 기관지도 나빴다. 육사교관 시절, 강의를 처음 시작하면서부터 사태가 쉽지 않겠다는 것을 예감하고 확인했다. 조금 목소리를 높이면 이내 목이 쉬었다. 강의가 끝나면 파김치가 되었다. 그럼에도 교수의 길을 포기하지 않은 것은 지금 생각해도 이상스럽다. 강의는 말의 내용으로 하는 것이지 목소리로 하는 것은 아니라고 생각하였고, 또한 내가 하고 싶었던 것은 강의라기보다는 교수로서 글을 쓰는 것이었다. 그렇더라도 신체적으로 어려우면 도리가 없지 않은가. 만일 대한민국의 경제가 이처럼 성장하지 않았다면, 그리하여 학교 시설이 점차 나아져 강의실에 마이크시설이 마련되지 않았다면 교수생활을 지속할 수 없었을 것이다. 대학 신입생 시절까지는 전혀 생각지 않던 길, 신체적 고통을 감내하며 들어선 교수의 길이었다.

태능 - 오스틴 - 상도동

동숭동 대학촌을 떠나 육군사관학교 법학과 교관시절과 잠시의 유학생활을 거친다. 논산 훈련소 6주, 광주보병학교 10주간의 훈련기간은 그저 꾹 참고 견디자고 작정한 기간이었다. 이 시기의 기억 중 몇 장면만 들추어낸다. 야밤에 행군하면서 알게 된 사실은 걸으면서 졸 수 있다는 것, 혹은 졸면서 걸을 수 있다는 것이다. 또 하나, 사관후보생 시절 보병학교에서의 배식(配食) 수준은 논산훈련병 시절보다 형편없이 못했다는 점이다. 당시 논산훈련소장은 6·25때 귀순한 인민군 장성 출신으로 대단히 청렴한 군인이라는 소문이 돌았다.

덧붙인다면 같이 훈련받았던 군 신부(神父) 후보생들과의 추억이다. 그 중에는 이미 병역을 마쳤지만 종단의 결정에 따라 다시 군에 입대한 분들이 여럿 있었고, 훈련을 마치면 바로 소령에 임관될 분도 계셨다. 그 분들은 인품이나 지적 수준에서 한결같이 대단해 보였다. 어느 특정인만이 아니라 고르게 그런 점이 특이하였다. 그러면서 소탈하고 재미있었다.

광주 상무대에서 멀리 장성까지 행군 끝에 야영하던 날이었다. 취침 점호가 끝난 후 잠자리에 들어서고 얼마 지나지 않아 천막 입구 쪽에서 나를 부르는 작은 소리가 들렸다. 신부님이었다. 또 한 명의 전우와 함께 아랫마을로 살금살금 내려가 늦게까지 막걸리를 마셨다. 다음날 훈련에 엄청 애를 먹었음은 물론이다.

육군사관학교 법학과 교관시절, 태릉의 '화랑대'에서.

태능의 육사에서 3년간 생도들에게 법학개론과 국제법을 가르쳤다. 영관급의 선배 교관님들은 모두 온화하신 성품을 지닌 분들로, 상관이라기보다는 선배 교수님들이셨다.

교관 생활에는 여유시간이 많았다. 지도교수이셨던 김철수 교수님의 저술을 돕는 일은 나의 공부이기도 했다. 미국 헌법판례의 번역 작업은 미국법의 기초지식을 공부하는 시간이기도 했다. 지도교수님의 연구서 집필을 돕기 위한 문헌 정리 작업을 한 적이 있었는데, 특히 유신헌법에 삽입된 '국가원수' 조항과 '통일주체국민회의'조항에 관한 비교법적 관점의 문헌정리가 기억에 남는다. 당시는 유신 초기의 엄혹한 상황이었고 당국의 검열에 막혀 출간되지 못해 아쉽기 그지 없었지만, 학자적 지조를 지키시는 교수님이 자랑스러웠다. 김철수 교수님은 유신헌법의 홍보에 협조하지 않았고 교수직 유지에도 어려움을 겪으셨다.

전역 2개월 전, 유학을 앞두고 결혼하였다. 처와의 만남은 누이동생 친구를 통한 인연이었다. 1년간의 미국 유학생 시절은 힘들었지만 유익했다. 그 시절은 나의 영어실력이 얼마나 형편없는가, 그리고 미국이 얼마나 풍요로운 대국인가를 실감하는 기회였다. 처음 보는 자판기에서 코카콜라 캔이 드르륵 굴러 나오는 광경이 경이로웠고, 대형 식품점 SAFE WAY에 들어선 순간 그만 압도되고 말았다. 유대 땅 변방의 젊은이가 처음 로마의 신전을 들어섰을 때 어떤 느낌이었을까.

– 연암 박지원의 <熱河日記> 한 장면이다. 압록강 건너 120리 길의 국경 검문소 책문(柵門)에 이르러 출입문 안을 들여다본다. 여염집들의 외양, 담장의 벽돌, 도로의 우마차들의 행렬, 진열된 도자기 등 청나라 문물을 처음 접하고서 연암은 이렇게 썼다.

"책문은 중국 동쪽의 가장 끝인데도 오히려 이와 같다. 길을 나아가며 유람하려니 홀연히 기가 꺾여서, 문득 여기서 바로 되돌아갈까 하는 생각이 들어 온몸이 부글부글 끓어오르는 것 같았다." (김혈조 역).

뒤이어 연암은 이렇게 말한다. "나는 깊이 반성하며, '이게 질투하는 마음이로다. … 남의 국경에 한번 발을 들여놓고 본 것이라곤 만분의 일에 자나지 않는 터에 이제 다시 망령된 생각이 이렇게 솟는 것은 무슨 까닭인가? 이는 나의 견문이 좁은 탓이리라. 석가여래가 밝은 눈으로 이 시방세계를 두루 보신다면 평등하지 않은 것이 없을지니, 만사가 평등하다면 본래 투기나 부러움도 없을 것이로다.'라고 생각하였다." 연암이 기가 죽는 데 그치지 않고 반성하는 장면에서 그가 범상치 않은 인물임을 알 수 있다. 그가 청나라 건륭제 70회 생일 사절단에 따라갔던 해는 1780년이다.

그 후 100년 지난 1880년 경, 김옥균, 서재필 등은 개화승 이동인이 일본에서 가져온 성냥을 꺼내 불을 긋는 모습을 보았다. 이들은 '귀신의 재주'를 가졌나 보다고 놀랐다.

다시 95년 지나 어느 한국 청년은 미국 땅에서 자판기와 식품점을 보고 기가 죽었다. 그로부터 20년 지나 미국에 간 그의 자녀는 달랐다. 선조처럼 기죽지 않았다. –

당시 나는 텍사스(오스틴)대학 로스쿨의 유일한 한국인 학생이었다. 전례가 있다는 이야기도 듣지 못했다. 오스틴 첫날, 8월말의 뜨거운 햇볕이 내리쬐는 한낮의 공항에서 오랜만에 보는 장효강 군이 부수수한 웃음 띤 얼굴로 날 맞아 주었다. 주말에는 박선원 군이 몹시 낡았지만 덩치 큰 자동차를 끌고 와 장보기에 같이 갔다.

두 친구를 통해 만난 내 또래의 조창현 박사는 여러 모로 깊은 인상을 준 인물이다. 화학도이면서 인문학과 클래식 음악에 조예가 깊었다. 그가 오스틴 학생 시절 몰고 다니던 쪼그만 폭스바겐 비틀은 대단했다. 어느 날 그의 차에 오르고 보니 차 밑창이 너덜거려 밑바닥에서 강한 바람이 세차게 올라오는 것이 아닌가. 박사학위를 받은 후 뉴욕에서 취업한 그를 만난 적이 있다. 오랫동안 연락이 끊긴 사이지만 가까이 느껴지는 사람들이 있다.

강의실에서 고전하던 기억은 지금도 유쾌하게 되돌아보기 힘들다. 다만 백인 학생들 가운데 노트를 빌려주거나 자기 집에 초대하는 등, 호의를 베푼 선량한 미국 젊은이도 없지 않았다.

– 기꺼이 노트를 대여해준 랠프는 작은 키에 착한 눈매를 지니고 있었다. 중간시험이 끝난 후 고마운 마음에 그를 주말 점심에 집으로 초대한 일이 있다. 그의 아버지가 한국 군산 공군기지에서 근무한 적이 있다고 했다.

신혼집에 초대해준 필은 폴 뉴먼을 연상시키는 시원한 외모에 이색적으로 커다란 오토바이를 타고 다녔다. 법률가보다는 배우에 어울리는 외모였다. 처음 맛보는 스위스 음식 퐁듀를 만들어 준 그의 아내가 고마웠는데, 새침때기 표정으로 별 말이 없었다. 어릴 적 들었던 오래 전 미국프로야구 선수 미키 맨틀 등을 이야기했고 별로 할 말이 없었던 것은 내 영어가 딸리기 때문이기도 했지만 성격 탓이기도 했다. 그 역시 말수가 적은 사나이였다. 이런 상황에서는 영문과 졸업생인 아내가 늘 도움이 되었다. 필에게서 처음 초대를 받았을 때 뜻밖이었다. 그와 나는 가벼운 인사만 나누었을 뿐, 그때까지 별 이야기를 나눈 적도 없었기 때문이다. 랠프와 필은 지금 어떤 모습일지 궁금하다. 그들의 풀 네임을 기억하지 못한다. –

오스틴에서 만난 교수 두 분을 떠올린다. 국제인권법 담당 토마스 버겐탈(Thomas Buergenthal) 교수의 세미나 두 과목을 들었다. 그는 방문교수로 강의 중이었다. 첫 학기 나의 기말 페이퍼에 최고점을 주었다. 그러나 다음 학기 세미나에서 질문에 답을 못하자 – 긴장한 나머지 질문 자체를 알아듣지 못했다 – 일변하여 냉랭하였다. 면담 약속 후 연구실에 들어서자 험상궂은 얼굴로 왜 빨리 들어오느냐고 나무랐다. 앞의 학생이 나오자 생각 없이 문을 두드렸던 것인데 면담 약속시간 불과 2,3분 전이었다.

후일 나의 제자 김재원 교수가 워싱턴 DC의 아메리칸대학 로스쿨에서 그의 강의를 들었다는 얘기를 들었다. 귀국 후 김 교수가 버겐탈 교수의 저서를 번역하였을 때 내가 출판을 도와준 일이 있다. 버겐탈 교수는 그 번역서 앞머리 글에서 김 교수와 함께 나를 언급하였다. 10여 개 나라 언어를 구사한다고 스스로 얘기했던 버겐탈 교수는 미주(美洲)인권재판소장을 거쳐 후일 국제사법재판소(ICJ) 재판관을 지냈다. 국제법 교수로는 최고의 영예이다. 한국인 중에는 아직 없다. 버겐탈 교수가 유태인 강제수용소에서 극적으로 살아남았다는 이야기는 한참 뒤에 알게 되었다.

또 한 분은 라이트(Charles Alan Wright, 1927–2000) 교수이다. 헌법과 연방소송법 대가이다. 듣도 보도 못한 텍사스대학에 가게 된 계기도 라이트 교수의 명성 때문이라고 할 수 있다. 나의 미국 유학 계획을 듣고 지도교수 김철수 교수님이 그 대학을 추천해 주셨다. 라이트 교수는 방대하고도 권위 있는 법서(法書)의 저자였을 뿐 아니라, 닉슨 대통령 워터게이트 사건 당시 특별검사를 맡은 적이 있었고 그 뉴스는 한국 신문에도 보도된 적이 있었다. 후일 내가 미국학술단체협의회(ACLS) 연구비를 받을 수 있었던 것은 라이트 교수의 추천서 덕분이었다. 그에 앞서 1976년, 라이트 교수는 내가 서울대 교수 공채 응모 시에 추천서를 써 주셨다. 그의 추천서는 한국에서 무력했지만 미국에서는 위력이 컸다.

그 후 나의 숭전대 교수 시절, 라이트 교수의 따님이 업무 차 한국을 방문한 적이 있었다. 그때 좀 더 대접을 잘해드리지 못한 것이 작은 후회로 남아 있다. 많이 받고 적게 갚은 일이 어디 이뿐이겠는가. 후일 알게 된 바에 따르면, 라이트 교수는 내가 알던 것보다 훨씬 큰 인물이었다. 진보의 아이콘이었던 긴즈버그(Ginzburg) 대법관이 라이트 교수를 가리켜 이렇게 말했다고 한다. '미국 법조계 정상에 우뚝 선 거상(Colossus).' 라이트 교수는 엄청 장신이었다. 백인인 그가 대학 내 인종차별에 결연히 앞장 서 항거한 에피소드는 그가 공화당 지지자였기에 더욱 울림이 있었다.

아내는 대학에서 타이핑 아르바이트를 했다. 일거리가 늘 있지는 않았다. 어느 주말에 지인을 따라 노인요양원 일을 하고 귀가한 후, 아내가 몹시 서럽게 눈물을 흘렸다. 그 일은 그날로 그쳤다.

이런저런 고달프고 씁쓸한 일들에도 불구하고 짧았던 이 기간이 여러모로 소중했음은 틀림없다. 어쨌거나 이 시기에 고착된 서양 콤플렉스는 50년 가까이 지난 오늘에야 조금씩 해체되고 있는 중이다. 대한민국이 잘 살게 된 덕분이다. 오늘의 한국은 제2의 대한민국이다. 한국인들이 해를 연이어 아카데미 시상식에서 여유 있는 수상소감을 펼치는 장면은 천지개벽이 아니고 무엇인가. 이런 느낌을 촌스럽다고 한다면 섭섭하다.

1976년 초여름, 석사과정을 마칠 무렵, 지도교수이신 김철수 교수님으로부터 편지를 받았다. 새로 시작된 서울대 교수공채에 헌법분야가 포함되었으니 응모해보라는 권유였다. 결과는 탈락이었다. 경쟁 상대는 나의 지도교수님과 동년배의 K 교수였다. 때는 유신시대 한복판이었고, 나는 유신 '부역'을 거부한 지도교수님의 제자였다. 지금에서야 나의 부족 탓으로 받아들인다.

비교법학석사학위를 받고 1년 만에 귀국 후 길고 긴 교수의 길로 들어선다. – 지금은 외국인에게도 미국 변호사자격을 인정하고 있지만, 당시 텍사스대학 로스쿨에서 외국인에게 인정된 유일한 학위과정이 비교법학석사학위(Master of Comparative Jurisprudence)였다. – 서울대 공채에서 고배를 마시고 진로를 고심하던 중, 대학선배인 임종률 교수님으로부터 연락을 받았다. 숭전대(현 숭실대)에서 공법(公法) 교수를 찾고 있다고 알려주셨다. 첫 직장을 수월하게 얻을 수 있던 데는 임종률 교수님의 도움이 컸다. 임 교수님은 이영희 선배와 법대 동급생이다. 나는 법대생 시절, 노동법 교수 연구실의 조교로 있던 임 선배를 여러 차례 찾은 적이 있었다.

1976년 9월, 스물아홉 살 되던 해, 숭실대학교 조교수로 임명받았다. 육사 교관직을 교육경력으로 인정받기는 했지만 – 첫 2년간의 중위 시절에는 대학 강사자격이 인정되었고, 대위 계급장을 달았던 마지막 1년에는 대학 전임강사 자격이 주어졌다 – 그 기간은 병역의무를 이행하는 기간이었던 만큼 나의 첫 직장은 숭실대학교이다. – 당시 명칭은 숭전대학교. 숭실대학과 대전대학이 합병하여 종합대학으로 승격하면서 교명을 숭전대학교로 바꾸었다. 후일 다시 분리한 후 현재의 숭실대학교로 재출발하였다. –

첫 봉급은 문자 그대로 '월급봉투'로 받았다. 누런 갱지 봉투에 현금이 두둑이 담겨 있었다. 1970년대 중반은 한국의 고도경제성장에 물이 오를 즈음이다. 매년 20% 가량 봉급이 올랐다. 지독하게 알뜰히 저축한 아내 덕분에 집칸을 늘일 수 있었다.

상도동 시절 말년, '미국학술단체협의회'(American Council of Learned Societies)의 펠로우로 선정되어 캘리포니아 버클리(Berkley) 로스쿨에서 1년간 연구하였다. 덕분에 그곳 도서관의 풍부한 자료에 힘입어 졸저 『법사회학』 초고를 탈고할 수 있었다. 당시 버클리에 거주하던 고교동창 홍유신, 윤한철 학형의 많은 도움을 받았다.

상도동 시절 전반기는 유신시절이었다. 이 시기에 박사학위논문을 썼다. 때가 때이니만큼 논문쓰기도 자유롭지 못했다. 현실정치의 함의가 거의 없는 주제를 택하였으므로 흥이 나지 않았다. 1979년, 지도교수이신 김철수 교수님의 독려로 일찍 박사학위를 받았다. 교수님의 구름처럼 많은 후학들 가운데 첫 박사학위 취득이었다.

서울대 관악산 캠퍼스에서 박사학위 수여식 날.
어머니는 자식들 학교입학과 학위취득을 제일 기뻐하셨다. 당시 KBS PD이던 고교동창 백재하 학형이 축하해주며 사진까지 찍어주었다.

상도동 시절의 교수님들, 학생들과 함께.

상도동 시절은 8년 6개월로 막을 내렸다. 떠나올 때 학생들이 선물로 준 묵화 액자를 지금도 간직하고 있다. 그런 학생들이 요즘도 있을까. 첫 직장 상도동 시절은 따뜻하였다. – 은퇴 후 어느 날 숭전대 제자인 한상돈 교수로부터 전화를 받았다. 나의 부임 첫 해 4학년 졸업반이던 학생들을 비롯하여 졸업생 여남은 명이 옛 스승들을 초청하여 저녁식사 자리를 마련해 주었다. 오랜만에 당시의 교수님들(박길준 교수님, 김욱곤 교수님, 임종률 교수님)을 뵐 수 있었다. 요즘 대학가에서도 이런 일들을 볼 수 있을지. –

행당동 바위언덕

1985년, 한양대학교 법과대학으로 옮긴다. 상도동 시절 말년에 외부에서 새 총장이 부임하면서 대학분위기가 흔들렸다. 법학과 교수진 내부에도 변화가 오면서 마음이 떠나 있던 차에, 한양대학교로부터 전직 제의를 받았다.

새로 들어선 행당동 바위언덕 바람은 처음부터 거칠었고 내내 잦을 날이 없었다. 마시던 우물에 침 뱉기로 들릴까 보아 저어하지만 워낙 거칠고 힘든 시절이었다. 첫 학기부터 여기저기서 부딪혔고 학기말에 이직을 생각할 정도였다. 전혀 비생산적이고 신경 소모적인 교수사회의 알력은 험하기 이를 데 없었고 견디기 어려웠다. 내게 힘이 되어준 학생들이 있었기에 버텨낼 수 있었다.

당시 나는 이웃한 연구실의 내 또래 상경대 교수들과 가깝게 지냈다. 어느 봄날의 작은 일탈은 화려하였다. 미사리 강변의 매운탕 집에 함께 몰려가 낮술 했던 기억은 여전히 즐겁다. 행당동 시절의 특별한 경험이라면 우선 두 사건이 떠오른다.

1987년 5월, 전직한 지 오래지 않아, 당시 시국에 대한 교수들의 집단 성명서 바람이 한양대학교에도 불어왔다. 서명 작업을 주도하던 다른 학과 선배교수가 내게 법대교수 서명 작업을 부탁해왔다. 스무 명 가까운 법대교수들 중에 나를 포함하여 단 2명만이 교수성명에 동참하였다. 나와 동년배의 젊은 교수 한 명(정동호 교수)만 서명에 응해주었다. 옆방 연구실의 정교수와는 이런저런 어른 동화 같은 일화가 넘친다. '4·13개헌유보조치 철회' 등을 주장하는 성명서에는 한양대학교 전체적으로 교수 42명이 서명하였다.

또 다른 사건은 어쩌다 총장선거에 나섰던 일이다. 잘 알려진 대로 한양대학교는 설립자가 장기간 총장으로 지낸 후, 그의 아들이 10여 년간 총장직을 계속 맡아왔다. 다른 대학에서는 이미 직선제 총장선거가 보편화한 때였지만, 한양대학교에서는 선거 없이 이사회가 일방적으로 임명하는 방식을 지속적으로 유지하고 있었다. 대학교수협의회가 있었지만 제구실을 못해 왔고 또 하기도 어려운 분위기였다.

사회학과의 교수 한 분(전성우 교수)이 새 교수협의회장으로 들어서면서 분위기에 변화가 왔다. 동년배의 그는 당시 교수사회에서 보기 드문 인품과 소신을 지닌 분이었다. 총장 임기 종료를 앞두고 그를 중심으로 총장 선출방식에 문제가 제기되었다. 종래의 방식이 다시 반복되어서는 안 되며 총장 직선제를 추진하자는 것이었다. 대학 당국은 당연히 불응했지만 결국 수십 명으로 구성된 선거인단에서 추천하는 간선제 방식으로 낙착됐다. 교수협의회로서는 종전 방식의 답습보다는 낫겠다는 판단이었다. 교수협의회는 전체 교수가 가입되어 있는 것이 아니라 자발적으로 참여하는 임의적 단체였고, 자연스레 대학운영에 비판적인 교수들만 가입하였다. 나는 평회원으로 참여하고 있었다.

간선제나마 선거제가 채택됐지만 막상 협의회 추천의 후보자 선정이 쉽지 않았다. 협의회원들이 인정할 만한 인물 중에 후보로 나서려는 교수가 없었다. 협의회장인 전 교수는 고사하며 자신은 뒷받침만 하겠다는 확고한 입장이었다. 협의회장은 내게도 의사를 물었으나 사양했다. 며칠 지난 후 협의회장이 다시 전화를 걸어왔다. '선거일은 다가오는데, 아무도 후보자로 나서지 않으니 낭패다'라고 하소연했다. 며칠 생각 끝에 나서기로 마음먹었다. 어차피 간선제라면 결과는 뻔했지만, 선거를 통해 대학운영의 제반 문제들을 공론화시켜 보자는 것이 내 속셈이었다.

대학당국은 구체적 선거절차 결정에서 또다시 협의회 후보인 나를 궁지에 몰았다. 협의회 후보가 결정된 지 며칠 안 되어 후보자 공개토론회를 벌이자는 것이다. 덧붙여 학내 TV방송으로 생중계하자고 했다. 곤혹스러웠다. 상대는 이미 총장으로 10년 넘게 대학행정을 총괄 운영해왔지만, 나는 2년간의 학장 경험 외에는 대학본부의 전반적 사정을 알지 못했다. 만일 합의가 안 되어 절차가 미루어지면 어차피 임기 종료를 앞두고 종전대로 이사회에서 일방적으로 임명하고 말 속셈이었다. 이왕 엎은 물이었다. 불과 며칠간 벼락치기로 토론 준비를 끝내고 토론에 나서야 했다. 선거인단이 질문을 하고 후보자가 답변하는 방식이었다. 토론회에서 그런 대로 선방했다는 평가를 받았다. 기조 발표에서 나는 무엇보다도 '총장세습제가 웬 말이냐'고 공격했다. 할 말의 핵심이라고 판단하였다. 이사회로서는 뼈아픈 대목이었을 것이다.

시민단체 활동

1980년대까지만 하여도 대부분 대학의 시설은 열악했다. 특히 겨울이 힘들었다. 집의 조그만 서재는 북향인데다 배관 잘못인지 늘 추웠기에 겨울방학 중에도 대학연구실에 갔다. 난방이 문제였다. 12월이면 대학행정실에서 석유난로를 설치하고 연통을 달아주었지만 석유공급은 늘 모자랐으므로 근처의 석유가게에 전화하여 따로 배달시켜야 했다. 후년 교수서열이 올라 남향 연구실을 배정받은 후에는 한겨울에도 따뜻한 햇볕만으로 견딜 만하여 좋았다. 그 시절 여름에는 우체국이 부러웠다. 그곳은 냉방이 되었기 때문이었다.

열악한 시설보다 몇 배 힘든 것은 대학 분위기였다. 탈출구의 하나가 되어준 것은 교외활동이다. 가장 열정적인 외부 활동의 경험은 '경제정의실현시민연합' 초기 활동이었다.

약칭 '경실련'은 1989년 7월 결성된 한국 시민운동의 원조격 시민단체이다. 출범 이래 상당 기간 서경석 목사가 사무총장을 맡아 큰 업적을 쌓은 것은 부인하기 어려운 사실이다. 다만 오해되는 측면이 없지 않은 듯하다. 출범 당시부터 적극 참여했던 나의 눈으로 보면, 경실련은 어느 1인의 작품이 아니다. 경실련은 현실참여 지향의 대학교수를 비롯한 지식인 운동가들이 전례 없이 단합을 이뤄 헌신적으로 노력한 대단한 시민운동단체였다. 초기 회원들은 사심 없이 열정을 쏟았다. 밖에서 보면 최고집행기구인 사무총장이 눈에 띄기 마련이지만, 실질적으로는 최고의 사결정기구였던 상임집행위원장 역할도 사무총장에 못지 않았다. 초대 상임집행위원장이던 인하대 이영희 교수, 2대 위원장을 맡았던 정성철 변호사의 열정과 헌신을 잊을 수 없다.

나는 상임집행위원으로 활동하면서, 초기에 특히 기관지 월간 『경제정의』의 편집책임을 맡았다. 편집 업무가 쉽지는 않았지만, 더 힘든 일은 따로 있었다. 광고를 얻어오는 일이었다. 편집자라고 편집만 신경 써도 좋은 한가한 형편이 아니었다. 남에게 부탁하는 일은 내게는 제일 힘든 일이요, 또한 제일 잘 못하는 일이다. 여기저기 아는 분들을 찾아 어려운 이야기를 꺼내던 일을 생각하면 지금도 진땀이 날 지경이다. 선뜻 도와준 분들이 고맙다. 고등학교 야구반을 함께 했던 이윤무 선배도 그런 분 중의 하나다. 그는 시멘트회사 간부로 있었다.

경실련 활동 후년에는 시민입법위원장 책임을 맡기도 했다. 당시 사무총장을 맡았던 유종성 씨는 유능하면서도 신뢰할 만한 시민운동가였다. 후일 하버드 유학을 마치고 교수로 있다는 좋은 소식이 들렸다.

시민단체의 고충은 하나둘이 아니다. 우선 활동자금 마련이 문제다. 회원들이 내는 회비로 운영되는 것이 원칙이지만 회비납부 회원은 소수에 그친다. 시민단체 활동의 핵심 역할은 이른바 간사로 불리는 운동가들인데, 이들에 대한 보수는 최저임금수준에도 못 미친다. 초기 운동가들은 열정만으로 헌신했지만 열정만으로는 지속이 어렵다. 자금문제만이 아니다. 시민단체 활동에 시민들의 참여가 있어야 하지만, 좀체로 그런 일은 보기 힘들다. '시민단체에 시민은 없다.' 결국 '간사들의 시민단체'가 되고 만다.

우리나라 시민단체는 더 근본적 문제를 지니고 있다. 어느새 시민단체는 정치단체로 변질되었다. 관변단체라는 비판까지 나온다. 경실련 이후 출범한 참여연대는 강력한 힘을 발휘해 왔다. 참여연대 출범 당시, 그 주도자인 박원순 변호사로부터 참여 요청을 받은 적이 있다. 사법감시센터 책임을 맡아달라는 부탁이었다. 나는 사양하였다. 뒤에 이야기할 다른 단체의 활동에 전념하고 있을 때였을 뿐만 아니라, 경실련 초기의 적극적 회원으로서 내키지 않은 점 등이 그 이유였다.

경실련 활동 외에도 내가 또 한 번 헌신했던 단체활동이 있다. <나라정책연구회> 활동이다. 1994년에 결성된 이 단체는 여느 시민단체와는 달리, 말하자면 민간 싱크탱크 성격이 강했다. 주로 학생운동 경력의 젊은 지식인들이 모인 단체였다. 초대 회장으로 인하대 노동법 교수이던 이영희 교수가 추대되었다. 그 후 이 교수가 집권당인 신한국당 부속 여의도연구소의 초대 소장으로 부임하면서, 1995년, 내가 뒤이어 회장을 맡았다. 정기적으로 현실적 주제를 잡아 토론회를 개최하는 한편, 다방면에 걸친 정책연구 성과를 담은 서적을 다수 발간하였다. 이영희 교수가 강남 요지의 사무실 제공을 비롯하여 열성을 바쳤던 단체다. 내가 회장을 맡으면서 애먹은 일은 역시 활동자금 모금이었다. 출판기념 및 후원의 밤 행사를 갖던 날, 고건 당시 명지대총장, 서울

나라정책연구회 후원의 밤

◇왼쪽부터 諸廷垢 李鍾律 高 建 梁 建 權泰埈 朴範珍 朴載昌씨. 【李鍾哲기자】

나라정책연구회(회장 梁 建·양건한양대법대교수)는 11일 하오7시 서울 서초구 서울지방변호사회 별관 대회의실에서 「한국형 지방자치의 청사진」(도서출판 길벗刊) 출판기념회와 「후원의 밤」행사를 가졌다.

盧武鉉민주당부총재등 25인이 공동저술한 「한국형…」은 지방자치선거를 앞두고 자치단체가 처한 재정문제등 절박한 현실을 진단하고 경제진흥 행정쇄신 세계화 정보화 환경 시민참여등 부문별 발전전략에 구체적으로 접근하고 있다.

金鎭炫서울시립대총장의 축사로 시작된 이날 행사는 鄭正佶서울대행정대학원장의 서평, 權泰埈경실련공동대표의 격려사와 축하리셉션으로 이어졌다.

이날 모임에는 梁회장과 高 建명지대총장 洪性宇참여연대공동대표 朴範珍(민자) 柳寅泰 諸廷垢(민주) 姜富子(신민)의원, 李鍾律국회사무총장 朴炯圭목사 朴仁濟 朴容逸변호사, 權哲賢도시발전연구소장 安昃律지방행정공제회이사 張斗煥역사비평사사장, 林玄鎭서울대 朴載昌숙명여대 교수등 1백여명이 참석했다.

鄭德祥기자

'나라정책연구회' 후원회에 관한 한국일보 기사. (1995.5.12.)

대 권태준 교수님 등이 격려사를 해주신 가운데, 박형규 목사님, 홍성우 변호사님, 제정구 · 유인태 · 박범진 의원, 이종률 국회사무총장 등 많은 분들이 참석하였다. 뜻밖에 당시 국회의원이던 탤런트 강부자씨가 참석해 뒷자리에 말없이 서 있던 모습이 이채로웠다. 당시 나라정책연구회 모임에는 후년에 정계를 누빈 여러 인사들, 김문수, 정동영, 홍준표 씨 등이 몇 차례 모습을 보였다. 이듬해 내가 시애틀의 워싱턴대학에 방문학자로 가게 되면서, 뒤이어 박인제 변호사, 건축가 이대형 선배, 이광주 박사, 임현진 교수, 김문조 교수, 송해룡 교수, 이정희 회계사 등이 회장을 맡았다. 학생운동권 출신인 김영준, 서상섭, 유영표 씨가 적극 참여하였다. 실무자로 수고했던 김성식 씨는 후에 실력 있는 국회의원으로 활약하였다. 열정적인 실무활동이 인상적이었던 이범 씨는 안타깝게도 일찍 타계하였다.

대부분 각 대학의 후배 학생운동권 인사들이던 회원들에게는 특유의 문화가 있었다. 일종의 집단주의적 문화라고 하겠는데, 이 단체는 그들의 사랑방이기도 했다.

학회 〈법과 사회〉

현실비판의 이론적 도구로서 헌법학의 길에 들어섰지만 이 기대는 금방 암초에 부딪쳤다. 1972년, 육사교관 시절에 '10월 유신'이 닥친 것이다. – 돌아보면 유신시대 초기에 군대에 몸담았던 건 '보신을 위해서는 다행'이었다고 할까. 이런 표현이 심히 면구스럽지만. 군인 신분이 아니었다면 친구나 선후배들에 얽혀 힘든 길에 들어섰을지도 모른다. –

유신시대에 접어들면서 나의 길이 잘못 들어선 길이 아닌지 회의가 들기 시작했지만, 그래도 당시만 하더라도 '비판의 도구'로서 법학의 유효성을 아직 신봉하고 있던 때였다. 그러나 제5공화국시대는 유신시대와 또 달랐다. 5·18 광주항쟁에서의 대학살을 목도한 경험은 의식 깊은 곳에 전율 어린 공포감을 심어놓았다. 수사적 가감 없이 5공 시대는 말 그대로 한국헌정사의 공포시대였다. 5공 초기는 더욱 그러했다. 당시 이런저런 정부자문기구에는 한국현대사의 큰 인물들 이름이 올라 있었는데 그 중에는 국민적 존경을 받은 분도 포함되어 있었다. 그렇지만 당시 상황을 겪은 사람으로서는 조금이라도 비난할 엄두가 나지 않을 지경이었다.

그런 상황에서 헌법을 공부하고 헌법에 관련한 글을 쓴다는 일은 시쳇말로 용비어천가 류가 아니라면 자학적 저항이라고밖에 여겨지지 않을 정도였다. 그 즈음에 붙잡은 것이 법사회학 공부이다. 당위(當爲)를 말하기 어려운 상황에서 당위가 아닌 사실(事實)을 다루는 법사회학이야말로 법의 진실을 밝혀 주리라 기대하였다. 이 분야에 대한 관심은 늘 머릿속 한구석에 접어두고 있던 터였다. 그렇지만 이 분야 서적을 구하기 힘들었으므로 일본 책 몇 권을 찾아 읽는 정도였다. 일본 이와나미(岩波)출판사에서 출간한 전 10권의 『法社會學講座』 등이었다. 어떻든 법사회학과의 만남은 학문적 피난처에서 이루어진 셈이다.

나의 교수의 길에서 법사회학과의 만남을 하나의 중대사건으로 비화시킨 것은 1986년의 졸저 『법사회학』 출간이다. 나의 첫 번째 학술 저서 발간은 헌법학 영역이 아니라 법사회학 분야였다. 이것은 우연이었다. 당시 출범한 대우재단에서 의욕적으로 논저(monograph) 출간 사업을 시작했다. 재단에서 제시한 논제 목록 가운데 법사회학이 올라 있었고 거기에 응모해 선정되는 행운이 따랐다. 당시 우리나라에는 기성 법사회학자가 없다고 말해도 과하지 않은 실정이었다. 그만큼 당시로서는 생소한 분야였다. 대우재단의 사업에서 내건 모토가 '불우 부진한' 학문 분야의 진흥이었다. 마침 1984년에 미국에서의 연구 기회를 얻었다. 캘리포니아 버클리대학 로스쿨 도서관은 졸저 『법사회학』의 산실이 되었다.

우연은 이어졌다. 졸저 출간 후 책을 읽은 초면의 후배 교수들 몇몇을 만났다. 한인섭 교수 등 모두 20·30대의 신예 법학도들이었다. 1987년 1월 어느 추운 겨울날, 광화문의 조촐한 음식점에서 연구회 창립을 위한 모임을 가졌다. <'법과 사회'이론연구회> 출범이었다. 회원들 가운데 연장자였던 내가 회장을 맡았다. 맏이라지만 아직 40세를 앞둔 나이였다. 연구회 이름은 미국에 본부를 둔 국제적 법사회학 학회인 'Law & Society Association'에서 차용하였다.

대우재단 빌딩의 세미나실에서 막스 베버의 『법사회학』 등을 함께 읽던 이 공부 모임이 현실사회에 한발 가까이 내딛게 된 계기는 1989년 3월 31일의 '반민주적 법률의 개폐를 위한 공개토론회'였다. 국가보안법 폐지 등을 논의했던 이 토론회는 대성공이었다. 토론회가 열린 이화여대 경영대 강당은 청중들로 가득찼고, MBC라디오에서는 오후의 뉴스 프로그램을 통해 토론회 실황을 상당 시간 방송하기도 하였다. 토론회가 그만큼 당시의 사회적 분위기를 반영했기 때문이었을 것이다. 나는 사회자 역할을 맡았고, 당시 신예 인권변호사로 활동하던 박원순 변호사와 법철학자 박은정 교수 등이 토론자로 참석하였다.

토론회의 성공에 고무되어 우리는 토론회 발제문들 외에 원고들을 보강하여 출판을 모색하였다. 마포의 '창작과 비평사'를 찾았을 때 백낙청 선생은 흔쾌히 출판을 수락해주셨다. 당시에 새로운 출판 양식으로 부각되었던 '무크'지 형태였다. 일반 서적과 잡지 양식의 절충이었다. 창간호에 대한 호응도 뜨거웠다. 단기간에 3

"보수특권적「체제法学」청산을"

소장法学者들 진보적 연구단체 잇단 결성

"현실도피적 연구풍토 잠깨야"

민주화 주도 法문화운동 선언

◇보수로 특징지어진 법학계에도 새로운 바람이 불고 있다. 사진은 최근 창간된 무크지 「법과사회」.

『법과 사회』 창간을 보도한 조선일보 기사.

쇄를 거듭하였다. 조선일보, 한겨레신문 등 언론에서 크게 다루어준 효과는 예상을 넘어 대단하였다. – 일면식 없던 조선일보 문화부 김태익(金泰翼) 기자가 창간호에 큰 격려를 보내주었다. 그 고마움을 잊을 수 없다. – 이 환희의 순간은 그러나 오래가지 않았다. 2호, 3호로 이어지면서 판매부수가 현저히 감소하였다. '창비사'는 재정손실을 감수하고 이후에도 상당 기간 학회지 출간을 맡아주었다.

이 연구회는 후에 '법과사회이론학회'로 개명하였다. 2017년 연세대학교에서 '30주년 기념학술대회'를 열었을 때 나는 깊은 감회에 젖을 수밖에 없었다. 기념강연 첫머리에서 나는 이렇게 말했다.

"『법과사회』 출범 30주년을 맞는다니 우선 놀랍다. 대견하다는 느낌에 앞서 생존 자체가 경이롭다. 여느 학회와 남다른 면모를 지니고 태동했기에 상황에 따라서는 단명할지도 모를 일이었다. … " ("법학의 길, 나의 길", 『법과사회』 56호, 2017년 12월)

이 학회는 한국 민주화과정의 초입단계에서 기성 법학에 불만이던 소장 법학자들이 의기투합하여 만든 모임이었다. 모르건대 우리나라 법학사(法學史)에서 초유의 일일 것이다. 『법과 사회』가 없었다면 나의 교수의 길, 법학의 길의 뒤끝은 훨씬 허전했을 것이다. 『법과 사회』 창간사를 아래에 옮긴다.

『법과 사회』를 펴내면서

한국사회는 지금 엄청난 변화의 소용돌이 속에 놓여 있다. 지난 시대에 우리들의 삶을 지배해온 온갖 생각과 제도에 대해 근본적인 도전이 가해지고 있다. 그러나 새로운 사회의 구성원리와 그 규칙에 관한 합의는 이루어지지 못하고 있으며, 아직 그 가능성마저 보이지 않는 상황이다. 구시대의 힘의 논리를 거부하는 데는 공감하면서도 새로운 시대의 이념·원리와 그 실현방법에 관해서는 첨예한 갈등을 드러내고 있는 것이다.

이 같은 양상은 법의 영역에서 그대로 표출되고 있다. 반민주법률의 개폐가 지지부진한 가운데 부문에 따라서는 극한적 대립의 양상마저 나타나고 있다. 여기에서 우리가 특히 주목하고자 하는 것은 법률가, 그중에서도 특히 법학자의 자세이다.

이 대전환의 시대에 법학자들은 과연 무엇을 해왔는가? 한국의 법학자들은 우리 법현실의 인식과 그 개혁의 과제에 얼마만한 관심과 노력을 기울여 왔는가? 과연 법학자의 몫을 다해왔다고 말할 수 있는가?

지난 시대의 법학은 현실의 절박하고 중요한 법문제들을 정면에서 마주하지 못하고 이를 회피해왔으며, 새로운 변혁의 시대를 예비하지도 못하였다. 일부에서는 폭력적 권력에 대한 구차스런 시녀의 역할을 자임한 경우도 없지 않았다. 이러한 무책임과 부분적인 타락은 오늘의 무력함으로 이어지고 있고, 기존법학은 아직도 현실의 방관자 또는 국외자의 모습에서 벗어나지 못하고 있다.

그러나 변화의 물결은 마침내 법학의 영역에도 도래하고 있는 것으로 보인다. 우리의 법현실에 바탕을 두고 우리 사회가 요구하는 법이념을 추구하면서 그 제도적 실현과 규범력의 강화를 지향하는 진정한 법학에의 길이 모색되고 있다. 이 새로운 물결이 아직은 여린 모습이고 또 대체로 새로운 세대에 국한되고 있지만, 그것은 동시에 미래의 가능성을 보여주는 것이라고 믿는다. 우리는 이 새로운 목소리를 담아낼 지면의 필요성을 절감하면서 『법과 사회』를 펴낸다.

우리는 정치적 민주화의 실현에 기여하는 법학을 추구한다. 자유와 참여는 민주화의 핵심이며 법학은 그 보장에 기여해야 한다. 우리는 경제적 부정의(不正義)의 시정에 기여하는 법학을 추구한다. 노동자와 사용자 사이, 생산자와 소비자 사이, 근로소득자와 불로소득자 사이의 부정의를 비롯한 온갖 사회경제적 부정의의 타파에 법학은 기여하여야 한다. 이를 위하여 우리는 기존의 법현실·법제도·법이념에 비판적이되 결코 편협한 교조주의나 맹목에 빠지지 않도록 유념할 것이다. 우리는 학문의 실천성을 중시하되 성실한 이론적 성찰을 결여한 무모함을 경계할 것이다. 우리는 법의 전문화의 불가피성과 필요성에 공감하지만, 동시에 법문화의 대중화의 요청에 부응할 것이다. 그리하여 『법과 사회』가 우리 사회의 법문제에 대한 이성적 합의의 도출에 기여하는, 광범한 토론의 광장이 되도록 노력할 것이다.

우리의 뜻에 기꺼이 공감해준 창작과비평사에 감사의 뜻을 전한다.

1989년 7월

'법과 사회'이론 연구회

법학의 길에서 만난 외국 교수들

지금이야 외국여행이 별 일이 못되는 세상이 되었지만, 공항에만 가도 숨이 트이던 시절이 있었다. 첫 국제학회 참석은 1987년 일본 고베에서 열린 "법 및 사회철학(IVR)" 세계대회였다. 한국의 관련학회에서 모 재단으로부터 참가비 지원을 받고 주로 젊은 교수들을 선정하여 논문을 발표토록 하였다. 첫 경험이었고 이래저래 설레었다. 예상 질문과 답변 준비문을 작성하여 암기하였다. 일본은 처음이었다.

처음 참석한 국제학회, 교토 투어에서.

돌아보면, 고베 학회 참석은 내 교수의 길, 법학의 길에서 또 하나의 전기를 마련해준 뜻깊은 사건이었다. 나의 발표 직후 어수선한 회의장에서 배우같이 잘 생긴 일본인 교수가 내게 다가와 명함을 내밀었다. 고베 대학의 법사회학 담당 미야자와 세쓰오(宮澤節生) 교수였다. 그는 나와 동년배였다. 이 만남은 나의 법사회학과의 만남에서 새로운 길을 열어준 계기였다. 미야자와 교수는 내게 학회 'Law & Society Association'(LSA)에 참여할 것을 권유하면서, 학회지 *Law & Society Review*에 게재할 원고를 요청했다. 그는 학회지 편집위원이었다.

귀국 후, 무슨 논제를 잡을지 고심을 거듭했다. 미야자와 교수가 바로 그해에 학회지에 실은 논문제목이 눈에 들어왔다. "Taking Kawashima Seriously: A Review of Japanese Research on Japanese Legal Consciousness and Disputing Behavior." 순간, 주제가 잡혔다. 한국의 대표 학자를 찾아 한국 법사회학 전반을 소개하는 학술 에세이를 쓰기로 작정했다.

카와시마 다케요시(川島武宜)는 일본을 대표하는 법사회학자이다. 대표저서 『日本人の法意識』으로 유명하고, 영문논문 "Dispute Resolution in Contemporary Japan"으로 미국 학계에도 널리 알려진 학자이다. 서구 법문화와 동양 법문화의 대비를 논할 때 그의 저술이 단골 격으로 인용되고 있었다. 아직도 여전한 경우가 있지만, 당시 상투적으로 일본 법문화를 동양법문화의 전형인 것처럼 여긴 탓이었다.

그렇다면 한국의 카와시마는 누구일까. 함병춘(咸秉春) 교수가 떠올랐다. 물론 함병춘은 일반인들에게 학자로서보다 정치 경력이 더 눈에 들어오지만 학자로서의 그의 글 특유의 관점이 돋보였다. 함병춘의 영문 저술들을 섭렵한 후 나는 '함병춘의 명제들'을 '만들어 냈다.' 그렇게 해서 논문 "Law and Society Studies in Korea: Beyond the Hahm Theses"가 발표됐다. 그 한역본에 약간 수정을 가한 것이 『법과 사회』 창간호에 실렸다. 미야자와 교수는 초고를 읽고 호의적 반응을 나타냈다. 학문적 시각이 상통했기 때문이었을 것이다.

미야자와는 수려한 외모부터 그렇지만 학자로서도 특이한 면모를 지닌 인물이다. 여느 일본 학자와 여러 면에서 다르다. 그의 학문적 주 무대는 미국을 중심으로 한 국제무대였다. 한마디로 법사회학계의 아시아 출신 국제적 스타였다. 때마침 일본의 세계적 위상이 치솟아 오를 때이기도 했다. 그는 하버드 로스쿨, 워싱턴(UW) 로스쿨 등 여러 미국 로스쿨에서 자주 강의를 했다. 자유롭게 영어를 구사하는 그가 일본말 액센트를 섞은 자신만의 어투를 고집하는 것도 오히려 보기 좋았다.

학회에서 흔히 미국 학자들은 발표에 앞서 조크로 시작한다. 일본 학자들은 이와 대조적이다. '미안하다'는 사과부터 한다. 별로 사과할 내용도 없는 것이 보통이다. 미야자와는 미국 스타일이었다. 때때로 큰 강당 무대에 나설 때는 마치 영화 스타가 등장하는 모습이었다. 미국 '법과 사회 학회'(LSA)는 자주 유럽에서 대회를 연다. 영국 글래스고에서 학회가 열렸을 때였든가. 점심 후 나른한 시간이었다. 그가 나서서 던진 첫마디가 걸작이었다. '지금 도쿄는 한밤중이다. 모두들 시차로 졸린 듯하다. 다같이 두 손 들어 기지개를 켜자!' 그러고서는 단상에서 시연을 보이는 식이었다. 청중들은 큰 웃음으로 따라하며 호응하기 마련이다. 뒤이은 그의 발표 내용은 늘 리버럴 코스모폴리탄다웠다.

1995년 고베 대지진이 일어난 직후 고베대학을 방문한 적이 있다. 미야자와는 무사했고 대학도 큰 피해는 입지 않았다. 미야자와의 연구실은 흡사 도서관 서고 같았다. 그의 저서 『法過程のリアリティ』(1994)를 선물 받았다. 토론식 법사회학에 적합한 교재이다. 그는 홋카이도(北海道)대학 법대에서 법사회학 주제로 법학박사 학위 수령 후, 미국 예일대학에서 사회학박사 학위를 받았다. 법사회학 연구자로서 이상적인 학력배경을 갖춘 셈이다. 그는 다양한 주제에 걸쳐 여러 법사회학 저서를 출간했다. 미국에서 출간된 그의 저서 *Policing in Japan*(1992)은 일본의 수사경찰 행태에 관한 경험적 연구로, 홋카이도대학 박사학위 논문을 영역한 책이다. 미야자와는 와세다(早稲田)대학을 거쳐 신설 오미야(大宮) 로스쿨 교수로 재직하며 여러 미국 대학에서 강의했다.

지금의 우리나라 로스쿨제도는 노무현 대통령 때 도입되었지만 그 시작은 김영삼 대통령 시절이었다. 당시 나는 그 도입을 적극 지지하며 학계에서 앞장섰다. 이 소식을 접한 미야자와는 일본에서도 로스쿨을 도입하자고 역설하며 일본 내 논의에 불을 붙였다. 그 과정에서 와세다대학 세미나에 나를 초청한 일도 있었다. 로스쿨 도입 논의는 한국에서 먼저 시작되었지만 일본에서 먼저 실현되었다.

미야자와 교수가 LSA 학회 이사 선거에서 나를 후보로 추천한 적이 있다. 영어도 힘들고 성사 가능성이 약한 일에 선뜻 부딪치지 못하는 성격이어서 사양했지만 얼떨결에 공식 후보가 되었다. 학회 모임에서 그가 여기저기 나를 소개시키며 열심히 선거운동을 했지만 낙선이었다. 후보가 워낙 소극적이었다. 수년 후 미국 롱아일랜드대학 사회학 담당 김혜숙 교수가 학회 이사로 선임되었다. 한국인으로서 첫 번째 사례일 것이다.

캐나다 밴쿠버에서 열린 LSA 학회에서는 대회실행위원으로 선임되었다. 미야자와 교수의 추천이었다. 한밤중에 컨퍼런스 콜 방식으로 회의를 하느라 애먹던 기억이 새롭다. 캐나다 학회에서는 내가 세션 하나를 조직하기도 했다. 홍콩대학 로스쿨 학장이던 앨버트 첸(陳弘毅)과 연세대 이철우 교수가 논문을 발표했고 나는 토론을 맡았다.

첸 교수는 법철학을 비롯해 널리 이론법학을 연구해온 중국인 학자다. 내가 첸과 첫 인사를 나눈 것은 LSA 학회에서였지만, 그를 가까이 알게 된 계기는 홍콩에서의 만남이었다. 1997년 7월 1일로 예정된 홍콩의 중국 반환을 목전에 둔 시점에서 홍콩대학과 홍콩정부 공동주관으로 '헌법체제의 변환'을 주제로 도심의 멋진 컨벤션센터에서 대규모 심포지움이 열렸다. 시애틀의 워싱턴대학 로스쿨의 방문연구자로 있던 때, 뜻밖에 첸으로부터 초청을 받았다. 대회에는 세계 각국의 수많은 학자들이 참석했고 수일간 계속되었다. 홍콩대학 로스쿨은 완전한 국제적 로스쿨이었다. 모든 강의가 영어로 진행될 뿐 아니라 교수진의 다수는 영국계였다. 가파른 비탈에 촘촘하게 높이 솟아오른 대학 건물들 모습이 이채로웠다.

나는 그 심포지움에서 '한국 민주화 과정에서 헌법재판의 역할'을 주제로 발표했다. 발표문은 *American Journal of Comparative Law*에 실린 나의 논문 "Judicial Review and Social Change in the Korean Democratizing Process"(vol.41 no.1, 1993)을 약간 수정한 것이었다. 발표 후 한 독일 법학 교수가 내 발표문에 관심을 보이며, 자신이 관여하는 독일 학술지에 싣고 싶다고 했다. 이렇게 이 발표문이 *Verfassung und Recht in Übersee* (『해외의 헌법과 법』)이라는 학술지에 실리게 되었다. 법학의 길 위에서는 인연이 인연을 낳는 사슬이 이어진다. 우연의 연속이라고 말해도 같은 뜻일 것이다.

1999년, 한양대 법대학장 재임 시, 미야자와와 앨버트 첸을 초청해 심포지움을 마련한 적이 있다. 그 심포지움에서 첸은 현대 중국의 법치주의를 논하면서 '유교와 법의 지배'라는 주제를 다뤘다. 여기에 자극받은 나는 한동안 이 주제에 몰입했다. 사서(四書)부터 다시 읽었다. 일생일대의 법사회학 과제로 설정하고 역작을 꿈꿨으나, 집필에 들어가지도 못한 채 흐지부지되고 말았다. 지금껏 아쉽지만, 이 주제의 흡인력이 시간과 더불어 감소하는 느낌도 있다. 그 심포지움에서 '한국의 법문화와 법의 지배'라는 주제를 발표한 이철우 교수가 이 주제에 관한 더욱 풍성한 결실을 맺기 바란다.

심포지움이 끝나고 미야자와가 이런 제안을 꺼내 놓았다. LAS 학회 지원으로 동아시아 법사회학대회를 서울에서 열어보자는 제의였다. 미야자와는 학술이벤트 기획자로서도 적극적이었다. 고려해 보겠다고 대답한 후 곰곰이 생각을 해보았지만 도저히 어렵겠다는 결론에 이르고 말았다. 무엇보다 한국의 법사회학자 인구가 워낙 적었다. 긴 세월이 지난 후, 서울에서 동아시아 '법과 사회 학회'가 열린다는 소식이 들려왔다. 공직에 있던 당시 그 모임에 참석하지 못한 것이 큰 아쉬움으로 남아 있다.

근년에 법학의 길에서 만난 외국학자로 법철학자 드워킨(Ronald Dworkin)이 있다. 2008년 대우재단 초청으로 서울에서 여러 차례 강연과 세미나를 가졌다. 초청부터 난관의 연속이었다. 오랜 기간에 걸친 이메일 교신도 그렇거니와 항공편 항로 문제를 비롯하여 그의 수락조건이 몹시 까다로웠다. 미국학계 사정에 밝은 재단관련의 원로 어느 분은 초청이 불가능할 것으로 내다보았지만 끝내 성사됐다. 연세대 함재학 교수가 초청부터 모든 행사에 이르기까지 수고 막심이었다. 고급한 영어구사만이 아니라 두루 학식이 깊은 그가 아니었다면 성사가 안 되었을 것이다. 법철학자 최봉철 교수 저서에 드워킨을 소개하면서 '거만하다'는 미국학계 평을 언급한 대목이 있는데, 개성 강한 대학자임에 틀림없었다.

드워킨의 대표작 『법의 제국』(*Law's Empire*, 1986. 장영민 역, 2004)은 쉽게 읽히지 않는 책이다. 원리(principles) 규정의 통합적 해석을 통해 '어려운 사건'에서도 정답을 찾을 수 있다는 그의 법해석이론은 마치 '법학의 제국'을 연상시킨다. 그러나 나는 그의 이론에 설복당하지는 않았다. 특히 비판법학(critical legal studies)에 대한 그의 비판은 설득력이 부족해 보인다. 그럼에도 불구하고 법학자들은 물론이거니와 생각 깊은 법실무가라면 이 책을 읽고 고민하는 시간을 가져야 할 것이다.

서울에서의 학술행사 5년 후, 그의 부음이 들렸다. 백혈병이었다고 했는데, 노령에도 불구하고 힘든 일정을 이겨내는 그의 정력적 모습을 본 나로서는 믿기지 않는 소식이었다. 그는 유작 『신 없는 종교』(*Religion without God*)를 남겼다.

법학의 길에서 외국학자들과의 만남은 우연에서 시작해 우연으로 점철된 노정이다. 그 시작은 『법사회학』(1986) 저술이었다. 더 거슬러 오르자면 전두환의 5공과 만난다. 전두환의 공포시대가 없었다면 법사회학 저서로 시작된 인연의 사슬도 없었을 것인가. 그런 인과관계론이 성립할 수 있는지 모르겠다. 어떻든 한국헌정사의 공포시대에 피난처로 찾은 법사회학이 나의 법학의 길에 의미 있고 무료하지 않은 장면들을 만들어준 것은 지독한 아이러니다.

다시 미야자와 교수를 떠올리지 않을 수 없다. 그가 아니라면 나의 법학의 길은 말할 수 없이 무미건조했을 것이다. 본래 낯을 가리며 비사교적인 나에게 참을성 있게 길안내를 하며 독려해준 그에게 감사하지 않을 수 없다. 앞에서 든 몇 사례 외에도 그의 도움을 많이 받았다. 나의 첫 연구실 조교로 수고했던 노기호 교수가 일본 고베대학에서 연구할 수 있도록 주선해준 이도 미야자와 교수였다. 또한 그는 졸저 『법사회학』을 일본의 대표적 법률잡지 『法律時報』에 소개하는 일을 앞장서 주선해주었다.

최근 서울을 방문한 그의 연락을 받았다. 호텔 로비에서 오랜만에 본 그의 모습에 충격을 받았다. 척추 수술에 이어 위암 수술을 받았다고 했다. 세월의 잔혹함이란! 그럼에도 여전히 미국과 일본을 오가며 강의를 계속한다고 했다. LSA 학회에서 특별상을 수상했다는 소식을 들었다.

– 미야자와 교수는 늘 코스모폴리탄다운 언행이었지만, 나는 그와의 만남에서 언제나 그가 일본인이라는 의식에서 벗어나지 못했다. 아직도 한일 관계는 복잡하기 이를 데 없다. 많은 한국인들이 이렇게 생각하지 않을까. '보통의 일본사람은 싫지 않지만 국가로서 일본은 싫다.' 이런 생각이 언젠가 변할 수 있을까. –

한 마디 첨언한다. 영어에 능통하고 이론적 깊이를 갖춘 후학들이 적지 않다. 세계를 무대로 씩씩하게 활동하기를 바란다.

화양연화

법학은 다른 학문분야에 비해 국제적 학술활동이 활발하지 못한 영역이다. 대부분의 법학이 한 국가 내부의 법률문제를 다루기 때문이다. 내가 경험한 이런 작은 일화도 있다. 1983년 여름, 미국 캘리포니아 버클리 로스쿨에 방문학자로 1년간 머물 때였다. 이따금 교수들의 점심모임에 외국에서 온 방문학자들을 초대하였다. 한 번은 옆자리에 그 대학 형법교수가 앉았다. 교과서까지 집필한 저명한 원로교수였다. '미국헌법을 공부하기 위해 왔다'고 말을 건네니 이런 반응이 왔다. '무엇 때문에 미국헌법을 공부하느냐'는 물음이었다. 한국헌법을 공부하면 족하지 않느냐는 투였다.

나의 국제학회활동 참여는 법사회학 분야에서다. '법과 사회 학회'(Law & Society Association)에 적극 참석하였다. 1991년 암스테르담 학회 이래, 글라스고, 부다페스트, 고베, 애리조나 피닉스, 버클리, 밴쿠버 등등.

'법과 사회 학회'가 열린 암스테르담대학에서.

2002년, 나로서는 마지막 '법과 사회 학회' 참석이었던 밴쿠버 여행을 잊을 수 없다. 그 학회에서는 대회실행위원회 위원으로 위촉받는 영예와 고생을 함께 안았다. 학회가 열린 브리티시 컬럼비아대학은 여태껏 본 가장 아름다운 캠퍼스였다. 바닷가에 접한 풍광이 절경이었다. 대회 종료 후 홀가분한 기분으로 동료와 함께 연해의 짧은 유람선 길에 올랐다.

갑판에 올라 시원한 바닷바람을 맞으니 불현듯 중학생 때 읽었던 시 한 구절이 떠오른다. "에버렛드 異國의 항구 그날 봄비가 내릴 때 도나

캄벨 잘 있거라, … .” 민중서관에서 발행한 한국문학전집에서 읽었던 박인환의 시 <異國 港口>의 첫머리이다. 갑자기 북태평양 어느 연안 바닷바람에 실려 한국말 여러 마디가 우렁차게 울려 퍼지는 순간이었다. – 시인 박인환은 한때 외항선원 선원이었다고 한다. –

교수생활에 화양연화(花樣年華)가 있다면 안식년 기간이다. 대학마다 다르지만 7년 내외가 지나면 1년의 유급 휴무 특전이 주어진다. 예수회 대학인 서강대학에서 처음 실시한 이래 다른 대학에서도 도입한 새로운 제도다. 한양대 재직 중 이 특전을 누렸다. 미국 시애틀의 워싱턴대학 방문학자로 1년 6개월을 보냈다. 본래 1년 기간이었지만 아쉬웠기에 6개월 휴직을 추가로 얻었다.

시애틀은 도시라기보다 숲 속에 자리한 큰 마을 같았다. 동양인들, 특히 일본인들이 많은 탓에 소수인종으로서의 위축감도 거의 없다. 인근의 경관은 빼어나기 이를 데 없다. 먼저 시애틀에 가 있던 동료 헌법학자 김문현 교수가 거처를 잡아 주었다. 목조 2층 아파트인 거처는 동화 속 마을 같았다. 마이크로 소프트 회사에 바로 인접한 위치였다. 그 회사는 마치 방학 중의 고요한 대학 캠퍼스를 연상시킨다. 모든 건물이 나지막하게 안정감을 준다. ‘마이크로 소프트 캠퍼스’라는 지칭이 잘 어울린다. 그 캠퍼스는 나의 산책코스였다.

학기 중에는 강의를 청강하며 보낸다. 워싱턴대학 로스쿨은 아시아법, 특히 일본법 연구에 특장이 있는 로스쿨이다. 한국 학생들도 여럿 눈에 뜨였다. 점심은 캠퍼스 옆길에 있는 한국교포 식당을 단골로 삼았다. 주인 남자의 표정이 늘 밝지 않아 조금 마음이 불편했지만 – 낯설고 말 힘든 타국에서 돈 버는 일이 얼마나 힘들겠는가 – 치킨 데리야키가 푸짐하고 맛도 괜찮았다. 방학 때는 주로 인근 소도시 벨뷰의 주민 도서관을 찾았다. 아침에 집을 나서며 스타벅스 드라이브 스루에 들러 라테 한 잔을 받아든 다음 도서관으로 향한다. 작은 소도시의 주민 도서관이 그처럼 멋질 수 있다니. 붉은 벽돌의 외관이 현대적 건축미를 뽐내었고, 내부시설이 고급스러울 뿐 아니라 장서 수준도 상당하였다. 부근 꽃밭은 파라

다이스다. 그곳에서 법과 무관한 책들을 읽었다. 당시 신간인 경제학자 서로우(Lester C. Thurow)의 *The Future of Capitalism* (1996)이 특히 좋았다. 노트에 가득 요약, 정리까지 해가며 숙독했다. 노트를 뒤에 다시 보는 일은 좀체 없지만, 그렇게 하면 책 내용이 뇌에 깊숙이 자리잡는다고 기대한다.

외국에 나오면 모르던 사람들을 새로 만나는 경험이 각별하다. 대개는 떠나고 난 다음 연락이 끊기고 말지만, 더러 다시 만나게 되는 인연도 있다. 시애틀에서도 그런 인연들이 있었다. 그 중 한 예다. 어느 날 청강하던 때이다. 일본법 전문가 헤일리(Haley) 교수의 비교법 과목이었다. 강의시간이 끝나자 앞자리에 앉았던 여학생이 뒤를 돌아보며 한국인이냐고 묻는다. 그 후 대학에서 한두 차례 이야기를 나눈 적이 있다. 지금 성균관대학 로스쿨 교수로 있는 패트리샤 게디(Patricia Goedde) 교수의 학생시절이었다. 게디 교수는 로스쿨 졸업 후 학자의 길을 위한 법학박사 과정까지 밟았고, 한국 관련 주제를 다룬 박사논문을 썼다. 그 논문 준비 중 한국에 나왔을 때 다시 상면하였다.

시애틀에 있는 동안 여러 차례 비행기를 탔다. 보스턴에 체류하던 웨스트(James M. West) 박사로부터 연락이 왔다. 하버드 로스쿨 내의 동아시아법 연구소의 강연 초청이었다. 당시 한국에서 거론되던 내각제 관련 개헌문제에 관하여 발표하였다. 하버드대학 방문은 처음이었다. 강연 후 교수클럽에서의 만찬도 기억에 남는다. 웨스트 박사와 가까운 하버드 옌칭연구소의 에드워드 베이커(Edward J. Baker) 부소장이 초대하였고, 방문교수로 강의 중이던 미야자와 세쓰오(宮澤節生) 교수가 합석하였다. 웨스트 박사의 집에도 초대받아 그의 친구인 윤대규 교수 등과 같이 즐거운 저녁을 보낸 기억이 새롭다. 웨스트 박사의 부인인 전경자 교수는 만찬 음식이 중국음식점에서 배달된 요리임을 자백하였다. 모두 한바탕 웃었다.

하버드대학 로스쿨 동아시아법 연구소 세미나에서.
왼쪽이 웨스트 박사, 저자 오른쪽이 베이커 부소장, 맨 오른 쪽이 미야자와 교수.

웨스트 박사에 대해 좀 더 이야기하고 싶다. 그는 미국변호사로 한국 관련 변호사업무를 보는 외에 한국의 법과 인권상황에 큰 관심을 가졌던 분이다. 나의 신문 칼럼을 읽고 내게 전화를 걸어와 만나게 되었다. 그는 나와 동문의 인연도 있었다. 웨스트 박사는 텍사스(오스틴) 로스쿨을 졸업하고(J.D.) 그 후 하버드에서 법학박사(S.J.D.) 학위를 받았다. 부인 전경자 교수 역시 텍사스(오스틴)대학에서 박사학위를 받은 후 가톨릭대학 영문학과 교수로 재직하였다. 채만식의 <태평천하> 영역으로 한국문학번역상을 수상하는 등 번역문학에 심혈을 기울여온 분이다. 웨스트 박사는 1998년 업무 차 서울 방문 중 돌연 사망하였다. 43세 이른 나이였다. 그의 사후 '제임스 웨스트 기념 인권기금'이 조성되었다. 부인 전경자 교수가 웨스트 박사 장례 시의 부의금을 기부하여 만들어진 기금이다. 한국의 법과 인권 문제에 관심을 갖고 연구하는 미국 내 연구자들을 선정하여 소액이나마 후원금을 지급하였다. 패트리샤 게디 교수도 기금 수혜자의 한 분이었다. 나는 이 기금의 운영책임을 맡았다. 2002년에는 김재원 교수가 웨스트 박사의 논문, 에세이 등을 편집한 유고집이 출간되었다.(James M. West, ed. by Jae Won Kim, *A Critical Discourse on Korean Law and*

Economy, Published under the Auspices of The James West Memorial Fund for Human Rights, Hanguel).

하버드 방문 당시 로스쿨에 방문연구자로 와 있던 정종섭 교수가 안내해 주어 부근 명소도 들러볼 수 있었다. 나다니엘 호손의 『칠박공의 집』(*The House of the Seven Gables*)의 모델이 되었던 고택, 마녀재판이 행하여지던 세일럼 마을, 헨리 데이빗 소로우의 월든 호수가 등. 세일럼과 월든은 특히 법과 연관된 장소이다. 소로우는 자신의 '시민불복종'론을 실천해 감옥생활도 겪은 인물이다. 『칠박공의 집』은 중학교 때 읽다가 그만 둔 소설이었다.

시카고에서 열렸던 아시아학회(Asia Society) 회의에도 참석하여 짧은 페이퍼를 발표했다. 한국의 국가보안법에 관한 문제를 다뤘다. 제임스 웨스트 박사, 에드워드 베이커 부소장 외에 주한 미국대사를 지낸 그레그씨가 그 세션에 청중으로 참석하였다. 당시 애리조나 주립대학 언론학 · 언론법 교수이던 염규호 교수도 함께 하였다. 내 발표에는 인권단체 '아시아 워치' 관련자가 관심을 보였다. 시카고는 '바람의 도시'로 알려져 있다. 시카고의 겨울 찬바람은 상상을 넘었다. 도심의 호텔에서 수십미터 떨어진 회의장에 걸어가는 일도 수월치 않았다.

염규호 교수는 애리조나 피닉스에서 열린 '법과 사회 학회'에 참석했을 때도 만난 적이 있다. 당시 염교수 댁에서 하룻밤 신세를 진 적이 있다. 염교수가 자기 집을 처음으로 장만했다고 몹시 기뻐하던 모습이 떠오른다. 연전에 그로부터 이메일 한 장을 받았다. 부인 별세 소식이었다. 하룻밤 묵던 기억을 떠올리며 몇 자 위로의 글을 보냈다. '잠시 목이 메었다'는 답장을 받았다. 염 교수가 '의지의 한국인'임은 그의 많은 한국인 교수 · 법조인 지인들이 잘 알고 있을 것이다. 지금은 오리곤주립대학 교수로 재직 중이다.

홍콩에도 갈 기회가 있었다. 서울을 경유하는 항공노선이어서 서울 외곽의 호텔에서 1박하는 별난 경험도 하였다. 홍콩대회 참석에 관해서는 앞에서 언급하였다.

또 한 차례는 영국행이었다. 스코틀랜드 글라스고대학에서 열린 '법과 사회 학회'에 참석하여, 윤대규, 김재원 교수 등 한국 교수들과 함께 구성한 변호사 활동 주제의 세션에서 발표하였다. 미국 롱아일랜드대학의 김혜숙 교수 및 한국 법조제도를 연구하던 미국 교수들 몇 명이 참석하였다. 김혜숙 교수는 한국 최초의 여성변호사인 이태영 여사에 관한 논문으로 컬럼비아대학에서 사회학박사학위를 받은 분이다. 학회 종료 후 인근 에딘버러 고성과 대학을 둘러보았다. 아담 스미스의 흉상 등이 연이어 놓인 석조 계단 등, 고색창연한 대학 건물들이 한때 세계 역사를 좌우하던 나라의 지적 바탕을 웅변해주고 있었다. 그곳 토속음식이라는 소의 간 요리도 맛보았지만 별로였다. 어디서든 토속음식을 맛있다고 느낀 적은 별로 없다.

학회 참석 전 런던을 경유했을 때, 당시 외환은행 런던지점장이던 고교동창 김윤수 박사를 만났다. 안내해 준 명소 중 특히 이튼스쿨 교정 관람이 인상적이었다. 경기중고교 시절 얼마나 많이 듣던 학교 이름인가. 영국 엘리트인 그 졸업생들이 세계대전 등의 참전에 앞장섰다는 일화가 유명한 학교다. 김윤수 박사와 교정 앞 카페에서 스콘을 곁들여 밀크티를 마시던 기억이 새롭다.

영어실력이 모자라 힘들어하면서도 막무가내로 부딪쳐온 지난날을 되돌아보자니 안쓰럽다는 자기연민이 일기도 하지만, 삶에의 맹목적 의지, 곧 유전자의 명령은 참으로 지독하다는 생각이 든다.

학회 참석만이 아니라 가족들과의 자동차여행 경험도 각별한 것이었다. 캐나다 밴쿠버를 거쳐 밴프, 재스퍼 등 캐나다 로키산맥 자동차여행은 한마디로 환상이었다. 또 한 차례 자동차여행은 옐로스톤을 거쳐 북쪽 몬태나 일대, 그리고 캐나다 접경의 글래시어 파크로 이어진 장거리 자동차여행이었다. 특이한 풍경은 몬태나 들판이었다. 널리 펼쳐진 고원 저편에 산악 능선이 연이은 가운데 한두 시간을 달려도 자동차 한 대 만나기 힘들었다. 몬태나 주 프리웨이에서는 속도제한이 없었다.

몬태나 주 글래시어 국립공원으로 향하는 도로에서.

– 한 외국작가는 '도로'와 '길'을 대비하면서 이렇게 말한다.

"도로 그 자체에는 어떤 의미도 없다. 그저 두 지점을 연결해 준다는 의미뿐이다. 길은 공간에 대한 경의다. 길 한 토막 한 토막 그 자체에 하나의 의미가 있어, 우리 발걸음을 멈추게 한다."

작가는 주인공의 입을 빌려 미국의 숲과 유럽의 숲을 비교하기도 한다.

"그곳(미국의 자연 속)은 긴 도로들에 드문드문 잘린, 가도 가도 끝이 없는 무한한 숲의 왕국이었다. 그 숲의 침묵이 그녀에게는 뉴욕의 소란만큼이나 낯설고 적의에 차 보였다. (그녀가 좋아하는 유럽의) 숲에서는, 길들이 보다 작은 길들로 나뉘고, 그 길들이 또 여러 갈래 오솔길로 나뉜다. 오솔길을 따라 산사람들이 걸어간다. 길가엔 벤치들이 늘어서 있고, 거기에 앉아 사람들은 풀 뜯는 암소와 양떼 가득한 풍경을 본다. 그것이 유럽, 유럽의 심장, 알프스였다." 밀란 쿤데라, 『불멸』..

미국과 유럽을 구경한 나는 쿤데라가 말하려는 게 무엇인지 안다고 생각한다. 다만 내가 매혹되었던 미국 서북부의 풍광은 유럽과 다른 나름의 독특한 서정을 품고 있다. 오리건 숲속 도로에서의 '적의에 찬 숲의 침묵'에 공감하지만, 몬태나의 광활한 산간 평원의 도로는 단순히 점과 점을 연결하는 선을 넘는다. 독일 영화감독 빔 벤더스로 하여금 명작 <파리, 텍사스>를 찍게끔 영감을 주었던 텍사스의 삭막한 평원, 그 먼지 풍기는 도로 역시 그렇다. 거기에는 어떤 '서늘하고 공허한 쾌감'이 스며 있다. –

가족여행. 2002년 홍콩에서.

안식년에 호강하던 이야기들을 늘어놓으니 송구스런 마음이 든다. 보통 사람들이 누리기 힘든 특전이었기 때문이다. 그 시절은 내 일생의 화양연화였다. 아내도 동감의 말을 여러 차례 한 적이 있다.

어머니 말년 어느 날, 내가 물었다. 지나온 일생에서 무엇이 제일 좋았느냐고. 자식들 입학시험 합격했을 때라는 어머니 대답에 이어 내가 재차 물었다. 그것 말고는? 미국, 유럽 여행했을 때라고 말씀을 하실 때 모처럼 어머니의 웃는 모습이 행복하게 보였다. 어머니 유품으로 말년의 일기장 몇 장이 남아 있다. 몹시 흔들리고 기울어진 글씨들이다. 그 한 대목을 본다.

"손이 떨려 글씨가 볼 수 업구나 …
어려서부터 부모 잘 만나 나는 참 행복하게 살앗다
유럽 해외여행까지 하고 미국 일본 다 보아서
이태리 로마 성당 건물이 제일 기억에 남는다
건물 천장을 모자이크 그려서 참 옛날에도 기술이 대단해
미국 국립공원 참 볼만햇 … "

가보(家寶)

교수생활 초기부터 신문, 잡지에 시론 등을 적지 않게 썼다. 시론 쓰기는 시민단체 참여와 더불어 또 다른 사회참여의 통로였다.

처음 일간신문에 시론이 실린 것은 1980년 2월 1일이다. 한국일보에 "대통령중심제 미국헌법"이라는 제목의 칼럼이 실렸다. 그 계기는 그해 1월 21일의 '6인 교수 개헌안' 토론회였다. 강원룡 목사님이 이끄시던 '크리스챤 아카데미'가 주관한 이 개헌안 작성에는 은사이신 김철수 교수님을 중심으로 6인의 교수가 참여하였고 그 말석에 내 이름도 올랐다. – 김철수 교수님 외에 정치학자이자 언론인이신 양호민 선생, 정치학자 장을병 교수님과 한정일 교수님, 노동법학자 임종률 교수님 등 – 당시 나는 토의자료를 준비하는 심부름꾼 역할을 했을 뿐인데 6인 교수의 일원으로 격상시켜 주셨다.

이 칼럼이 실린 후 한국일보를 비롯한 여러 신문사로부터 원고청탁

을 받았다. 80년 '서울의 봄'이 허망하게 떠나간 이후, 5공 말기부터 개헌 논의가 재개되면서 다시 시론 쓸 기회가 많았다.

改憲 이견의 焦点

大統領 중심제 美國憲法

한국일보 80.2.1

梁建

(漢陽大교수·憲法學)

3權分立잘돼 獨走견제

體系는 엉성해도 運營에서 補完

東亞時論

梁 建

우리는 어디로 가고 있는가

한국일보 칼럼.

동아일보 칼럼.

내게 시론 쓰기는 상당한 의미를 지니는 일이었다. 이런 일도 있었다. 1988년 헌법재판소가 출범했을 때이다. 초대 재판관 중 한 분인 이시윤 재판관님이 내게 전화를 주셨다. 출범 당시 을지로 5가에 있던 재판소로 찾아뵈었다. 헌법재판소의 연구부장직을 맡아달라는 말씀이었다. 교수직 겸직이 가능하며 1급 대우를 받는 점 등 좋은 조건이었음에도 나는 사양하였다.

재판관의 통제를 받는다는 점이 내키지 않았을 뿐만 아니라, 내심으로 더 큰 이유는 이랬다. 새로 출범하는 헌법재판소의 결정들이 나오면 그 비평 작업을 하리라 기대하고 있던 터였는데, 재판소 안에 몸담고 있으면 아무런 비평을 못할 것이 아닌가. 지금 생각하면 참으로 어리석은 생각이었다. 헌법재판실무를 경험할 좋은 기회를 놓쳐버린 것이다.

– 이시윤 재판관님은 판사 경력 외에도 서울대 법대 교수를 지내신 분이다. 헌법재판소 출범 초기에 중심 역할을 수행하셨고, 후일 감사원장을 지내셨다. 장기 베스트셀러인 민사소송법 교과서 저자로도 유명하시다. 이시윤 선생님과는 나의 법대생 시절부터 소소하면서 따뜻한 인연이 이어져왔다. –

시론 쓰기에 보람이 있었다면 특히 87년 6월 혁명 직전이었다. 얼마간의 용기가 필요했지만, – 시론이 나간 며칠 후 어느 새벽, 협박전화를 받았다. 음산하기 짝이 없던 그 낮은 음성이 아직껏 귓가에 남아 있다. – 이 시기에 지면을 제공받을 수 있었음은 행운이기도 했다. 민주화 과정에 들어가면서 시론 쓰기의 맛은 체감하였다.

신문칼럼 때문에 봉변을 당한 적도 있다. 김대중 정부 중반에 들어선 무렵이다. "편파적 법집행의 대가(對價)"라는 제목의 칼럼이 중앙일보에 실렸다.(1999.11.8.) 이 글 발표 후 큰 곤욕을 치렀다. 칼럼이 나간 이틀 후던가, 대학 내부의 전산망에 이런 제목의 글이 올랐다. "양건의 정체를 밝힌다." 1번부터 번호를 매겨 가며 조목조목 나에 대한 인신공격 내용이 쓰여 있었다. 허위과장이었는데, 모르는 사람이 읽으면 믿음이 가도록 교묘히 조작해낸 수법이 프로 수준이었다. 미리 준비해 둔 자료를 가

공해 신속히 만들어 낸 글이었다. 특정 개인이 아니라 어떤 조직이 축적해놓은 자료임을 금방 알아챌 수 있었다. 알아보니 칼럼이 발표된 신문사를 비롯해 주요 신문사 여러 곳 홈페이지에 동일한 내용이 올라가 있었고, 이것을 대학 내 전산망에도 옮겨 놓은 것이었다.

당시는 아직 댓글이라는 표현수단이 보편화되지 않았을 때이다. 신문기사에 대한 댓글은 신문사 홈페이지에 별도로 마련된 독자의견란을 통해서 가능했다. 과거에 신문사에 서신으로 우송하여 실리던 독자투고란이 온라인으로 이전된 정도였다. 각 신문사에 연락하여 삭제를 요청했지만 소용없었다. 내리면 또 올라오고 다시 내리면 또다시 올라오는 일이 일주일 이상 계속되었다. 나는 검찰에 고소장을 냈다. 처음 써보는 고소장이었다. 얼마 후 검찰에서 온 회신에는 피고소인을 찾을 수 없다고 쓰여 있었다. 요즘이야 댓글 만발 시대이고 다반사처럼 여겨지고 있으나 당시 나로서는 큰 봉변이었다. 문제가 되었던 이 시평 첫머리 및 중반의 일부를 옮긴다.

> 법전에는 없지만 실제로는 가장 엄하게 처벌돼 온 범죄가 있다. '괘씸죄'라는 죄목이다. … 개혁을 앞세운 사정(司正)의 편파성이 심하면 심할수록 집권연장에의 집착은 더욱 강해질 것이다. 문제는 집권 연장을 위한 정략이 대개의 경우 국가이익과 상치된다는 점이다.

일간신문 시론은 하루살이 글이다. 금방 사라지는 '모래 위에 쓰는 사설(沙說)'이다. 그럼에도 좋은 시론은 사회적 영향력이 만만치 않다. 신문 시론을 과대평가할 것은 아니지만 과소평가할 것도 아니다. 때로 원고지 열 장의 시론 쓰는 일이 논문 한 편 못지않게 힘들 때가 있다. 논문과 시론은 서로 장르가 다를 뿐, 꼭 우열관계는 아니다.

다만 이제 신문칼럼의 시대는 저물고 있다. 각종 매체와 SNS의 범람은 언론의 무정부상태를 초래하였다. 더불어 지식인 시대의 조락을 본다. 안타까운 일이다. 세상은 호모 사피엔스와 기계가 혼합된 '하이브리드 인간'시대로 달려가고 있다. 나는 미래가 부럽지 않다.

어머니 유품 가운데 낡은 대학노트 여러 권이 있다. 불룩하게 두툼하다. 내가 청년교수 시절부터 신문잡지에 기고한 글들과 나에 관한 기사들을 어머니가 꼼꼼히 모아둔 스크랩 뭉치들이다. 내가 쓰고도 한참 들여다보아야 생각나는 글들도 눈에 띈다. 『신동아』 등 잡지에 실린 것까지 끼워놓으셨다. 노트 겉장을 열면 달필의 한자 글씨가 희미하지만 멋지다. '梁氏家寶'(양씨가보).

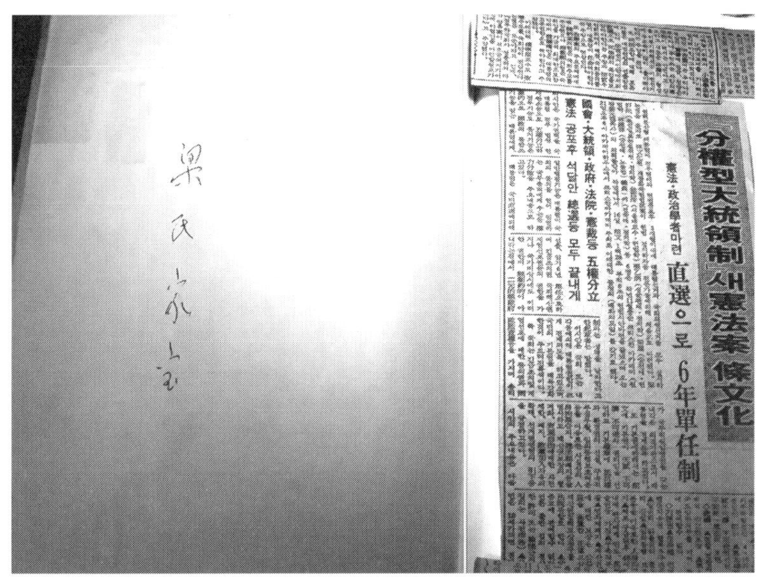

分權型大統領制 새憲法案條文化

憲法·政治學者마련 直選으로 6年單任制

國會·大統領·政府·法院·憲裁등 五權分立

憲法 공포후 석달안 總選등 모두 끝내게

어머니의 신문 스크랩. 왼쪽에 '梁氏家寶' 글씨가 희미하다.

첫 장에 실린 것은 1980년 1월 17일자 동아일보 기사이다. 6인 학자의 헌법개정안 발표를 다루고 있다. 기사의 제목은 "「分權型大統領制」 새 憲法案 條文化 憲法·政治學者 마련 直選으로 6년單任制." 세로쓰기로 한자가 혼용되던 시절의 8단 기사이다. - 뒤의 글, "헌법 인연 55년 - 김철수 교수님을 추모하며"에 기사와 관련된 내용이 담겨 있다. -

법학은 허학(虛學)인가?

지천명(知天命) 나이 쉰 즈음에 몸과 마음에 위기가 왔다. 마음의 위기에는 직업적 허망감이 자리잡고 있었다. 비판의 도구로 헌법학 공부의 길에 들어섰으나 87년 이후 나에게는 도리어 헌법공부의 유용성이 저감되어 갔다.

동숭동 시절 이후, 비판도구로서 헌법학의 유용성을 다시 확인한 것은 5공 중반 이후, 조금씩 저항운동이 세력을 더해가던 무렵이었다. 이른바 재야인사들의 요청에 따라 글이나 말로 또는 뒷전에서 헌법이론을 활용해 조금의 힘이나마 보태던 시절, 그리고 뒤이어 특히 1986년부터 이듬해 6월에 이르는 사이 몇 편의 시론을 쓸 때, 깊은 밤 두려움과 용기 사이에서 갈등을 느끼며 긴장하던 그때야말로 법학교수로서 강렬한 내적 희열을 느꼈던 때가 아닌가 싶다.

그 시절이 지나고 혼란한 과도기를 거쳐 민주화 과정이 정착되면서 오히려 헌법학 공부 열의는 시들해져 버렸다. 그런 가운데 그나마 법학교수로서 내게 작은 출구가 되어준 것은 법사회학이었다. 법사회학은 주류 법학과는 달리 과학의 성격을 지니고 있기 때문이다. 다만 법사회학의 과학으로서의 가능성이 그리 크지 않게 보였던 것은 작은 좌절이었다.

어떻든 쉰 무렵, 헌법학만이 아니라 법학 자체에 회의감이 깊어졌다. 법학은 과연 고유의 독자성을 가진 학문인가? 이를테면 물리학처럼 아무나 범접하기 힘든 고도의 전문성을 지닌 것인가? 낮은 차원의 기술적 전문성에 불과하지 않은가? 과연 법학은 학문인가? 빈 학문이 아닌가? 물론 실정법 해석 중심의 법학을 두고 하는 이야기지만, 해석법학이야말로 법학의 중심이 아닌가.

직업적 허망감이 내습하기 수년 전, 사십대 후반으로 넘어갈 무렵, 헌법공부의 중간결산 삼아 논문 한 편을 공들여 썼다. 지도교수 회갑기념 논문집에 실리는 것인 만큼 최고 역작을 내야 한다고 생각했다. 제목을 "憲法解釋의 基本問題"라고 잡았다. 그 결론 부분에서 이렇게 썼다.

"헌법원리에 있어서 궁극적으로 대립하고 있는 것은 개인주의적 원리와 집단주의적 원리이다. 대부분의 헌법문제는 이 두 원리를 어느 선상에서 조정하느냐 하는 이익교량(利益較量)에 따라 그 판단이 갈라진다. 그런 점에서 헌법문제는 곧 개인주의와 집단주의 사이의 이익교량의 문제이다." - 『憲法裁判의 理論과 實際』(1993). 졸저 『憲法硏究』, 1995에 재수록.

이런 정도의 결론을 내리는 데 수십 년이 걸렸다니 허망할 수밖에 없다. 정작 더 큰 허망감은 그 뒤에 이어졌다. 이익교량 또는 이익형량(利益衡量, balancing of interests)이란 구체적 사건에서 서로 상충하는 법적 이익을 저울질하는 것이다. 그런데 이익형량의 실체는 과연 무엇인가? 서로 대립하는 이익의 크기 또는 중요도를 측정할 객관적 기준은 무엇인가? 결국 시대와 장소에 따라 지배적 가치관이나 개인적 가치관에 의해 직감 또는 직관에 의존하여 이익형량이 이루어지고 있는 것이 아닌가? 헌법재판소 판례를 보라. 결정적인 이익형량의 부분에서 그 근거가 얼마나 부실한가? 이익형량 과정에 전문적이라고 할 만한 아무 객관적 실체가 없다면, 그것이 과연 고유의 독자성을 지닌 학문인가? 법학, 특히 실무가를 위한 법학이 말해주는 것은 과거 선례에서 이익형량의 결과가 무엇이었는지에 그치는 것이 아닌가? 학문이라고 부르더라도 저급한 수준의 학문에 불과하지 않은가? 판례에 대한 비판적 검토를 하고 학설을 내세우더라도 그 비판과 학설 역시 직관적 이익형량에 입각하는 데서 벗어나지 못한다면 이것 역시 얼마나 전문적이라고 할 수 있는가?

– 최근에 헌법학회 강연문을 준비하다가 놀라운 '발견'을 하였다. 미국 법조(法曹)에서 전설로 일컬어지는 홈즈(Oliver Wendell Holmes Jr., 1841–1935) 대법관의 판결문 일부이다. '판결은 직관에 따른다'는 이 고백!

"일반적인 (법적) 명제들이 구체적인 사건을 결정짓는 것이 아니다. 판결은 그 어떤 명료하고 주요한 (논리적) 전제보다도 더 미묘한(subtle) 판단이나 직관(intuition)에 의존한다." 1905년 로크너(Lochner) 사건에서 홈즈 대법관의 반대의견.

로크너 사건은 한 시대를 대변하는 판결이다. 근로시간제한법이 위헌이 아닌가라는 쟁점을 다뤘다. 다수의견은 자유방임주의 입장에서 위헌이라고 판결했다. '위대한 반대자'로 일컬어지는 홈즈 대법관의 반대의견은 30여 년 지나 다수의견으로 정착된다. –

학생들을 앞에 둔 강의도 난처할 수밖에 없었다. 법의 궁극인 이익형량의 근거가 직관적 가치선택을 넘어서지 못한다면 이것이 무엇이란 말인가? 법학의 궁극적 관건은 법학 너머에 있다는 말이 아닌가! 이런 생각을 학생들에게 밝혀도 좋은 것인가? 아예 입을 다물어야 하는가? 어차피 법학은 '빵을 위한 학문'이므로?

일찍이 이익형량을 위해 고심, 고투한 학자들이 있다. 법률가이기도 했던 공리주의자 벤덤(Jeremy Bentham)을 대표로 꼽을 수 있다. 그는 행복계산(felicific calculus)을 위해 쾌락의 종류를 12가지로 분류하기도 했다. 그러나 결국 행복계산의 구체적 방법을 내놓지 못했다.

벤덤을 이어받은 법경제학(economics of law)은 모든 이익을 화폐가치로 환산할 수 있는 듯이 말한다. 법경제학자이자 판사인 포즈너(Richard Posner)는 '부의 극대화'(wealth maximization)를 곧 정의라고 보았다. 그는 '부의 극대화'라는 기준에 의해 공리주의가 지닌 '측정'(measurement)의 난제를 피할 수 있다고 말한다. '파레토 효율'의 차용을 비롯한, 포즈너의 지극히 창의적이고 정교한 이론적 장치를 압축하자면 이렇게 요약할 수 있다. 첫째, 공리주의가 안고 있는 효용(utility) '측정'의 문제점을 효용 대신 '시장에서의 경제적 가치' 개념을 통해 대처하고, 둘째, 부의 극대화 원리가 안고 있는 윤리적 문제점은 '동의'(consent) 개념으로 대응한다.

그러나 금방 의문의 따르지 않을 수 없다. 첫째, 모든 가치를 화폐가치로 바꿀 수 있는가? 철학자 샌델(Michael Sandel)의 말처럼 돈으로 계산할 수 없고, 돈으로 사서는 안 될 것이 있지 않은가? 둘째, 시장에서의 모든 동의가 과연 부의 극대화에 따른 윤리적 문제점을 해결할 만큼 진정한 동의라고 할 수 있는가? 동의의 자율성을 일정 부분 인정할 수 있다고 하더라도 그 자율성의 범위는 과연 어느 정도인가? 시장에서 교섭력이 거의 없는 사람들에게 동의의 논리가 통용될 수 있는가?

그렇다면 결국 미국의 1970년대 좌파 법이론인 비판법학(critical legal studies)에 귀결될 수밖에 없는 것인가? 그들의 주장처럼, 법적 담론의 핵심 개념들은 모두 '빈 그릇'(empty vessels)일 뿐이며, 모든 법적 결정의 궁극적 토대는 사회 · 정치적 판단인가? 결국 법의 불확정성(indeterminacy of law)을 넘을 수 없고, 법은 정치일 뿐인가?

2013년 말에 잠시의 한양대 석좌교수직을 마지막으로 은퇴 후, 저술에 들어갔다. 법학의 길을 벗어나오는 고별 의례라고 할까, 법학의 근본문제를 다룬 저술에 몰두하였다. 그 소산을 2015년에 출간했다. 『법 앞에 불평등한가? 왜? – 법철학 · 법사회학 산책 – 』이라는 도발적 제목을 달았다. 애초에는 '법이란 무엇인가?'라는 제하의 더 대중적이면서도 더 포괄적 내용을 담고 싶었으나 욕심을 줄였다. 딴에는 아주 자유로운 글쓰기를 시도했지만 두서없이 보일 수 있다. 물리학 전공의 친구 L교수에게 일독을 권했더니, 이런 독후감을 보내왔다. "조각조각 piecemeal로만 보이던 어떤 모습들이 갑자기 눈앞에 온전한 형상으로 드러난(emerge한) 느낌이라고 할까?" 말년에 시도한 자유로운 저술방식의 의도가 전달된 듯하였다.

이 책은 두 주제를 다루고 있다. '법은 강자의 편인가', 그리고 '법은 확정적인가.' 앞의 주제는 법사회학적이고, 뒤의 주제는 법철학적이다. '법의 불확정성'을 통해 '법 앞에 불평등'에로의 통로가 생긴다는 점에서 두 주제의 연결고리가 생긴다. 이 자유분방한 책에서 법사회학 이론과 관련해 특히 역점을 둔 것은 (법)사회학자 블랙(Donald Black)의 '순수 사회학' 또는 '법의 기하학'이다. 1986년 초간된 졸저 『법사회학』에서는 그의 명저 『법의 행동』(*The Behavior of Law,* 1976)을 제대로 읽지도 않고 선입견만으로 짧은 비판론에 그쳤으나, 위의 『법 앞에 불평등한가? 왜?』에서는 블랙의 근년의 저서 *Moral Time*(2011)에 이르는 그의 독창적 이론을 꼼꼼히 살펴보았다. 그는 물리학 서적을 탐독한다고 밝힌 적이 있다. 천재풍의 독특한 개성을 지닌 학자다. 그의 이론을 추종하는 일단의 학자들에게 그는 교주 같은 존재다.

이익형량에 관한 앞의 나의 논지를 더 진전시켜 논구해 들어간 『법 앞에 불평등한가? 왜?』의 에필로그에서 나는 이렇게 적었다.

> 신(神)의 이름을 내건 사람의 지배에 이어 등장한 것이 '법의 지배'다. 그러나 법의 이름 뒤에 도사리고 있는 것은 사람이다. 법을 만들고 적용하고 집행하는 것은 모두 사람이다. 그리고 그 사람은 빈 공간의 고립된 개인이 아니라, 사회 속에서 사회적 힘의 작용을 받으며 생활하는 사회적 인간이다. 이들 사회적 인간의 소산인 법은 이를테면 '사회적 중력重力'이 작용하는 사회적 물리학의 공간에서 움직인다. 이 사회학적 공간 속에서 법은 어떻게 정의에 도달할 수 있는가?

위 문장 아래에서, 책의 대미를 어떻게 끝맺음할 것인지 한참 고심 끝에 이렇게 마감했다.

> '법복(法服) 안에 성의(聖衣)를 입은 사람'으로 불리는 사도(司徒)법관 김홍섭(金弘燮, 1915-1965)은 시조 '不惑'에서 이렇게 읊었다.
>
> " 千萬 길 있다 하되 길은 오직 하나
> 그 하나 찾자 하여 이렁저렁 今日이라
> 이제서 돌아보니 그도 한낱 길이네 "
>
> 법적 논증에 정답이 있는지는 흐릿하다. 그렇더라도, 모름지기 법적 결정에 정답이 있다는 '믿음'의 자세를 가져야 할 것이다. 그것이 법적 결정을 앞에 둔 모든 사람의 기본적 책임이라고 믿는다.

차마 '정답은 없다'고 단언하지는 못했다. 법은 본질적으로 변혁의 수단이라기보다 질서유지의 도구이다. 법은 질서를 위한 장치이고 질서를 통한 안정은 평화의 다른 표현이기도 하다. 가톨릭 미사 전례의 마지막 순서에서 옆 자리 신도에게 이렇게 한마디 전한다. '평화를 빕니다.' 평화를 위해서는 정답이 있다는 믿음이 불가피하지 않은가. 혹은 믿음이 아니더라도 '애매할 때는 질서에 유리하게'라고 말할 수 있지 않을까.

학문적 낙수(落穗)

앞서 자술했듯이 애당초 내가 원한 길은 학자라기보다 교수의 길이었다. 다만 그 길에서 남긴 내 나름의 이를테면 '학문적 낙수'가 없지 않다고 자평한다. 그간 100여 편의 논문 및 6권의 학술서를 출간하였다.

애초에 나의 헌법학 전공 결정은 정치학의 대체재로 선택한 것이었다. 법대생 시절에 읽었던 일본서적의 서문 한 구절이 떠오른다. '헌법학은 들어갈 때는 쉽지만 대성하기는 힘들다.'(미야자와 도시요시 宮澤俊義). 이차대전 후 일본의 대표적 헌법학자였던 미야자와 교수의 술회에서도 알 수 있는 것처럼, 헌법공부에는 폭넓은 인문사회과학 지식이 필수적이다. 나의 헌법공부에는 헌법책 외의 서적들, 정치학 등 사회과학과 법철학・법사회학 문헌들이 유용하였다.

석사논문 이래 나는 언제나 현실의 상황에서 연구주제를 추출하였다. 법이론 차원에서도 미국의 법현실주의(legal realism)에 경도하였다. 개별적 연구의 누적의 결과, 내 나름의 일반이론도 구축하였는데, 그 성과의 하나가 앞에서 언급한 논문 "憲法解釋의 基本問題"이다. 그 결론은 "헌법문제는 곧 개인주의와 집단주의 사이의 이익교량(利益較量)의 문제이다"로 집약된다. – 이 논지는 헌법교재인 졸저 『헌법강의』에도 실려 있다. 최근 김철수 교수님은 『헌법강의』에 실린 나의 이 논지에 대해 '독창적이다'라는 평을 해주셨다. 올봄 타계하시기 4년 전 남기신 글에서다. (대한민국학술원, "학문연구의 동향과 쟁점: 법학 제2편 헌법학", 2018). –

이 논지를 더 심화시킨 나름의 결론은 졸저 『법 앞에 불평등한가? 왜? – 법철학・법사회학 산책』(2015)에 담겨 있고, 앞에서 설명하였다.

은퇴 후 출간한 또 하나의 졸저는 『헌법의 이름으로 – 헌법의 역사 · 현실 · 논리를 찾아서』(2018)이다. 일반 독자들도 염두에 둔 저술이었지만, '프롤로그 – 헌법이란 무엇인가 –'를 제외하면 읽기 힘들다는 반응이었다. 앞부분에서 세계 주요 국가들의 헌법사를 다루었다.

이익형량론에 대한 비판적 결론의 논지를 박근혜 대통령 탄핵심판 등 구체적인 헌법재판에 적용한 것이 2019년의 논문 "In the Name of Constitutional Law: Reflections on Recent Korean Constitutional Adjudication with Special Reference to President Park's Impeachment Case"(*Hong Kong Law Journal*, Vol. 49 Part 3, 2019)이다. 홍콩대학 로스쿨 앨버트 첸 교수의 청탁을 받고 보낸 논문이다. 근래의 홍콩 사태를 보노라면 안타깝기 그지없다. 자유로운 홍콩의 존립은 세계문화유산이 아닌가. 오늘의 홍콩이 애달프다.

헌법과 관련한 주제를 다루며 나름으로 기여한 또 하나의 학문적 낙수는 영문논문 "Judicial Review and Social Change in the Korean Democratizing Process"(*The American Journal of Comparative Law,* Vol.41, No.1, 1993)이다. 이 논문은 헌법재판에 관한 '헌법사회학적' 탐구이다. 헌법재판에 관한 통상적인 제도적 또는 법해석 차원의 연구가 아니라, 민주화 과정에서의 헌법재판의 역할을 법사회학적 시각에서 접근한 것이다. 이 분야의 세계적 노작으로 시카고대학 로스쿨 Tom Ginsburg 교수의 *Judicial Review in New Democracies – Constitutional Courts in Asian Cases*(2003)를 들 수 있는데, Ginsburg 교수는 내게 자신의 저서가 나의 논문에서 착상하였다고 밝힌 적이 있다.

덧붙여, 헌법학 교수로서 잊을 수 없는 작업으로, '통일헌법 초안' 작성에 참여한 일을 들 수 있겠다. 다만 더 언급할 사항은 아니다.

한편 내가 5공 시대, 헌법공부가 무용하던 시절에 학문적 도피처로 찾았던 것이 법사회학 공부이다. 이 분야에서 나의 학문적 기여는 두 가지 점으로 자평한다. 하나는 개설서인 『법사회학』(1986, 민음사; 제2판, 2000, 아르케) 출간이다. 대우재단의 지원을 받은 이 책은 뜻밖에도 법학도들의 큰 호응을 받았다. 또 하나는 영문논문 “Law and Society Studies in Korea: Beyond the Hahm Theses”(*Law & Society Review*, Vol.23, No.5, 1989)이다. 함병춘 교수의 저술들을 비판적 시각에서 외국에 소개한 글이다. 이 논문에 관해서는 위에서 언급하였다.

최근에 헌법학회에서 발표한 강연문 “전환시대의 헌법과 헌법학”에는 나의 수십 년간 헌법연구의 결론적 성찰이 담겨 있다. (2019년 한국헌법학자대회 기조발제, <헌법학연구> 25권 2호, 2019).

6월 혁명 전후

교수생활 중 겪은 한국현대사의 여러 장면들 가운데 특히 한 순간을 잊을 수 없다. 1987년 6월 시민혁명의 정점을 찍던 날! 6·29선언을 접했을 때의 감격은 무슨 말로도 표현하기 어렵다. 서슬 푸르던, 철옹성 같던 군부 권력이 시민 앞에 고개를 떨궜을 때의 그 환희! 역사에 절정이 있다면 이런 순간이 아니겠는가.

그에 앞선 6월 초 어느 날 대낮, 나는 연구실을 나와 포니 자동차를 끌고 도심으로 향했다. 시민항쟁 지휘본부의 지침대로 초유의 자동차경적 시위에 참가하기 위해서였다. 서울시청 잿빛 청사의 시계바늘이 정오를 가리킨 순간, 어디선가 첫 자동차경적이 길게 울렸다. 뒤이어 광장 로터리를 맴돌던 자동차들이 일제히 경적소리를 뿜어냈다. 그 자동차 무리에 섞여 나는 로터리를 두 바퀴 돌면서 계속 경적을 울려댔다.

6·29선언 며칠 뒤인 7월 2일, 동아일보에 시론을 썼다. 제목은 “공정한 선거제도 − 6·29선언 이후의 과제 − .” 글 첫머리에 먼저 이렇게 썼다. “… 오늘에 이르기까지 숱한 고난을 겪어온 분들, 목숨까지 바쳤던 분들을 기억하는 숙연한 시간을 갖지 않으면 안 된다.” 이 시론에서 나는 온 국민이 염원하던 대통령 직선제를 쟁취한 이후 대통령선거가 어떻게 이루어질지를 걱정하면서 특히 선거운동의 자유를 강조하였다. 당시의 집권 군부세력은 직선제 반대의 논리로 ‘대중선동’, ‘인신공격’ 등을 지적

하면서 직선제 하의 선거운동을 '준내란상태'라고까지 비유해왔기 때문이었다. '조용한 선거'가 야당에게 불리할 것은 자명했다. 교수의 길로 들어선 지 10년을 넘기던 불혹의 나이에 맞은 이 역사적 순간을 생각하면 지금도 잠시 가슴이 일렁인다.

6·29의 환희도 잠시, 대통령선거전에 돌입하면서 난관에 봉착했다. 김영삼, 김대중 양 김씨의 단일화 문제였다. 이런저런 시국선언에 여러 차례 서명한 일이 있지만, 당시의 단일화 촉구 성명서에 서명한 일을 잊을 수 없다. 그 성명서 초안은 조영래 변호사가 썼다. 그에 앞서 조 변호사는 내게 초안 작성을 부탁했는데, 읽어본 뒤 마음에 차지 않아했다. 발표된 성명서는 조 변호사가 전면 새로 쓴 것이고 명문이었다. 야당 대통령후보 단일화 촉구 성명서는 87년 10월 31일에 발표됐다. 학계, 종교계, 사회운동계, 언론계, 문인, 법조인 등 총 123명이 서명하였다. 나도 학계 40인의 말석에 참여하였다.

이 시기에 나는 이런저런 기회에 이른바 재야인사 여러분들을 만날 기회가 있었다. 김승훈 신부님과 황인철 변호사님은 특히 인상 깊었던 분들이다. 88년 5월, 두 분과 함께 가톨릭 <평화신문>의 좌담회에 참석한 일이 있다. 주제는 '박종철 군 고문치사 은폐조작 발표 1주년을 맞아.' – 박 군 사건 직후인 1987년 2월 10일, 나는 동아일보에 이 사건에 관한 시론 "우리는 어디로 가고 있는가?"를 발표했다. –

김승훈 신부는 당시 명동성당에서 이 사건의 은폐조작을 폭로한 분이시다. 장신의 거구이자 무골의 과묵한 인상이어서 범접하기 힘든 위엄이 서려 있었다. 함세웅 신부님과 더불어 당시 가톨릭 재야운동의 대표적 인물이었다. 내가 가톨릭 영세를 받은 것은 그로부터 10년 쯤 뒷날이었고 수년 지나면서 서서히 냉담자로 전락하였다. 황인철 변호사님은 독실한 가톨릭 신자로, 당시 홍성우 변호사님과 함께 인권변호사 활동의 핵심 인물이었다. 좌담회 당시 박종철열사추모사업회 회장을 맡고 있었다.

이듬해 89년, 내가 회장으로 있던 '법과사회이론연구회' 주최로 이화여대 경영대 강당에서 악법철폐 토론회가 열렸을 때, 가득한 청중석 후미에서 흐뭇하신 듯 미소를 보내주시던 모습이 잊히지 않는다. 문학지 『문학과 지성』 발간의 후원자로도 알려져 있다. 재야운동가이면서 성난 얼굴이 아니라 온화한 표정을 지니신 모습이 좋았다. 따뜻하고도 강한 분이셨다. 김승훈 신부님, 황인철 변호사님 두 분 모두 일찍 세상을 떠나셨다. 의로운 분들을 일찍 데려가시는 하늘의 뜻은 무엇인고.

좌담/박종철군 고문치사 은폐조작 발표 1주년을 맞아

"민주의 제단서 부활했다"

아직도 진실은 베일 속에

▲황 : 작년 1월14일, 남영동에 있는 치안본부 대공수사단의 밀실에서 박종철군이 고문살해된지도 1년 4개월이 지났읍니다. 그 후 5월18일, 여기 계신 김승훈신부님께서 은폐조작사실을 공개하셨고, 금년 1월 박종철군 사망 1주년에 즈음해서 당시 부검에 참여했던 황적준박사가 사인(死因)에 대한 은폐압력을 폭로했읍니다. 그에 따라 두 차례에 걸쳐 수사가 진행되었으나 고문치사와 은폐조작과정의 진실은 완전히 드러나지 않고 있읍니다. 지난 4월, 박종철열사추모사업회가 발족되고 그 사업의 일환으로 민사소송이 진행되면 그 과정을 통해 진실이 밝혀질 수 있지 않을까 기대되는 그런 처지입니다.

▲김 : 돌이켜보면 박종철군 사건은 그를 죽음에 이르게 한, 공포를 통치수단으로 하는 군사독재체제의 실체와 정권의 도덕성·기반성까지를 국민 앞에 드러내는 사건이었읍니다. 다른 한편으로 박종철군의 죽음이 이 땅에 민주화의 계기를 마련한 것은 예수가 죽어서 인류를 구원한 것과 그 맥을 같이 한다고 봅니다. 박종철군의 참혹한 죽음은 국민들로 하여금 이런 체제가 지속되는 한 인간답게 사는 것조차 불가능하다는 생각을 갖게 하였고, 그것은 작년 6월항쟁과 민주화의 기틀을 다지는 데 결정적인 계기가 되었읍니다.

6월항쟁·민주화 계기로

▲황 : 박종철군의 희생이 남긴 의미와 관련해서 은폐조작의 사실을 국민 앞에 밝힘으로써 권력의 본질을 드러내고 6월항쟁을 이끄는 데 결정적인 역할을 했던 사제단의 김승훈신부님께서 작년 5월18일 명동성당에서 "박종철군 고문치사사건의 진상이 조작되었다"는 성명을 발표하시기까지의 경위와 과정을 말씀해 주시지요.

▲김 : 거짓된 정권은 폭력을 사용할 수밖에 없지요. 이런 일이 반복되다 보니 어쩔 수 없이 세상에 밝혀진 것이 박종철군 사건입니다. 처음 고문치사 사실이 밝혀졌을 때만 하더라도, 많은 사람들이 분노를 터뜨렸읍니다. 교회에서도 9일 기도회를 가졌고, 백일이 되는 날에는 전시민적 집회가 명동성당에서 열렸죠.

자세히 얘기할 수는 없지만, 우리가 이 사건의 진상이 조작되었다는 확신을 가지게 된 것은 4월말이었읍니다. 그러나 그 이후

1987년 6월, 전국에 걸쳐 일어난 장엄한 민주항쟁은 마침내 집권세력으로 하여금 국민 앞에서 민주화에 대한 승복을 약속하지 않을 수 없게 하였다. 그것이 어떻게 불리건 6·29선언에 이르게 하는 과정에 있어서 박종철군 고문치사사건을 은폐조작한 사실의 공개는 정치권력의 본질과 그 파탄난 도덕성을 세상에 드러냄으로써 민주화운동에 기폭제가 되었다. 그로부터 1년, 당시 이 사실을 세상에 폭로한 김승훈 신부, 대한변협의 진상조사위원이요, 박종철열사 추모사업회 회장인 황인철변호사, 그리고 양건교수와 함께 박종철군 사건의 의미와 그 전개과정을 함께 살펴보고 전망하는 자리를 마련하였다.

참석자

김승훈(신부)
황인철(변호사)
양 건(한양대 교수·법학)
때 : 1988년 5월 14일
장소 : 평화신문 회의실

◇왼쪽부터 김승훈 신부, 황인철 변호사, 양건 교수.

정권본질 변치않아 진상밝힐지 의문
추모사업회의 민사소송 진행에 기대

민적인 차원에서 깊이 인식되었다는 점 의미합니다. 국가권력의 토대라 할 군대·경찰이 도덕성을 상실할 때, 불량배 집단의 물리력과 구별될 수 없게 됩니다. 박군 사건은 이런 의미에서 제5공화국 정권의 본질을 여지없이 드러내 보여 주었읍니다.

또 85년의 2·12총선 이후 정권의 정통성 시비가 직선제라는 개헌논의로 나타나고 있었기 때문에 민주화논의의 본질이 개헌논의인 양 인식되고 있던 상황에서 박군사건은 개헌논의의 허구성과 함께 민주화가 곧 인

전달됐읍니다. 그런데 지금도 그러한 군사문화의 베일이 두꺼운 만큼 과연 밝혀질 수 있겠느냐에 대해서는 의문입니다.

▲황 : 박종철군 사건의 진상이 밝혀져야 한다는 것은 그런 일이 다시는 발생하지 않게 해야한다는 것과 통합니다.

"박종철군은 죽지 않았다"

▲김 : 정치권력의 본질이 변하지 않고 있는 가운데서는 계속 은폐될 수밖에 없는 것이 아닌가 보여집니다. 그러나 끊임없이 진

정부 간의 당·정대책회의의 과정이 밝혀지지 않고는 불가능하다고 봅니다. 그러나 그것은 정권의 핵심과 직결되어 있기 때문에 박군사건의 진상이 밝혀지는 날은 민주화가 완전히 실현되는 날이 될텐데…, 따라서 그렇게 쉽지 않을 것이라 생각됩니다.

▲황 : 지난 4월 '박종철열사 추모사업회'에서 제기한 민사소송은 국가를 상대로 한 통상적인 손해배상청구소송과는 성격과 틀 자체를 달리하는 소송입니다. 우선 원고가 박종철군의 부모와 형제, 그리고 김 신부님

평화신문 좌담회 기사.
왼쪽이 김승훈 신부, 가운데가 황인철 변호사.

도피처 혹은 감옥

흔히 말한다. 교수직처럼 좋은 직업이 없다고. 틀리지 않은 이야기다. 요즘은 변했다고 하지만, 한국처럼 교수가 이모저모 대접을 받아온 나라는 드물 것이다. 오래 전 일본의 어느 우익 신문 서울특파원이 쓴 이런 글을 읽은 기억이 있다. '한국에서 이상한 점 하나는 대학교수를 높게 대접한다는 점이다. 일본에서 대학교수는 사회부적응자의 직종이다.' 과장이 섞였겠지만 터무니없는 얘기는 아닐 것이다.

내가 걸었던 38년 교수의 길이 순탄한 평지만은 아니었다. 멀리서 보면 평평하지만, 가까이 보면 평지라도 질척거렸고 간혹 험한 돌 뿌리도 나타났다. 세상 어느 사회나 그렇겠지만 교수사회에도 그늘진 구석이 짙다. 우리나라만이 아닌 모양이다.

– <스토너>(Stoner)란 제목의 미국 소설이 있다. 저자는 대학교수 출신의 존 윌리엄스(John Williams). 캠퍼스 스토리이지만 인생소설의 여운이 남는 수작이다. 거기에는 20세기 초 미국 중부 어느 대학 교수사회의 아름답지 못한 갈등과 속살이 드러나 있다. –

한국 교수사회는 거기에 더해 나름의 토착적 기미를 지닌다. 무리를 짓는 군집성(群集性)과 어떤 퀴퀴한 부식성(腐蝕性)이다. 이 두 가지, 특히 후자는 내가 가장 혐오스러워 하는 속성이다.

내게 연구실은 때로 도피처였지만 때로는 감옥이었다. 탈옥의 욕구가 스며오를 때면 서울 근교 천진암 성지로 자동차를 몰았다. 천주학에 경도했던 조선 후기 지식인들이 나란히 누운 무덤들, 그 언덕에 오르면 마음이 가라앉았다.

– 소설 『리스본행 야간열차』의 주인공은 고전문헌학을 가르치는 초로의 어느 김나지움 교사이다. 그는 어느 날 수업 중 돌연 교실을 벗어난다. 학생들을 바라보고 있던 중, 갑자기 자기 인생을 마지막 관점에 서서 보게 된다. 기차를 타고 멀리 떠나 다른 세계로 향한다. 20년 정도 경력의 교수라면 한 번쯤 이런 환상을 그려보지 않았을까. 교수직만이 아닐 것이다. –

교직에 대한 이런 소회가 '배부른 소리'라는 점은 틀리지 않다. 어딘들 밥벌이가 청산이겠는가.

교수의 길 38년은 감사하고 또 감사한 여정이었다. 2011년 3월, 감사원장 취임을 앞두고 대학을 아주 떠났다. 정년이 남아 있어 휴직처리를 할 수 있었지만, 그렇게 하지 않았다. '헌법이란 무엇인가'에 대한 나름의 생각을 정리한 마지막 강의 말미에 나는 이렇게 말했다. '26년간 긴 세월, 덕분에 잘 먹고 잘 살아온 점, 대학에 깊이 감사한다.' 때로는 품위를 저버린 막말 표현이 진심을 드러낸다.

– 나쓰메 소세키의 소설 <그 후>의 주인공 다이스케는 방관자적 고등유민(高等遊民)이다. 탐미주의적 취향의 그는 밥벌이를 위한 노동을 하찮게 여긴다. "모든 신성한 일이란 인간이 살아가기 위한 빵과는 무관한 법이야." 소설 마지막 장면이 시사적이다. 아버지와의 불화로 밥줄이 끊긴 다이스케는 취직자리를 찾아 거리를 헤매며 혼몽(昏懜)한다. –

김지하 시인은 동학의 교리를 해석하여 '밥이 하늘'이라고 했던가. – '제사는 식사요 식사는 제사.' '살맛은 밥맛', '반 한 그릇이 만고진리'… <밥, 김지하 이야기 모음> –

다만, 어찌 생업만을 위해서였겠는가. 교수사회의 속살이 누추하고 때로 역겨웠지만, 강단에서만은 열정을 쏟아 부은 시간들이었다. 이 시절 좋은 제자를 많이 두었음은 그 무엇보다도 고마운 일이다. 숭전대(현 숭실대)에서나 한양대에서나 나는 학생들의 큰 사랑을 받았다. 아직까지도 때마다 안부를 묻고 전하는 여러 제자들이 있어 고맙기 이를 데 없다.

– 강원도 동해안의 항구마을에서 상경한 K는 무일푼 고학생이었다. 법원 사무관 시험에 합격한 그는 얼마 전 정년퇴임했다는 소식을 알려왔다. 명절날이면 휴가지에서 찍은 가족사진을 보내오기도 한다.

이름을 기억하지 못하는 한 여학생을 생각하면 지금도 웃음이 난다. 오전 9시 첫 시간 강의에 그 학생은 늘 맨 앞줄에 자리잡았지만 10여 분 지나면 어김없이 끄덕끄덕 졸았다. 우습기도 했거니와 거듭되는 불량 수업태도를 그저 묵인하던 나는 기어코 언젠가 강의를 마친 후 그 까닭을 물었다.

집이 멀리 인천이어서 새벽에 전철을 탄다고 했다. 듣고서 미안하였다. 인쇄체 글씨로 항상 모범답안을 냈던 다른 한 여학생의 졸업 후 안타까운 소식에는 마음이 아팠다.

스승의 날 즈음 늘 연락을 주는 K교수는 벌써 환갑을 넘겼다. 나의 일반대학에서의 교수생활 첫 학기 첫 시험에서 뛰어난 답안지를 냈기에 눈에 띄었다. 근년의 어느 날 K 교수가 검정 가죽 재킷을 입고 거대한 오토바이크 할리를 몰고 나타나 날 놀라게 했다. 늘 말끔한 용모의 그가 커피 바리스타 자격을 땄다는 소식에는 또 한 번 놀랐다. 명문 로스쿨 교수인 그의 모습에서 오늘날 가치관의 변화, 아니 진화를 실감한다.

강골 검사로 활약했던 K 변호사가 최근 평일 대낮에 전화를 주었다. 내가 사는 집 근처를 지나다 문득 생각나 연락했다는 것이었다. 그가 오래 전 학창시절, 어느 암자에서 고시공부를 할 때 격려 편지를 보냈다. 코로나 팬데믹 상황이었지만 부근 야외카페에서 차를 나누며 담소하였다. 결혼 주례 봉사에 인색한 내가 그의 결혼식에서 처음 주례를 맡게 된 데는 일화 한 토막이 얽혀 있다. 그의 주례 부탁 전화를 받고 사양하였다. 신랑과 주례가 친구처럼 보여 곤란하다는 이유를 댔다. 결혼식 날짜를 3,4일 앞두고 또 전화가 왔다. 확인 차 전화했다는 것이었다. 아니, 사양했는지 않은가라고 반문했더니 이런 느긋한 답이 돌아왔다. '그렇게 말씀하셔도 해 주실 거라고 믿고 있었습니다.' 예식 사진을 보니 내 눈에는 주례가 더 젊어보였다.

내 연구실 출신을 비롯한 몇 분들과는 오래 전부터 거의 정기적으로 모임을 가져왔다. 첫 연구실 조교였던 N교수는 환갑이 머지않았다. 교수 재직 중 박사과정에 입학했던 분은 이미 정년퇴임하였다. 변호사직에서 대학으로 옮긴 K 교수는 내 맏딸의 중매까지 서주었다. –

좋은 학생들을 만난 건 축복이었다. 가끔 제자들과 만나는 날에는 모처럼 가슴이 뛰기도 한다. 이런저런 대접을 받을 때면 과분한 느낌에 겸연쩍지만, 늘 즐거움이 그보다 앞서니 어쩔 도리가 없다.

관직의 길

환갑 이듬해인 2008년 3월 14일, 신설기관 국민권익위원회 위원장에 취임하였다. 관직은 뜻밖이었다. 청와대에서 임명장을 받을 때 이명박 대통령과 첫 상면하였다.

– 2007년 대선에서 나는 이명박 후보에게 투표하였는데 그 이유는 다른 많은 지지자들과 다르지 않았다. 명실상부 한국의 선진국 진입을 위해서는 더 많은 경제성장이 필수적이라 생각했고, 이를 위한 적임자는 이명박 후보라고 판단했다. 2007~2008년 세계 금융위기로 인해 당초 기대했던 큰 경제성장은 이루지 못했지만, 당시 그 어느 나라보다도 선방(善防)하였던 업적이 간과되는 건 아쉽다. –

미근동 시절

서울에 오래 살았지만 이름마저 생소한 동네들도 적지 않다. 국민권익위원회는 세종시로 옮기기 전 서대문구 미근동의 한 건설사 빌딩에 세 들어 있었다. 두 군데의 대학 교수 생활은 모두 사립대학이었으므로 국민권익위원장직은 나의 첫 공직이었다.

취임 후 업무를 시작하면서부터 청와대와 신경전이 벌어졌다. 권익위원회는 이전의 국민고충처리위원회, 청렴위원회(부패방지위원회의 후신) 및 행정심판위원회라는 세 기구를 합친 기관이다. 직원 수로는 고충처리위원회가 가장 많았고, 행정심판위원회는 소규모였다. 청와대 비서실의 생각은 부패방지 문제보다 '국민고충처리'에 집중하라는 것이었다.

심지어 이런 일까지 있었다. 청와대 비서실의 소관 비서관은 국민권익위원회 신년업무계획보고에서 아예 부패방지 분야는 빼라고 종용하였다. 내가 이를 무시한 것은 마땅하였지만, 당시 위원회 간부들이 힘들어 하였다. 기관장과 청와대의 생각이 엇갈리니 중간에 선 직원들이 곤욕스러웠을 것임은 말할 것도 없다.

국민권익위원회 출범.

국민권익위원회의 영문표기는 출범 초에 'Civil Rights Commission'이라고 되어 있었다. 나는 이것을 바꾸어 앞머리에 Anti-Corruption이라는 단어를 첨가하여 'Anti-Corruption & Civil Rights Commission'이라고 변경하였다. 부패방지정책 업무를 대외적으로도 분명히 드러내고 싶었기 때문이었다.

권익위원회 기능 중에 내가 제일 중점을 둔 것은 부패방지정책수립 기능이었다. 그러나 법률상 권익위원회에 부여된 권한은 극히 한정적이었다. 정책제안이야 하나의 제안일 뿐이다. 입법을 하려면 산 넘고 물 건너기를 반복해야 하고, 그렇게 하고도 성사될 보장은 없다. 입법이 얼마나 어려운지 이때 알았다. 국회에 앞서 우선 행정부 내부의 반대의견을 설득해야 한다. '힘 센' 기관들이 '노'라고 말하면 입법은 요원하다.

권익위원장 시절의 보람이라면 새로운 법안 하나를 추진한 일을 빼놓을 수 없다. 공익적 목적의 신고자, 예컨대 불법적 금품 수수 같은 비위 사실이나 공장 폐기물 불법 처리행위를 신고한 사람에게 여러 보호조치를 제공하는 '공익신고자보호법' 법안을 작성, 국무회의에 상정한 일이 있다. 위원장직 사임 후 대학으로 복귀한 어느 날 그 업무를 담당했던 젊은 직원이 전화를 걸어왔다. 그 법안이 드디어 행정부 내의 모든 절차를 끝내고 국회에 제출되었다는 소식이었다. 매우 기뻤다. 법안의 국회 제출만이 기뻤을 뿐만 아니라 그것을 전해주는 직원의 마음이 고마웠다. 이따금 이 법률의 적용 사례를 보도하는 신문기사를 보면 흐뭇하다.

수많은 행정규칙을 검토하여 개정을 추진한 일도 보람 있는 작업이었다. 오늘날의 입법은 대개 뼈대만 세우는 데 그치며 살을 붙이는 것은 행정규칙이다. 이명박 정부 초기 정책의 하나는 규제개혁이었고, 이와 관련하여 행정규칙을 손보는 일을 권익위원회가 맡았다. 국민고충과 행정심판을 야기하는 과도한 규제를 철폐하려면 사소한 것처럼 보이는 세세한 행정규칙을 개혁해야 했다. 행정규칙을 통한 과도한 규제는 부패의 원천이 되기도 한다. 무려 1만여 건의 행정규칙을 하나하나 재검토, 개정 방향을 제시하였다.

그밖에 부패방지와 관련, 권익위원회에서 시도한 작은 일의 하나는 교사들의 촌지 수수를 감시하는 업무였다. 권익위원회는 부패행위를 직접 조사할 법적 권한이 없다. 부패행위 신고가 있으면 이것을 접수하여 관련 기관에 이첩할 뿐, 스스로 혐의자를 조사해 처리할 권한이 없다. 실제 현장에서 행사할 아무 사정권한을 갖고 있지 못한 것이다.

고작 머리를 짜낸 것이 공무원 행동강령 시행과 관련, 업무범위를 확장시키려는 시도였다. 법률상 권익위원회 권한의 하나로, '공무원행동강령 실태조사'가 규정되어 있었다. 이를 근거로 학교현장에 나가 촌지수수 감시를 하는 것이다. 예컨대, 명절을 앞두고 학교 현장에 나가 수상한 행위를 발견하면, '가방을 보자는 등' 금품수수행위 여부를 확인하는 것이다. 상대방이 불응하면 다른 도리가 없다. 이 정도의 구차스런 조치에 대해서도 시비가 제기됐다. 한국교총에서 '촌지수수는 없다. 증거를 대라'고 항의성명을 냈다. 이런 사태를 대비, 미리 준비한 자료가 있었다. 학부모들 상대의 설문조사 결과였다. 지금은 어떤지 모르지만 당시 서울 강남 등 일부지역에서는 촌지 수수가 여전하였다.

이런 일들을 겪으면서 나는 위원장으로서의 권한의 한계를 절감했다. 뒤에서도 언급하겠지만, 내가 감사원장직 제의를 받고 숙고 끝에 수락한 데는 감사원의 강력한 권한을 통해 청렴국가 정립에 소신껏 기여하자는 욕구가 크게 작용하였다.

국민권익위원장은 애초에 국무회의에 참석하지 않았다. 서울시장처럼 옵서버 자격도 주어지지 않았다. 사정기관 성격이라는 점이 그 사유였다. 나는 기관의 위상이나 업무수행을 위해서는 국무회의 참석이 필요하다고 생각하고 강하게 요구했다. 이 요구는 수개월 지나 받아들여졌다. 서울시장 자리 옆의 말석이었다.

국민권익위원회에서의 첫 공직 경험에 큰 시행착오는 없었다고 생각한다. 가까운 후배와 함께 일을 할 수 있었던 것은 큰 행운이었다. 3인의 부위원장 가운데 수석 부위원장이던 박인제 변호사는 공직에서 만나기 전부터 잘 아는 대학 후배였다. 또한, 검찰 출신의 김필규 부위원장과도 호흡이 잘 맞았다.

첫 관직은 1년 반 만에 끝났다. 2009년 8월 26일 나는 사임하였다. 뒷맛이 씁쓸했다. 법률에는 임기 3년으로 규정되어 있었지만 중도에 물러났다. '정치적 이유'였다. 후임자를 보면 능히 짐작할 수 있을 사유다. 나는 메신저에게 한마디 군말 없이 '사임 제의'를 수용하였다.

후일 그 메신저가 이런 말을 털어놓았다. 당시 내 사임을 놓고 대통령 측근들이 '오도꼬(남자)다'라고 입을 모았다는 것이다. 어처구니없다는 생각이 들었다. 내가 군소리 없이 받아들인 이유는 자존감의 엄청난 상처 때문이었다. 그렇기에 아무 대꾸도 하기 싫었던 것이다.

어느 주류신문에는 내 중도 사임을 두고 그 사유에 관해 엉뚱한 가짜 뉴스가 실렸다. 당시 지자체 공무원의 비위 사건이 연이어 발생하였는데 그 책임을 지고 물러났다는 기사였다. - 자신에 관한 언론보도를 직접 경험한 사람이라면 한국의 언론보도가 얼마나 '창조적'인지 놀라고 분개할 것이다. 감사원장 퇴임 후에도 그런 일이 있었다. 어느 진보신문에 내가 재임 중 어느 대학 이사장과 골프를 쳤다는 기사가 났다. 나는 골프를 하지 않는다. - 짧은 이임사에서 나는 이런 한 구절을 굳이 집어넣었다. "떠날 때 긴 말은 아름답지 못합니다." 내 나름의 불만표시였다. 후일, 감사원장 지명을 받고 국회 인사청문회가 열렸을 때 한 야당의원이 용케 이 구절을 끄집어내어 따져 물은 적이 있다. 나는 눙치는 식의 답변으로 얼버무렸다.

삼청언덕에 올라

대학 복귀 후 약 1년 6개월이 지난 2011년 3월 11일, 제22대 감사원장에 취임하였다. 두 번째 관직인 감사원장직도 전혀 뜻밖이었다. 처음 지명받은 사람이 청문회를 앞두고 낙마하여 내가 대타로 지명받은 것이다. 당시 어느 신문 기사제목처럼 '5개월 찾고 찾다' '돌고 돌아' 내 앞에 멈춰 선 것이었다.

처음 청와대의 제의를 받고 나는 사양하였다. 권익위원장 시절 공직자재산등록 시에 아내의 시골 땅을 두고 어느 방송국에서 문제 삼은 적이 있었기에 그것을 핑계로 삼았다. 그러나 내심으로는 우선 자존심이 허락하지 않았다. 수락하기까지에는 일주일의 시간이 걸렸다.

나서기로 결심한 데는 무엇보다도 첫 관직에서의 아쉬움이 컸기 때문이다. 권익위원회의 권한은 내 의욕에 비해 턱없이 모자랐고, 그나마도 뜻하지 않게 중도하차할 수밖에 없었다. 첫 관직에 들어설 때의 꿈, 특히 싱가포르 같은 청렴국가 수립에 벽돌 한 장이라도 더 얹고 싶었다.

감사원의 인사청문회 준비는 철저하였다. 시시콜콜, 나도 기억하지 못하는 소소한 사항까지 모두 자체적으로 파헤쳤다. 청문회 결과와 상관

없이 대통령이 임명을 강행할 수 있는 장관들의 경우와 달리, 감사원장 임명은 헌법에 따라 사전에 국회의 동의를 받아야 한다. 인사청문회는 이틀에 걸쳐 시행되었다. 온갖 인격 모독적 질문들이 쏟아졌지만 그러려니 생각하니 견뎌낼 만했다.

어떤 거친 입의 여성 야당의원은 '이회창씨 따라다닌 정치교수 아니냐'고 공격했다. '사실이 아니다. 이회창씨 선거운동 한 적이 전혀 없다.'고 응수했다. 이회창씨가 대통령선거에 나섰을 때, 일부 신문기사에 내가 측근의 일인인 것처럼 보도된 적이 있었다. 그의 요청으로 몇 차례 만난 적이 있을 뿐이었다. 나는 어느 누구의 선거캠프에도 발을 들여 놓은 적이 없다. 더러 요청받은 적이 있지만 사양하였다.

한 야당의원으로부터는 이런 질문이 나왔다. '역대 감사원장 가운데 누구를 존경하는가.' 특정인을 염두에 둔 물음이었을 것이다. '이석재 원장을 존경한다.' 나의 대답에 그 의원은 잠시 당황한 표정이었고 더 이상

청와대에서 감사원장 임명장을 받은 후 이명박 대통령 내외분과 함께.

그 질문을 이어가지 못했다. 이석재 원장은 오늘날의 감사원 위상을 정립한 분으로 평가되고 있다. 그는 군 출신으로 박정희 정권에서 감사원장을 지냈지만 감사원의 실력을 높이고 기강을 세웠으며 퇴임 후에도 청렴하게 지낸 분으로 알려져 있었다.

특히 한 젊은 야당의원과의 '설전'이 기억에 남는다. 그 의원은 청문회 첫날, 내가 권익위원장 재직 시 경찰간부들을 상대로 한 강연내용을 문제삼았다. 그 강연에서 집회시위 문제를 다루는 가운데, 나는 독자적 헌법해석 이론에 근거하여 과도한 집회시위 현실에 대해 강하게 비판했다. 당시 이명박 정부는 시작부터 촛불시위로 홍역을 치른 후에도 과격한 집회시위로 곤욕을 겪고 있었다. 그 야당의원의 공격에 나는 내 나름의 이론을 내세워 반격하면서 한 발짝도 물러서지 않았다. 논리적으로 궁지에 몰린 그 젊은 의원은 흥분하여 고성만 질러댔다. 청문회 이틀째인 다음 날, 청문회가 속개되자마자 시작부터 그는 전날의 수세를 만회하려 시도했다. 이런 발언까지 했다. '당신은 감사원장은커녕, 대한민국 국민 자격도 없다.' 그 후 그 젊은 의원은 집권여당으로 당적을 옮겼다.

청문회 둘째 날에는 증인들의 발언도 있었다. 한양대 법대 제자인 김영종 검사가 참석해 우호적 이야기를 해주었다. 김 검사는 내가 첫 결혼주례를 맡았던 제자이다. 그는 강원도 정선 출신으로, 고향의 풍광을 닮아 맑고 직선적인 인물이다. 노무현 대통령이 TV로 중계된 '검사와의 대화'에서 '이쯤 되면 막가자는 거지요'라고 발언했던 일은 후일 두고두고 회자되는데, 노대통령의 이 발언을 이끌어낸 도발적 발언을 했던 검사가 바로 김영종 검사이다.

국회 동의절차는 무난히 통과하였다. 당시 야당 의원들 중 유인태 의원을 비롯해 몇몇 지인들이 내게 호의적 발언을 하였다는 후일담을 전해 들었다. – 국회 표결 결과, 출석의원 267인 중 201인의 찬성을 얻었다. 약 75%의 찬성률이다. 여당인 한나라당 의원은 140인이 표결에 참석했다. 야당 의원 절반 정도가 찬성투표를 한 셈이었다. –

당시 또 한 분 감사한 분이 계셨다. 조선일보의 대 논객 류근일 선생이시다. 청문회를 앞둔 시점에서 어느 인터넷 커뮤니티에 선생의 글이 올랐다. 제목이 '내가 아는 양건 교수.' 나에 대해 좋게 말씀해 주신 대목에 이어진, 마지막 문장만 옮긴다.

> 청문회가 어떻게 전개될지는 모르겠다. 국회가 알아서 할 것이다. 나는 그와 한 시대를 함께 했던, 진하지는 않지만 잔잔한 인연을 회상했을 따름이다.

인사청문회를 마치고 임명장 받기 수일 전, 작은 해프닝이 있었다. 감사원 간부가 전하기를, 청와대 모 인사가 나를 만나러 오겠다는 것이었다. 무슨 일로 보자는 것이냐고 물으니 감사원 인사문제 같다는 전언이었다. 나는 벌컥 화를 냈다. '아니 아직 임명장도 받기 전에 …' 그러고는 찾아와도 안 만날 테니 그리 전하라고 일렀다. 간부직원이 황당하다는 표정으로 힐끗 나를 쳐다보았다.

우리나라 감사원은 단순한 회계검사기관을 넘어 공직자의 위법·부당한 비위까지 조사하는 강력한 권한을 지닌 기관이다. 이 점에서 미국의 'GAO(Government Accountability Office. 처음 명칭은 General Accounting Office)나 일본의 '會計檢査院'과 다르며 훨씬 강력하다.

감사원 업무를 시작하면서 먼저 관심을 둔 것은 세 분야이다. 국방, 교육, 그리고 당장 현안으로 걸려 있던 4대강 사업. 국방은 국가의 가장 중요한 기본 책무이고, 교육은 문자 그대로 백년대계이자 경제발전의 토대이며, 4대강 사업은 당시 뜨거운 논쟁거리 국책사업이었다. 국방과 관련해서는 먼저 방위산업 비리 척결이 관건이었기에 일찍부터 이 분야 전문가를 만나 자문을 구하였고, 첫 고위간부 회의에서도 이 문제를 강조하였다. 교육은 내가 가장 잘 아는 분야라고 할 수 있었다. 취임 후 새로 기획한 대대적 감사는 대학 감사였다. 또한, 원장 취임 후 제일 먼저 만난 외부 인사들은 4대강 사업과 관련한 토목·환경 전문가들이었다.

취임 후 얼마 지나지 않아서부터 사무총장과의 관계가 순조롭지 않았다. 후일 들은 바에 따르면, 나의 업무 스타일이 전임 원장과 달랐던 모양이다. 전임자는 사무총장에게 넓은 재량권을 주었던 데 비해 나는 그렇지 않았다는 것이다. 나로서는 먼저 업무를 파악하고 초기에 기강을 잡은 후 서서히 간부들에게 재량권을 부여하겠다는 나름의 요량이 있었다. 이런 저런 잡음이 들려왔다. 수개월 지나지 않아 나는 대통령에게 사무총장 경질을 요구하고 관철하였다. 간단치 않은 과정이었다. – 이명박 정부 종료 후, 이 과정을 다룬 전면 특집기사가 보도되었다 (동아일보 2013.9,14.). 이 기사에는 사무총장과의 알력 사유에 관하여 일부 사실과 다른 내용이 포함되어 있다. –

감사위원과 관련해서도 사단이 났다. 취임 초기, 저축은행 사건과 관련해 대통령 측근으로 알려진 한 감사위원의 비위 연루 사실이 드러나면서 감사원 전체의 위상이 추락할 위기가 발생했다. 나는 이것을 감사원 내부 쇄신의 호기로 삼았다. 종래 관행처럼 되어온 업무 실태 중에 문제가 있는 것은 바꾸기로 하였다.

일례로 감사 현장에 나가 피(被)감사기관 직원들과는 일체 식사를 함께 하지 못하도록 했다. – 외환은행 어느 미국 지점장이던 한 학교 선배로부터 들은 이야기를 떠올렸다. 미국의 은행 감독기관이 현장 감사를 벌이면서 커피 한 잔도 사절하고 물만 마시더라는 얘기였다. – 감사에 필요한 정보를 얻으려면 그런 식사 자리가 필요하다는 반론도 있었지만, 비위 소지를 없애는 것이 더 중요하다고 설득했다. 밥을 함께 먹으면 술잔이 오가고 그러고 나면 자칫 비리가 싹트기 마련이다. 모든 큰 비위사건은 밥 한 끼에서 시작한다고 하지 않는가. 그 후 한 피감기관 지인으로부터 '감사원 직원들 행태가 달라졌다', '감사원 직원들끼리만 식사한다'는 뒷얘기를 들을 수 있었다.

4대강 사업 감사

감사원 직원들이 '큰 감사'라고 부르는 내부 용어가 있다. 많은 감사

인력이 투입되는 중대한 감사를 가리킨다. 나의 재임 중, 큰 감사로 두 건을 꼽을 수 있다. 하나는 '4대강 사업 감사', 다른 하나는 '대학 감사'이다.

조금 시간을 거슬러 오른다. 공직에 들어서기 얼마 전 대학에 몸담고 있을 때, 전라도 영산강 부근을 여행한 적이 있었다. 강이라고 부르기 민망할 정도로 물줄기는 보잘 것 없는데다 그 부근은 오물 등이 널려 있어 몹시 지저분한 모습이었다. 그 때문에 이명박 정부가 4대강 사업을 시작했을 때 필요한 사업이라고 생각하고 있었다.

이명박 정부 출범 시 나는 국민권익위원회 위원장으로 참여하게 된다. 이명박 정부에서는 출범 초기 장차관급을 대상으로 하는 워크숍이 잦았다. 대통령 주재로 대개 주말에 아침부터 하루 종일 저녁까지 하였다. 한번은 이런 일이 있었다. 4대강 사업 정책에 관한 담당자의 발표가 있은 후 참석자들의 자유토론이 마련되었다.

나는 오후 토론의 첫 번째로 나서 이런 취지의 발언을 했다. '토목사업은 전통적으로 부정부패의 소지가 많은 대표적 사업이다. 미국에서 1930년대 뉴딜정책의 일환으로 대대적 토목사업을 벌였을 때도 이에 대비한 조치가 수반되었다. 루스벨트 대통령은 비리 방지를 위한 특별한 조치들을 사업 시작부터 취하였다. 4대강 사업 추진에 있어서도 이런 점을 고려해야 한다.' 권익위원회의 업무 분야의 하나가 부패방지정책 수립에 있기 때문에 특히 그런 관점에서 한 발언이었다.

내 발언이 끝나자 잠시 고요한 적막이 흘렀다. 참석자들 모두 아무 대응이 없었다. 위 발언을 할 당시, 훗날 내가 감사원장으로 4대강 사업 감사를 하게 될지는 말 그대로 꿈에도 생각하지 못했음은 물론이다.

내가 2011년 3월 감사원장 취임 후 첫 번째로 만난 외부 인사들은 4대강 사업에 관한 전문가들이었다. 4대강 사업 감사야말로 내가 처음 부딪쳐야 할 가장 중대한 과제라고 생각했기 때문이다. 점심을 겸한 이 모임에는 사업 지지자와 비판자가 함께 초청되었는데, 몇 마디 오고 간 후, 공학전문가인 참석자들 사이에 고성이 오가는 언쟁이 벌어졌다. 큰 불상사가 날 것 같은 험한 분위기였다. 이 문제가 간단치 않을 것임을 직감한 순간이었다.

'4대강 살리기 사업'은 이명박 대통령 정부가 2009년부터 2012년까지 4년간 총 22조 2천억 원을 들인 대형 국책사업이다. 내가 2011년 3월 원장으로 취임하기 직전인 그해 1월, 전임자가 수행했던 세칭 1차 4대강 감사의 결과가 발표됐다. 1차 감사는 사업시작의 시점에서 계획수립 등을 대상으로 벌인 감사로, 흔히 언론에서 감사원이 '아무 문제가 없다'고 결론 낸 것으로 보도해온 감사이다.

나의 재임 중 벌인 4대강 감사는 2차 및 3차 감사였다. 2차 감사는 공사 시공 결과에 대한 감사였고, 3차 감사는 건설사 간의 담합 여부가 주 대상이었다. 같은 4대강 사업을 감사하되 감사의 주 대상은 매번 달랐다. 1차 감사는 사업 시작단계에서 계획 수립에 대하여, 2차는 시공 마감단계에서 시공 결과에 대하여, 3차는 사업자 사이의 담합 여부를 감사대상으로 삼은 것이다. 매번 다른 측면을 감사대상으로 하였지만, 마치 같은 감사를 3차례 반복한 것처럼 오해되거나 곡해되기도 한다.

감사 결과에 대한 비판자들은 특히 1차 감사 결과를 2차 감사 및 3차 감사의 결과와 대비하면서, 감사원이 처음에는 4대강 사업에 문제가 없다고 하였다가 나중의 감사에서는 문제가 많은 것으로 입장을 바꾸었다고 보도하거나 주장하였다. 뿐만 아니라 이 같은 감사원의 '입장 변화'에는 마치 정치적 고려가 개입된 듯이 비난하였다. 지금껏 마치 사실인 듯이 반복되어온 이런 주장에는 여러 사실 오인과 왜곡이 쌓여 있다.

4대강 사업에 대한 2차 감사 결과에 대한 반응 가운데 내가 이해할 수 없었던 점은 우선 당시 정부와 여당 쪽의 비판이었다. 4대강 사업 시행에 여러 문제점들이 있음을 지적했기 때문에 당장 단기적으로 보면 정치적 타격이 있을 것이고 이 점에서 서운해 하는 점은 이해될 수 있다. 그러나 중장기적으로 보면 왜 감사 결과를 못마땅해 하는 지 이해하기 힘들었다. 국토를 파헤치는 사업에 잘못이 있어 훗날 문제가 불거진다면 그것이야말로 큰일이고, 그런 결과를 미리 방지하려면 철저한 감사가 필요하지 않은가. 오히려 정부를 돕는 일이 아닌가. 그런데 어째서 샅샅이 문제점을 지적한 감사 결과를 비난하는지 이해하기 어려웠다.

감사 결과에 대한 유력언론의 비판은 더욱 이해하기 힘들었다. 감사 내용에 대해서가 아니라 주로 감사의 시점과 관련한 그 정치적 배경에 관한 추측 기사들이었다. 4대강 사업을 지지해온 언론이라 하더라도, 시공 등에 문제가 있다는 사실 지적은 사업 타당성과는 별개의 문제가 아닌가.

나의 혼자 생각과는 별개로, 2차 감사 결과의 여파는 거셌다. 당장 국회 법사위원회에서 감사원장을 불러냈다. 2013년 1월 23일, 국회에 나가 긴급현안보고를 하였다. 국회로 출발하기 전 대통령실장으로부터 전화가 걸려왔다. 그저 '수고하신다'는 정중하고 의례적 표현이었지만, 대통령실의 속내는 무거웠음에 틀림없다. 국회방송은 생중계를 실시했다. 오후 내내 장시간의 질의답변이 이어진 가운데, 당시 집권여당의원들이 감사 결과의 비판에 앞장섰다.

회의 도중 해프닝이 있었다. 희한한 새 소식이 전해졌다. 국무총리실에서 감사 결과에 대해 조사할 방침이라는 뉴스였다. 뜻밖의 황당한 이 소식에 잠시 나는 어안이 벙벙하였다. 감사원은 대통령 소속의 독립적 업무수행 기관인 터에 무슨 근거로 총리실이 감사 결과를 조사한단 말인가. 천부당만부당한 위법·부당한 개입임에 틀림없었다. 더구나 당시 총리는 전임 감사원장이 아닌가. 갑작스레 이 뉴스를 알려주며 이에 대한 소견을 묻는 야당의원 질문에 나는 즉각 이렇게 답했다. '만일 그것이 사실이라면 심각한 문제다.'

나로선 한껏 낮춘 답변이었다. 마치 감사원 전임 원장과 현 원장이 대립하는 모양새였기 때문이다.

이 해프닝은 회의 후반에도 이어졌다. 어느 의원의 질문에 답하려는 순간, 뒷자리에 앉았던 감사원 간부가 쪽지를 전해 주었다. 앞선 총리실 소식이 사실이 아님을 총리실에서 감사원에 전달해왔다는 내용이었다. 나는 의원 질문에 대한 답변을 제쳐둔 채 그 쪽지 내용을 공개했다. 사회를 보던 박영선 위원장이 잠깐 어이없다는 표정을 지었다. 나의 가벼운 처신이었음에 틀림없다. 회의 막바지에 총리실의 해명 메시지를 공개하면서 한껏 호되게 총리실을 꾸짖었어야 했다는 아쉬움이 남기도 했지만 유치한 생각일 것이다.

이튿날 1월 24일, 한 유력 신문(조선일보)은 이 '대결'을 1면 머릿기사로 크게 보도하였다. 큰 제목이 "청와대・감사원 '4대강 2차 충돌' 정권 말 무슨 일이", 중간제목에서는 "이번엔 총리실장 나서 '감사원발표 철저히 검증할 것' 양건 감사원장 즉각 반발 '우리를 조사? 심각한 사태."
이 기사의 첫 대목은 이랬다.

> "감사원의 4대강 사업 감사 결과를 놓고 관련 부처를 앞세운 청와대와 감사원이 23일 2차로 충돌했다.
>
> 감사원이 지난 17일 4대강 보(洑)의 안전성과 수질에 문제가 있다는 감사 결과를 발표하자, 국토해양부와 환경부 장관은 이튿날 공동 기자회견을 갖고 '4대강 보는 안전과 기능에 문제가 없다'고 반박했다. 1차 충돌이 감사 내용을 둘러싼 것이었다면 이번 2차 충돌은 감사원 감사를 정부가 합동으로 검증하는 문제를 둘러싼 것이다. …"

이 기사는 이어서 4면의 거의 전면에 걸쳐 '심층기사'를 실었다. 4면 꼭대기의 제목은 "MB치적 vs 감사 독립성… 물러설 수 없는 싸움."

나의 해명에도 불구하고 대부분의 언론은 하고 싶은 말만 꺼냈다. 여전히 무슨 정치적 의도가 깔린 듯이 색안경을 끼고 바라보았다. 하나같이 만사를 제 눈높이로 자기 입장에서만 보고 말하고 있음을 실감했다.

4대강 사업에 대한 비판의 또 하나의 관점은 건설사들의 담합 여부 문제였다. 의혹이 계속 따랐다. 특히 당시 야당에서 이 문제를 계속 제기하였다. 2012년 10월의 국정감사에서 야당의원들은 4대강 턴키공사 담합 의혹을 제기하며 감사 실시를 요구했다. '턴키공사'란 설계 및 시공을 일괄하여 입찰하는 방식의 공사를 일컫는다. 나는 숙고 끝에 이 문제에

영산강 공사 현장 방문. 2012.12.

대해서도 감사를 하기로 작정했다. 이왕 4대강 사업에 대한 철저한 감사에 나선 마당에 남은 의혹들도 정면에서 부딪쳐보자는 생각이었다. 이른바 제3차 4대강 감사다.

3차 감사의 현장감사는 2013년 1월 7일부터 3월 21일까지 실시되었다. 담합문제를 대상으로 한 3차 감사 도중에 전혀 뜻밖의 사실이 튀어나왔다. 4대강 살리기 사업과 이른바 대운하건설안의 연관성, 곧 '사회적 여건 변화에 따른 추후 운하 재추진 가능성에 대비할 필요' 및 대통령실의 개입에 관한 사실이었다. 본래 감사의 대상이었던 담합 문제와 직접 관련된 것이 아니었지만 감사과정에서 드러난 사실을 덮을 수는 없었다. 나의 심적 부담은 심대하였다. 시공 부실 등을 지적한 2차 감사 결과 발표 때와는 그 무게와 성격이 엄청 달랐다. 그러나 내가 배워온 대로 공공적 윤리와 법적 의무를 앞세울 수밖에 없었다.

교육 감사

또 하나의 큰 감사는 원장 취임 후 얼마 지나지 않아 새로 기획한 감사였다. 이른바 '대학 감사'. 국공립 · 사립을 막론하고 주요 대학들을 총망라하여 감사원 감사가 실시된 것은 이때가 처음이었다. 그 계기는 사회적으로 논란된 '과다한 대학등록금' 문제였다.

대학재정운용이 그 주된 대상이었지만 사실상 대학업무 전반에 관한 감사였다. 감사원 간부들에 따르면, 감사 규모에서 역대 최대 인력이 투입된 큰 감사라고 했다. 뿐만 아니라 전국 사립대학을 포함하여 감사원이 전면 감사를 벌인 일도 처음이라고 했다.

저항도 만만치 않았다. 전례 없는 초유의 대규모 감사였던 만큼 역풍이 거셌다. 우선 사립대학에 대한 포괄적 감사가 법적으로 허용되는지부터 논란되었다. 연세대학교가 앞장서서 문제 삼았다. 헌법재판소에 위헌심판까지 청구하였다.

현장의 '실지감사'(현장감사의 다른 표현)에서는 처음부터 대학 측의 사보타지가 나타났다. 고려대학교에서는 사실상의 자료제출 거부 사태가 벌어졌다는 보고가 들어왔다. 현장 감사반이 1주일가량 손 놓고 있다는 것이었다. 나는 주말 토요일 오전에 감사에 투입된 간부 전원을 소집하여 긴급 대책회의를 열었다. '감사원이 감사를 못하고 손을 놓고 있다니 말이 되는가.' 나는 단호하게 질책했다. 고려대 감사반의 현장 책임자를 지목하여 크게 나무랐다. 내가 재임 중 감사원 특정 직원을 공개적으로 질책한 것은 이 긴급회의에서 언성을 높인 것이 처음이자 유일했다. 결코 특정 개인을 지목하기 위한 것이 아니라 대학감사 전체를 살리겠다는 의도였지만, 당자로서는 몹시 서운했을 것이다. 이 긴급회의 후, 원장이 직접 진두지휘한다는 말이 내 귀에도 들려왔다.

감사 시작부터 나는 이런 생각을 하고 있었다. '이번 대학 감사에서 특히 고려대학교와 한양대학교 감사가 부실하다는 평가가 나온다면 실패다.' 고려대학은 대통령의 출신대학이고, 한양대는 내가 26년 간 몸담았던 대학이다.

대학 감사 진행 중에 온갖 곳에서 외풍이 불어왔지만 말 그대로 소신껏 감사하였다. 대학들의 비리 행위는 세칭 SKY대학이라고 해서 예외가 아니었다. 신문사 간부기자에게서 이런 말까지 들었다. 일선 취재기자들 이야기로는 '원장이 SKY대학 교수가 못되어서 저렇게 대학 감사에 열을 낸다'는 말이 돈다는 것이었다. 청와대에서는 감사원이 너무 과도하게 나가는 것이 아닌가 하는 시선도 있었지만, 무리한 개입은 없었다. 감사 결과에 대한 여론이 호의적이었기 때문이었는지 감사 후의 여파도 대수롭지 않았다. 일부 사립대의 헌법소송을 통한 저항이 있었을 뿐이지만 헌법재판소도 최종적으로는 감사원의 손을 들어 주었다.

대학 감사의 직접적 효과는 등록금 인상 제동이었지만, 그 이상의 지속적 효과가 있었는지는 확인하기 어렵다. 다만 근래 언필칭 명문대학에서조차 낯 뜨거운 비리가 속출하고 있음을 보면서, 대대적 1회의 감사만으로 큰 효과를 기대하기 어려움을 절감한다. 그럼에도 내게 대학 감사는 잊을 수 없는, 감사한 감사였다.

대학 감사 외에 교육 분야에서 중등학교 감사에도 소홀할 수 없었다. 대학 감사에 앞서 중고교의 시설 공사 등을 포함한 현장 감사를 벌였다. 큰 공사를 대상으로 감사를 벌이던 해당 분야 전문 직원들은 자잘한 소규모 공사의 감사에 처음에는 내켜하지 않았지만, 실태를 파악하면서는 크게 놀라는 기색이었다. 개개 규모는 크지 않더라도 이처럼 비리가 만연되어 있는 줄은 몰랐다는 것이었다. 예컨대 일정 규모 이상의 공사 계약에는 수의계약이 금지되어 있음을 피하기 위해 공사 내용을 쪼개어 여러 개 공사로 나누어 수의계약을 체결하고 거기에 비리가 끼어든다. 심지어 학생들 수학여행에서도 여행사와의 비리가 적지 않았다.

당시 일선 초중등학교 여러 군데를 방문하였다. 한 번은 충남 논산 부근의 마이스터 고등학교를 찾았다. 자동차기술교육 중심의 학교(연무대 기계공고)였다. 현장 방문 후 학부모 몇 분을 모신 간담회에서의 일화가 잊히지 않는다. 나는 직업학교인 이상 기업체와 연계한 기술실습교육이 강화되어야 한다고 상투적인 얘기를 꺼냈다. 한 학생 어머니가 못마땅한 표정으로 이의를 제기하였다. 도리어 인문사회 교육을 강화해달라는 것이었다. 논거가 이러했다. '나는 내 아들이 일생 기술자로 살기를 원치 않는다. 후일 대학에도 가고 기업체 임원이나 운영자가 되기를 원한다. 그러자면 인문사회 지식이 더 중요하지 않느냐.' 나는 할 말을 찾지 못했다. 그 학부모 이야기를 반박할 수 없었다.

중고등학교 대상의 '창의교육' 감사도 잊을 수 없다. 교육부 관리가 '무슨 그런 감사를 하느냐'고 갸우뚱거리며 납득 못하는 표정을 지었다. 수도권의 창의교육 시범 지정학교를 현장방문하고는 그저 놀랐다. 1년 학교예산에 2,3천만 원 더 얹어주는 것이 전부이며 그 예산은 불어, 독어 등 제2외국어 강사 봉급으로 전부 나간다고 했다. 그것이 창의교육의 코믹한 실상이었다.

특히 교육 분야 감사에 역점을 둔 이유는 내가 교육문제를 잘 알고 있다고 믿고 있기 때문만은 아니다. 권익위원장 시절에도 '촌지' 문제 등 교육 분야에 특히 관심을 기울인 까닭은 한국의 미래가 교육비리 척결, 교육계의 청렴 확립에 있다고 믿기 때문이다. 나는 교육과 청렴의 관련성에 관한 나름의 지론이 있다. 한강의 기적의 토대는 교육이며, 앞으로의 교육이 제대로 되기 위한 기본조건은 청렴에 있다고 믿고 있다. 부패척결 없이는 교육도, 경제발전도 이룰 수 없다. 청렴은 교육입국의 토대이다. 왜 그런가. 교육과 청렴의 상관관계에 관한 평소의 생각을 요약해 본다.

> 한국의 경제성장은 '빨리 쫓아가기'에 성공한 때문이고 그 바탕은 높은 교육수준에 있었다. 종래의 암기위주 교육은 그 문제점에도 불구하고 대량생산, 고도성장의 과정에서는 나름 효과적 교육방법일 수 있었다. 그러나 이제 '앞서 가기'가 관건인 단계에서는 무엇보다 창의 교육이 관건이다. 창의력은 다분히 선천적으로 결정될지 모르나 교육도 적지 않게 작용할 것임에 틀림없다.
>
> 창의교육 신장을 위해서는 무엇을 해야 하는가. 우리의 교육현실에서는

무엇보다도 학교시험과 입학시험 등 모든 시험에서 '골라잡기 객관식' 시험 방식을 지양하고 주관식 테스트를 채택하는 것이 필수적이다. 주관식 테스트 실시에 늘 따르는 문제점이 있다. 채점, 즉 평가의 공정성이다. 주관식 테스트의 공정성을 위해서는 평가자의 실력도 문제이지만 무엇보다도 학교당국의 청렴성이 관건이다. 학부모와 학생이 학교를 믿지 못하면 주관식 테스트는 불가하다. 이처럼 제대로 창의교육이 이루어지려면 교원과 학교당국의 청렴성 확보가 선결적 관건이다. 공정성만 내세워 객관식 시험만 고수한다면 창의교육은 요원하고 창의교육이 없는 한 더 이상의 경제발전은 없다. 창의교육을 해야 하고 창의교육을 위해서는 교육청렴이 필수적이다.

공정성만을 앞세워 객관식 골라잡기 시험 위주로 돌아간다면 미래는 어둡다.

사이버테러 대응 등 역점 감사

재직 중 수행한 수많은 감사 사항 가운데, 가장 충격적인 감사 결과는 대학 감사 또는 4대강 사업 감사와 같은 '큰 감사'의 결과가 아니었다. 사이버테러 대응에 관한 감사 결과야말로 엄청난 충격이었다.

이명박 정부 말년에 들어서던 2012년 전반기에 안전관리 분야에 감사 역점을 두었다. 정권 말기에 흔히 기강이 흐트러지면서 대형사고가 발생하는 일이 잦았기 때문이다. 원자력발전소를 비롯하여 전기, 식수 등 핵심기반시설의 위기관리 실태를 점검하였다. 그 일환으로 '공공기관 정보보호 및 사이버안전 관리 실태' 감사를 시행하였다. 전년인 2011년 4월에 농협 전산망 마비 사고가 있었고, 2012년 5월에는 EBS 개인정보 유출 사고가 있었다.

내가 사이버안전 문제의 감사 필요성을 제기했을 때 대부분 간부들은 난감한 반응을 보였다. 감사원 직원들로서는 일단 감사를 시행하면 상당한 결과를 끌어내야 할 것이었는데, 사이버테러 문제를 감사해보아야 그 성과는 기대 난망이었기 때문이다. 고도의 전문적 사항이어서 이를 감사할 전문 인력이 거의 없음도 난제였다. 나는 외부 전문 인력을 총동원하여 해보는 데까지 해보자고 압박하며 독려하였다.

2012년 5월부터 행정·운송·에너지·금융 분야 등, 주요정보통신기반시설을 담당, 관리하는 행정부처와 공공기관을 대상으로 정보시스템의 안전성을 중점으로 감사하였다. 2013년 1월에 감사 결과가 발표되었다. 그러나 핵심 사항은 비어 있었다. 감사의 접근방법 및 감사 결과 요지는 관련 법률의 규정에 따라 비공개로 처리되었기 때문이다. 이 감사 결과가 왜 충격적이었는지 구체적으로 밝힐 수 없어 안타깝다. 사이버테러에 대한 대비책이 얼마나 되어 있는지 궁금하다.

그밖에도 특히 관심을 많이 기울였던 감사분야들이 있다. 방위산업 분야도 그 중의 하나이다. 방위산업 비리는 김영삼 대통령 시절 크게 논란된 적이 있고, 나 역시 원장 취임 초부터 이 분야에 큰 관심을 쏟았다. 대학 감사가 마무리되어 가면서 2011년 10월, 주요 방산업체 공장 방문을 계획하였다. 이를 취재한 한 신문(한국일보)은 이런 제목을 달아 보도하였다. "'감사원장 온다는데…' 방산업체 떤다 - 내달초 부품 고장 잦은 전차 자주포 공장 방문. '방산비리 본격 감사 앞둔 신호탄일 것' 초긴장."

방위산업의 경우, 군 장성이 퇴역 후 방산업체의 로비스트로 활동하는 문제점은 잘 알려져 있다. 방산분야는 대부분 기밀사항으로 처리되어 공개하지 못하였다.

방산비리 감사에 관해서는 감사대상기관으로부터 흔히 이런 식의 비판이 따르기 일쑤였다. 감사원 직원들이 과연 무기체계에 관한 전문지식을 갖추고 있느냐는 비난이었다. 여기에 대응하여 이런 방책을 써보기도 하였다. 개개 직원마다 예를 들어 소총 담당, 전차 담당 식으로 전문화하고, 방산분야 업무담당 기간을 다른 분야보다 장기화하는 한편, 그에 따른 인사 상 인센티브를 부여하는 방안이었다. 이 방안은 효과가 있었다. 감사원 방산 담당 직원의 무기체계 전문성이 상대 피감기관보다 더 낫다는 평판까지 들을 수 있었다.

지방자치 감사 결과에서도 문제는 심각했다. 자치단체장과 지방유지의 유착은 끈질기며, 단체장은 선거자금 쓰듯 예산을 오남용한다. 지방 대도시 단체장들도 마찬가지다. 내가 지방자치단체 권한 확대에 찬성할 수 없는 것은 이 때문이다. 지금의 지차체 현실을 그대로 둔 지방자치 확대는 금물이다.

복지 감사의 결과도 그랬다. 흔히 복지 예산을 늘려놓기만 하면 끝난 줄 생각한다. 그러나 누수가 심했다. 일례로 어린이집, 유치원에 대한 보조금 예산도 줄줄 새고 있었다. 어린이 숫자에 따라 지원금을 증액하는 것을 노려 허위로 부풀리는 사례가 엄청났다. 정책 결정자들은 정책 입안만 해놓고 그 집행에는 무관심이기 일쑤다. 모든 정책은 그 방향이 우선 문제이지만 그에 못지않게 촘촘한 실무 집행이 관건이다. 2011년 7월, 감사원 조직 개편을 행하면서 특히 복지예산을 감사하는 전담부서를 강화・격상시켰다.

국회 출석

감사업무를 계획하고 지휘하는 일 외에도 감사원장 업무에서 중요한 일이 있다. 국회 출석이다. 소관 상임위원회나 전체 회의에 출석하여 의원들의 질문에 답변하는 일이다. 학교 졸업하면 시험은 끝인 줄 알았건만 국회출석답변이라는 구두시험은 특히 신참에게는 만만치 않았다. 의원들은 우선 기를 제압하려는 듯, 질문내용에 앞서 말투와 자세부터 문제 삼는다.

감사원장 취임 후 첫 번째 상임위원회에 출석 때부터 해프닝이 있었다. 회의 벽두 야당의 한 중진 의원이 대뜸 '그 앉은 자세가 무엇이냐'고 호통을 쳐댔다. 긴장도 풀 겸 한껏 허리를 젖히고 의자에 앉은 모습이 거슬렸던 모양이었다. '허리가 좋지 않아서 그렇다'는 나의 답변에 그 의원은 '아프면 그만 두라'고 소리쳤다. 나는 빤히 쳐다만 보고 대꾸를 안 했다.

국회 출석은 언제나 반갑지 않지만, 특히 스트레스가 적지 않은 것은 국정감사에서의 답변이다. 평소의 상임위원회 출석 경우와 달리 국정감사의 답변준비집은 두툼하고 무겁다. 의원들도 평소와는 달리 준비를 많이 하여 '한 건'을 노리는 것이 상례다. 권익위원장 시절, 한번은 이런 일도 있었다. 한 야당 의원이 질문하면서 사실에 부합하지 않은 내용들을 말하며 목청을 높였다. 나는 중도에 끼어들어 그 발언의 잘못을 지적하였다. 그 의원은 그 잘못 알고 있는 사실에 근거해 더 큰 문제를 외치려 할 참이었는데 그만 막히고 만 상황이 됐다. 그러자 난처해진 그 의원은 갑작스레 책상을 내리치면서 마이크에 대고 버럭 소리를 내질렀다. '지금 누가 감사를 하고 누가 감사를 받고 있는가.' 그러고서는 분을 못 이기는 듯 상기된 얼굴로 자리에서 벌떡 일어나 퇴장하고 말았다. 의원이 국정감사하다가 피감기관장에게 화를 내고 스스로 퇴장하는 일이 또 있었는지 모르겠다. 우습다고 할밖에 없는 장면이었다. 그 의원은 대학 한참 후배였다.

국회의원이 된 대학 제자에게서 호통에 가까운 발언을 당한 일도 있다. 도대체 이게 무언가라는 느낌에 한동안 씁쓸했지만, 대한민국 공직자가 감수해야 할 일이었다. 사석에서 만났을 때 그 제자 의원의 행태는 당연히 달랐지만 그뿐이었다.

드물지만 실력과 인품을 인정할 만한 한 국회의원을 기억한다. 국민권익위원장 시절 상임위원회 질문·답변 때의 일이다. 나는 위원회의 업무성과를 다소 과장하여 보고하였다. 한 여당 초선의원이 그 근거 자료인 통계 해석의 문제점을 지적하며 날카로운 질문을 하였다. 그냥 수용하였으면 될 터인데 나는 얼버무려 변명하였다. 그 의원은 납득할 수 없다는 표정을 지으며 간략히 반론을 밝혔다. 여느 의원들처럼 안하무인격의 고성은 지르지 않았다. 나는 내심 몹시 부끄러웠다. 그 의원은 당시 비례대표의원이었던 조윤선 의원이다. 그 후 모진 시련을 겪는 그를 보며 안타까웠을 뿐이다. 아까운 인재들이 거친 역사의 회오리 속에 고초를 겪고 있다.

원장 재직 시 선후배 몇 분을 만나 저녁을 같이 한 일이 있다. 그 중

한 사람은 야당 중진의원으로 고등학교 1년 후배였다. 학생 때부터 알던, 운동권 출신이다. 자리를 파하고 헤어질 무렵, 그가 내게 목소리를 낮춰 한마디 했다. '국회 답변에서 왜 그렇게 목에 힘을 주고 그래요. 모두 국민대표들인데.' 그 말을 듣고 수긍한 면이 있었다.

중국 감찰부 방문, … 등

삼청언덕 시절 2년 반 동안 늘 힘든 일만 있었던 것은 아니다. 숨통이 트이는 시간은 외국 출장 때이다. 국제적 감사기구회의체로 아시아감사기구연합(ASOSAI)과 세계감사기구연합(INTOSAI)가 있고 한국은 오랫동안 아시아기구 사무총장국으로 있었기에 출장이 드물지 않았다. 회의 진행은 영어로 하였으므로 스트레스가 따랐지만, 그 부담보다도 잠시의 해방감이 훨씬 컸다. 이스탄불, 인도 자이푸르, 필리핀 마닐라 등에서 회의를 주재하였다. 그밖에도, 중국・베트남・일본의 감사원 등과의 상호 방문 교류도 있었다. 아시아감사기구 회의에서는 늘 선진국 대접을 받는 느낌이어서 뿌듯했고 국력신장을 확인하는 기회이기도 하였다.

외국 감사원을 방문하여 면담・회의를 하고 함께 식사를 하다보면 각기 이런저런 기억나는 장면들이 있게 마련이다. 한 예를 돌아본다. 2012년 5월, 중국 감찰부 초청으로 베이징 방문을 했을 때다. 중국에는 공직자 부패 등을 감찰하는 국무원 소속 감찰부(監察部)와 회계감사를 전담하는 심계서(審計署)가 분리되어 있다. 우리나라 감사원은 두 권한을 함께 지니고 있는 특수한 형태이다. 중국의 최고 사정감찰기관은 공산당 '중앙기율검사위원회'다.

장관급인 감찰부장 마원(馬馼)은 여성이었다. 그는 중앙기율검사위원회 부서기를 겸하고 있었다. 감찰부를 방문했을 때 마원 부장은 자신의 집무실 입구에서 나를 맞았다. 문 앞도 아니고 문 바로 안쪽에 비켜 서 있었다. 고약한 기분이 들었다.

중국 감찰부장과의 조어대 만찬. 가운데 서 있는 이가 마원 부장.

2011년 오스트리아 빈에서 열린 세계감사기구연합(INTOSAI) 이사회.

– 베트남 방문 시에는 부총리가 건물 앞에 나와서 맞아주었고 헤어질 때는 문밖 계단 아래까지 내려와 주었다. 호치민 묘소를 참배할 때는 심경이 복잡하게 얽혔다. 하노이 인근의 삼성 모바일폰 공장을 방문하면서 마음이 편해졌다. –

2012년 인도 자이푸르에서 열린 아시아감사기구연합(ASOSAI) 총회.

호치민 흉상 앞에서 베트남 응웬티엔난 부총리와의 면담.

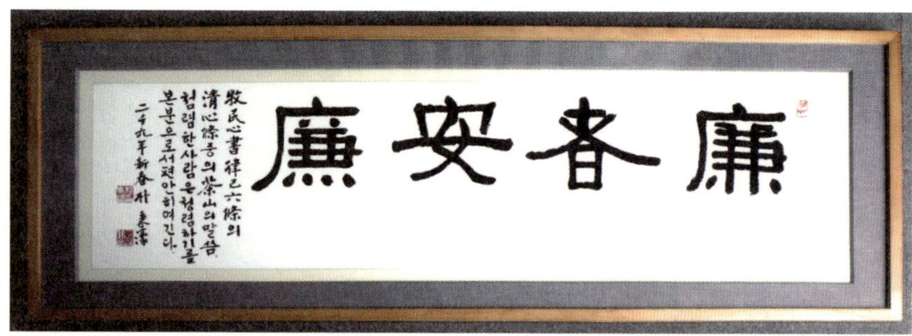

박병호 교수님의 휘호. 『목민심서』 중에서.

그러나 그 후 일정에서 박대를 받은 것은 아니다. 조어대(釣魚臺)에서의 만찬은 통례대로 초청자와 방문자 대표 각각이 일어나 인사말을 하였다. 마원은 아무 표정의 변화 없이 속내를 모를 차분한 인상으로, 내공이 만만치 않아 보였다.

답례 인사에서 나는 조금 길게 말하였다. 말문을 열면서 나의 집무실에 걸려 있는 '廉者安廉'이라는 서액을 소개하였다. 그 출처는 다산 정약용 선생의 『목민심서』에 나오는 한 구절, '智者利廉 廉者安廉'이다. '지혜로운 사람은 청렴을 이롭게 여기고, 청렴한 사람은 청렴을 편안히 여긴다.'는 뜻이다. 다산 선생이 논어의 한 구절, '智者利仁 仁者安仁'을 패러디한 표현이다. – 이 휘호는 대학 은사이신 명필 박병호(朴秉濠) 교수님께서 써주셨다. 나의 첫 공직인 국민권익위원장 시절에 부탁드려 받은 글씨였다. –

나로서는 다산을 인용하여 조선의 독자성을 알리는 한편, 다산이 논어를 변용하였음을 알리면서 상대방 배려의 의미를 곁들이자는 속셈이었다. 논어 이야기를 꺼내는 대목에서 중국 측 인사들의 눈빛이 반짝거린다고 느꼈다. 그들 대부분은 아마도 문화대혁명의 소용돌이 속에서 논어를 제대로 공부한 적이 없는지도 모른다.

어쨌든 인사말이 끝나자 분위기가 풀리는 느낌이었다. 만찬에 이어 마원 부장 옆에 앉은 이규형 주중대사가 깜짝 이벤트를 연출하였다. 중국 경극(京劇)의 서너 마디를 시원하게 뽑아내는 것이었다. 모르긴 하지만 아마추어 수준을 넘는 듯 들렸다. 주재국 문화를 이처럼 깊게 공부하는 외교관의 열의에 감명을 받았다. 이 대사의 명창에 대한 답가로 중국 측 한 사람이 드라마 삼국지에 나오는 노래 몇 마디를 군가처럼 우렁차게 불렀다.

이튿날 오전 예정에 없던 일이 있었다. 국무위원 겸 국무원 비서실장인 마카이(馬凱) 방문 행사를 통보받았다. 그는 부총리급이라고 했다. 이런 갑작스런 일정은 결례일 것이지만, 감찰부장이 그 상관급 인사 방문을 주선한 것이니 꼭 결례라고만 하기도 어려웠다. 관가 구역인 중난하이(中南海)로 가는 차 안에서 부랴부랴 머릿속으로 인사말을 준비하였다.

마카이는 거시경제 전문가로 학자풍의 관리였다. 시집까지 출판하였다고 한다. 나는 특히 한국의 반부패정책에 관해서 설명하였다. 공직자재산공개제도의 경험도 소개했다. 나로서는 한 발 앞선 입장에서 한 수 알려준다는 속내였다. 마카이는 중국에서도 이를 시행하고 있다고 응대하였다. 속으로는 불쾌했을지 모른다. 당시 중국은 그저 형식적 치레 정도로 이 제도를 막 시작하는 단계였다.

국무위원 마카이 면담. 신화사 통신 영문판에서 사진과 함께 보도하였다.

중국 측은 베이징 일정이 끝난 후 시안(西安) 여행을 마련해 주었다. 감찰부 국장이 안내를 맡아주었다. 차 안에서 그 관리에게 한 마디 건넸다. '한국에 와 본 일이 있는가?', '수년 전 다녀왔다.' '한국인상이 어땠는가?' '선진국이라는 인상을 받았다. 그 후 일본에 갔는데 일본은 한국보다 더 선진국이더라.' 사실이긴 하지만 씁쓸했다. '사실'과 '사실을 면전에서 말하는 것'에는 차이가 있다. 시안 여행 중 그는 종종 불쾌감을 주었다. 귀국 후 감사원 간부에게 사후 조치를 강구해보라고 일렀지만 흐지부지되었다. 착잡했다. 앞으로 한국의 중국 상대가 곤혹스럽겠다는 걱정이 밀려왔다.

– 연암의 『열하일기』를 읽으면서 달리 생각하게 된 점이 있다. 연암은 중국을 유람하는 사람들의 잘못된 생각들을 지적한다. 핵심은 청나라를 내심 깔보는 자세가 잘못이라는 점이다. 조선 사신의 태도에 관해서는 이렇게 꾸짖는다. "본래 중국 관리들을 만나는 예법을 지녀야 할 터인데도 공식 석상에서 절하고 읍하는 것을 도리어 부끄럽게 생각하고, … 저들이 비록 이것을 까탈스럽게 책망하지는 않지만, 어찌 우리의 무례함을 경멸하지 않으리라고 장담할 수 있으랴." (『열하일기』 심세편審勢編, 김혈조 역).

당시와 지금은 다르지만 다르지 않은 점도 있다. 되돌아보면, 중국 방문 당시, 나는 한국이 중국보다 정치적으로나 경제적으로나 한 수 위라는 생각에서 벗어나지 않았고, – 조선 사신들이 내심 명(明)을 받들고 청(淸)을 경멸했듯이 – 이 점이 밖으로 드러났는지도 모른다. 중국 관리의 무례가 그 때문이었는지도 모른다는 생각이 얼핏 들었다. 다만 이듬해 정초 마원 부장이 먼저 연하장을 보내온 것은 뜻밖이었다. 어쨌거나 오늘의 한중관계의 상황은 10년 전보다 훨씬 어렵게 변하였다. 『열하일기』는 외교관 교육교재로도 유용할 것이다. 친명도 친청도 아닌 복합적 시각의 '연암의 국제정치학'을 배우자고 역설한 국제정치학자가 있다. (하영선, 『역사 속의 젊은 그들』) –

– 중국 방문 이듬해 마원에 관한 뉴스를 접하였다. 후진타오(胡錦濤) 주석 하에서 '여걸 4인방'의 한 사람으로 꼽히면서 '스타 정치인' 보시라이(薄熙來) 수사지휘에 나섰다고 했다. 그러나 그 후 시진핑(習近平) 주석이 들어서고 그의 체제가 강화되면서 그에게 불운이 닥쳤다. 2016년 8월, 마원이 어떤 비리 사건에 연루되어 조사를 받는다는 소식이 전해졌다. '여성 포청천'으로 불렸다는 그가 비리사건으로 조사를 받다니. 어느 나라든 사정기관 책임자는 한 치 앞날을 모르는가. '權不十年.' 한편 마카이에 관한 소식도 들려왔다. 정치국원이 된 데 이어, 2017년 4월, 부총리로 임명되었다는 뉴스였다. 그 후일담은 알지 못한다. –

감사원장 재직 시 잊을 수 없는, 사사로운 일이 있었다. 2012년 4월,

큰 딸이 감사원 내 별관 강당에서 결혼식을 올렸다. 식장 예약을 사위 이름으로 해놓았기에 감사원 직원들도 모른 작은 '비밀 결혼식'이었다.

감사원장 취임 당시 포부가 컸다. 한국의 청렴수준을 한 단계라도 높이는 데 결정적으로 기여하리라 다짐했다. 포부가 컸던 만큼 아쉬움도 클 수밖에 없었다. 세상사는 늘 뜻 같지 않았다.

하산 무렵

2013년 1월 초, 나는 박근혜 대통령 취임을 앞둔 2월 하순 경 사임하리라 마음먹었다. 이 결심이 흔들리게 된 것은 주위의 조언에 따른 두 가지 고려 때문이다. 첫째, 헌법학자로서의 정체성을 저버릴 수 없다는 학자적 자긍심, 곧 스스로 책임질 일이 없는 한 헌법이 정한 임기를 지켜야 한다는 점. 당시 만난 몇몇 후배교수들과 제자교수들이 헌법학자로서의 책무를 일깨워주었다. 둘째는 감사원 독립성을 저해하는 좋지 않은 선례를 만들 수 없다는 공직자적 자세. 역대 감사원장으로 첫 임기를 마치지 못한 전례가 없다는 사실은 무겁게 나를 눌렀다. 나쁜 선례를 만들어서는 안 되었다. 더불어, 무엇보다도 '마지막이 깨끗해야 한다'고 다짐했다.

변검(變臉)

박근혜 정부 출범 후 내 거취를 두고 설왕설래할 무렵, 2013년 3월 24일 일요일, 오전에 관사 뒷산으로 아내와 함께 산책을 하고 돌아오니 관사 관리인이 평소에 못 보던 당황한 얼굴이다. 감사원에서 급한 전화가 걸려왔다는 것이다. 알아보니 청와대비서실에서 내 휴대폰 번호를 물었다는 전언이었다. 오후 3시가 넘어 벨이 울렸다.

전화를 받고 나는 세 번 놀랐다. 우선 전화를 건 사람이 뜻밖의 인물이었다. 그는 내 수십 년 지인이었다. 또한, 그의 첫 마디, '거취를 밝혀야 할 것 아닌가'라며 다그치는 듯한 말투에 놀랐다. 그것만이 아니었다. 내

거취는 대통령에게 직접 밝히겠다는 나의 항변에 그가 돌연 어조를 낮추며 말을 바꾸는 것에 또 한 번 놀랐다.

중국 쓰촨성 청두(成都)에서 마술 같은 무대극 변검(變臉)을 본 적이 있다. 가면을 쓴 인물이 뒤를 돌아보았다가 재빨리 앞으로 얼굴을 되돌리면 그의 얼굴에는 어느새 다른 가면이 씌어져 있고 이런 장면이 여러 차례 반복된다. 신출귀몰한 변신이다.

그저 흘려버릴 하찮은 기억을 떨어내지 못하는 이 심사가 편할 수야 없다. – 단테의 『신곡』 지옥 편에는 피렌체에서 단테를 괴롭혔던 정적들의 이름이 여럿 등장한다. –

2013년 4월 3일 오후 1시 40분 경, 점심 후 집무실에서 쉬고 있던 차에 박근혜 대통령으로부터 전화가 걸려왔다. '유임' 통보였다. – 물론 '유임'은 청와대식 표현이며 잘못된 언어 사용이다. 헌법에는 감사원장 임기를 4년으로 못 박고 있고 1차에 한하여 중임이 가능하다. –

당시 고개를 갸우뚱거리게 한 작은 일화가 있다. 박 대통령과의 통화 후 몇 분 지나지 않아 다시 박 대통령으로부터 전화가 걸려왔다. 의아할 수밖에 없었는데 별다른 내용이 아니었다. '업무를 잘해 달라'는 일반적인 당부의 반복이었다. 잠시 어리둥절하였다.

그 며칠 전 나는 박근혜 대통령과 독대(獨對)하였다. 내가 왜 사표를 낼 수 없는지 헌법학자의 정체성을 내세우며 설명하였다. 박 대통령은 주로 경청하는 모습이었다.

감사원의 영혼

정부 교체와 무관하게 헌법의 규정대로 원장직을 지키려던 내 뜻은 오래 가지 못하였다. '유임 통보' 직후부터 이미 감사원 인사와 관련해 심상치 않은 조짐이 나타나더니, 2개월가량 흐르면서 감사업무를 둘러싸고 새로운 상황이 전개됐다. 감사원 안팎으로 난기류가 흐르면서 2013년 8월 말, 나는 결국 물러나기로 결심했다. 감사원장의 소임을 더 이상

정상적으로 수행해낼 수 없는 상황이 되어버렸다고 판단했다. 자리 지키는 게 더 이상 의미 없다고 결론지었다. 2013년 1월 이래 줄곧 나를 붙들었던 난제에 종지부를 찍었다.

나의 사임을 두고 어느 유력언론이 터무니없는 허위 추측 기사를 썼다는 이야기를 전해 듣기도 했지만, 또 다른 유력 언론의 기사 중에는 사실에 가까운 상세한 보도가 있었고 - 조선일보 2013.8.24., 8.26., 8.27. 기사 - 시간이 지나며 진실이 전해진 느낌도 든다. 사임과 연관된 사람들 가운데 여럿이 그 후 정치적으로 또는 개인적으로 큰 불행을 당하였다. 당시의 세세한 정황을 다시 들추어내기는 꺼려진다.

그 해 1월, 4대강 2차 감사 결과 발표 이래, 근거 없는 추측 기사가 범람하는 가운데 정론 보도로 일관하던 일부 언론, 특히 <내일신문>의 장 모 기자를 잊을 수 없다. 또한 <한겨레신문> 칼럼을 통해 감사업무를 옹호해준 후배 H 교수도 고마웠다.

그 시절 일기장을 들추어본다. 이런 딱딱한 어휘들이 자주 눈에 띈다. '민주주의적 공공윤리', '전통윤리' 등등. 법대 학장으로 재직할 때 어느 해 졸업식에서 나는 졸업생들에게 이렇게 훈시했다. '여러분은 이제 졸업하고 사회에 나가면 여러 어려운 일을 겪게 될 것이다. 한국사회에서 살아가는 데 몹시 힘든 점의 하나는 여러분이 학교에서 배운 민주주의적 윤리, 공공적 윤리와 전통적 윤리가 서로 충돌하는 일이 빈번하다는 점이다. 그럴 경우, 여러분은 법을 공부한 사람들인 만큼, 적어도 보통사람들보다는 한 발짝이라도 더 민주적, 공공적 윤리에 따라 처신하기를 당부한다.' 수년 지나 그 당부가 내게 돌아오게 될지 어찌 알았겠는가.

문재인 정부에서 임명된 검찰총장이 반대당 대통령후보가 되어 당선되고, 역시 문 정부에서 임명된 감사원장이 반대당 국회의원으로 재출발하는 오늘의 모습을 보면서 감회가 깊다. 유교적 전통윤리를 넘어 민주주의적 공공윤리가 서서히 정착되어 감을 느낀다. 엘리트들의 공공윤리 선진화와 더불어 유권자들의 공공의식도 진전하고 있다. 혼란 속에서도 한국사회는 진화하고 있다고 느낀다.

梁감사원장, 靑과 인사갈등에 전격 사퇴

靑, 공석중인 감사위원에 대선캠프 출신 장훈 교수 요구
梁, 중립성 위배라며 반발 사의표명하자 靑 즉각 수리

양건(梁建) 감사원장이 23일 박근혜(朴槿惠) 대통령에게 사의를 표명했고 청와대는 이를 수리했다.

양 원장은 감사원 인사를 둘러싸고 청와대와 마찰을 빚었으며, 청와대가 정치적 중립성에 어긋나는 인사를 하려 한다고 주장한 것으로 전해졌다.

정부 관계자는 "청와대가 공석 중인 감사위원직에 장훈 중앙대 교수를 임명하려 했다"면서 "양 원장은 장 교수가 작년에 박 대통령의 대선 캠프에서 활동한 뒤 대통령직 인수위원으로 일한 점을 들어 반대한 것으로 안다"고 말했다. 이 관계자는 "양 원장이 청와대에 이의를 제기했으나 받아들여지지 않자 사표를 제출했다"고 말했다. 감사위원은 감사원장의 제청을 받아 대통령이 임명하도록 돼 있으나 양 원장이 장 교수에 대한 제

양건 감사원장이 23일 헌법에 보장된 임기가 1년7개월 남은 상황에서 박근혜 대통령에게 사의를 표명했다. 양 원장은 그동안 청와대와 감사원 내 인사 문제를 놓고 갈등을 빚은 것으로 전해졌다. 위 사진은 지난 4월 16일 국회 법사위 전체회의에 참석한 양 감사원장이 생각에 잠겨있는 모습이다.

조선일보 기사. 2013.8.24.

"靑수석, 감사원 간부 통해 4대강 감사 개입… 梁 반발"

與圈·감사원 관계자가 전한 靑과 양건 감사원장의 갈등

감사원 내에서는 양건 감사원장의 전격 사퇴에 대해 "올 것이 드디어 왔다"는 반응들이다. 그간 청와대 A 수석비서관의 지침을 받은 감사원 B 간부와 양 원장의 갈등이 계속 증폭돼 왔기 때문이다. 양 원장은 이런 갈등의 수습책을 청와대에 건의했으나 받아들여지지 않고, 대신 장훈 교수를 감사위원으로 임명하려 하자 "감사원의 독립성과 정치적 중립성에 문제가 있다"고 반발해 사표를 낸 것으로 전해졌다.

◇梁·靑, 4대강 감사 충돌

감사원은 지난달 10일 4대강 사업이 대운하를 염두에 두고 설계·시공됐으며 업체 간 담합 등으로 예산 4조원이 낭비됐다는 내용의 4대강 3차 감사 결과를 발표했다. 3차 감사는 올해 초 국회가 4대강 공사의 입찰 담합을 조사해 달라고 감사원에 감사를 청구하면서 시작됐다.

여러 감사원 관계자에 따르면 양 원장은 국회의 감사 청구 취지에 맞춰 감사원이 업체 간 담합에 중점을 둔 감사를 하기를 원했다. 반면 청와대는 감사원이 담합 외에 4대강 사업의 다른 문제점도 지적해주기를 바랐던 것으로 알려졌다.

여권 관계자는 "3차 감사 도중 청와대 A 수석이 감사원 B 간부와 감사

양건 감사원장과 청와대의 갈등

	양건 원장	청와대
4대강 3차 감사 방향	입찰 담합 위주 감사	담합 외 다른 문제도 감사
4대강 3차 감사 처리	드러난 사실만 공개	대운하 염두에 둔 4대강 공사 관련자 처벌해야
장훈 감사위원 제청	정치권 출신 인사는 제청 곤란	임면권은 대통령에게 있어

짝 놓았다"며 "양 원장은 '감사원 간부들은 도대체 누구 지시에 따라 감사 지휘를 하는 것이냐'고 말했다"고 했다.

감사원의 다른 고위 관계자는 "양 원장은 청와대와 일부 감사원 간부가 양 원장을 '방파제' 삼아 4대강 사업의 문제점과 부담을 털어버리려고 한다고 받아들인 것 같다"고 했다. 이 관계자는 "4대강 사업이 대운하의 전초 사업이었다는 감사 결과가 발표되면 '코드 감사' '배신' 등의 정치적 부담은 청와대가 아닌, 전임 정부에서 임명된 양 원장이 모두 지게 되는 구조였다"고 했다.

◇양 원장, 최근 낙담 많이 해

양 원장과 청와대 측은 4대강 3차 감사의 처리를 놓고도 대립했던 것으로 알려졌다. 감사원 관계자들에 따

으로 예산이 낭비된 만큼 4대강 사업 관계자들을 징계하거나 배임 등 혐의로 검찰에 고발하자는 입장이었던 것으로 전해졌다.

여러 감사원 관계자는 "양 원장과 일부 감사원 고위 간부가 3차 감사 처리를 놓고 이런 이견을 보이면서 서로 고성을 주고받기도 했다"고 말했다. 이 부분에 대해서는 결국 양 원장의 입장이 관철돼 관련자 징계나 고발은 이뤄지지 않았다. 그러나 이 과정에서 양 원장은 주변에 "나의 영(令)이 통하지 않는다"는 취지의 말을 했다고 한다.

감사원 간부들 사이에서는 "양 원장이 1급 고위직으로 전격 발탁했던 감사원 1차장을 비롯한 일부 고위 간부가 그에게 부담이 될 것이 뻔한 방향으로 3차 감사를 지휘했다는 사실

4대강 3차 감사때 입찰 담합 초점 맞추다 대운하로 확대
감사 후엔 梁 "사실만 공개" 일부 간부 "고발해야" 대립도
梁 "간부들이 누구 지휘 받나… 令이 안선다" 불쾌감 표출

지난 23일 사의를 표명한 양건 감사원장은 26일 이임식을 할 예정이다. 사진은 양 원장

조선일보 기사. 2013.8.26.

2013년 8월 26일 월요일, 헌법에 정한 임기 4년을 못 마치고 2년 6개월 만에 스스로 물러났다. 그 사흘 전 금요일, 마지막 퇴근길에 아버지 묘소를 찾았다. 마음이 편해졌다. 다만, 관사에 돌아온 후 늦은 밤 이임사를 쓰려 책상 앞에 앉았을 때 그저 담담할 수는 없었다. 이임사에서 나는 이렇게 말했다.

…

정부교체와 상관없이 헌법이 보장한 임기 동안 정상적으로 업무를 수행하는 그 자체가 헌법상 책무이자 중요한 가치라고 믿어왔습니다. 이 책무와 가치를 위해 여러 힘든 것을 감내해야 한다고 다짐했습니다. 헌법학자 출신이기에 더욱 그러했습니다.

그러나 이제 원장 직무의 계속적 수행에 더 이상 큰 의미를 두지 않기에 이르렀습니다. 이것은 개인적 결단입니다. …

감사업무의 최상위 가치는 뭐니 해도 직무의 독립성, 정치적 중립성입니다. 현실적 여건을 구실로 독립성을 저버린다면 감사원의 영혼을 파는 일입니다. 재임 동안 안팎의 역류와 외풍을 막고 직무의 독립성을 한 단계나마 끌어올리려 안간힘 썼지만 물러서는 마당에 돌아보니 역부족을 절감합니다.

…

8월 27일 이임식 날, 몰려든 기자들 사이로 식장으로 향하면서 내내 먼 하늘을 올려 보았다. 식이 끝나고 간부들과 사진 촬영을 앞두고도 높은 창공만 바라보았다. '한 차례 지나가는 바람일 뿐'이라는 생각이 들었다. 마음이 편해졌다. 한 신문기사는 그 다음 날 이렇게 썼다.

"그는 이임식에서 '사퇴이유를 말해달라' '청와대의 압력이 있었느냐'는 취재진의 질문에 시종일관 침묵했다. 질문이 쏟아져도 먼 곳만 응시하다 말없이 감사원을 떠났다. 감사원의 고위 관계자는 '정권에 더 이상 부담을 주지 않기 위해 답하지 않은 것 같다'고 했다." (조선일보. 8.27.)

이임식 후, 감사위원, 간부직원들과 함께 감사원 안뜰에서.

소회(所懷)의 편린

불과 4년의 공직 경험이었다. 국민권익위원회와 감사원 모두 사정기관 성격이며 일반 행정기관은 아니었다. 무슨 거창한, 후대를 위해 꼭 남겨할 이야기라고 할 것은 없다. 다만 그럼에도 불구하고 이런저런 관직의 소회가 없을 수 없다. 특히 감사원장직은 사후적 시각에서나마 국정 전반을 살펴볼 수 있는 자리이다. 특정 분야를 넘어 국정 전반에 관여하는 점에서는 국무총리와 대통령 비서실장의 업무와 닮아 있다.

우선 대통령 비서실과 행정각부처의 관계에 대해서는 이미 많은 논의가 있었다. 종래의 실제를 보면 비서실이 상층이고 행정부처가 하층인 이층구조다. 종전대로라면 비서실 간부는 대통령 측근이 아니라 해당 분야 최고 실력자가 선정되었어야 한다. 또한 인사청문회는 장관이 아니라 비서실 고위직에 대해 필요할 것이었다.

지금은 없어졌지만 민정수석 자리는 고약한 직책으로 보였다. 사실상 모든 사정기관의 상왕 노릇을 하던 자리였다. 내가 겪었던 여러 명의 민정수석은 모두 검사 출신이었고, 그 가운데 어떤 인물은 마치 권력 2인자인 듯 행세하는 모습이었다.

관료사회는 계급사회이다. 수평적인 교수사회와는 전혀 다른 계급적 위계질서의 특수한 인간관계는 생소했다. 엄격한 상하관계가 표면상으로는 단순해 보인다. 그렇지만 뒷자락으로는 복잡하고 쉽지 않은 면이 있었다.

나의 제한적 경험에 비추어 보면, 중앙정부의 공무원들은 대체로 유능하고 성실하였다. 다만 경쟁적 계급사회에서 불거지는 부정적 측면도 눈에 띄었다. 일부의 일탈은 어느 조직에서나 마찬가지일 것이다. 열심히 일했던 직원들과의 흐뭇한 추억은 좋지 못한 기억을 훨씬 뛰어넘는다.

한편, 학교에서와는 달리 정계 · 관료세계의 지역갈등은 심각하게 보였다. 요직 곳곳에 말뚝처럼 박혀 있는 특정지역 출신들은 쇠 그물 같은 장막이었다. 이북 출생의 나는 지역갈등에서 자유로운 이점이 있었지만, 지역연고의 장막 앞에 막힐 때는 반감을 느꼈다.

그밖에도 예컨대 '정무적 판단'이란 어휘가 입맛대로 해석되고 있는 등, 정관(政官)세계의 그늘도 실감하였다. 정무적 판단이란 본시 합법적 재량의 범위 내의 것이어야 함에도 불구하고, 위법적 업무처리를 호도하는 수사적 가림막이 되기도 하며, 때로는 미덕처럼 여겨지기도 한다. 이런 문제들에 대해 굳이 실례를 들어 밝힐 생각은 없다. – (합법적인) 정무적 판단과 (위법한) 직권남용의 경계는 아슬아슬하고 불투명하다. –

전반적으로 보면, 공직사회의 부패 · 비리 등 문제점은 중앙정부보다도 지방정부 차원에서 더 심하게 보인다. 지방자치 실시와 더불어 지방정부에 권한이 이양되면서 부패도 이전되었다. 관념적인 지방분권의 이념을 앞세워 당장 지방분권 강화를 주장하는 것은 설익은 단견으로 보인다. 부패로 얼룩진 지방자치의 실태를 그대로 둔 채 지방분권을 강화한다면 지방의 부패 · 비리 확산만 초래할 것이다.

덧붙인다면, 공직수행에서는 자칫 작은 일이 큰 일로 비화하기 쉽다는 점이다. 작은 일의 처리과정이 잘못되면 금방 큰 일로 불거지기 일쑤이다. 공무에서는 작은 일도 세심히 다루어야 한다. 이 점에서는 '대과(大過) 없는' 공직수행이 대단하게 보일 수 있다.

다만 대과 없는 공직수행이 무사안일로 흐른다면 문제이다. 이미지

관리에 능한 무사안일의 고위공직자가 명관이란 평판을 듣기도 한다. 나로서는 '대과 없이 무난한' 공직수행을 원치도 않았을 뿐더러 나의 기질에는 쉽지 않은 일이었다. 공직은 일하는 자리이다. 노자의 말씀, '事無事'(일거리 없애기를 일로 삼으라)는 쓸데없는 일을 벌이지 말라는 뜻으로 읽힌다. 해야 할 일은 철저히 해야 한다.

– 다시 연암 박지원의『열하일기』한 대목을 떠올린다. 북경에 닿을 무렵, 연암은 중국 역사를 되돌아본다. 폭군 걸(桀)과 주(紂)가 궁궐과 누대를 옥으로 꾸몄고, 몽염(蒙恬) 장군이 만리장성을 쌓았으며, 진시황은 사방에 곧은 도로를 닦았고, 상앙(商鞅)은 법과 제도를 강화하였음을 언급한 다음, 당시로서는 놀라운 역사관을 펼친다.

"그런 걸출한 일을 하고도 공과 이익은 후세 임금들이 차지, 정작 본인은 죄인 우두머리처럼 불명예만 뒤집어썼으니, 어찌 슬픈 일이 아닌가." (김혈조 역) 한국현대사 어떤 장면의 데자뷔처럼 읽힌다. –

어떻든, 교수출신으로 정관계 진출 후 성공사례가 드물다고 한다. 그럴 수밖에 없을 것이다. 현장 경험이 없다거나 교수들 특유의 기질 때문만은 아니다. 교수 출신은 대개 혈혈단신 단기필마로 정권에 합류한다. 정권 핵심에 들어가기 어렵고, 그들에 의해 선택될 뿐이다. '이너서클' 요원들은 정부 안팎의 요로에 포진하여 그물망을 형성하고 있다. 핵심집단 밖에서 홀로 운신할 수 있는 폭은 한정되어 있다. 효용이 끝나면 그만이다. '큰 뜻'을 지녔다면 집단적으로 들어가야겠지만, 쉽지 않을 뿐 아니라, 거기에도 또한 집단주의적 폐해가 있어 보인다.

나의 관직수행은 성공적이지 못했다. 무엇보다도 두 차례 모두 법에 정해진 임기를 제대로 마치지 못했기 때문이다. 그렇다고 실패를 자인하고 싶지는 않다. 흔한 표현이지만 후회는 없다.

다만 아쉬움은 크다. 감사원장 취임 시 포부가 있었다. 한국의 청렴도 수준을 한 단계라도 높이는 데 앞장서 기여하고 싶었다. 지금껏 아쉬움이 남는다.

그렇더라도 책상물림을 벗어났던 경험은 소중하게 느껴진다. 말과 글로 하는 훈수가 아니라 깜냥껏 현장에서 뛰었으니 감사한 경험이었다. 현장경험이란 관념이 아닌 현실, 무생물이 아닌 생물과 접하는 것이다. 꿈틀거리는 생명과 부딪치는 일이다.

감사원이 자리잡고 있는 삼청언덕을 내려오며 이젠 순전히 사사로운 삶을 살겠노라고 다짐했다. 무책임한 태도라고 책망 들을 수 있고, 이기적으로 들릴 수도 있겠지만, 체력의 문제이기도 하다. 다만 정치현실에 애써 외면하려 하면서도 감사원 뉴스에는 무감할 수 없다. 내가 겪은 것보다 몇 배나 힘들었을 상황에서도 꿋꿋이 감사원의 영혼을 지켜가는 소식을 접했을 때는 몹시 뿌듯하였지만, 더러 안타까운 때가 없지 않다.

– 감사원장 취임 초기의 기억 한두 장면을 떠올린다. 2011년 초여름, 시청 앞 어느 식당에서 나오는 길에 김근태 의원 등 당시 야당의원 몇 분을 만났다. 김 의원은 고교 1년 선배이다. 다가가 인사를 드리니 안색은 건강색이 아니었지만 밝은 미소를 띠며 한 말씀을 건네주신다. '그 자리 상당히 골치 아픈 자린데 … .' 그 후 몇 개월 지나지 않아 부음에 접했다. 인생무상을 재차 확인하는 순간이었다. 그 즈음 정관계 경험이 많은 한 선배의 이런 이야기를 전해들은 일이 있었다. '정권 후반기에 사정기관장 맡는 건 좋지 않은데.' 퇴임 후 이런 말씀들이 다시 떠올랐다.

공직은 온갖 비판·비난을 감수해야 하는 자리다. 세상보기는 보는 사람의 눈높이에 달려 있다는 생각이다. –

하산 길에 들어선 지 10년 세월에 가깝다. '공직자는 물러나더라도 공인이다.' 오래 전 고건 전 총리께서 공직과 로펌을 오가는 행태를 두고 하신 인터뷰 발언이다. 그런 점만이 아니라, 오늘 대한민국 고위 공직의 초상은 몹시 일그러져 있다. 관직이 점점 초라해 보인다.

'뜬 구름 공명'

한마디 더 덧붙이고 싶다. 감사원장 퇴임 후의 행로와 관련된 이야기다. 원장 관사를 갑자기 떠나게 되니, 이임식 후 갈 곳이 막막했다. 오래 살던 아파트에는 둘째 딸이 살고 있었을 뿐만 아니라 곧장 그곳으로는 가고 싶지 않았다. 우선 강북 외곽의 맏딸이 사는 집으로 향했다. 한 텔레비전방송국 기자가 줄곧 따라붙더니 마이크를 들이대고 문 앞까지 좇아왔다. 재직 중 한 번 만난 적 있던 신참 여기자였다. '원장직에 더 이상 의미를 두지 않게 된 이유가 무엇인가요?'라고 물었지만 한 입도 떼지 않았다. 인간적 정리에 비추어 한마디라도 대답해주어야 했건만 그럴 만한 여유조차 없었다.

저녁 때 딸집에서 나와 다시 거처를 옮겼다. 그 후 일주일가량 호텔 등 여기저기를 전전한 끝에 친구들이 거처를 마련해 주었다. 강원도 깊은 곳이었다. 그곳에서의 내 정신적 상황을 무어라고 말해야 할지 모르겠다. 여태껏 살아오던 시공간에서 갑자기 튕겨 나온 듯한 그 기묘한 마음 풍경을 표현하기 어렵다. 산책과 등산, 음악과 소설책과 멍 때리기로 한 달을 보낸 후 북한산 기슭에 전셋집을 얻어 귀경하였다.

2013년은 내게 길고 긴 한 해였다. 그 해 1월에 시작된 고뇌의 시간은 늦가을까지 이어졌다. 후임 감사원장 인사청문회에 전임자인 나를 증인 소환하려는 해프닝도 있었다. 어떤 모진 눈매의 당시 야당 여성 국회의원이 나를 두고 이런 말을 하더라는 얘기를 전해 들었다. '절실한 것이 없어.' 그런지도 모른다. 주변을 보며 이런 생각을 했다. '정치는 한 맺힌 사람들의 싸움이 아닌가. 정의의 이름으로.' 그렇게 뒤엉키면서 오르고 내려가며 서서히 전진해가는 것이 역사의 진면목인지 모른다.

이런저런 마음고생이 이어졌지만, 그럼에도 만사에는 여러 측면이 있는가. 거처를 마련해 준 이**, 이**, 두 친구는 물론이거니와, 그곳 은거지에서 느낀 지인들의 따뜻한 정을 잊을 수 없다. '관직을 떠난 착잡한 마음이 상상이 되어 한 자 보냅니다.'로 시작하는 친지의 이메일 몇 줄, '형님, 맘고생 엄청 많았네.'라는 후배의 문자 메시지 한 줄은 그 기이한 시공간에서 나를 건져 준 구원의 음성이었다. 사람은 한 사람만 곁에 있어도 버텨낼 수 있다는 생각이 든다.

더불어, 시간이 지나며 한 가닥 스미는 회한을 어쩔 수 없다. 지난 50

여 년 내가 이룬 것이 무엇이란 말인가. 특히 관직 4년에 내가 이룬 것이 무엇인가. 내가 할 수 있는 일이란 고작 이것뿐이었나. 화동언덕과 동숭동 이른 시절의 그 꿈이 아무리 허황했다고 하여도 한 사람이 할 수 있는 게 고작 이것뿐이었나. 누가 읊었나. '뜬 구름 공명.'

한국정치는 거칠다. 한국민의 민심은 사납다. 나의 재임 중의 이명박, 박근혜, 두 분 대통령을 생각하면 오직 안타까울 뿐이다. 두 분 대통령의 고초를 그저 옆에서 바라만 보았다. 잠깐 들어섰던 관직의 길, 결코 행복한 공직자는 못되었다.

– 또 다시 연암의 『열하일기』 한 대목을 떠올린다. 별스러울 것 없는 그저 그런 이야기에 눈길을 멈춘다. 열하의 숙소에서 중국인들과 며칠에 걸쳐 필담을 나누던 기록의 일부이다. 한족 사대부인 곡정(鵠汀)이 중국 역사를 종횡무진 누비던 끝에 이런 말을 남긴다.

"재상의 자리라는 것이 윗사람에게 신임을 받으면 아랫사람에게는 인심을 잃게 되고, 백성에게 잘 보이면 군주에게는 시기를 받게 되는 법입니다. 한 시대에 임금을 도와 정치를 한다는 것이 무슨 일인지 모르겠습니다만, 시렁과 난간을 손으로 받치고 있다가 한 번 손을 놓치는 실수라도 하는 날에는 와장창 쏟아져 내려 뒤집어쓰는 꼴입니다."

주로 이야기를 들으며 조심스레 의견을 덧붙이거나 질문을 하던 연암이 어느 대목에서 이런 말로 받는다. "천하의 걱정거리를 남보다 먼저 걱정해야 하는 천자의 자리야말로 정말 괴로운 자리일 것입니다. 한 고조가 … 지난날을 돌이켜 생각해 보면 이가 시릴 정도로 서글펐겠지요. 그때는 천하라는 것이 계륵(鷄肋) 같은 존재였겠지요."(김혈조 역). 고금이 다르지 않은 정치의 일면을 본다. –

하산 이후 칩거 중이다. 은퇴 후 비로소 독서와 집필의 참맛을 느껴보기도 하였다. 38년간의 법학교수 시절, 내가 진정한 학자라고 생각한 적은 없었다. 무엇보다도 법학을 사랑하지 않았으므로. 그저 교수직을 별 탈 없이 수행했을 뿐이다. 하산 후 어느 날, 법을 주제로 책 저술에 들어갔다. 50년을 함께 해온 주제를 떠나면서 마지막 작별의 의례가 있어 마땅할 것이었다.

역시 세상일은 알 수 없다. 집필 도중 슬며시 그 메마른 주제에 따스한 무엇이 스며드는 것을 느꼈다. 어느 순간 저 속에서 들려오는 한 초로의 중얼거리는 소리, '나도 이제 학자가 되었나.'

회색인

'독고준'

한번 읽은 소설을 다시 읽는 일은 나로서는 별난 일이다. 11월이 저무는 어느 초저녁, 수십 년 만에 어떤 소설을 다시 읽기 시작했다. 대학촌 동숭동 시절 왜 그렇게 최인훈에게 '꽂혔던' 것인가.

작품의 시대배경은 4·19전야, 1958년 가을부터 이듬해 여름까지다. 당시 대학생들의 지적 방황을 사변적으로 펼쳐 보이고 있다. 작품 발표 시점이 1963년부터 64년에 걸쳐 있으니, 어림셈하여 이 글을 쓸 때의 작가 나이는 서른 즈음이다.

소설 첫머리부터 특급 시간여행 열차를 탄 감회에 젖는다. 이야기의 시점은 내 동숭동 시절보다 십년 앞서고 있지만 소설의 시대 풍경은 나의 기억에도 선명하다. 책장을 넘길수록 열차는 점점 가속적으로 그 시절로 회귀한다. 작가의 자전적 이야기이자 내 지난 날 이야기로도 읽히는 부분이 도처에 널려 있다. 지난 시절의 어느 시간대를 건드리면 급속히 멜랑콜리에 빠져드는 요즘이다. 수년 전 작가 최인훈의 부고를 접했던 터라 더욱 그렇다.

'독고준(獨孤俊)'은 소설 <회색인>의 주인공이다. 소년기에 북한의 w시에서 6·25 전란을 맞고 북새통에 미군 선박에 올라 홀로 월남한다. – 실제로 작가 최인훈은 6·25때 원산고등학교 재학 중 가족과 함께 월남하였다. – 독고준은 국문과 재학 중의 하숙생이다. 그의 친구인 정치학과의 김학(金鶴)은 소설의 또 다른 주요 인물이다. 언젠가의 혁명을 꿈꾸며 행동을 예비하는 김학과 달리 독고준은 책 속에서만 살아왔고, 늘 상념에 빠져 있는 방관자다. 비 내리는 가을 저녁 하숙방에서 진로 소주 한 병과 말린 오징어 두 마리를 놓고 벌이는 둘의 대화는 이런 식이다.

"그렇다면 행동해야 할 것이 아닌가?"

"그렇기 때문에 나는 행동하지 않으려는 거야."

"논리가 맞지 않는데?"

"알라딘의 램프는 아무데도 없어. 우리 앞에 홀연히 나타날 궁전은 기대할 수 없어."

"그렇다면?"

"사랑과 시간이야."

"비겁한 도피다!"

"용감한 패배도 마찬가지지."

…

"내 뜻은 한국의 상황에서는 혁명도 불가능하다는 말이야. 개인적인 용기의 유무보다 훨씬 복잡해."

또 대화가 끊어졌다.

…

"혁명이 가능했던 시대라는 건 어디도 없었어. 그래서 혁명이 일어났던 거야. 이런 역설의 논리는 인간의 의지에 의해서만 뚫렸어. …"

준은 '해사하면서 무슨 일에든 신명을 내지 않는 우울한 눈빛'으로 늘 '깊은 회의와 권태의 의자', '회색의 의자'에 앉아 있는 자세다. 그러면서도 이런 독백을 내뱉는다. "혁명의 폭풍 속에서 그렇게도 태연했다는 괴테의 처신은 징그럽고도 구역질이 난다." 절망적 현실에 놓인 젊은이의 구역질을 결코 나무랄 수 없다.

동숭동 시절의 나는 독고준은 아니었다. 닮았다면 김학이라고 할 것이지만, 꼭 김학도 아니었다. 나는 김학이면서 때로 독고준이었다.

– 소설 <회색인>은 논술처럼 읽힌다. 긴 대사들 속에 펼쳐지는 논변들은 지루하지 않게 각색되어 있다. 드라마가 펼쳐질 듯 예고하지만 별다른 이야기의 전개는 없다. 막이 내려지기 직전, 주인공 독고준은 마침내 '회색의 의자'(발표 당시 원제였다고 한다)에서 일어나 그녀의 방으로 들어간다. 준의 모습이 사라지며 막이 내린다. –

희미한 옛 사랑의 그림자

행운의 연속 위에서 내가 걸어온 길은 경계선이었다. 젊어서는 행동가를 원했지만 대학 졸업 후 현장에 뛰어들지 못했다. 행동가와 이론가 사이의 경계선에서 머뭇거렸다. 행동가에 맞는 기질이 못된다고 스스로 합리화하였다. 그래야 마음이 편해진다.

이런 일도 있었다. 김영삼 대통령 시절, 1996년 15대 총선을 앞두고 당시 집권세력의 실력자로부터 국회의원 출마를 권유받았다. 서울 모 지역구를 지정해주고 대학총장의 양해까지 받아둔 모양이었지만 나는 거듭 고사했다. 지천명(知天命)을 앞둔 한창 움직일 때였음에도 뛰어들지 못했다. – 그 전후로 서너 차례 공직진출 제의를 받았지만 사양하였다. –

YS를 처음 만나본 것은 노태우 대통령 시절 초기, 그가 야당지도자였던 시절이다. 1989년쯤인가, 이른바 '3당 합당' 이전, 야당이 김영삼의 통일민주당, 김대중의 평화민주당, 김종필의 신민주공화당으로 갈라져 있을 때였다. 통일민주당의 간부토론회에 발제자로 초청받았다. 주제는 사법개혁이었다. 오전 이른 시간, 허름한 마포 당사에 수십 명의 당직자들이 모인 가운데 청중석 맨 앞자리 중앙에 김영삼 총재가 좌정하여 있었다. 나는 평소 지각하는 습관은 아니었지만 그날 당사를 찾느라 조금 늦었다.

사법권 독립의 의미를 재정립해야 한다며 열변을 토하면서 나는 특히 '법관계급제'를 정조준하였다. 흔히 사법권 독립이라고 하면 외부 정치권력으로부터의 독립만을 이야기하지만, 나아가 사법부 내부의 엄격한 다단계 위계구조, 특히 대법원장의 판사 임명·보직권을 통한 재판통제가 문제라고 지적하였다. 그러면서 객기가 넘쳐 치기어린 주장을 마다하지 않았다. 개별 판사의 재판독립을 위해서는 판사계급제를 완전 폐지해야 하며, 각급의 지방·고등 법원장이라는 직책도 불필요하다고 강변하였다.

토론회가 끝난 후 김영삼 총재가 비좁은 다과실로 나를 이끌었다. 차 한 잔을 나누며 김 총재가 특유의 따뜻한 웃음을 띠면서 말문을 열었다. '그게 … 그래도 법원장은 있어야 하지 않습니까.' 나는 웃음으로 답을 대신했다.

한국의 민주화 역사에서 김영삼 정부는 군부정권을 벗어난 첫 번째 민주적 정부이다. 그 시절에 구세력 일부가 잔존했지만 연명했을 뿐이다. 군부정권을 확고하게 종식시킨 것은 김영삼 대통령이다. 전두환 - 노태우가 단죄된 것도 그 시절이었다. 노태우 대통령시절은 민주화 과정의 과도기였고, 그 나름의 공적에도 불구하고 그가 지은 업에 비추어 수난은 불가피하였다. 김영삼 정부에 뒤이은 김대중 정부는 최초의 평화적 정권교체라는 점에서 민주화를 공고화하는 계기였다.

교수사회에 환멸을 느끼며 전전긍긍하던 어느 날 오후 나는 차가운 연구실 속에서 탄식했다. 장준하(張俊河, 1918-1975) 선생의 일제하 학병 탈출기인 『돌베개』 독후감에서 이렇게 썼다.

> 이제는 내 몸 어딘가에 잠재해 있었을지도 모를 작은 행동력마저 퇴화돼 버린 느낌이다. 행동가 장준하 선생은 1971년 4월 19일에 쓴 책 후기 맨 끝머리에 이렇게 적고 있다. '이제 나는 살아서 50대 초반을 보내며 잠자리가 편치 않음을 괴로워한다.' 2002년 50대 중반의 한 책상물림 역시 잠자리가 편치 않기는 마찬가지다.
>
> 군복차림의 장준하 선생이 김준엽(金俊燁) 선생, 그리고 또 한 분과 함께 허리에 총을 끼어들고 찍은 중국 시안(西安)에서의 사진 한 장. 흑백의 그 사진 한 장이 눈에 어른거린다. 희미한 옛 사랑의 그림자처럼. ("행동하는 지식

가르쳐 준 장준하 선생의 돌베개", 동아일보 사외보 *Leader & Reader*, 2002년 1·2)

대학 신입생 시절까지만 하더라도 행동에의 망상을 버리지 않았지만 나는 급속하게 소심해져 갔다. 소설 한 대목을 떠올리며 그대로 옮긴다.

> 그는 저항운동을 하기에 적합한 사람이 아니었소. 성격도 맞지 않았지. 저항운동가들은 인내심을 가지고 기다릴 줄 알아야 하고, 꿈꾸는 사람의 감수성 예민한 영혼이 아니라 나처럼 투박한 두개골이 필요하지. …『리스본행 야간열차』.

이미 대학졸업 무렵, 스스로에게 말했다. '너는 그 일에 맞지 않아.' 시인 · 소설가를 꿈꾸던 청년이 어느 날 자신의 문재(文才)에 절망하고 평론가의 길을 택할 때, 그 심경은 어떠할까.

'중도(中道)분자' - 역(逆) 기회주의

조지훈 선생의 풍자적 수필 <우익좌파>(右翼左派)는 해방 후 "천하 사람이 모두 다 일조에 혁명가와 정객이 되어 남녀 노유 함께 휘돌 때의 일"을 이야깃거리로 삼고 있다. 거기에 이런 구절이 보인다.

> 그때는 이른바 진보적 민주주의(사실은 계급독재주의의 동의어)란 양두구육(羊頭狗肉)의 그 양두인 진보 두 자 바람에 제 딴에 똑똑하다는 패들은 모두 좌익투사연하며 독립주의자들을 우익이라 불러서 갖은 욕설과 모해를 감행하였다.

70여 년 전 해방 당시와 지금을 똑같이 볼 수는 없지만, 전혀 다른 것만도 아니다. 언어 사용만 해도 그렇다. '진보'라는 참으로 좋은 단어를 일부 시대착오적 반(反) 진보 인사들이 무단 전유하여 심히 오염시킨 지 오래다.

— 조지훈의 수필에서 '우익좌파'는 막걸리당 빈대떡파를 가리킨다. 우익은 민주당(民酒黨), 곧 백성이 마시는 막걸리를 좋아하는 주당을 뜻하며, 해방 당시 민주당은 우익정당인 한국민주당을 의미했다. 좌파란, 서서 마시는 선술집인 입파(立派)가 아니라 앉아서 마시는 좌파(坐派), 곧 빈대떡집을 지칭한다. —

흔히 좌파는 진보, 우파는 보수와 동일시하지만 좌 · 우, 보수 · 진보의 구분은 매우 혼란스럽다. 좌파나 우파나 각기 여러 색깔이며 한두 마디로 규정짓기 어렵다. 기본적으로는 각국의 역사적 상황에 따라 개별적으로 파악되어야 하며, 또한 분야에 따라 달리 이해하여야 한다. 좌파 · 우파의 구분이 프랑스 혁명 당시의 정치적 상황에서 시작된 것은 잘 알려져 있는데, 프랑스 근대사에서도 그 구체적 의미는 역사적 상황에 따라 차이가 있고, 다른 나라들에서는 그 나름대로 독특한 실체를 갖는다.

다만 어의적(語義的)으로 보면, 보수 · 진보 구별의 기초는 질서에 관한 시각에서 찾아볼 수 있다. 보수는 안정과 질서를 중시하고, 진보는 갈등에 주목하여 변화를 추구한다. 보수가 변화를 모색하기도 하지만 기존 질서의 파괴를 막기 위한 소극적 목적의 변화이다. 이른바 혁신적 보수이다. 진보는 변화 자체에 가치를 두며, 끝임 없는 변화를 시도하는 진보 이론도 있다.

무릇 생명체의 출현 · 유지에 질서와 안정이 불가결하듯이 인간사회에 질서는 필수적이다. 동시에 생명체의 진화가 돌연변이에 의하듯이, 보다 나은 세상을 위해서는 진보가 필요하다. 변화를 거부하는 질서는 정체이며 질서를 부정하는 변화는 혼란이다. 흔히 말하듯, 보수와 진보는 수레의 두 바퀴이다. 문제는 지금 이 시점에서의 상황 판단이다. 질서가 필요한가 아니면 변화가 필요한가를 판단하는 균형감각이 중요하다.

— 재판도 마찬가지다. 질서를 위해서는 앞선 판례에 따라야 한다. 그래야 예측가능성이 생긴다. 어느 시점에 이르면 선례에 따르는 것이 더 이상

문제를 해결해주지 못한다. 여기에서 판례변경이 나타난다. 그러나 판례변경이 너무 잦아서는 안 된다. 조변석개(朝變夕改)의 법은 이미 법이 아니다. –

경제적 관점에서는 보수 · 진보 구별의 핵심 척도를 자본주의 시장경제에 대한 태도에서 찾는데, 좌파가 진보라고 보기 어려운 경우도 있다. 상황에 따라 시장주의가 진보적 의미를 가질 때도 있으므로 – 등소평의 사회주의 시장경제 노선처럼 – 이런 상황에서도 국가개입주의를 지속하는 입장을 진보라고 보기는 힘들다. 이런 점에 비추어 국가개입주의를 진보가 아니라 좌파라고 칭하는 편이 적절해 보인다.

좌파 · 우파의 구분 척도로, 개인과 사회의 관계에 대한 사람의 인성(人性)을 고려해 볼 수도 있다. 인간관계에 관한 기본 태도이다. 대체로 우파는 개인 중시의 입장이고, 좌파는 집단 지향이다. 다만 파시즘에서 보듯 극우파는 전체주의적 집단주의를 따른다.

이 척도에 비추어 보면, 좌파 지식인은 본질적으로 내적 갈등에서 벗어나기 힘들다. 좌파의 이념에 따라 머리로는 이웃을 생각하지만, 지식인의 속성상 개인 중심적이며 가슴으로는 나를 우선시한다. 이 때문에 모순적 갈등에서 벗어나기 힘들다. 이른바 강남 좌파의 출현과 범람은 이런 갈등의 소산일 것이다. 좌파 지식인은 본질적으로 강남 좌파적 속성에서 벗어나기 힘들다. 나아가 거의 모든 지식인은 강남 좌파의 속성을 얼마간 지닌다. 순도에 차이가 있을 뿐이다. 나처럼 기본적으로 자유민주주의를 지향하며 중도 노선을 자임하는 사람도 좌파 지식인과 유사한 갈등에서 고심하기 마련이다.

집단주의는 생존본능의 한 양태이겠지만 인간을 동물적 수준으로 격하시키는 경향이 있다. 도덕적 개인은 드물지 않지만 도덕적 집단은 찾아보기 어렵다. 적대적 사익(私益)정치로 치닫는 국내정치도 그렇지만, 아이들 싸움 같은 국제정치의 양상은 극명한 예다.

좌우 구분의 한국적 요소는 무엇보다도 북한정권에 대한 입장에서 찾을 수 있다. 북한체제는 스탈린주의적 전체주의와 세습적 왕정체제의 혼합에 지나지 않는다. 그럼에도 불구하고 진보를 자칭하면서도 매사 친북 노선을 취하는 사람들이 적지 않음은 내가 가장 이해할 수 없는 부분이다. 혈족주의적 민족주의 입장에서 나온 것이라면 맹목에 가깝다. 맹목은 극단적 비합리의 다른 표현이다. 통일과 평화 지향이 친북이어야 하는 건 결코 아니다. 대북관계에서의 좌파는 진보와 거리가 멀다. 친북론자들은 자성하지 않는다. 거듭되는 친북정책 실패에도 꿈쩍하지 않는다면 종북론자라는 비난을 피하기 어렵다. 북한에 대한 환상처럼 위험한 것은 없다. 이래저래 한국에서는 진보·보수라는 구분보다 좌파·우파의 구분이 더 적절한 때가 많다.

행동가와 이론가의 경계선에서 내가 나아간 방향은 좌도 우도 아니었다. 신문칼럼을 자주 쓰던 무렵, 한 일간지 논설위원이 나를 중도좌파라고 하는 말을 면전에서 들은 적이 있지만, 한때 중도좌파였을 뿐이다.

김대중 대통령 시절, 2001년 봄, <화해와 전진>이라는 이름의 모임에 참여한 적이 있다. 창립 준비 모임에 나가보니 참석한 면면이 예사롭지 않았다. 함세웅 신부, 김원기 의원, 이부영 의원, 조준희 변호사, 법륜 스님, 신경림 시인, 유인태 전 의원 등. 5월 17일 프레스센터에서 열린 창립 포럼 팸플릿에는 100명에 가까운 상임위원 명단이 올라 있었고, 모임의 사실상 대표는 함세웅 신부님이었다. '창립 취지문'에 이런 구절이 보인다.

> 민족 화해의 진전, 경제 위기의 극복, 지역주의의 해소, 정당의 민주화 등은 바로 이 시점에서 헤쳐 나가야 할 당면과제입니다. … 이러한 과제와 관련하여 국민적 합의를 도출하고 시행하는 것이 정치권의 책무라고 믿습니다. … 이 자리의 정치인들은 여야의 정파적 이해를 뛰어넘어 공동선을 추구함으로써 정치가 올바르게 자리매김되도록 자기희생을 마다하지 않을 것입니다. … 저희는 형제자매애적 다짐 속에서 '화해와 전진' 포럼의 창립을 제안합니다.

이 모임의 특징은 당시의 여소야대 상황 속에서 여·야를 넘는 통합을 지향하고 있다는 점이었다. 나는 창립 포럼에서 제1발제자로 발표하였다. 제목은 "中南美型 大統領制化의 위험 : '분할정부'하의 정치붕괴와

議員 自律性의 중요성.” 다른 두 발제자인 김덕용 의원, 정대철 당시 새천년민주당 최고위원의 발표주제도 의회민주주의 활성화 과제였다. 이 모임은 오래 지속되지 못했다.

내가 이 정치적 모임에 참여한 계기는 이부영 선생의 권유를 받고서였다. 이 선생을 처음 알게 된 것은 그가 재야 운동가로 고투하던 시기였다. 일면식 없는 터에 뜻밖의 전화를 받고 허름한 다방에서 차를 나누며 이야기하였다. 이 선생이 국회의원으로 정계 진출한 후에도 여러 차례 만날 기회들이 있었다. 이 선생이 더 큰 꿈을 실현하지 못한 것은 개인적으로나 국가적으로나 안타까운 일이다. 아깝게 뜻을 접은 인걸들이 얼마나 많은가. 한국 땅은 척박하다.

그 무렵, 2001년 5월, 한 신문(동아일보)에서 대담을 가진 적이 있다. 대담주제는 5·16이었다. 상대방은 박정희 찬양자로 알려진 신예 소설가 이인화였다. – 당시 대담에서 그는 예상보다 유연한 입장을 개진하였다. – 청장년시대에 유신시대를 겪은 사람이 그 시대를 아무 일 없었던 듯 시치미 떼기는 어렵다. 내게서 다른 의견을 기대했는지, 대담 후 편집국 간부는 못마땅한 기색이 역연했다. 그 직후 한 진보 원로인사와 만나 사담을 나누던 중 그 인사가 나의 그 대담기사를 거론하며 돌연 ‘국회의원 생각 있는가’라고 물었다. 얼마든 그냥 호의로 받아들일 수도 있었지만, ‘그 정도는 아무 일 아니다’라는 듯한 어조와 표정에서 불편함을 느꼈다. 나는 ‘그 정당에서 반기지 않을 것이다’라고 둘러대며 사양하였다.

세월이 얼마간 지난 후 나는 일면적인 박정희 비판에서 후퇴하여 그의 공과를 함께 보자는 생각에 기운다. 그의 공을 더 이상 외면할 수 없게 된 반면, – 박정희 대통령의 서독 방문 시 일화들에 눈물 나지 않는다면 이상하다. – 그 비판자들의 행태가 점차 못마땅하게 보였다. 국민소득 50불 수준의 최빈국(最貧國)에서 10대를 맞았고, 35,000불 선진 10대국의 나라에서 70대를 버티고 있는 사람에게 세상사 보기가 한결같을 수 없다. 사실의 변화에 따라 생각도 바뀐다는 건 꼭 유물사관에서만이 아니다. 역사에는 의도했든 아니든 때로 반전(反轉)이 있다. 박정희 대통령은 ‘선진국 대한민국' 신화에 바쳐진 장엄한 제물이었다.

나는 경계선에서 상황에 따라 좌우로 운신했다. 세상이 아직 오른쪽으로 치우쳐 있다고 보일 땐 왼쪽으로 기울였고, 너무 왼쪽으로 쏠린다고 여겨질 때는 오른쪽으로 움직였다. 이를테면 역(逆)기회주의로 보일 수 있는 처신이었다.

예컨대 국가보안법에 관한 나의 입장도 그랬다. 보수정권 아래에서 국가보안법이 인권탄압의 도구로 사용될 때 나는 헌법재판소에 출석하여 그 위헌을 주장했다. 그러나 국가보안법이 부분 개정되고 그 집행의 남용이 현저히 줄었다고 보이는 '진보정권' 하에서 나는 그 폐지론에 반대했다. 훗날 내가 '우파 정권'의 감사원장직에서 돌연 떠났을 때 어느 언론은 나를 평하면서 '중도우파'라고 위치 지었다. 당시로서 틀리지 않은 지적이었다.

대학생 시절 더러 좌파 문헌들을 찾아보기도 했지만, 깊게 빠져들지는 않았다. 그 시절, 내가 감명 깊게 읽은 책의 하나는 미국 사회학자 라이트 밀즈(C. Wright Mills)의 논문모음집이다. 미국에서도 특이한 신좌파 사회학자였던 밀즈는 미국자본주의가 '과잉개발' 자본주의임을 비판하면서 '적정개발' 사회로의 지향을 주장했다 (C. Wright Mills, *Power, Politics and People: The Collected Essays of C. Wright Mills*, ed. by Irving Louis Horowitz, 1963). 나는 거기에 크게 공감하였다. – 이 책을 분실하였다. 논문제목을 기억하지는 못한다. – 오늘날의 경쟁적 세계자본주주의 체제에서 어느 한 나라 차원의 '적정개발' 노선이 과연 지속가능할지는 의문으로 남지만, 기후변화에 대한 지구적 차원의 대응이 당장의 과제로 닥친 세계적 상황에 비추어 보면, 그의 적정개발 사상은 다시금 되살릴 필요가 있다. – 저서 『파워 엘리트』로 널리 알려진 그는 한때 데이비드 소로우처럼 손수 지은 숲속 오두막에서 은둔했다고 전한다. –

나는 정치·사회적 측면에서는 철저한 자유민주주의 옹호론자이지만, – 언젠가 비전향 간첩 무기수의 양심의 자유를 옹호하는 글을 신문에 쓴 적이 있다. 또한 일찍이 1980년대부터 양심적 병역거부 인정을 주장했다 – 경제적 차원에서는 시장만능주의자는 아니다. 사회복지를 위한 국가개입은 필요하며 그 바람직한 정도는 경제상황 등에 따라 가변적이라고 생각해 왔다. 상황에 따라 좌파적 국가개입이 더 필요한 시기가 있고, 때로는 우파적 시장주의가 진보적 의미를 지닐 수도 있다.

드물지만 순정(純正)한 좌파를 접하면 차라리 맑아 보인다. 우파 가운데도 순정 우파는 대체로 성실하고 유능하다. 좌우를 불문하고 순정파는 보기 쉽지 않다.

– 지난날의 사소한 에피소드 한 토막이다. 시국과 관련해 '진보'신문에서 한 정치학 교수와 대담한 적이 있다. 그는 강경한 반미주의자로 알려져 있었다. 대담 도중 나는 두어 차례 그의 의견에 이견을 달았다. 어느 순간 그가 벌컥 화를 냈다. '당신 누구인지 잘 안다. 대담에서 상대방 의견에 맞춰줘야 할 것 아닌가. 시비 걸자는 것인가.' 벌컥 하는 성미라면 나도 못지않다. '더 이상 못하겠다'며 자리를 박차고 일어났다. 그 후 그의 자녀가 미국 유학 중이라는 기사를 읽은 적이 있다. –

어쨌거나, 이런저런 관점에도 불구하고, 이타심은 이기심의 한 발현형태일 뿐이라는 사회생물학(sociobiology)의 주장에 따르면, 좌파건 우파건 그 구분과 평가가 애매해진다. 리처드 도킨스의 '이기적 유전자'(The Selfish Gene)론에 따르면, '동물의 이타적 행동은 자신과 공통된 유전자를 남기기 위한 행동일 뿐'이라고 한다. 이타적 행동은 이기적 유전자 – 곧 '자기복제자' – 의 명령이란 것이다. 이런 시각에서는 무엇이 이기주의이고 무엇이 이타주의인지 헷갈린다. 윤리학을 새로 써야 할 판이다. 살신성인과 애국심의 의미도 재해석되어야 한다. 이기심이나 자기연민에 대한 생각도 마찬가지이며, 매도하거나 비웃을 것만도 아니지 않는가. 모든 사랑은 자기사랑이므로.

좌파든 우파든 또는 중도파든, 기본적으로 개인의 존엄과 공동체를 생각하는 진정성이 문제일 것이다. 그런 진정성이 있다면 공멸의 결과는 피할 수 있으련만, 세상의 흐름은 극렬한 투쟁으로 흘러가고 있다. 삶을 투쟁만으로 보는 이악스런 사람들이 너무 많아지고 있어 걱정이다. 걱정밖에 달리 할 일이 마땅치 않으니 난감하다. 공직에서 떠나면서, 이제는 철저하게 사적(私的)인 삶을 살겠노라 다짐했지만 마냥 편할 수야 없다. '해야 할 일을 하지 않고 있다'고 나무라는 소리가 들려오기도 하지만, 그저 감수할 뿐이다.

1948년 9월 9일, 북한정권이 수립된 날, 밤새 어머니 등에 업혀 38선 경계를 넘어온 나는 한반도 남쪽에서나마 한민족 유사 이래 최고의 황금기를 누리는 행운을 만났다. 유년기에 참혹한 전쟁을 겪은 후 70년 가까이 불안하지만 긴 평화를 누렸고, 정치적 격변의 연속 가운데서도 경제적 풍요와 더불어 자유민주주의의 승리를 맛보기도 하였다. 그 노정에서 나는 행동가와 이론가 사이, 이념적 좌우의 경계선에서 기우뚱거리며 회색의 삶을 버텨 왔다. 다만 부유(浮遊)하는 방관자는 아니었다고 자긍한다. 공산당식 어법으로 말하면 쁘띠부르주아 출신 회색분자이겠으나, 스스로는 '중도(中道)분자'로 자처한다.

회색인의 길에도 두 갈래 길이 나뉜다. 하나는 기회주의자의 비틀린 길이다. 다른 하나는 독자노선으로서의 중도의 길이다. 중도는 산술적 중간과는 다르며, 그 다른 표현은 균형과 조화이다. 내가 독자적 중도의 길을 걸었노라 자부한다면 오만일 것이다.

노자 <도덕경>의 한 구절에 눈을 멈춘다. '높은 수준의 선비는 도를 들으면 부지런히 이를 행하고, 중간 선비는 도를 들으면 이를 지니고 있는 듯 혹은 잃어버리는 듯하며, 낮은 수준의 선비는 도를 듣고 크게 비웃는다.'(上士聞道 勤而行之 中士聞道 若存若亡 下士聞道 大笑之).

기껏 중간 수준에서 어물쩍거려온 내 모습이 보인다. 무엇보다도 나는 행동에 치열하지 못하였다. 나름대로 행동에 나서지 않은 것은 아니었지만 열정적으로 투신하지는 못했다. 나는 조심스런 자유민주주의자였을 뿐이다. 이런 유(類)의 술회는 자기변명으로 들리기 십상이다. 그럼에도 지난날의 자신과 대화하면서 오늘 나의 생각을 토로할 수밖에 없다. 종착역이 머지 않았으므로.

간혹 이런 생각도 든다. 배고픈 기억이 있었다면 행동가의 험한 길로 나섰을까. 용렬한 잡념일 뿐이다. 지나온 길에 대해 자만도 자비(自卑)도 거부한다. 자기인식에서도 나는 중도이다. 중도는 어디서나 환영받지 못한다. 눈을 들어 보면 한국현대사에서 중도의 길은 희미하다.

– 친구들 중에 '태극기 부대원'이 적지 않다. 그 친구들이 못마땅하였다. 그 마음의 밑바닥을 나름대로 헤아려보기도 했다. 대부분 고위관료, 기업가, 대기업 CEO 등의 전력을 지닌 그들은 자신의 지나온 시절을 부정하기 싫을 것이다. 또한, 오늘 한국의 번영에 기여했다는 자부심이 있고, 그 성과가 허물어질지 몰라 안타까울 것이다.

곰곰이 생각해 보니 나 역시 친구들과 별로 다르지 않았다. 나 또한 나의 지나온 길을 정당화하고 싶고 그런 심저(心底)는 이 글쓰기에도 배어 있을 것이었다. 또한 오늘 대한민국의 화양연화(花樣年華)가 얼마나 지속될지 걱정되는 건 마찬가지다. 친구들을 이해하고 나니 마음이 한결 편해졌다.

2016-17년 촛불항쟁 때, 나는 세 차례 시위현장에 나갔다. 청계천 광장과 광화문에서의 시위 첫날, 그리고 연말의 시위 절정 무렵, 마지막은 이듬해 촛불시위대와 태극기시위대가 맞서던 즈음.

세 번째 한밤중 나갔을 때, 특이한 광경을 목도했다. 경찰은 두 시위대 사이에 경찰버스들을 촘촘히 연결해 충돌방지공간을 만들었다. 비무장지대 같은 텅 빈 그 공간을 바라보며 가슴이 휑하면서 답답한 기이한 느낌이 밀려왔다. 헌법재판소의 결정이 임박하여 자칫 불상사의 위험이 우려되던 무렵, 한 일간지(중앙일보)와 인터뷰하며 이런 취지로 말했다. '태극기 시위대를 이해할 필요가 있다.' –

행동가란 ?

- 우리 시대뿐이 아니라 혁명은 언제나 최대의 예술이다. 그러나 이 예술이 불모(不毛)의 예술인 것은 이미 실험이 끝난 일이 아닌가. - 최인훈, <회색인>
- 행동 없는 말은 이상주의의 암살범이다(Words without actions are the assassins of idealism.). - 허버트 후버.

순정한 삶을 우러르던 시절이 있었다. 자기를 앞세우지 않는 헌신적 행동가의 삶. 하지만 그것도 잠시, 일찍부터 들어선 교직의 길에서 행동력의 퇴화를 느끼고 자탄하기도 하며 다시 행동가적 삶을 선망하게 된다. 거기에는 대학사회에 대한 환멸도 적지 않게 작용하였다. 가지 않은 길, 그 길의 풍경이 궁금하다. 행동가란 과연 누구인가.

이달고 돈키호테

'행동한다, 고로 존재한다'(Facio, ergo sum). 돈키호테는 행동가의 전형으로 꼽힌다. 흔히 돈키호테는 이상주의적 모험가, 그의 종자 산초 판사는 충실한 현실주의자로 대비된다.

<기발한 이달고 돈키호테 데 라만차>(1605)의 첫머리에는 긴 서문이 펼쳐져 있다. 그 한 구절에 주목한다. "그는 … 가장 순수한 연인에 제일 용감한 기사였다." - 번역자의 각주는 '이달고*hidalgo*'를 이렇게 풀이한다. '스페인에만 있던 하급귀족 작위인 이달기아*hidalguia*를 가진 사람. 이상주의자에 열성 기독교 신자, 모험가, 큰 공을 세우기를 좋아하는 자, 대범한 자, 경제에는

무관심한 자'로서 스페인 16~17세기의 사고를 지배하였다. 미겔 데 세르반테스 사아베드라, 안영옥 옮김 『돈키호테 1,2.』. –

행동가 돈키호테 캐릭터의 핵심은 '순수', 그리고 '용감'으로 보인다. 그가 우스꽝스런 기사의 모습으로 처음 집을 나설 때의 심경은 이렇게 그려지고 있다. "모욕을 되돌려주고 불의를 바로 잡고 무분별한 일들을 고치고 권력의 남용을 막으며 빚은 갚아 주어야 했다." "약한 자, 가난한 자를 돕기 위해 운명이 부여하는 그 어떤 모험에도 내 힘과 내 한 몸을 내던질 굳은 결의를 품고, 모험을 찾아 이런 인적 없는 고적한 들판을 헤매고 있는 것이라오." 젊은 시절 노예로 팔려 고역을 겪었던 작가 세르반테스는 또 이렇게 말한다. "자유는 황금으로도 살 수 없다."

출정의 길에서 봉변을 당한 뒤 종자 산초는 주인의 무모한 행동에 대해 이렇게 충언하다. "지혜로운 자는 내일을 위해 오늘을 삼갈 줄 알고, 하루에 모든 것을 모험하지 않습니다요. 저는 촌것에 천한 놈이긴 하지만요, 사람들이 말하는 처신이라는 것이 어떤 것인지는 아직 알고 있다는 것을 알아주십쇼." 무어인들로부터 사람들을 구출하는 작전을 펴기에 앞서 돈키호테가 말한다. "무슨 일에든 해결 방법은 있는 법이다." 산초가 답한다. "말과 행동 사이에는 대단한 거리가 있는 법입니다요."

세르반테스는 청년시절 병사로서 참전했고 포로생활까지 경험한 적이 있다. 그는 군사(軍事)와 학문을 비교하면서, 행동하는 자와 생각하는 자를 대비시킨다. "누구나 인문학으로 유명해지려면 시간이 걸리고 잠도 못자고 배를 곯아야 하고 헐벗고 현기증과 소화불량과 그밖에 이에 수반되는 여러 가지 일을 견뎌야 하는데, … 어떤 결핍과 가난에 대한 두려움이 군인이 갖는 공포만큼 학자를 지치게 할 수 있겠소?" "지금은 … 군사의 실천보다 이론이 승리하고 있지."

망상에 사로잡힌 모험의 여정 끝에서 돈키호테는 '하얀 달의 기사'와 결투를 벌인다. – 방패에 휘황찬란한 달이 그려져 있는 '하얀 달의 기사'는 돈키호테와 같은 마을 사람으로, 그를 제정신으로 돌리기 위해 분장을 하고 계략을 꾸민다. 자신이 이기면 돈키호테는 집에 돌아가 칼을 버리고 1년간 조용히 쉬어야 한다는 조건을 내건다. – 패배한 돈키호테는 집으로 향한다. 침대에 누워 엿새 간 신열을 앓는다.

그의 종자 산초 역시 회한을 떨치지 못한다. 늘 사랑을 생각했던 주인과 달리 늘 출세를 생각했던 산초는 자신의 소망대로 작은 섬의 통치자 경험을 해보았지만, 결국 이렇게 탄식한다. "야망과 오만의 탑 위에 오르고 난 이후부터는 내 영혼 속으로 수천 가지 비참함과 수천 가지 노고와 수천 가지 불안이 들어오더구나. 사람마다 각자 타고난 일을 하는 것이 제일 어울린다는 얘기요." – 타고난 일을 하라는 산초 판사의 마지막 넋두리는 범인(凡人)의 경전으로 들린다. –

돈키호테는 심한 우울증 끝에 숨을 거두고 만다. 맑은 이성으로 돌아온 후 그를 기다린 것은 죽음이었다. 이야기 말미에 세르반테스는 이렇게 쓴다. "세상만사 영원히 지속되는 것은 없고 그 시작에서부터 종말에 이르기까지 늘 쇠락해가니, 특히 인간의 목숨이 그러하다. 돈키호테의 목숨 또한 그 흐름을 멈추게 할 하늘의 특권을 갖지 않았기에 …" <하얀 달의 기사>가 지은 묘비명에는 이렇게 쓰여 있다.

> 그 용기가 하늘을 찌른
> 강인한 이달고 이곳에 잠드노라.
> …
> 그가 미쳐 살다가
> 정신 들었음을 보증하노라.

돈키호테 이야기는 해학과 풍자로 넘치지만 그 결말은 비극이랄 수밖에 없다. 이 대작의 마지막 문장은 짧다. '안녕'(라틴어 *vale*).

망상에 빠진 편력기사 돈키호테의 애잔한 종말은 무엇을 말하고 있나. 꿈을 좇아가는 행동가의 삶이 피할 수 없는 고단함과 비애, 나아가 인간의 모든 삶의 희극적 비극성. 꿈이 사라지는 순간 삶도 스러진다.

삶의 필수원소는 두 마디로 족하다. 밥과 꿈. 어느 게 우선하는지 따지는 건 적어도 돈키호테 후예들에게는 무의미하다. 결말이 희극적인 비극이라 하더라도.

– 지옥문 꼭대기에는 어두운 글자들로 이렇게 쓰여 있다. '여기 들어오는 너희는 모든 희망을 버려라.' '이들에겐 죽음의 희망조차 없다.' – 단테, 『신곡』 지옥편 3곡, 박상진 옮김.

〈인간의 조건〉

젊을 적 이 소설을 읽지 않았던 것은 다행이었는지 모른다. 앙드레 말로의 『인간의 조건』(*La condition humaine*). 1920년대 중국 상하이를 배경으로 펼쳐지는 이 소설은 주제, 문체 모두 긴장감의 끈을 놓지 않는다. 첫 줄부터 긴박감이 흐르며 시종 흐트러지는 틈새를 보이지 않는다. 죽음의 그림자를 떨쳐버리지 못하는 허무주의적 행동미학이 잔혹할 정도로 차갑고 무겁게 그려진다. 소설 첫 장면이다. (박종학 역서. 뒤에서도 같다).

1927년 3월 21일
밤 0시 30분

모기장을 쳐들 것인가, 아니면 그대로 모기장 째 푹 찌를 것인가? 첸(陳)은 오뇌(懊惱)로 온몸이 죄어왔다. … '암살한다는 것은 그냥 죽이는 것이 아니다. …'

첸은 부르르 떨며 자기 왼팔에 단도를 푹 찔렀다. … 이렇게 미칠 듯한 분위기보다는 차라리 고통이 나았다. …

갑자기 첸은 침대가 뚫어질 정도로 힘껏 내리 찔렀다. … 칼끝까지 예민한 감각이 전달되었다. 침대 스프링이 튀어 올라 사내의 몸뚱이가 자기 쪽으로 달려드는 듯했다. 그는 미친 듯이 팔에 힘을 주어 사내의 몸을 꽉 눌렀다. … 그곳에 있는 것은 오직 침묵과 숨이 막힐 듯한 도취뿐이었다. …

테러리스트가 살인을 앞두고 자신의 팔뚝에 가하는 자해행위는 무슨 의미인가. 자신의 죽음에의 충동을 암시하는 것인가.

『인간의 조건』은 1927년 3월부터 4월까지 상하이를 중심으로 전개되는 공산주의 혁명가들의 이야기다. 다국적 모험가들이 공장노동자들을 돌격대로 조직하여 경찰서를 공격하고 상해를 장악하지만 들이닥친 장제스(張介石)의 군대에 진압당하고 무장 해제된다. 세밀한 사실 묘사가 이어지지만, – 앙드레 말로는 쑨원(孫文)의 생전 당시 초기 국민당에 참여한 적이 있다. – 역사적 사건의 추이가 소설의 초점은 아니다. 혁명 일선에 뛰어든 행동가들의 내면 풍경이 서늘하게 그려진다.

중심인물이라 할 첸은 니힐리스트다. 죽음의 의식에서 헤어나지 못하는 그는 늘 행동에 몰입한다. 총기 획득을 위해 무기중개상을 살해한 직후 그는 불안을 이겨내지 못하고 동지 기요(Kyo)의 아버지 지조르(Gisors)를 찾는다. 쫓겨난 전직 북경대학 교수인 지조르는 마르크스주의자이자 아편 중독자다. 새벽 4시에 그를 만난 첸의 첫 마디, "전 몹시 고독합니다." 지조르는 이런저런 생각으로 혼란스럽다.

> 그가 죽음을 원하고 있는 것은 아닐까?… 그는 되도록 고귀한 죽음을 선택하려 하고 있다. … 그는 야심적인 인간인데, 야심의 모든 대상을, 야심 그 자체까지도 경멸할 만큼 다른 인간들로부터 유리된, 병적일 만큼 투철한 영혼의 소유자일까?
>
> 지금까지 그가 신봉하며 살아왔던 그 사상이 이제 그를 죽이려 하고 있었다. …

첸은 동지들과 일심동체가 될 수 없음을 느낀다. 혁명이 성공하더라도 푸른 노동자 복장들 사이에서 자신이 설 자리는 없음을 안다. 그는 늘 고독감에 시달린다. 지조르의 예견대로 첸은 죽음을 택한다. 국공합작(國共合作) 노선의 공산당 본부 명령에 불복하여 첸은 폭탄을 안고 장제스의 차량 밑으로 뛰어든다. 권총을 꺼내 입 안으로 넣고 무의식적으로 방아쇠를 당긴다. 그 자동차에 장제스는 없었다.

소설에서 수시로 나타나는 몇몇 단어들이 있다. 죽음, 숙명, 고독, 공허 … 각기 결이 다른 내면 심리의 주요 인물들이 하나의 정서를 공유한다. 죽음의 의식에 따른 고독, 고립감.

내게 특히 주목을 끄는 인물은 지조르였다. 일본인 부인과의 사이에 낳은 아들 기요 역시 공산주의 혁명가다. 기요는 처형 직전 청산가리를 깨물어 입에 털어 넣는다. – 동지 카토프(Katow)는 숨겨둔 청산가리를 꺼내 다른 두 동지들에게 나누어 준다. 러시아인 직업혁명가인 그는 화형장의 불길 속으로 걸어들어 간다. – 아들을 앞세운 말년의 지조르는 이제 다른 인간이다.

> 오늘밤 그의 인생은 변하려 하고 있었다. 사상도 죽음이 인간에게 강요하는 급격한 변화에 대해서는 거의 무력한 것이었다. 오늘부터 그는 자기 자신에게 되돌아간 것이다. 외계는 이제 의미를 상실하고 더 이상 존재하지 않는 것이었다. …

소설의 마지막 장면, 지조르는 일본 고베에 머물고 있다. 친구인 일본인 화가의 집이다. 창밖으로 항구의 정경을 내려다보며, 며느리인 메이(May)와 마주 앉아 작별의 대화를 나눈다. 독일인 여의사인 메이는 러시아로 떠나려 하고 있다. 대화의 일부를 듣는다.

> 마르크스주의는 이제 내 속에서 살고 있지 않아. … 인간은 오랫동안 인생을 속일 수 있어. 하지만 결국에는 인생이 언제나 우리들을 본연의 모습으로 되돌려주지. … 인간은 현실이란 없다는 것을 알아야 해. 있는 것은 관조의 세계라는 것을 알아야 할 거야. 아편을 피우건 안 피우건, 그리고 그 세계에서는 모든 것이 공허하다는 것도 …
>
> 거기에서 사람들이 뭘 관조하죠?

아마도 공허겠지 … 그것만이라도 대단한 일이니까.

… 메이 들어보아라. 인간 하나를 만들려면 아홉 달로는 모자라. 60년이 걸리는 거야. 희생과 의지와 … 그밖에 온갖 일이 있는 60년이야! 그 인간이 다 만들어졌을 때는 유년 시절이나 청년시절의 잔재가 깨끗이 없어지고 그야말로 한 인간이 되었을 때는 이미 죽는 것밖에 남아 있지 않거든. 내 말을 잘 들어두어라. 알겠느냐. 살아 있는 자를 사랑해야 하는 게야. 죽은 자가 아니고. … 복수를 찾아가는 길목에서 메이야, 생활을 만날 게다. …

아들을 잃고서야 제자리로 돌아온 노교수의 탄식, "한 인간이 되었을 때는 이미 죽는 것밖에 남아 있지 않거든." 32살의 말로가 어찌 노년의 현자 같은 이런 잠언을 꺼낼 수 있었을까. 이 소설의 몇 구절들을 더 옮기고 싶다. 여러 인물들의 이야기가 섞여 있다.

인간은 그 행위의 총화(總和)입니다.

감옥에 가는 인간형은 정해져 있어. 인생에 대해서 자기 자신에 대해서 가지고 있는 사상을 위해서 가는 거야… 사람이 감옥에 가는 것은 남을 위해서가 아니거든.

전혀 다른 세계에 대한 기대와, 아무리 비참한 생활을 해도 먹고 살 수 있다는 자신감과 -그는 천성이 엄격했다. 아마 자존심 때문이겠지만 - 그리고 그의 증오심과 사상과 자만심이 그를 정치활동으로 몰아갔다. 정치활동은 그의 고독에 하나의 의미를 부여해주었다.

결국 혁명이란 민주주의적인 형태로는 오래 갈 수 없는 법이오. 그것은 본질적으로 사회주의적으로 되지 않을 수 없는 거요.

'어떤 관념이 자네를 그런 황홀경의 기분으로 만든단 말이지?' '그렇지.

… 나 자신의 죽음에 대한 관념이 말이야.'

진짜 테러리스트는 처형당한 사람의 자식들한테서 나오지.

어차피 한 번은 죽는 거니까. … 자네는 테러리즘을 일종의 종교로 만들자는 거지?
종교가 아니야. 인생의 의미지… 죽음을 택한 인간보다 더 쓸모 있는 인간은 없거든.

인간이 단 하나밖에 없는 목숨을 어떤 사상을 위해서 버린다는 것은 인류의 독특한 어리석음이라고 생각하지 않으십니까?

'인간으로서의 조건을 견디어낸다는 것은 아주 드문 일이겠지요.' … 인간이 이해타산을 초월하여 기꺼이 목숨을 내던지는 모든 사상은 이 조건의 바탕을 막연하나마 인간의 존엄 위에 놓고, 그 올바름을 증명하려 하고 있다. 이를테면 옛날의 노예에게는 그리스도교가, 시민에게는 국가가, 그리고 노동자 계급에게는 코뮤니즘이 그것이다.

인간 세계에서 인간 이상의 것이 되고 싶어 하죠. 인간의 조건에서 벗어나려고 하는 것입니다. 신이 되고자 하는 의지입니다.

소설의 제목 <인간의 조건>이란 무슨 뜻인가. 영어번역서 제목인 <인간의 숙명>(*Man's Fate*)이라는 풀이가 적절하게 보인다. 말로는 이를테면 죽음의 미학을 그리고 있다. 죽음을 향한 테러리스트의 투신을 인간의 숙명을 벗어나기 위한 결단으로 미화하고 있다. 이것이 1920년대 행동가의 진면모인가. 죽음의 그림자를 벗어나기 위해 죽음에 뛰어드는, 그 역설적인 내면의 행로.

3백여 년의 시간을 격한 돈키호테와 첸은 어떤 점에서 닮아 있고 어디가 다른가? 둘 모두 꿈, 환상을 좇아간다. '약한 자, 가난한 자를 돕기 위해 운명이 부여하는 모험에 몸을 던진다'는 돈키호테, 노동자해방을 위해 공산혁명에 뛰어든 첸은 서로 닮아 있다. 모두 비극적 종말을 맞는 점에서도 같다. 다른 점은 무엇일까. 돈키호테는 꿈을 찾는 낙천가이지만 첸은 고독감에 빠져 있는 어두운 인물이다. 돈키호테는 죽음을 불사하지만 죽음을 선택하는 것은 아니다. 첸은 스스로 죽음에 뛰어든다. 두 행동가의 이 차이는 어디에 연유하는 것인가. 돈키호테는 열성적 기독교도이고 첸은 신을 잃은 허무주의자다.

최인훈의 <회색인>은 행동가와 대척점의 인간상을 그린다. 소설의 한 구절에서 작가는 앙드레 말로 유(類)의 서구 행동가를 비아냥거리듯 한 마디 흘린다.

> 어떤 행복한 사람들처럼, '행동'하기 위해서 알제리를 헤매거나, 수고스럽게도 베트남의 정글까지 여행할 필요는 없는 게 우리의 형편이다. … 괜히 으스대면서 심각한 얼굴로 어슬렁거리는 이들 팔자 좋은 건달들 … .

다만 최인훈은 그냥 냉소로 그치지는 않는다. "… 건달들에게서 취할 점이 있다면, 무언가 잘못되고 있지 않나 '의심'했다는 일일 것이다." 한편, <인간의 조건>의 첸과 <회색인>의 독고준 사이에는 뜻밖의 상사점(相似点)이 보인다. 행동가와 회색인, 둘 모두 늘 중증의 고립감에 빠져 있다.

– 유럽의 '건달' 젊은이가 상상했던 허구보다 실제 인물의 이야기는 훨씬 극적이다. 김산(1905–1938), 본명은 장지락(張志樂), 장지학(張志鶴)?. 님 웨일즈(Nym Wales)가 쓴 김산의 전기 『아리랑』(*Song of Ariran*, 1941)을 밤새워 읽었던 기억이 새롭다. – 내가 책을 읽느라 밤새운 기억은 아주 드물다. – 40년 전, 5공 시절이었다. 책에서 김산이 님 웨일즈에게 <아리랑>을 설명해주는 대목이 몹시 아프다. '아리랑은 조선의 독립 운동가들이 처형장에 끌려갈 때 마지막으로 부르는 노래다.' 님 웨일즈는 『중국의 붉은 별』의

저자 에드가 스노의 부인이었고, 그들과 김산에 얽힌 이런저런 후일담이 통속소설처럼 전해진다.

김산이 중국공산당의 조선인 항일혁명가로 광저우, 상하이, 베이징, 만주 등에서 활동한 시기가 바로 '첸'의 시대배경, 1920-30년대이다. 김산을 한마디로 규정하기는 어렵다. 사상적으로 톨스토이의 휴머니즘, 아나키스트, 공산주의를 두루 편력하였다. 많은 행동가들처럼 그도 젊은 나이에 비극적 최후를 맞았다. 일제 첩자의 누명을 쓰고 중국공산당에 의해 처형당했다.

(김산의 처형에는 이른바 민생당 사건이 영향을 미쳤다고 한다. 민생당은 1930년대 간도 용정 등지에서 일제가 조종한 친일 조선인 조직으로, 조선인 자치 실현을 표방하면서 조선인과 중국인들의 항일 연합세력에 침투하였다. 만주에서 항일운동을 하던 많은 조선인들이 민생당 관련 의혹을 받아 중국인 또는 같은 조선인에 의해 살해되었다. '동지들'이 서로 의심하고 살육하는 참극이 벌어졌다. 김연수의 소설 <밤은 노래한다>는 민생당 사건을 다루고 있다.

내 어머니의 생전 회고담에 따르면, 용정 시절 당시 항일유격대를 흔히 마적이라고 불렀고, 이들이 인근 마을에 출몰하면 일본군은 그 마을을 에워싸 불질러버렸다고 한다. 위 소설에도 그런 묘사들이 등장한다. 『아리랑』에도 일본군이 조선인 독립운동가를 잔혹하게 생매장하는 장면이 나온다.)

훗날 등소평 시대 중국공산당은 김산에게 씌웠던 누명을 풀어주었고, 그 후, 2005년 대한민국 정부가 그에게 건국훈장을 추서했다. 이 소식이 전해졌을 때 예사롭게 들릴 수 없었다.

『아리랑』은 5공 시절 금서로 묶였다. 해금된 뒤 동아일보에서 독후감 원고를 청탁받았을 때 나는 이 책을 선택하였다. 김산의 독립운동가, 휴머니스트 측면을 강조했지만 훗날 담당기자가 난처했다고 털어놓았다. 하필이면 공산주의자의 전기를 택했기 때문이었는데, 이 사실을 뛰어넘을 만큼 김산의 일생은 벅차게 다가왔다.

김산은 일제강점기 한국인의 인간상 가운데 누구와도 비교할 수 없을 만큼 강력한 충격을 준다. 비극적 최후 때문만은 아니다. 그가 보여준 도저한 지성과 불같은 행동력의 결합은 경이롭다. 27세 때 찍은 사진 속 그의 눈빛은 맹호의 안광처럼 활활 타오른다. 한 사람의 일생에 대한 평가는 그가 이룬 성취를 떠나, 무엇을 위해 어떻게 헌신했는가에 달려 있지 않을까. –

이미 칠순 중반에 들어선 나는 앙드레 말로에 매혹당할 수 없다. 도리어 어떤 의혹을 품는다. 작가 말로는 허풍쟁이로 보인다. 멋 부린 허풍쟁이. 그의 소설에는 서구 지식인의 겉멋을 한껏 드러낸 과장이 느껴진다. 유년기에 부모가 이혼한 후 그는 외가에서 자랐고 – 아버지는 대공황기에 자살했다. – 고독한 소년기를 보냈다. 친구들에게 제 머리 속 상상을 실제처럼 거짓말을 일삼은 별난 아이였다고 한다. 성년 후에도 외향적 인간형이 아니었고 말수가 적었으며 격리된 고립의 상태를 편히 여겼다고 한다. 그러면서 별난 행동에 뛰어들었다. 행동가는 꼭 외향성 인간은 아니다. 내향성 인간의 행동이 때로 더 무섭다.

그는 대학도 포기하고 도서관, 박물관을 돌아다니며 독학했다. 니체의 초인 사상에 심취했고 주식투자에 재산을 날리기도 했으며 캄보디아에서 도굴범으로 옥살이도 겪었다. 스페인 내전 시 공화파로 참전했고 이차대전 시에도 전선에 뛰어들었다. 전시에 만난 드골과 가까웠고 그 덕에 드골 밑에서 오랫동안 문화부장관을 지냈으며, 소설 속 주인공들과는 달리 75세까지 살았다. 최인훈이 <광장>의 이명준과 달리 83세를 누렸듯이.

말로는 현실과 상상의 세계를 넘나들며, 현실을 상상처럼 살고, 상상을 현실처럼 그려낸 것으로 보인다. <인간의 조건>은 행동가를 그리면서 행동을 미화하는 점에서는 행동주의 문학이지만, 상상 속의 행동가의 내면을 그려낸 점에서는 심리소설이다. 서늘한 매력을 지닌 허구이다. 다만 이야기에 그치지 않으며 그 나름의 깊은 사유를 드러낸다. 말로는 스탈린시대를 거치며 공산주의자와 결별한다.

<인간의 조건>을 이야기하자니 동숭동 시절에 만난 이영희 선배를 떠올리게 된다. 이 선배는 자전적 저서에서 청년시절, 앙드레 말로에 심

취했다고 밝혔다. 이영희 선배의 행적에는 도처에 말로의 그림자가 어른거린다.

이 선배는 무술 유단자로, - 무술 한 가지 익히지 못한 점을 나는 평생 아쉽게 여긴다. - 대학시절 시위 주동으로 제적당했다. 복학하여 <자유의 본질>이라는 제목의 철학 논문을 발표했고, 대학원에서는 '경제적 기본권'을 주제로 독창적인 석사논문을 썼다. 졸업 후 1971년 노동운동에 투신하였다. 당시로서 파격이었다. 안경 쓴 사람이 '노총'(勞總)에 들어오자 동료들이 이상한 눈초리로 대했다. 지식인의 외양을 벗기 위해 근시 안경을 벗고 일찍이 콘택트렌즈로 바꿨다. 기독교단체 장학금으로 독일 유학을 가서는 학위과정을 마다하고 수개월 동안 독일 자동차공장 노동자 체험을 자원하기도 했다. 노동법교수가 된 것은 유신시대의 우여곡절 속에 뜻밖이었다고 했다. 학회장 권유를 받고 고사하였다는 이야기를 다른 선배로부터 들었다. 초기 시민운동에 열성을 바쳤고, 말로처럼 후년에 장관직에 복무하였다. 나는 일생 그를 바라보며 행동가를 흠모한 경계인(境界人)에 불과하였다.

말로가 그려낸 행동가상은 지난 시대의 먼 옛 이야기, 고대의 신화처럼 들린다. <인간의 조건>이 발표된 게 1933년이다. 1920·30년대는 이데올로기의 시대였다. 제국주의 말기, 식민지 백성들의 고난 속에 공산주의와 파시즘, 수정자본주의가 이리저리 얽히며 사생결단을 벌이던 시대다. 무신론이 전염병처럼 번지며 실존적 허무주의가 팽배하던 당시, 세상 곳곳의 행동가들이 역사의 격랑 속으로 끌려들어갔다. 블랙홀에 빨려들 듯.

한반도는 도둑처럼 식민지 해방을 맞은 후, 오랜 분단시대에 뒤늦게 다시 한 번 이데올로기의 시절을 겪었다. 이 시절의 행동가들이 순수의 시간을 떠난 지는 오래 전으로 보인다. 오늘의 시대는 더 이상 영웅시대가 아니다. 지난 시대의 행동가들이 그 역할이 크든 작든 거인상으로 다가오는 것과 달리, 오늘에는 그 힘이 강하든 약하든, 모두 소인배로 보인다. 거인시대가 가고 왜소한 소인시대다.

– 이른바 원로로 일컬어지는 분들 가운데는 스스로 '한민족의 지도자' 연(然)하는 모습이 보인다. 북한에 대한 환상과 편향된 이데올로기에 사로잡힌 아집과 오만일 뿐이다. 시대가 가벼워졌음을 느낀다. –

더 나아가, 지구촌 세상은 기계적 인간상의 반(半)인간, 나아가 비(非)인간의 시대로 접어드는 형국이다. 미래 인간의 정체성은 무엇인가. 오늘의 '인간의 조건'은?

욕망과 이상

과연 행동가란 누구인가. 혁명가란 무엇인가. 또 다른 소설 한 구절을 눈여겨 읽는다.

> 스무 살에 공산당에 가입하는 소년이나, 손에 총을 들고 게릴라에 합류하러 산속으로 가는 소년은 혁명가라는 자기 자신의 이미지에 매혹되었다. 그를 다른 사람들로부터 구별하는 것은 바로 그 이미지이며, 그를 그 자신이게 하는 것도 바로 그 이미지다. … 사람들로 하여금 주먹을 들게 하고, 총을 잡게 하고, 정당한 혹은 부당한 명분을 옹호하도록 자극하는 것은 이성이 아니라 이상 팽창된 영혼이다. 바로 이것이 '역사'의 모터를 돌아가게 할 수 있었던 연료요, 이것이 없었다면 유럽은 잔디밭에 누워서 하늘에 떠 있는 구름들을 권태롭게 바라만 보았을 것이다. - 밀란 쿤데라, <불멸>.

체코 출신의 이 냉소적 작가의 말에 스스럼없이 동의하기에는 망설여지지만 전면적 반박도 어렵지 않은가. 혁명가는 이상주의의 깃발을 휘두르지만 그 깃발에는 그늘이 따른다. 순수한 열정에서 출발한 행동가들도 시간 앞에서는 무력하다. 순수는 흐려지고 탐욕이 끼어들며 깃발은 누추해진다. '이상 팽창된 영혼'의 어떤 현실은 그저 환멸이다. 철학자의 정치 분석을 본다.

이상주의라고 불리는 많은 것들은 위장된 증오심이거나 위장된 권력욕(love of power)이다. 고귀한 동기로 보이는 것에 많은 사람들이 넘어갈 때는 그 표면 아래에 무엇이 작동하는지를 살펴야 한다. 고귀함(nobility)이라는 허울에 쉽게 이끌리기 쉽기 때문이다. - 버트런드 러셀, 1950년 노벨문학상 수락연설문 "무슨 욕망들이 정치적으로 중요한가" (What Desires Are Politically Important?).

언뜻 미인의 얼굴에 침을 뱉는 듯한 모멸적 언사로 들린다. 이런 주장에 어떤 반론이 있을 수 있을까. 헤겔(Hegel)식 어법으로 말한다면, 이상주의의 간교함은 증오심과 권력욕을 통해 자신을 실현한다고 할 것인가.

6·25 전란 중에 행하여진 러셀의 이 연설은 그 모두에서 한국전쟁을 언급하면서 반전(反戰)사상을 밑에 깔고 있다. 정치에 대한 심리적 분석의 중요성을 강조하면서 그는 정치적으로 중요한 인간 욕망들을 파헤친다. 동물과 달리 인간은 식욕 같은 생존 욕망 외에도 정치적으로 중요한 여러 욕망들을 지닌다. 탐욕(소유욕 acquisitiveness), 경쟁심, 허영심(vanity), 권력욕 등이 그것이며, 이 중에서도 가장 큰 것은 권력욕이다. 권력욕은 만족을 모른다.

러셀은 정치적 동기로서 오로지 악의적 요소만 거론하는 것은 아니며 순수한 동기로서의 동정(sympathy)을 도외시하지 않는다. 다만 그는 도덕적 의무 자체를 욕망하지 않는 한 의무감이 욕망을 이기지는 못한다고 본다.

러셀의 결론이 결코 냉소주의로 끝나는 것은 아니다. 그는 세계를 행복하게 만들 수 있는 것은 인간의 지성(intelligence)이며, 지성은 교육에 의해 계발될 수 있다는 희망을 피력한다.

정치적 행동에 대한 심리적 풀이는 고대에로 거슬러 오른다. <장자>의 '인간세'(人間世)편에는 이상을 품고 정치에 뛰어들려는 자를 두고 이렇게 이르는 대목이 보인다. '명예와 실리는 성인도 이겨내기 어렵거늘

하물며 네가 할 수 있겠는가'(名實者 聖仁之所不能勝也 而況若乎). 먼저 '마음을 비우라'(心齋).

인간행동의 심리적 풀이는 때때로 사람들을 불편하고 맥 빠지게 한다. 그러나 장자의 가르침이나 러셀의 소견 같은 심층적 헤아림에 눈을 돌릴 수도 없다. 다만 후흑(厚黑)의 무리들이 휩쓰는 현실 정치에 비추어 보면, 정명(正名)의 추구마저 나무라는 현인의 말씀은 너무 아득히 들린다.

또한, 이상주의에 대한 조소와 모멸 옆에 발가벗은 탐욕과 기만이 끼어들며 기승을 부리는 흔한 모습은 어찌할 것인가. 이상주의의 허울을 쓴 권력욕에 쉽게 휘둘려서는 안 될 것이지만, 이상주의를 내팽개치는 순간 인간과 인간사회의 진화는 멈추고 퇴행할 것이 아닌가.

청춘의 한 시절에는 욕망과 이상이 정답게 한 몸을 이룬다. 시간이 흐르며 욕망은 이상을 떠나보내며 제 갈 길을 간다. 비극의 탄생, 아니 희극의 탄생이다. 이상을 버린 욕망의 길 저편에 남는 것은 무엇인가. 이상, 꿈, 희망을 잃을 때 개인의 인생도 인류의 역사도 모두 어두운 죽음의 길로 빠져든다.

과연 어느 인간을 두고 그가 완전하지 않다는 비판은 어디까지 용인될 수 있는가? 혹은 어떤 인간도 완전할 수 없다는 변론은 어디까지 수용될 수 있는가?

더 근원적인 물음은 더욱 곤혹스럽다. 이타주의의 뿌리가 이기주의라는 '이기적 유전자론'이 진실이라면, 스스로 죽음으로 뛰어든 <인간의 조건>의 첸과 <광장>의 이명준, 행동가와 사변가(思辨家), 이들 모두 이기적 유전자의 충실한 꼭두각시일 뿐인가? 그들이 동류(同流)란 말인가?

순수와 용기 – 지식인 행동가

지식인 또는 지성인은 이제 멸종위기 단어이다. 지난 시절, 지식인·지성인은 무척 무거운 어휘였다. 조지훈 선생의 시론 <선비의 직언 – 격

동기 지성인의 사명>은 1960년 4·19 전야, 4월 15일의 글이다. 그 마지막 문장은 숙연하도록 비장하다.

> 바른 말 한마디로 목숨을 잃는 세상이라면 그런 세상에 살아서 뭣할 것인가. 그렇게 생각해야 한다.

선생의 대표적 논설이라 할 <지조론(志操論) - 변절자(變節者)를 위하여>가 발표된 것은 위의 글보다 조금 앞선 그해 2월 15일이다. 악명 높은 3·15 부정선거 한 달 전이다. 그 첫머리를 본다.

> 지조(志操)란 것은 순일(純一)한 정신을 지키기 위한 불타는 신념이요, 눈물겨운 정성이며, 냉철한 확집(確執)이요, 고귀한 투쟁이기까지 하다. … 지조를 지키기 위한 괴로움이 얼마나 가혹한가를 헤아리는 사람들은 한 나라의 지도자를 평가하는 기준으로서 먼저 그 지조의 강도(强度)를 살피려 한다.

지식인의 속성에는 부정적 요소들이 없지 않지만, 그들의 속성 가운데 긍정적인 요소가 있을 터이다. 우선은 한 공동체의 공익이 무엇인지 인식할 수 있는 능력이다. 그러나 이것만으로 참 지식인이 될 수 있는 건 아니다. 거기에 더해 공익의 실현을 자기 이익으로 동일시할 수 있어야 한다. 지식인과 행동가가 만나는 곳은 바로 이 지점, 자아와 공공(公共)이 합일되는 지점이다. 여기에서 지식인 행동가가 탄생한다.

– 종교인들이 '공동선'(共同善)이라고 부르는 것을 법률가들은 공익이라고 표현한다. 공익을 포함하여 '법익'(法益)은 '가치'를 포함한 넓은 개념이다. 법은 이익보호 수단이라는 법사상에 바탕을 둔다.

오늘날은 지식인이 아니라 '전문가' 시대이다. 이들도 대중에 의해 포위당하고 있다. 대중이 전문가 연(然)하는 시대다. 그럴수록 진정(眞正) 전문가, 진정 지식인이 귀해진다. –

돈키호테를 빌려 말한다면, 돈키호테의 순수는 진정한 지식인의 속성이며, 그의 용기는 행동가의 속성일 터이다. 돈키호테가 순수와 용기를 지녔으면서도 미치광이로 설정된 것은 문학적 장치이자 정치적 장치일 것이다.

지난 시대에 혁명을 꿈꾸는 지식인들이 적지 않았지만, 그들 중에 용기를 가진 자는 많지 않다. – '인간은 언제나 그 겁 때문에 머뭇거리고, 제 그림자를 보고 놀라는 짐승처럼, 영예로운 일에서 멀어지게 된다.' 단테, <신곡> 지옥편 2곡 – 넓게 보면 글쓰기도 행동의 하나라고 볼지 모르지만, 문사를 행동가라고 부르지는 않는다. 행동이란 책상 앞에 앉아 있는 행위를 넘어, 세상에 뛰어들어 사람들과 부딪치는 일이다.

실천의 대체물로 많은 지식인들이 혁명가를 찬양하고 동경하였다. 체 게바라(Che Guevara)는 그들에게 자주 소환되는 우상이었다. 그를 찬미한 지식인은 한둘이 아니다. '우리 시대 가장 완벽한 인간'이라고까지 칭송한 문사・철학자도 있다(사르트르). 언뜻 체 게바라에게는 불가사의한 허무주의적 미학의 풍모가 어른거린다. 그러나 그와 가까웠던 인물들의 증언은 섬뜩하다. 수백 명의 정적을 학살한 '살인기계'였다는 비난이 따른다.

과격한 행동에로 나서기를 주저하지 않고 혁명에 나서는 지식인들이 대체로 공유하는 속성이 있다. 개인적인 또는 가족사적인 한(恨) 또는 원한이다. 레닌(Lenin)에게서 보듯이 일생을 혁명의 길로 치닫게 하는 힘의 바탕은 이 점을 도외시하고 해명하기 힘들다. – 레닌이 따랐다는 그의 친형은 차르 암살 음모에 연루되어 처형되었다. – 실천과 행동의 길에서 부딪치는 숱한 고난이나 환멸을 뛰어넘는 힘의 원천은 분노 또는 원한이다. 내가 가까이 만났던 한국의 몇몇 행동가들에게서도 같은 느낌을 받은 적이 있다.

나아가, 사람은 누구나 언젠가 떠난다는 생각은 극단적 행동을 부채질한다. 어떤 행동가들에게 이런 풀이는 그저 악의적 비난쯤으로 들릴지 모른다. 자기정당화가 진전하면 자기정당화라는 사실의 인식 자체가 몰각된다. '이상 팽창된 영혼'의 행동가들은 자기합리화의 능력에서 특출하다.

순정한 혁명의 꿈·뜻 혹은 낭만의 유통기한은 얼마인가. 지고지순(至高至純)의 목적을 앞세워 무슨 수단이든 물불을 가리지 않기 시작할 때, 내 눈의 들보가 보이지 않을 때, 그 시점이 유통기한의 종기(終期)요 망상·타락의 시기(始期)가 아닌가. 분노의 얼굴에 가려졌던 탕자의 얼굴이 나타난다. 방관자들이 조소를 흘리고 메피스토가 비릿한 조롱을 날리며 힐난을 퍼붓지만, 정의라는 이름의 자산을 날려 보낸 지 오랜 탕자들은 보지 못하고 듣지 못한다.

오늘날의 직업적 행동가의 대표적 유형으로 정치가를 생각할 수 있다. 세상사 가운데 제일 어려운 일의 하나는 진흙탕 같은 현실에서 연꽃 같은 이상을 꽃 피우는 일, 바로 정치라고들 말한다. 이상주의자 돈키호테와 현실주의자 산초의 양면이 공존해야 정치의 길로 들어설 수 있을 터이다. 정치가 어려운 까닭은 혼자 할 수 없기 때문이다. 마키아벨리의 진언처럼, 때로는 늑대를 겁주는 사자, 때로는 함정에 빠지지 않는 여우를 닮아야 한다. 흙을 묻히면서도 고고함을 지킬 수 있는 사람, 고고하면서도 흙 묻히기를 마다하지 않는 사람이라야 참 정치가라 할 것이지만 이런 참 정치가가 얼마나 될 것인가.

– 정치를 생각할 때 늘 떠오르는 이야기 한 토막이 있다. 예전의 조선일보 명 주필 선우휘 선생과 얽힌 일화다. 박정희 대통령이 선우휘 주필에게 감사원장을 맡아달라고 청하자 선우 선생께서 이렇게 답하며 사양했다고 한다. '들에 핀 꽃이 어여쁘다 하여 집안에 옮겨 심으면 아름답겠느냐.' 이 이야기는 근년에 읽은 기사 내용인데, 아주 오래 전 선우휘 주필의 글을 읽었던 나의 기억은 이렇다. 박대통령으로부터 정치 입문 권유를 받고서 이를 고사하며 이렇게 생각했다는 것이다. '정치를 하려면 개고기를 날로 먹을 비위가 있어야 하는데 나는 그런 비위가 없다.' –

직업적 정치인 또는 정치꾼을 넘어 정치가가 되기 위한 최소한의 자격요건은 무엇일까. 공익의 실현을 자신의 개인적 이익으로 동화시킬 수 있는 마음가짐, 공익과 개인의 이익이 충돌할 때 공익을 앞세울 수 있는 결의가 아닐까. 오늘의 한국정치는 공익에 앞서 정치인의 사익을 앞세우는 이익정치로 보인다. 저열한 사익정치의 시대다. 사익정치와 적대정치가 결합하면 최악의 정치가 된다. 정치를 '적과 동지의 구별'로 보는 적대정치는 파시스트 정치관이다.

실제의 인물 가운데 정치가의 이상형으로 누구를 꼽을 수 있을까. 나는 오랫동안 그런 인물로 빌리 브란트(Willy Brandt)를 생각해왔다. 그는 독일분단시절 서독 최초의 사회민주당 소속 수상이었다. 특히 '동방정책'(Ostpolitik)으로 높이 평가받는 그에게는 약간의 그늘이 따른다. 이런 저런 사생활에 얽힌 스캔들 또는 2차 대전 후 연합국 점령 당시 미군을 위한 첩보활동을 했다는 뒷얘기 등이 꼬리를 물고 있다. 그럼에도 불구하고 그가 현실에 발 딛고 이상을 향해 현실을 이끌어간 세기적 정치가임은 부인하기 힘들다. 바르샤바 게토 희생자 추모비 앞에서 털썩 무릎을 꿇는 모습은 아무나 보여 줄 수 있는 장면이 아니다.

나는 청소년기부터 장준하 선생을 숭앙하고 기려 왔다. 『사상계』는 동숭동 시절 나의 교과서였다. 선생은 1970년대 유신시대에 대통령 박정희와 맞선 큰 정치가였고 '재야 대통령'이라고 불리기도 했지만, 정치가라는 지칭 자체가 선생에게는 어색하다. 시대의 부름에 응하여 정치에 나선 후에도 선생의 모습은 그때 그 모습, 중국 땅 시안(西安)에서 소총 비껴든 광복군 복장의 그 모습 그대로였다. '순수'와 '용기'에서 선생에게 견줄 만한 한국현대사의 인물은 없다. 장준하 앞에서 행동가에 대한 어떤 비아냥거림도 침묵할 수밖에 없다.

고난의 역사에서 스스로 고난의 짐을 짊어지고 스러져 간 장준하 선생, 그는 비운의 지식인 행동가였다. – 뒤에 실리는 다른 글('네 권의 책 선물: 김용준 선생님을 추모하며')에서 장준하 선생을 다시 생각한다. –

일찍부터 나는 어울리지 않는 두 길을 꿈꾸어 왔다. 글 잘 쓰는 문사(文士)에의 꿈, 현실과 부딪치는 행동가의 삶. 지나온 길은 이도저도 아니다. '글쟁이'라고는 할 수 없었고 행동가는 더더욱 아니었다. '오직 글쓰기를 위해서만 존재했다'는 사르트르처럼, 혹은 『아리랑』의 김산이나

『돌베개』의 행동가 장준하 선생처럼, 어느 하나에 철저하지 못했다. 공존하기 힘든 이질적 유전자들이 내 안에서 팽팽히 긴장해왔던 것인지 모른다. 에고의 밀실과 공공의 광장 사이 그 어중간을 오가는, 어정쩡한 삶이었다. 감사한 나의 삶이었다.

제 2 부

나의 플라타너스

…

먼 길에 올 제

호올로 되어 외로울 제

플라타너스

너는 그 길을 나와 같이 걸었다

김현승, <플라타너스>

봄날, 유행가 산책

봄날이 가기 전에 듣는 노래가 있다. <체리의 계절>(Les Temps des Cerises). 150년 전 프랑스 가요이다. 우리 노래 <봄날은 간다>의 상송 버전처럼 들린다. <체리의 계절>에는 프랑스 민중의 아픈 역사가 배어 있다. 흔히 파리코뮌(Paris Commune)의 노래라고 일컬어진다. 노랫말 몇 구절을 본다.

> 체리의 계절 노래를 부를 때면
> 나이팅게일과 앵무새들도 함께 기뻐하리라.
> 아름다운 소녀들은 풋 익은 환상에 빠지고
> 연인들 가슴은 태양을 품고 빛나리.
> …
> 그러나 체리의 계절은 너무나 짧아
> … 사랑의 체리는 핏방울처럼 나뭇잎 아래 떨어지네.
> 그러나 체리의 계절은 너무나 짧아.
> …
> 언제나 체리의 계절을 좋아하리라
> 그 계절이 지나면 비로소
> 내 드러난 상처를
> 가슴 속 깊이 묻으리라.

핏방울, 상처, … 심상치 않다. 처절했던 한 시대의 통사(痛史)가 짙게 물들어 있음에 틀림없다.

파리 코뮌

1870년, 프랑스 제2제국은 종말을 맞는다. 나폴레옹의 조카 루이 나폴레옹황제는 프로이센과의 전쟁, 이른바 보불(普佛)전쟁에서 패배한다. 프로이센 몰트케 장군 특유의 측면포위와 전격작전 앞에 프랑스 군대는 속수무책이었다. 9월 2일, 세당 전투에서 나폴레옹 3세는 포로가 된다. 치욕적 참패였다. 프랑스 황제는 장군 39명, 장교 2,700명, 사병 8만 4천명의 전 부대와 함께 투항했다.

굴욕적 휴전은 이미 기아에 시달리던 파리의 애국 민중들을 분노로 휘몰아 넣었다. 무장한 민중들이 파리를 장악했다. 부자들 15만 명이 파리를 떠났고, 의회와 정부군이 베르사유로 철수했다. 이듬해 1871년 3월 1일, 강화조약에 따라 비스마르크의 프로이센 군대가 파리에 입성해 48시간 주둔한다.

– 비스마르크가 누구인가. 귀족 출신의 그도 한때 청년시절 공화파였지만 관직에 들어서며 보수에 앞장선다. '관복 아래 군복을 입은' 철혈재상 비스마르크는 국방개혁예산을 삭제한 제국의회에서 일갈한다. '이 시대의 위대한 과제들은 연설과 다수결이 아니라 쇠와 피에 의해 해결될 것이다.' 독일 통일을 앞둔 시점이었다. –

독일군의 파리 진주에 앞서 1871년 1월, 독일역사만이 아니라 세계사에 영향을 미치게 될 역사적 사건이 발생한다. 프로이센의 주도로 독일통일이 이루어진 것이다. 프로이센 국왕 빌헬름 1세는 프랑스 베르사유 궁전 '거울의 방'에서 독일제국 황제로 즉위한다. 신성로마제국을 잇는 이른바 독일 제2제국의 출범이다.

프랑스의 공화파 세력은 끝까지 항전을 주장한다. 1871년 3월 28일, 공화파는 파리코뮌을 선언한다. '인민의 이름으로 코뮌을 선포한다.' 프랑스 정부가 수도 파리를 포기하고 독일군이 파리를 포위한 상황이었다.

코뮌 선거의 결과, 사회주의혁명파가 의회 다수를 점했다. 파리 각 구(區)의 대표자 자치조직인 '20구 공화주의 중앙위원회'가 파리코뮌을 이끌었다.

시민군과 베르사유 정부군과의 전투가 계속됐다. 파리코뮌은 전시 혁명정부 체제를 취했다. 대혁명 당시, 1793년 로베스피에르 치하의 공안위원회 방식에 따른 소수 독재체제였다. 파리코뮌의 수명은 2개월을 넘지 못했다. 내부 분열로 혼란을 거듭하던 코뮌은 정부군의 총공세를 당한다. 5월 말, '피의 일주일'로 불리는 대학살이 자행된다. '파리코뮌이 피바다에 빠졌다.' 한 역사책은 '5만 명의 시신 위에 질서가 자리잡았다'고 썼다.

파리코뮌은 노동계급에 토대를 둔 역사상 최초의 정권이라고 일컬어진다. 마르크스-레닌은 사회주의 혁명의 모델로 칭송했지만, 프랑스 폭력혁명의 비극적 종말이었을 뿐이다.

– 1789년 7월 14일의 바스티유 함락 이후, 1799년 나폴레옹의 '브뤼메르(안개의 달) 18일 쿠데타'로 반동의 시대로 들어가기까지 10년을 프랑스 대혁명이라고 부른다. 길게 보면 1848년 2월혁명 등을 거쳐 파리코뮌까지 82년간의 폭력혁명 시대였다. 남은 것은 무엇인가. 허망하다. 50만 명의 희생 위에 오직 자유의 정신만이 살아남았다. –

파리코뮌 희생자들에게 바쳐진 추모곡이 <체리의 계절>이다. 곡은 파리코뮌 5년 전에 만들어졌다지만, 가사는 파리코뮌 참전자가 지은 것이라 전한다.

많은 가수들이 이 노래를 불렀다. 이브 몽탕의 노래, 특히 1974년 파리 올림피아극장에서의 실황 영상물이 좋다. 50대 중반 이브 몽탕의 이마에 맺힌 땀방울, 인생의 굴곡을 거쳐 온 그의 표정이 깊은 여운을 남긴다. 온몸의 힘을 뺀 그의 모습이 쓸쓸한 진실을 전한다. 사르트르 등 실존주의자들과 어울렸던 줄리엣 그레코의 버전도 버금간다. 1986년 도쿄에서의 실황 영상물에서 59세의 그녀는 언제나처럼 상복 같은 검정색 옷차림이다. 무대 몸동작이 각별하다. 또 하나 덧붙이면, 일본의 여가수 가토 도키코(加藤 登紀子, Tokiko Kato)의 저음도 상당히 괜찮다. – 가토는 홍난파의 '봉선화'를 일본말로 부르기도 했다. 들으며 감정이 엇갈린다. –

봄날은 속절없이

한국가요사의 명곡 <봄날은 간다> 역시 눈여겨보면 예사롭지 않다. 그냥 사랑노래가 아니다. 가사가 쓰인 때가 1953년 봄, 6·25 전쟁 막바지 무렵이고, 이듬해 작곡되었다. 한국의 시인들이 가장 아름다운 대중가요 가사로 꼽은 이 노랫말에는 전설 같은 이야기가 따른다. 전쟁 중 어느 날 부산 판잣집 화재가 일어난다. 돌아가신 어머니의 사진이 불타버렸다. 어머니가 시집올 때 입었던 연분홍 치마저고리의 사진. …

"연분홍 치마가 봄바람에 휘날리더라. … 오늘도 옷고름 씹어가며, … 알뜰한 그 맹세에 … 청노새 짤랑대는 역마차 길에 … 실없는 그 기약에 봄날은 간다."

어떤 작가는 이 노랫말 첫 연의 '휘날리더라'의 '… 리더라' 어미에서 이미 '끝났다'고 말한다. '휘날린다'가 아니므로 (김훈). – 일찍이 최인훈의 소설 <회색인>에 이런 구절이 있었다. "왜 한국의 시들은 유행가보다 절실하지 못할까? 거짓의 언어를 빌려 썼기 때문이다." –

작사가 손로원(孫露源, 1911–1973)은 시인이자 화가이며 가요작사가로 활약한 방랑객이었다고 전한다. 우리 귀에 익은 흘러간 가요 <비나리는 호남선>, <홍콩아가씨> 등의 노랫말이 그의 작품이다.

<봄날은 간다>는 많은 가수들이 불렀다. 비음 섞인 꾀꼬리 같은 원곡의 백설희 외에 최백호, 장사익, 조용필, 주현미, 한영애 등등. 사람마다 취향이 갈림은 어쩔 수 없다. 독특하기로는 한영애 버전이다. 절룩거리는 청노새 걸음의 리듬 위에 날큰한 저음이 홍얼거리며 흐른다. 집시의 봄날 같은 한 장의 그림이다.

<체리의 계절>이 떠올리는 또 하나의 가요가 있다. <꽃잎>. 천재 작곡가 신중현의 초기 1967년 작품이다. 이 노래는 5·18광주민주항쟁을 소

재로 다룬 영화 <꽃잎>에서 주인공의 노래로 흐른다. 그때 꽃잎처럼 떨어져간 생명들. 파리코뮌이 지닌 계급투쟁의 성격에 비추어 보면 5·18광주민주항쟁과 파리코뮌은 비교 대상이 아니다. – 광주항쟁에 북한이 개입했다는 주장이 있었지만 나는 이 주장을 받아들이지 않는다. 당시를 떠올리면 지금도 신경이 서늘해진다. – 다만 시민군이 정부군에게 무참히 희생당한다는 구도에서 이 둘은 닮아 있다.

<꽃잎>은 김추자의 노래로 널리 알려졌지만, 처음 이 노래를 부른 가수의 이름은 '이정화'이다. 가요 <봄비>의 원곡 또한 이 가수의 노래다. 맑고 꾸밈없는 음색의 이정화의 꽃잎과 봄비를 나는 제일로 치지만, 나처럼 생각하는 사람들이 얼마나 될지는 모른다. 김추자의 노래처럼 봄비가 억세게 퍼부을 때는 드물 터이련만, 어쨌거나 취향이야 제가끔이다. 이정화라는 무명 여가수의 뒷소식은 알 길이 없다. 베트남 전쟁터로 떠났다는 이야기가 전해질 뿐.

3년 전 아내와 북유럽 여행을 갔을 때 여객선 갑판에서 <체리의 계절>을 들은 적이 있다. 갑판에서 바닷바람을 맞으며 맥주를 마시고 있을 때 한구석에서 노랫소리가 들려왔다. 익숙한 이탈리아 칸초네 멜로디다. 다가가서 보니 여러 명의 백인 할아버지, 할머니들의 합창이다. 한잔 걸친 기분에 한 마디 건넨다. '이탈리아에서 왔나?' 큰소리로 여럿이 '아니다. 프랑스 사람'이라고 외친다. 마음 좋게 생긴 한 프랑스 할아버지에게 또 한 마디를 덧붙인다. <체리의 계절> 노래를 아는가? 할아버지는 이내 그 노래를 흥얼거리기 시작한다. 리옹에서 왔다는 옆의 할머니가 내게 묻는다. '당신은 음악가인가?' 고개를 저으며 웃고 말았다.

4·15국회의원 총선 이튿날, <체리의 계절>을 듣는다. 연이어 <봄날은 간다>, <꽃잎>을 듣는다. 세상일이 뜻 같지 않을 때 유행가 한 자락에 잠시 위안을 청한다. 봄날이 가고 있다. 늘 봄날은 속절없이 떠난다. (2020.4.).

우울하지만 아름답게 : 슈베르트

2013년 초가을 어느 날, 나는 홀로 강원도 산골로 떠났다. 옷가지 몇 점 외에 급히 챙겨간 것은 책 서너 권, 소형 오디오, 그리고 CD 열 장뿐이다. 슈베르트 음반 넉 장과 쇼팽, 라흐마니노프, 그리고 브람스. 한 달 가까이 매일 슈베르트의 피아노 소나타와 즉흥곡을 들었다. 생애 처음 느껴본 그 형언할 수 없는 진공 같은 상황 속에서 슈베르트는 나와 함께 있었다. 그곳으로 떠나기 일주일 전, 나는 갑자기 관직에서 물러났다. 조용한 물러남이 아니었다.

시간을 한참 거슬러 오른다. 1964년, 고교 2학년 겨울방학을 앞둔 어느 날 하교 길, 종각 사거리의 화신(和信)백화점에 들렀다. 당시로선 제법 육중한 서양식 건물이었다. 그 1층 어두운 구석의 레코드 가게는 백화점의 오랜 전통에 어울리지 않게 좁고 초라했다. 20대 여점원의 얼굴은 핏기가 없었고, 간혹 미소 띤 얼굴로 맞아 주어 다행이었다. 연노랑 재킷에 레코드 두 장이 한데 묶여 있는 복각판 레코드를 샀다. 잡음이 심했지만 원판은 금덩이처럼 귀하던 시절, 어쩔 수 없었다. 슈베르트의 <겨울나그네> 전곡에 이어 말러의 <방황하는 젊은이들>. 두 작품 모두 실연한 젊은이의 노래다.

내가 10대의 열병을 앓던 시절, 그리고 50년을 건너뛴 내 후년의 저 초현실적인 시공간, 내 곁에 슈베르트가 있었다.

겨울나그네

슈베르트는 친근하다. 어려서 들은 <들장미>, <아베마리아>와 더불어 제일 귀에 익은 노래는 <보리수>일 것이다. 누구든 사춘기나 청년시절, 혹독하게 혹은 가볍게나마 <겨울나그네>처럼 아픈 통과의례를 치른다.

<겨울나그네>는 첫 곡, '밤인사'(Gute Nacht)부터 심상치 않다. 말발굽 소리처럼 시작하는 불안한 전주에 이어 노랫말 첫줄이 흐른다. '낯설게 왔다가 다시 낯선 나그네 되어 떠나네. …' 그녀의 문 위에 '안녕'이라고 쓴다. 젊은이가 사랑을 잃고 밤길을 떠난다. 개 짖는 소리를 뒤로 하고. 음울한 겨울날씨처럼 시종 무겁고 어두운 음률.

연인의 집 지붕 위, 바람에 흔들리는 풍향계는 나그네의 슬픔을 아랑곳하지 않는다. 나그네의 볼에 흐르는 눈물은 이내 얼어붙고, 연인과 함께 걷던 풀밭 위에 눈이 쌓인다. 그녀의 발자국이라도 남아 있을지 찾아보건만 부질없는 일.

다섯 번째 곡 '보리수'(Der Lindenbaum)에 이르러서야 가벼운 온기가 스친다. 나그네는 슬플 때나 기쁠 때나 그 그늘 아래서 단 꿈을 꾸었다. 지난날을 되돌아보며 잠시 안식을 취한 뒤 다시 길을 떠난다. 지절대며 흐르던 시냇가는 흰서리에 덮여 있다. 둔덕 위에 그녀의 이름, 그녀와 처음 만났던 날짜를 써보지만 바람에 휩쓸리고 만다. 어서 이 마을을 떠나야지. 도깨비불에 홀려 길을 잃어도 나그네는 개의치 않는다. 죽음조차 두렵지 않으므로. 잠시 오두막에서 몸을 누이지만 사지는 풀리지 않는다.

열한 번째 곡 '봄의 꿈'(Frühlingstraum)은 연가곡 <겨울나그네>에서 드물게 밝은 선율이다. 나그네는 꿈속에 잠겨 5월 봄날의 꽃들을 보며 푸른 초원의 즐거운 새소리에 젖어 있다. 수탉 울음소리에 잠에서 깨어난다. 홀로 앉아 있을 뿐이다. 다시 눈을 감고 가슴에 남은 온기를 느껴본다. 나의 연인을 나의 팔로 안아 보는 날이 언제라도 다시 오는지. 오랜만에 봄날의 꿈결처럼 흐르는 훈훈한 멜로디.

다시 낮게 두들기는 피아노 소리. 바람결에 실려 다시 젖어드는 고독.

우편마차 소리에 가슴이 뛰건만 나그네를 찾는 편지는 없다. 그대 어찌 지내시는가. 마을을 떠난 후, 까마귀 한 마리가 시종 나그네의 눈 덮인 머리 위를 따라 나른다. 나뭇가지에 매달린 잎새 하나에 마지막 희망을 걸어본다. 바람에 흔들리는 그 잎새에 나그네는 떨고 있다. 한밤중에 들어선 마을은 잠들어 있고 개 짖는 소리뿐. 나그네는 폭풍우 몰아치는 아침이 싫지 않다. 얼음과 어두움과 황량함 속에서도 그 너머 춤추는 불빛을 따라 이리저리 헤맨다. 사랑스런 영혼이 머무는 따뜻한 집을 떠올리며.

스무 번째 곡 '이정표'(Der Wegweiser). 나그네는 왜 남들 가는 큰 길을 마다하고 눈 덮인 험한 골짜기를 찾아 드는가. 이정표들 앞에서 불안스레 서성인다. 그때 눈에 들어온 한 이정표. 아무도 돌아온 적 없는 그 길을 간다.

무덤 하나가 기다리고 있다. 나의 여인숙은 차디찬 이 곳인가. 정신을 차려야 해! 용기를 가져! 내 가슴은 울고 있지만 나는 유쾌한 노래를 부르리라. 지상에 신이 없다면 우리가 신이야. 순간, 나그네는 세 개의 태양을 보았다. 네가 나의 태양들인가. 이제 두 개의 태양은 스러진다. 오직 하나 남은 태양마저 떨어진다면. 차라리 칠흑 같은 어둠이 좋아라.

천천히, 아주 천천히, 피아노 음률이 무겁게 흐른다. 마침내 나그네는 종착지에 이르렀는가. 마을을 지나면서 손풍금 켜는 노인을 본다. 언 땅에 맨발, 작은 그릇은 텅 비어 있다. 아무도 듣지 않고 눈길마저 주지 않건만 악사는 풍금을 켤 뿐이다. 개들이 짖어대며 맴돌아도 풍금은 멈추지 않는다.

<겨울나그네>의 마지막 스물네 번째 곡 '거리의 악사'(Der Leiermann)는 처연한 외침으로 끝맺음한다. '거리의 노악사여, 내 그대와 함께 가리라. 그대 손풍금소리에 내 노래를 실으리라.' 낮게 깔리던 선율이 갑자기 솟아오르며 길고 안타까운 비명이 서서히 사라진다. 이윽고 피아노의 단음이 무겁게 가라앉는다. 겨울날의 방랑은 끝났는가. – 피셔 디스카우는 목소리만이 아니라 표정으로 노래한다. 마지막 '거리의 악사' 초입, 무겁고 무섭게까지 보이던 그의 눈매는 마지막 숨을 내보내는 순간 넋을 잃은 눈빛이다. –

슈베르트는 어째서 돌연 절망적 절규로 겨울나그네를 종착지로 내몰았나. 어떤 평론가는 말한다. 말년 슈베르트의 신경증 질환의 징후라는 해석이다. 한 해설가의 한마디도 귀에 남는다. <겨울나그네> 24곡 가운데 사물이 아닌 사람이 등장하는 것은 마지막 '거리의 악사'뿐이다.'

– 토마스 만(Thomas Mann)의 소설 『마魔의 산』(*Der Zauberberg*)은 스위스 산골 다보스의 요양원을 무대로 펼쳐진다. 주인공인 독일 청년 한스 카스토르프는 가곡 <보리수>를 좋아한다. 작가는 이 노래에 대해 알쏭달쏭한 긴 사변적 해석을 늘어놓는다. '이 사랑스러운 가곡의 배후에 죽음이 도사리고 있었다'는 게 그 핵심이다.

<보리수> 가사의 마지막 행은 이렇게 끝맺는다. '그대는 거기에서 안식을 찾으리.' 안식(Ruhe)이라는 단어는 흔히 영원한 안식을 가리킨다. 방대한 이 장편소설은 1차 세계대전 발발로 대미를 맞는다. 주인공 청년은 포연의 진창 속에서 쓰러진 전우의 손을 군화로 밟고 걸으며 보리수 노래를 흥얼거린다. '나뭇가지에 새겨놓았지. 그 많은 사랑의 말들을. … 나뭇가지가 나를 부르듯 살랑거리네. … '

1차 대전 이전 유럽의 좋았던 시절, 이른바 '벨 에포크'(belle époque). 에로스와 타나토스는 이웃으로 여겨졌다고 한다. 『마의 산』의 주제는 이를테면 '사랑과 죽음'으로 읽힌다. 주인공은 어느 날 눈보라 속의 꿈길에서 '죽음의 생각에 휘둘리지 않고 선과 사랑을 위해 살리라'고 다짐한다. 소설의 맨 마지막 문장은 이렇게 맺는다. "이 세계를 뒤덮은 죽음의 축제에서도, … 언젠가는 사랑이 솟아오르겠지?"(윤순식 역) –

<겨울나그네>는 1827년, 슈베르트가 세상을 떠나기 1년 전에 작곡되었다. 그의 걸작들이 쏟아져 나오던 무렵이다. 당시 세상은 어땠나. 나폴레옹 전쟁이 끝나고 메테르니히 주도하의 비엔나 회의가 종결된 후, 독일 전역은 억압적 분위기에 짓눌린다. 이른바 '3월 이전'(Vormärz)이라 불리는 시기이다. – 1848년 3월, 독일 전역에서 시민혁명의 불길이 타올랐지만 프로이센 군국주의 말발굽 아래 짓밟히고 만다. – 3월 이전, 자유에의 열망

을 이루지 못한 청년들은 그 보상이라도 탐하듯, 사랑의 기쁨과 슬픔을 노래하는 낭만주의에 빠져들었다. '질풍노도(Sturm und Drang)의 시대.' 사랑과 함께 죽음은 그들의 예술적 영감을 흔드는 주제였다. 문학도 음악도 모두 그랬다. <겨울나그네>가 단지 실연한 청년의 노래에 그치지 않고 3월 이전의 정치상황을 반영했다는 해석도 없지 않다.

노년의 누구에게나 젊은 시절은 있었고, 그 청춘시절을 불러오는 노래와 영화가 있다. <겨울나그네>는 청춘의 잿빛 송가이다. 작가 최인호는 한때 한국 청년문화를 대변했고, 그의 신문연재소설 <겨울나그네>는 영화화되기도 했다. 영화 <겨울나그네> 역시 불현듯 젊은 날로 회귀시키는 시간여행기이다. 이 영화의 감독 - 곽지균- 은 50대에 고독사했다. 연가곡 <겨울나그네>는 흐린 겨울날 듣는 것이 제격이다.

슈베르티아데(Schbertiade)

프란츠 슈베르트(Franz Peter Schubert, 1797-1828)는 불가사의다. 그의 명곡들 대부분은 죽기 전 수년 간에 작곡되었다. 그의 죽음이 갑작스레 닥쳤다고 하는 이도 있지만 - 봄에 첫 공개 음악회를 연 후 그해 늦가을에 죽었다. 공식기록은 장티푸스라고 전한다. - 죽음을 예감한 '백조의 노래'였는가. 그토록 불행했던 사나이가 죽음을 앞두고 그토록 우울하지만 아름다운 음악들을 썼다니. 더구나 고통어린 그 짧았던 청년 시절의 성취만으로 지금껏 사랑받고 있지 않은가.

내가 슈베르트에게 '꽂혔다'고 느낄 만큼 이끌린 것은 노년에 들어설 무렵, 그의 피아노 즉흥곡, 특히 D899의 세 번째 곡을 듣고서였다. - 연주자는 라두 루푸(Radu Lupu). 루마니아 출신으로 밴 클라이번 콩쿠르 우승자이다. 개성 짙은 피아니스트로 알려져 있다. 2015년 쇼팽 콩쿠르 1위 우승자 조성진은 당시 인터뷰에서 제일 좋아하는 피아니스트로 라두 루푸를 꼽았다. -

은퇴 후 한때, 나는 슈베르트 평전을 쓰려는 야무진 생각까지 지니고 있었다. 비엔나 교외의 그의 묘소를 찾아볼 계획도 세워보았다. 하지만 새로운 일거리를 찾은 기쁨도 잠시, 문헌을 구해 읽던 중 그만 실색했다. 처음엔 그랬다. 그 까닭은 잠시 뒤로 미룬다.

슈베르트의 삶과 음악을 이해하는 데 단초를 주는 그림 한 장이 있다. 그림 제목은 '요젭 폰 슈파운의 집에서 슈베르트의 어느 저녁.' 흔히 '슈베르트 음악회'(Schubertiade)라 불리는 그림이다. 중앙 상단에 어떤 여인의 초상화가 걸려 있고, 한가운데 피아노 앞에 안경 쓴 슈베르트가 앉아 건반을 두드리고 있다. 그 옆에 한 사내가 고개를 뒤로 젖힌 채 노래를 부르고, 이들 주위에 삼십여 명의 남녀 젊은이들이 앉거나 서 있다. 이 그림은 슈베르트의 친구였던 화가 모리츠 폰 슈빈트(Moritz von Schwind)의 1868년 작이다. 슈베르트 사후 40년, 옛 친구와 그 시절 비엔나를 그리며 그린 작품이다. 슈베르티아데는 슈베르트의 작품 발표장이자 친구들의 사교장이었다. 슈베르트를 둘러싼 수수께끼는 슈베르티아데에 몰려든 '슈베르트 동아리'와 관련돼 있다. 슈베르트 동아리의 정체는 무엇인가.

슈베르티아데. Moritz von Schwind의 1868년 그림.(Wikipedia에서)

슈베르트는 1797년 1월 31일, 비엔나 북서쪽 외곽 리히텐탈(Lichtental)에서 태어났다. 열여섯 자녀 가운데 열세 번째였다. – 일설에는 열넷 중

열두 번째라고 한다. – 많은 형제들이 일찍 세상을 떴다. 다가구 주택의 단칸방에서 자랐다. 아버지는 초등학교 교사였다. 어려서 아버지에게 바이올린을, 형에게서 피아노를 배웠다. 11살 때 궁정소년합창단원이 되었고 기숙학교에 입학했다. 15살 되던 해 어머니가 돌아가시고 이듬해 아버지가 재혼했다. 이로 인해 오이디푸스 콤플렉스에 시달렸다는 해석이 있다. 소년 슈베르트는 아버지에게 매 맞은 적이 있다.

정규적 음악 수업을 받은 이력이 별로 없지만, 영화 <아마데우스>에 나오는 살리에리(A. Salieri)에게서 성악곡 작곡을 배우기도 했다. 13살에 환상곡 작곡을 한 이래 어려서부터 작곡에 몰두했다. 16살에 첫 교향곡을 썼다. 이미 10대에 백 수십 곡의 가곡을 작곡했다. 그가 첫 주목을 받은 가곡 <마왕>을 쓴 것은 1815년, 18세 때이다. 아버지의 학교에서 잠시 교사생활도 했다. 16세에 기숙학교를 중퇴하고 19세에 집을 떠났다. 방랑의 시작이었다. 친구 집에 머물다 잠시 돌아온 그는 21세에 완전히 집을 떠난다. 이후 친구들 집을 전전한다. – 궁정소년합창단원이었던 덕분에 기숙학교에 들어갈 수 있었고, 거기에서 귀족, 부자 친구들을 만났다. – 한 곳에 1,2년 오래 머물기도 했다. 그는 불안과 우울의 방랑자였다.

슈베르트는 특별한 후원자가 없었던 최초의 '프리랜서 작곡가'로 불린다. 그는 오직 작곡에만 전념했다. 거의 매일 작곡을 했다. – 생애 1,000여 곡을 썼고, 그 가운데 가곡이 600여 곡이다. – 새벽 2시부터 밤을 새워 오후까지 곡을 썼다. 남은 시간 숲을 산책하고 친구들과 어울렸다. 생계를 위해 귀족의 후원, 개인 레슨이나 연주에 매달리지 않았다. 그는 모차르트나 베토벤처럼 뛰어난 연주자는 아니다. 후원자가 있었다면 그의 친구들이다. '슈베르트 동아리'는 그의 가까운 손위뻘 친구 프란츠 폰 쇼버(Franz von Schober)를 중심으로 꾸며진 동아리였다. 쇼버는 많은 유산을 받은 한량이었다. 슈베르트 동아리는 시기에 따라 구성원에 차이를 보인다. 초기에는 기숙학교의 동년배나 손위 친구들이 많았지만 후일에는 손아래 어린 친구들이 중심을 이뤘다.

1818년을 집을 떠난 후 수년간 작곡가 슈베르트는 위기를 겪는다. 당시 비엔나에서 인기였던 오페라의 작곡에 몰두했지만 실패했다. 스물다섯 살이던 1822년에는 몹쓸 병에 걸렸다. 매독이었다. 쇼버와 어울려 다닌 탓이었다는 이야기가 있다. 독한 수은 치료 때문에 머리칼이 빠져 가발을 써야 했다. 이듬해에는 몇 달 동안 종합병원에 입원해야 했다. 1824년의 편지에서 그는 이렇게 썼다. "한마디로 난 세상에서 가장 불행하고 불쌍한 인간이라네." 이후 세상을 뜨기까지 수년간의 힘든 시기에 그는 걸작들을 쏟아낸다. 고통의 산물이었다.

동성애자?

앞에서 말한, 내가 '실색'했던 이유는 슈베르트 동아리와 관련된다. 슈베르트가 동성애자였으며, 슈베르트 동아리가 동성애 집단이었다는 주장에 접한 것이다. 이런 주장이 처음 나온 것은 1981년, 음악가들 전기 작가이자 음악학자인 메이너드 솔로몬의 글에서이다. – Maynard Solomon, " Schubert's 'Mein Traum'", *American Imago*). Mein Traum(나의 꿈)은 슈베르트가 쓴 산문 제목이다. 문인 친구들을 두었던 그는 문학에도 관심을 가졌다. 나의 꿈이란 제목을 슈베르트 자신이 붙였는지에 대해서는 논쟁이 있다. – 또 다른 책을 찾아보니 동성애 얘기가 또 등장한다. 뚜렷한 증거가 있는 것은 아니지만, 반박 증거 또한 찾기 힘들다는 이야기다. '실색'이란 표현은 요즘 기준으로 보면 '정치적으로 옳지 못한' 것이지만 처음엔 그랬다. 이 논란을 짚어보기 전에 먼저 슈베르트 동아리의 성격과 그 사회적 배경에 대해 좀 더 알아본다.

슈베르트가 활동한 비엔나를 가리켜 '비더마이어'(Biedermeier) 시대라고 부른다. 비더마이어는 당시에 나온 시의 주인공을 가리킨다. 19세기 초중엽, 정치에 무관심하고 소시민적 안락에 안주하는 '우직한 소시민'이라는 뜻이다. 나폴레옹의 몰락 후 메테르니히의 반동시대로 접어들면서 비엔나를 비롯한 독일 전역은 정치적 억압의 시기로 들어간다. 정치적 족쇄는 특히 북부 프로이센과 남쪽의 오스트리아에서 더 심했다. 1848년 독일의 3월 혁명 이전, 이른바 '3월 이전'의 시기, 비더마이어 풍토 아래 스며든 것이 낭만주의 영향을 받은 도피적 소시민문화이다. <겨울나그네>의 시인 빌헬름 뮐러(Wilhelm Müller)는 비더마이어 시대 시인들 중 한사람이며, 가곡(Lied)은 이 시대 특징적 음악 장르의 하나였다.

슈베르트 동아리 역시 이런 문화풍토의 산물로 보인다. 이 동아리에는 화가, 시인, 음악가 등 예술 전업자들도 있었지만 그들 대부분은 상・중류층으로 상당수가 후일 관료의 길을 걷는다. 재무부 차관도 나왔고 법무부 고위직도 있었다. 그들에게 음악은 고상한 인간으로서의 '자기개발' 과목의 하나이기도 했다. 슈베르트로서는 자신보다 높은 계층의 친구들 속에서 재정적으로 도움을 받았고, 음악회 개최 등에도 그들의 조력이 적지 않았다. 슈베르트가 '최초의 프리랜서 음악가'가 될 수 있었던 것은 이들 덕분으로 보인다. 비더마이어 시대의 비엔나는 시민계급이 점차 부상하던 시기이다. 앞서 자본주의가 발전하던 런던이나 파리에서는 이미 공중 대상의 음악회가 시작되었지만 비엔나의 음악 무대는 아직 가정 음악회 중심이었다.

다시 동성애 논란을 살펴본다. 이 주장에는 반박이 따른다. 슈베르트가 남긴 노트 중에는 여행 중 만난 여인들에 대한 찬사가 보인다. 여성을 찬미한 슈베르트의 편지 구절들도 반증으로 제시된다. 이와 관련, 슈베르트 친구의 누이 테레제가 첫사랑이었고, 그 후 한 제자가 슈베르트의 연인이었다는 이야기도 전한다. 동성애라는 주제 자체가 커밍아웃된 것이 20세기 중반 이후이고 보면, 슈베르트가 동성애자였다는 주장은 이런 시대적 배경 아래 튀어나온 선정적 추측에 지나지 않는다고 생각해 볼 수도 있다.

동성애 주장에 대한 반박 가운데는 피아니스트 안드라스 쉬프(András Schiff)의 추론이 흥미롭다. 1818년과 1824년 여름 수개월간 슈베르트는 음악애호가 에스테르하지(Esterházy) 백작 가문의 별장에 머문 적이 있다. 백작 딸 카롤리나의 음악 레슨을 위해서였다. 이후 슈베르트는 피아노

듀엣 걸작들을 남긴다. <네 손을 위한 환상곡 F단조>(D940)는 감미롭기 이를 데 없다. 쉬프는 말한다. "이 듀엣 곡 연주를 위해서는 두 사람이 붙어 앉아야 하고 옆 연주자와 손을 교차시켜야 하는 등 신체적 접근이 필요하다. 백작 딸에게 접근하기 위한 의도였을 것이다."

그러나 재반론도 만만치 않다. 처음 주장했던 솔로몬은 그 후 1989년의 논문에서 재차 그 주장을 보강하였다. 슈베르트 동아리 사이에 오간 편지 등의 자료가 유력한 근거로 원용된다. 친구들 사이에 오간 어떤 편지에는 암호 같은 알 수 없는 비유적 표현들이 등장한다. 이를 두고 동성애관계를 암시하는 문구라는 해석이 따른다. 이들 '물증'을 보면 '합리적 의심'이 무리가 아니라는 주장이다. 솔로몬은 슈베르트가 '강박적 쾌락주의자'(compulsive hedonist)였다고 조심스럽게 말한다.

슈베르트 피아노곡의 뛰어난 연주자로 꼽히는 안드라스 쉬프는 슈베르트 동성애 논란에 대해 단언한다. "이것은 무관하다. 그렇든 아니든 슈베르트의 위대함을 더하거나 덜하게 하지 않는다. 그렇지 않다는 증거는 많다."

한 슈베르트 연구자(David Gramit)는 정치사회적 관점에서 슈베르트 동아리를 변호한다. 그들의 동아리는 당시 정치적 억압상황에서의 정신적 피난처였고, 슈베르트의 음악 또한 그렇다는 것이다. 이 점과 관련, 다음과 같은 슈베르트 자신의 토로는 어떻게 볼 것인가. 1824년 7월, 슈베르트가 그의 형제 페르디난트에게 보낸 편지에는 이런 문구가 보인다.

> 비참한 현실을 운명이라고 인식하면서, 이 현실을 나의 환상(Fantasie)에 의해 가능한 한 미화하려고 노력한다.

'환상에 의한 미화' – 삶 자체가 환상이고 보면 '환상에 의한 환상의 미화', 이것이 슈베르트 음악의 진실인가. 그의 곡목에는 환상, 또는 방랑이라는 어휘가 자주 보인다. 어떻든 '비참한 현실'이란 꼭 장기입원만을 가리키는 것은 아닐지 모른다.

1820년, 기숙학교 시절의 한 친구가 저항운동에 뛰어들어 체포되는 사건이 있었고 그 현장에 있던 슈베르트도 요시찰 인물로 꼽혔다고 한다. 시를 즐겨 썼던 슈베르트 자신, 그 말년에 저항시 <민중에게 보내는 탄식>을 쓰기도 하였다. '민중의 힘이여, 허무하게 사라져버렸구나. …' 슈베르트는 흔히 낭만주의 시대를 연 작곡가로 불리지만, 슈베르트 동아리가 전혀 몰(沒)정치적인 퇴영적 낭만주의 패거리는 아니라고 보인다. 슈베르트 동아리의 정치사회적 해석은 적어도 진실의 일면을 보여주지 않는가 여겨진다.

'불쌍한 슈베르트'?

슈베르트 옹호론에도 불구하고 슈베르트의 이미지는 결코 밝지 못하다. 고착된 그의 이미지는 가난하고 불쌍한 음악가이다. 내 또래가 초등학교 시절 처음 접한 슈베르트는 가곡 <들장미>와 더불어 '가난한 슈베르트'였다. 오선지 살 돈도 없을 만큼 빈한했다는 일화가 따라다녔다. 그가 부자는 아니었지만 그의 가난은 과장되었다는 지적이 있고, 후년의 콘서트에서 큰돈을 벌어 기뻐했다는 기록도 있다지만, 그저 근근이 생계를 이은 것으로 보인다. 그가 형에게 보낸 편지 중에는 이런 구절도 있었다. "며칠간 물밖에 먹지 못했습니다. 돈을 보내 주세요."

슈베르트의 가난 여부에 불구하고 그가 불쌍한 작곡가라는 이미지는 쉽게 지워지지 않는다. 부끄러운 심한 병을 앓았고 요절했으니 불쌍할 수밖에 없다. 그것만이 아니다. 그는 수줍음이 많았고 5피트의 작은 키에 외모도 볼품없었다. 그의 별명은 '버섯'(Schwammerl)이었다. '꼬마 버섯'으로 불렸다.

생전에 무명에 가까웠다는 말이 따르는 것도 불쌍한 슈베르트의 이미지를 부채질한다. 당시 비엔나는 베토벤 외에도 오페라의 롯시니, 바이올린의 파가니니가 인기몰이 음악가였다고 한다. 그러나 그들에게 미치지는 못했지만, 슈베르트가 전혀 주목받지 못한 무명 작곡가는 아니었다는 반론이 있다. 슈베르트 사후에 출판된 악보가 적지 않았고 이를 바탕으로 그가 새롭게 조명을 받은 데서 오는 부정적 반면효과라는 것이다. 그럼에도 그가 소수의 친지들 외에는 별로 주목받지 못했음을 부정하기 힘들어 보인다.

슈베르트는 초기작 <마왕>을 비롯해 처음에는 주로 가곡들로 알려졌지만 이후 그에 대한 음악사적 평가는 그 후의 기악곡들에 대한 평가에 기초한다. 단순한 가곡 작곡가에 그치지 않았다는 것이다. 그 스스로 중기 이후의 기악곡들에 대해 '최고의 예술'이라고 자평하기도 했다. 다만 기악곡 여기저기에 그의 성악곡 선율들이 삽입되는 예가 적지 않다. 반면 바로 그렇기에 그의 기악곡들이 노래처럼 아름다울 것이다. 슈베르트를 흔히 '가곡의 왕'으로 부르지만 자칫 그의 기악곡들이 이룬 독창적 성과가 간과된다면 아쉬울 수밖에 없다.

'불쌍한 슈베르트'의 이미지는 선배 베토벤과의 대비에서 더욱 확대된다. 베토벤이 불굴의 영웅적 이미지로 다가오는 것과는 전혀 다르다. 그에게는 말년 베토벤에게서 보는 낙관주의가 없다. 운명교향곡에서 터지는 분노와 저항, 합창교향곡에서 분출하는 환희와 승리를 슈베르트에게서는 흔적조차 찾아볼 길 없다.

피아니스트 알프레드 브렌들(Alfred Brendel)은 슈베르트를 이렇게 해석했다. '그의 음악에는 순진함(naivety)과 미묘함(sophistication)이 깊이 얽혀 있다. 슈베르트의 순진성을 단순성(simplicity)으로 풀이해서는 안 된다.' 브렌델은 이어서 말한다. '베토벤이 건축가처럼 작곡했다면, 슈베르트는 몽유병자처럼 흘러 다니듯 작곡했다.' 내게 가까이 다가왔던 슈베르트의 피아노 즉흥곡을 들으면 이런 해석에 고개가 끄덕여진다.

슈베르트는 베토벤을 숭배했다. 베토벤 장례식에서 횃불을 들었고, 친구들에게 '베토벤 곁에 묻어 달라'고 했다. 그는 생전 '베토벤 이후 누가 해낼 수 있다는 말인가'라고 스스로에게 물었다. 그를 우러러 보면서도 결코 그에게 짓눌리지 않았고, 그의 계승자가 되겠다는 스스로의 다짐대로 베토벤의 뒤를 이어 자신만의 길을 걸어갔다. 웅장하거나 화려하지 않으면서도 자신만의 미묘하고도 슬픈 아름다움을 엮어냈다. – 한 통계물리학자(박주용)는 빅데이터 분석 결과, 고전음악 작곡가 중 가장 영향력이 큰 작곡가는 베토벤에 이어 슈베르트라고 밝혔다. – 어떤 평자(Christopher H. Gibbs)는 이렇게 말한다.

> 베토벤은 강력하지만, 슈베르트는 자연스럽다.

내게 슈베르트의 음악은 인생 여로 여러 길목을 함께 걸은 길동무였다. 처져 있을 때 슈베르트 말년의 피아노 소나타와 즉흥곡은 무형의 도반(道伴)이었다. 우울감이 스며들 때 우울한 슈베르트 피아노를 듣는다. 우울에 우울을 더해도 우울이 배가되지 않는다. 우울을 가셔버리게 하지는 않더라도 우울의 농도를 덜어주기도 하며, 우울을 더해 주지는 않는다. 한결 우울을 견딜 수 있게 해준다. 유쾌, 상쾌가 아니라 우울이 우울을 다스려준다. 왜 그런가. 동병상련 효과인가?

슈베르트의 우울에 나의 우울이 공감함으로써 나의 우울이 슈베르트에게 전이되고 이로써 나의 우울이 옅어지는 것인가. 게다가 슈베르트 곡의 우울은 생짜 우울이 아니라 아름다운 우울이 아닌가. 슈베르트의 아름다움이 나의 우울에 들어와 내 우울을 아름답게 전화시키는 것이 아닌가. 내가 공허함에 시달릴 때의 슈베르트도 마찬가지일 것이다. 그의 선율이 질서 있게 짜 맞춘 것이 아닌 듯 들리지만 마음의 질서를 가져다준다. 때로 몽환적으로 흐르는 슈베르트의 선율이 마음의 질서를 더 흔드는 것이 아니라 도리어 가라앉혀 주는 것이다. 음악의 신비!

서른한 살에 죽기 직전, 슈베르트는 그의 마지막 피아노 소나타 명곡들을 썼다. 알프레드 브렌들은 이 곡들을 가리켜 '열병을 앓는 듯하다(feverishness)'고 했다. 같은 해에 죽은 화가 고야의 공포 어린 광기를 연상시킨다고도 말한다.

오래 전 어느 날 우연히 보았던 유럽 영화 한 편이 떠오른다. 슈베르트의 삶을 다룬 그 영화는 몹시 불쾌했다. 슈베르트 영화에 기괴한 장면들이 이어지다니 이 무슨 해괴한 일인가. 그가 동성애자였다는 주장을 접한 것은 이 영화를 본 한참 후였다. 슈베르트를 다룬 영화는 여러 편이다. 근래의 것으로 <나의 뜨거운 눈물로>(Mit meinen heissen Tränen, 1986)가 있다. 내가 보다가 그만둔 영화가 이것인지는 확인하지 못했다.

슈베르트 음악은 대체로 어둡다. 간혹 피아노 5중주 <송어>에서처럼 밝은 선율이 없지 않지만, 그의 여러 명곡들에는 죽음의 그림자가 어른거린다. 죽음에의 동경 같은 무엇이 그의 심성에 내재해 있었는지도 모른다. 끔찍하도록 비감 어린 현악4중주 <죽음과 소녀>, 돌덩이처럼 무거운 베이스 음향으로 시작하는 <미완성>교향곡만이 아니다. 마지막 피아노 소나타의 2악장은 죽음의 영가처럼 들린다. – '죽음과 소녀'는 마티아스 클라우디우스의 시 제목이다. 죽음의 공포에 떠는 소녀와 그녀를 데려가려는 죽음과의 대화로 이루어진 이 시에 슈베르트가 곡을 붙였고, 이 가곡의 선율이 현악4중주 2악장에서 흐른다. 오래 전 독일 여행 중, 프랑크푸르트의 음반가게에서 <'죽음과 소녀> 중고품 cd를 샀다. 요즘은 오작동하여 듣지 못한다. – 슈베르트가 쓴 편지에는 이런 구절이 보인다.

> 산꼭대기에서 장엄한 풍경을 내려다보고 있노라면 우리들 인생이 아주 초라해 보인다. 과연 그토록 죽음을 두려워해야만 하는지 잘 모르겠다. 모든 것을 초월하는 대자연에 비춰보면 지상의 삶에 큰 의미를 부여할 필요가 있을까?

1828년 3월, 그가 세상을 떠나던 해의 봄, 슈베르트의 작품만으로 공개적인 음악회가 열린다. 이런 음악회는 처음이었다. 재정적으로도 큰 수익을 낸 성공적 콘서트였다고 전한다. 이 무렵 슈베르트는 그의 걸작들을 쏟아낸다. 1827년, 타계 1년 전, 연가곡 겨울나그네, 피아노 트리오 E플랫(D929) 등이 완성된다. 마지막 해에는 미사곡 E플랫 장조(D950), 피아노곡 걸작인 마지막 소타나 세 곡(D.958. D.959, D.960), 네 손을 위한 피아노 환상곡(D.940), 현악5중주(D.956) 등이 작곡되었다.

'불쌍한 슈베르트, 어두운 슈베르트.' 그럼에도 그의 음악은 오늘날에도 큰 사랑을 받는다. 무엇 때문인가. 스위스의 작가 파트리크 쥐스킨트의 소설 <콘트라베이스>에는 이런저런 슈베르트 이야기가 눈에 띈다. (유혜자 옮김, 1993, 2000).

슈베르트는 파리 한 마리도 잡지 못하는 사람이었다고 합니다.

슈베르트는 절대 거장은 아니었습니다. 사람 자체로만 봐도 그렇고, 기술적인 면에서도 아니었습니다.

음악을 직업으로 삼는 사람들은 멘델스존이나 심지어 슈베르트에 대해서 훨씬 더 편안하게 생각하지요.

그렇다. 슈베르트는 편하다. 위압하지 않는다. 자연스럽고 편안한 아름다움. 처연하면서도 시냇물 흐르듯 꿈길을 거닐 듯 아름답게 흐르는 선율들. 현대인의 불안은 이런 친근한 음률을 찾는가. 인간 슈베르트 역시 깊은 종교적 심성을 지닌 겸허한 품성이었다고 한다.

안드라스 쉬프는 말한다. "모든 위대한 작곡가들 가운데 나를 가장 감동시키는 이는 슈베르트이다. 거의 언제나 그냥 나를 울린다. 다른 음악에서 그런 경우는 드물다. … 그는 세상 뜨기 전 말년 2년에 최고 걸작들을 쏟아냈다. 그의 삶은 미완성이 아니라 완성이었다. 다른 사람 100년보다도 집약된 삶이었다." 이어서 그는 이렇게 슈베르트를 자리매김한다.

바흐는 아버지요 모차르트가 아들이라면 슈베르트는 성령이다.

묘비명

괴테를 존경했던 슈베르트는 그의 여러 시에 곡을 붙였다. 그 중에 <방랑자의 밤노래>(Wanderers Nachtlied)가 있다. 서른한 살의 괴테가 어느 산골 오두막 벽에 썼고, 80세 넘어 죽기 전 해에 그 오두막을 다시 찾았다는 일화가 전해진다. 그 마지막 구절을 옮긴다.

작은 새들은 숲에서 침묵한다.
기다리렴, 곧
그대 또한 안식하리니.
Die Vögelein schweigen im Walde.
Warte nur, balde
Ruhest du auch.

1828년 11월 19일, 방랑자 슈베르트는 영원한 안식에 들어간다. 서른 한 살 아직 푸르른 나이. 고열 끝에 들이닥친 죽음이었다. 수은 치료제의 후유증이었다는 추측도 따른다. 그가 두려워하면서도 기다리던 죽음이었는지 모른다. 마지막 병상에서 <겨울나그네>를 다시 다듬었다고 전한다. 슈베르트의 묘비명에는 이런저런 일화가 따른다. 처음의 묘비명은 이랬다.

여기에 음악예술의 풍성한 성취, 아니 그보다 더 큰 희망이 묻혀 있노라.

'더 큰 희망' – 아쉬움이 짙게 묻어나는 표현이다. 이 비문은 비엔나의 당대 뛰어난 시인이었던 프란츠 그릴파르처(Franz Grillparzer)가 썼다. 슈베르트보다 10여 년 후배였던 로베르트 슈만은 이 묘비명이 성에 차지 않았던 모양이다. 그는 슈베르트를 일찍이 알아본 음악논객이기도 했다. 음악평론지에 쓴 1838년의 글 "프란츠 슈베르트의 유산으로부터"에서 슈만은 이렇게 말한다. "슈베르트가 더 큰 성취를 이룰 수 있었으리라는 생각은 부질없는 일이다. 그는 충분히 이루었다. 슈베르트처럼 노력하고 이루어낸 사람들에게 명예를 드려 마땅하다."

슈베르트 생전, 그릴파르처와 대부분의 동시대인들은 슈베르트 말년의 피아노 소나타 걸작이나 현악5중주C장조, 또는 걸작교향곡들을 들을 기회가 없었다. <미완성>교향곡 초연은 사후 37년 지난 1865년에야 이루어졌다. 19세기 후반으로 흘러가면서 슈베르트는 불멸의 작곡가로서 베토벤과 동료의 반열에까지 오른다. 이미 1865년, 그의 첫 전기 작가인 헬보른(Heinrich Kreissle von Hellborn)은 이렇게 썼다.

> 이제 슈베르트의 보물 같은 걸작 대부분이 우리에게 알려진 오늘날, 오래전 논란을 불러일으켰던 그릴파르처의 묘비문은 우리들에게 더욱 더 이상하게 들린다. 우리는 슈베르트의 미래의 안식처에 작곡가의 이름만 새겨져 있으리라 기대해도 좋으리라. 저 거인 베토벤의 무덤에 단지 '베토벤'이라는 글씨만 있듯이, '슈베르트'라는 글자만으로 큰 울림이 있을 것이다.

1888년, 슈베르트의 시신은 베토벤과 함께 이장된다. 지금 비엔나의 중앙묘원 '명예의 숲'에는 슈베르트가 베토벤 곁에 잠들어 있다. 그의 새 비석에는 이렇게 쓰여 있다. "Franz Schubert"

사람들이 슈베르트에게 묻는다. '당신의 음악은 왜 그리 슬픈가.' 그가 답한다. '아니, 얼마나 행복한 음악인가.'

가까운 길동무들 – 지인들이 하나 둘 떠나고 있다. 이제 슈베르트와의 시간도 줄여야 할지 모른다. 그의 어두움이 그의 아름다움보다 무겁게 느껴진다. 체력 때문일 것이다. 환상 속의 방랑자 – 슈베르트를 들으며 슈베르트를 몇 자 끄적거렸다. 행복한 시간이었다.

(*주로 다음에 의거하였다. Christopher H, Gibbs ed., The Cambridge Companion to Schubert,1997; 한스-요아힘 힌리히센, 홍은정 옮김, 프란츠 슈베르트,2019; András Schiff tells about Schubert, 영상물)

음악론 고(考)

음악은 소리의 예술이다. 소리는 공기진동에 대한 뇌신경의 감응(感應)이다. 그 형체도 없는 추상적 존재가 어떻게 그리 사람 마음을 움직일 수 있는지 오묘하다. 음(音) 배열의 수리적(數理的) 규칙에 따라 인간 감성에 여러 다른 파장을 미친다고 하니 신기하기 그지없다.

공자

공자는 음악애호가였던 모양이다. 아름다운 음악을 듣고 배우는 동안 3개월이나 고기 맛을 잊었다고 한다.

『논어』의 이 대목에 접하고 대뜸 의문이 들었다. 중국 현지에서 중국 전통음악을 여러 차례 들은 적이 있지만 한 번도 깊은 감명을 받은 적은 없다. 그나마 비파 연주가 괜찮게 들렸을 뿐, 솔직히 말하면 대체로 시끄럽고 정신 사납다고 느낀 적이 더 많다. 중국 예술 가운데 가장 처지는 것이 중국음악이 아닌가라는 생각에 아직 변함이 없다.

공자께서 고기 맛까지 잊게끔 하였던 음악은 순(舜) 임금 시대의 소(韶)라고 한다. 공자님 이르시기를, 소는 그지없이 아름답고 그지없이 선하다고 하였다.(『논어』 술이述而편 13장, 팔일八佾편 25장). 소는 어떤 음악이었나.

– 연암의 『열하일기』 중에는 음악 이야기가 길게 펼쳐진다. 열하의 숙소에서 청나라 사대부들과 필담을 나누던 자리에서다. 연암이 묻는다. '요순 시대의 음악인 소(韶)와 호(濩)의 곡조가 아직 남아 있는가?' 청나라 고위관

직을 지낸 상대방이 답한다. '하나도 없다.' 『열하일기』 가운데 음악론이 펼쳐지는 '망양록'(忘羊錄)은 난해하기 이를 데 없다. –

사상가들은 일찍부터 음악에 관심을 가졌다. 공자님만 아니라 고대 그리스의 플라톤 역시 음악에 특별히 주목하였다. 이들은 음악을 그 자체로서보다 도덕 또는 교육과 연관시켜 이해하였다. 『논어』에는 음악을 '최고'라고 칭하는 공자 말씀이 특히 두 부분에 나타나 있다. 우선 술이편에서.

> 子曰 志於道 - 공자께서 말씀하시기를, 도에 뜻을 두며,
> 據於德 - 덕을 지키고
> 依於仁 - 인에 의지하며
> 遊於藝 - 예에 노닐지어다.

이어서 『논어』 태백(泰伯)편에서는 직접 음악을 언급한다.

> 子曰 興於詩 - 시에서 흥취를 갖고
> 立於禮 - 예에 서며
> 成於樂 - 악에서 완성하나니라.

주자(朱子) 해석에 따르면, 예(藝)는 교육과목인 육예(六藝), 즉 예·악·사·어·서·수(禮·樂·射·御·書·數)를 말하고, 악(樂)이란 오성십이율(五聲 十二律), 곧 음악을 가리킨다. 공자님은 이처럼 음악을 인격의 도덕적 완성 단계에서 도달하는 높은 경지로 보고 있다. 『맹자』에도 이르기를, 자공(子貢)을 인용하여 "그 음악을 들으면, 그 덕을 안다"(聞其樂而知其德)고 하였다.

음악을 바라보는 도덕적 또는 교육적 관점은 그 나름대로 중요할 것이다. 음악이 사람 인성에 끼치는 영향력은 주목할 만하다. 내가 만일 교장선생님이었다면 우선 체육과 함께 음악교육에 힘썼을 것이다. 질서 있

는 클래식음악과 국악을 가르쳤을 것이다. 혼란스런 청소년기에는 정신적 안정감이 중요하며 일생 영향을 미치기 때문이다.

다만 교장으로서 록 밴드를 장려하기는 주저할 것이다. 록 음악이 무질서 충동의 대체물로 순기능할 수도 있겠지만, 일탈행동을 부추길 소지도 없지 않다. 나는 어떤 부류의 록 음악 - 특히 오케스트라 반주의 프로그레시브 록 - 을 꽤 좋아한다.

법대 교수 시절 학장직을 맡은 적이 있다. 어느 날 학부형 한 분이 찾아왔다. 드문 일이다. 법대생들의 록 밴드 리더 학생의 아버지였다. 자상한 얼굴의 학생 아버지는 걱정이 가득했다. 고등학교 때 매우 공부를 잘 했으며 사법시험 공부를 하면 틀림없이 붙을 수 있을 텐데 저러고 있다고 하소연하였다.

록 밴드 이름은 '악당.' 惡黨인지 樂黨인지 모를, 감각 있는 작명이다. 학생을 면담하였다. 섬세하고 예민한 첫 인상. 예술가 기질이 있겠구나 싶었다. 아버지가 걱정하시더라는 얘기는 전했지만 밴드 활동을 그만두라는 권유는 하지 않았다. 해보았자 별 실효성이 없겠다 싶었기 때문이었지만, 혹시 그 길로 들어서도 잘 할 수 있겠다는 생각도 내심 없지 않았다. 똑똑하게 생긴 그 학생도 그 세계의 경쟁이 엄청 심하다는 점은 잘 알고 있었다.

그 후 밴드 활동이 중단되었다는 소문이 들리더니 얼마 가지 않아 다시 활동을 재개했다는 소식이 들렸다. 학생 아버지는 또 한 차례 학장실로 찾아왔다. 내가 해줄 수 있는 말이 잘 생각나지 않았다. 학생을 다시 만났지만 무슨 말을 나누었는지는 기억이 흐리다. 공자님이라면 무슨 말씀을 건네셨을까. 그 학생의 후일담은 듣지 못했다. 궁금할 뿐이다.

쇼펜하우어

철학자 쇼펜하우어(1788-1860)의 이름을 접하면 우선 두 가지가 떠오른다. 그의 고약한 초상화 모습, 그리고 그의 음악론. 그는 음악을 예술

가운데서도 최고봉으로 칭송하였다는데 그 논거가 늘 궁금하였다.

쇼펜하우어의 논리를 내 나름으로 집약할 능력은 모자라기에 우선 그의 말 그대로 몇 대목을 옮긴다. 그의 대표작 『의지와 표상으로서의 세계』(*Die Welt als Wille und Vorstellung*)에서 전개되는 예술론 가운데 '의지 자체의 모사(模寫)인 음악'의 일부분이다.

> 음악은 다른 모든 예술과 완전히 다르다. … 다른 모든 예술은 모두 의지를 간접적으로만, 말하자면 이념을 매개로 해서만 객관화한다. … 음악은 다른 예술들과 달리 이념의 모사가 아니라 의지 자체의 모사이며, 이념도 이 의지의 객관성에 불과하다. 바로 그 때문에 음악이 주는 효과가 다른 예술들이 주는 효과보다 훨씬 강렬하고 감동적이다. 다른 예술은 그림자에 관해 말하는 것에 불과하지만, 음악은 본질에 관해 말하기 때문이다.

> 음악은 결코 현상을 표현하는 것이 아니라 오로지 모든 현상의 내면적 본질인 즉자태(卽自態), 즉 의지 그 자체를 표현(한다). …
>
> 음악은 이런저런 개별적인 특정한 기쁨, 이런저런 비애, 고통, 공포, 환희, 흥겨움, 마음의 평정을 표현하는 것이 아니라, 기쁨, 비애, 고통, 공포 , 환희, 흥겨움, 마음의 평정 그 자체를 어느 정도 추상적으로 아무런 부가물 없이, 즉 그에 대한 아무런 동기도 없이 그와 같은 감정들의 본질적인 것을 표현한다. … 음악에만 오로지 고유한 바로 이 보편성이야말로 우리의 모든 고통을 치유하는 만병통치약으로서 음악에 높은 가치를 부여한다.

> 모사적인 음악은 모두 이러한 일(즉, 의지 그 자체를 표현하는 것이 되지 않고 의지의 현상을 불충분하게 모방하는 것)을 하는 것으로, 예컨대 하이든의 <사계>나 그의 <천지창조> 속의 많은 부분 또한 그러하다. 거기서는 직관적 세계의 여러 현상이 직접 모방되어 있다. 전투곡에도 모두 그러한 현상이 나타나는데, 이것은 전적으로 배척받아야 한다.

예술은 언어의 완전한 의미에서 삶의 꽃이라고 부를 수 있을지도 모른다. … 그(예술가)에게는 세계의 본질을 순수하고 참되며 깊이 인식하는 것이 목적 자체가 된다. … 그에게 그런 인식은, 우리가 다음 권에서 체념에 이른 성자의 경우에서 보게 되듯이 의지의 진정제가 되지 않고, 그를 영원히 구제하지 않으며, 삶으로부터 한 순간만 구제하는 데 지나지 않을 것이다. 그래서 그에게는 아직 삶으로부터 벗어난 길이 있는 것이 아니라 일시적으로 삶에서 위로 받는 것에 지나지 않는다.

(홍성광 역, 개정증보판, 을유문화사. 2015, 420 이하).

꽤 장황하게 인용하였다. 매끄럽지 못한 문장도 그대로 살려두었다. 그 옛날 복제판 레코드를 참고 들었듯이. 대부분 독일 철학이 그렇게 보이듯이 위 인용문들이 무슨 뜻인지는 애매하고 혼란스럽다. 위 내용을 나름껏 아래와 같이 짧게 요약해 본다.

'음악은 세계의 모든 현상이나 이념을 표현하는 것이 아니라, 그것들의 근원인 의지 자체를 표현한다. 다른 예술들은 현상이나 이념을 표현하며 이 점에서 음악과 다르다. 세계의 근원인 의지를 직접 표현하기 때문에 음악은 최고의 예술이다.'

– 의지(意志, Wille, will)는 쇼펜하우어 철학의 핵심을 이루는 개념이다. 의지는 세계의 모든 사물의 근원적인 실재이다. 개개인의 의지만을 가리키는 것이 아니라 만물의 근원에 의지가 존재한다. 의지가 객관화되어 나타나는 단계는 다양하다. 낮게는 돌, 식물로부터 높게는 동물, 인간에 이르기까지 무한한 등급을 이룬다. 의지는 비이성적이고 맹목적이다. 이런 의미의 의지가 세계의 근원, 곧 우주적 의지이다. –

쇼펜하우어의 음악철학을 다시 이렇게 줄여 말해도 좋을지 모르겠다. '음악은 가장 본질적인 것을, 구체적 대상의 매개 없이, 가장 직접적으로 보여주는 최고의 예술이다.'

그에 의하면, 건축은 물질의 중력, 인력 등을 묘사하는 점에서 제일 낮은 수준의 예술이다. 반면, 음악은 애당초 묘사될 수 없는 초월계 자체의 묘사이고 형이상학적 의지의 음성이며 이 점에서 최고의 예술이라고 한다.

쇼펜하우어의 음악철학에 대해 조금 더 생각해보고 싶다. 단순한 음악소비자의 입장에서 제품 평가를 다시 평가하는 일도 무의미하지는 않을 것이다.

쇼펜하우어는 하이든의 <사계>처럼 구체적 대상을 매개로 하는 음악을 수준 낮은 음악으로 보는 듯하다. 이런 기준이라면 구체적 대상을 떠난 추상적, 관념적 주제의 음악화(音樂化)가 높은 수준의 음악으로 평가될 것이다. 반면, 가사가 있는 노래는 낮은 수준의 음악으로 치부된다. 그림으로 치면 구상이 아닌 추상화를 높은 수준으로 보는 관점인 듯하다.

다른 한편, 쇼펜하우어는 음악을 최고의 예술이라고 칭송하면서도 일시적 구원일 뿐이라고 말한다. 영원한 구원은 못되며 일시적 구원에 그친다고 한다. 예술론에 뒤이어 그가 도달한 것은 비관과 체념의 철학이다. 그가 말하는 사물의 근원으로서의 우주적 의지는 신의 의지와는 다르며 고통의 뿌리일 뿐이다. 불교와 우파니샤드 경전에 영향 받은 그는 마침내 이렇게 말한다. '실재하는 우리의 이 세계는 모든 태양이나 은하수와 더불어 무無이다.' 한편 그가 더불어 일컬은 바, '타인의 고통에 대한 동정은 미덕'이라는 그의 윤리학은 그의 철학에 온기를 준다. 다만 그가 신비적 금욕주의를 설파하고 있음에도 그의 사생활은 금욕주의와 거리가 멀었다고 한다. 인격 불량・파탄의 시인이 삶의 진실을 드러내는 시구를 뽑아내는 예는 드물지 않다.

비이성적 의지를 중시하는 쇼펜하우어의 철학은 후세 철학자들만 아니라 예술가들에게 많은 영향을 주었다고 한다. 음악가 중에는 특히 리하르트 바그너(Richard Wagner)가 쇼펜하우어 찬양자였다고 알려져 있다. 이런 일화가 전해진다. 어느 날 쇼펜하우어가 바그너의 악극 공연을 보고 난 뒤 혹평했다는 것이다. 쇼펜하우어의 음악철학에 비추어 보면, 바그너의 악극을 높게 평가하기는 어렵다. 신화 이야기를 바탕으로 하는 배우들의 몸동작과 노래는 음악 중에서도 낮은 수준의 음악으로 보이지 않았겠는가. - 세계의 많은 지식인들, 특히 고급한 지식인들이 바그너 애호가라는 점에 비추어 보면 흥미로운 일이다. -

잠시 더 생각해 본다. 음악이 다른 예술과 다른 특성은 언어 또는 상징의 매개가 없다는 점이다. 음악은 기본적으로 추상적 예술이다. 이 점에 비추어 고도의 추상성을 지닌 음악을 더 고도의 예술성을 지닌 음악이라고 보는 것은 나름 이해될 수 있을지 모른다.

무라카미 하루키의 음악에 관한 잡문을 읽다가 이런 구절이 눈에 띈다. '피아니스트 글렌 굴드는 진정한 음악이란 관념으로서의 악보 안에 있다고 말했다. … 음악이란 분명 일종의 순수관념이구나 …' 추상적 관념성이야말로 음악의 고유 특성인가. 반면, 연주가들이 이런 얘기를 하는 것을 흔히 듣는다. '악보만 보고 연주하면 안 된다.' 추상은 해석을 기다려 비로소 형체를 얻을 테니까.

음악을 만들고 연주하는 음악가는 음악을 어떻게 생각할까. 레너드 번스타인의 청소년음악회(Young People's Concerts) 영상물은 매우 흥미롭다. 그 한 편의 제목은 '음악은 무엇을 의미하는가'(What Does Music Mean?)라고 붙여져 있다. - 1958년 카네기홀에서 뉴욕 필하모닉과 함께 실황 녹화한 흑백의 이 영상물에서 청중석을 보면 대부분 소년・소녀와 어머니들이다. - 번스타인은 음악은 어떤 이야기나 장면을 의미하는 것은 아니라고 말한다. 음악은 음악 그 자체, 곧 소리의 조합이며, 음악에 관한 이야기나 장면은 음악 밖에서 음악에 '추가적'으로 붙여진 것일 뿐이다. 음악은 리듬과 선율을 통해 표현되는 어떤 감정(emotion)이며, 이 감정은 음악 안의 일부이다. 이 같은 번스타인의 해석은 음악의 추상성을 예술적으로 높이 평가하는 쇼펜하우어의 음악론과 상통하는 것으로 보인다.

한편, 음악은 추상적이면서도 다른 어느 예술에 비추어 더 직정적(直情的)이다. 다른 예술보다 더 직접적으로 감정을 움직인다. 추상적이지만 직정적이란 점에 음악예술의 특징이 있는 것이 아닌가. 이 점 때문에 만국공통어라고 일컬어지는 것이 아닌가.

다만 고도의 추상성이 곧 고도의 예술성이라는 해석에 전적으로 동의하기는 힘들다. 그림의 경우를 본다면, 추상화도 추상화 나름이고, 구상화도 구상화 나름이 아닌가. 추상화를 보면서 나름대로 큰 감흥을 느낀 아주 드문 경험이 내게도 있지만, – 어쩌다 보게 된 김환기의 <어디서 무엇이 되어 다시 만나랴> 같은 작품이 바로 그랬다 – 언젠가 전람회에서 마주친 백색의 캔버스 그대로 내건, 작품 아닌 작품 앞에서는 관객모독이라는 느낌이 들었다. 반면 사진처럼 세밀하면서도 사진과는 다른 큰 감흥을 주는 구상화도 얼마든 있지 않은가.

음악 역시 마찬가지 아닌가. 추상적 주제든 구체적 주제든 음악화(音樂化), 예술화(藝術化)의 수준이 중요한 것 아닐까. 예술성의 의미, 또는 그 요소가 무엇인지는 별개로 따져볼 문제이지만 추상성이 곧 예술성을 의미하는 것은 아닐 것이다.

작곡가 말러를 가리켜 '가장 철학적인 작곡가'라는 평론가의 말을 들은 적이 있다. 말러는 철학 자체에 관심이 많았고 늘 죽음의 공포에 시달렸다고 한다. 그러나 '철학적인 음악'이란 무엇인가. 철학을 음악화할 수 있는가. 관념적 수사를 능란하게 펼쳤던 한국의 작가도 이렇게 말한 적이 있다. "심포니는 사상을 전달할 뿐이다. 심포니처럼 현학적인 음악은 없다. 그 증거로 이른바 해설이라는 게 가능하다."(최인훈, <회색인>). 이 구절은 50년대 말 한국의 현실에 절망하는 대학생 주인공이 서양음악과 국악을 대비하면서 나온다.

그렇지만 철학도 철학 나름이며 차원과 수준이 여러 갈래일 것이다. 아무리 정교한 관현악이라 하더라도 무형의 소리의 배열로 플라톤과 칸트 철학을 표현할 수 있는가. 죽음의 주제에 관하여 철학적 사고를 할 수 있고, 마찬가지로 죽음의 주제를 음악화할 수 있을 것이지만, '죽음의 음악화'와는 별개로 '죽음의 철학의 음악화'가 가능한가. 모를 일이다. '철학적인' 음악이 존재한다면 그것은 철학적 주제에 대한 감정의 표현일 뿐 아닌가. 철학적 주제의 논리나 사변이 아니라 그런 주제에 대한 감정을 표현한 것이 아닌가. 철학적 감정이 따로 있는 것인가. 역시 모를 일이다.

한편, 쇼펜하우어가 음악은 우리들 삶의 어려움으로부터 영원한 구제는 못되며 오직 일시적으로 위로하고 구제할 뿐이라고 말하는 점은 수긍할 만하다. 개인적 경험에 비추어 보면, 시간적으로 일시적 구제일 뿐 아니라, 압도적으로 크고 무거운 어려움이나 고통에 대한 구제효과는 거의 없거나 미미할 뿐이 아닌가 여겨진다. 다만 유대인 강제수용소에서의 음악연주 같은 이야기는 최악의 절망적 상황에서도 음악이 위안의 효과를 가질 수 있다는 점을 증명하는데, 이는 거의 불가사의하게 들린다. 일시적인 한순간뿐이라도 그 한순간은 매우 소중할 것임에 틀림없다.

본질적으로 음악은 소리의 조합을 통한 '감정의 예술'이다. 감정을 직접적으로 표현한다는 점에서는 '직정적 예술'이다. '음악은 추상적이면서 직정적인 예술', '음악은 삶의 어려움을 일시적이나마 위로하고 구제하는 예술.' 한 음악소비자의 그저 그런 음악론이다.

뮤지코필리아

중국의 국보급 피아니스트라는 랑랑의 연주모습은 기이하다. 눈 감고 천장을 향하면서 신기를 뽐내듯 건반을 두드리는 그의 모습은 영락없이 중국 서커스다. 고전음악 본고장인 독일 사람들이 특히 그의 연주를 좋아한다는 말을 듣고서는 갸우뚱하면서 흥미로웠다.

어쨌거나 랑랑만이 아니라 숱한 명연주자들 모습을 보며 드는 의문이 있다. 저것이 어떻게 가능한가. 몇 분도 아니고 한 시간 가까이 암보로 손가락을 움직이는 모습을 보노라면 그 순간순간, 연주자 뇌의 움직임이 어떤 것일까 가늠이 되지 않는다. 언어로 된 문장을 단어 하나하나 틀리지 않고 그대로 한 시간 암송하는 일은 거의 불가능하지 않을까. 그러나 피아노 연주는 가능한 듯 보인다. 개념, 기호 또는 상징으로 이루어진 기억과는 달리 뇌에 저장된 음악 프로그램은 손가락에 그대로 전달되는 것인가. 조성진은 어떤 인터뷰에서 이렇게 말했다. '연습할 때는 이런

저런 생각들을 하지만, 무대 위에서는 무의식적으로 즉흥적으로 연주한다.'

몸이 기억한다는 것은 무슨 의미인가. 한 바이올리니스트는 이렇게 쓰고 있다. "몸과 마음의 상태가 최적화되면 어느 순간 생각이 없어지고 몸이 지휘권을 휘어잡아 무아지경 상태로 넘어가는 뇌의 구간이 있다. 이때는 생각했던 음악이 완벽히 체화된 상태다. 가장 본능적이고 지성적이며 성숙한 상태의 음악이라고 볼 수 있다."(조진주).

신경과 전문의 올리버 색스(Oliver Sacks)는 문필가로도 유명하다. 그의 저서 중에 『뮤지코필리아』(*Musicophilia*)가 있다.(장호연 역, 2010). '음악사랑'쯤으로 번역될 수 있을 것이다. 음악과 뇌에 관련된 온갖 기이한 사례들이 넘쳐나는 책이다. 번개 맞고 갑자기 음악을 사랑하게 된 남자, 오케스트라 소리를 들으면 경련을 일으키고 특히 바그너 음악에 발작을 일으키는 사람, 아빠의 코 푸는 소리는 '사'음이고, 바람소리는 '라'음이라는 절대음감의 어린아이, 2,000편 넘는 오페라를 알고 있으며 <메시아>. <크리스마스 오라토리오>, 바흐의 칸타타 전곡을 암기하는 사람, 라장조 음악을 들으면 파란 색을 보는 작곡가, 신경매독으로 인한 치매 중에도 장기간 피아노 연주를 했다는 철학자 니체 등등.

청각을 수용하는 뇌 영역은 측두엽이라고 한다. 관자놀이 부근에 위치한 대뇌 피질 측면부이다. 윌리엄스 증후군(Williams syndrome)의 선천성 장애자는 지능지수 60 미만이지만 매우 사교적이고 음악에 민감하게 반응한다고 한다. 이들의 대뇌구조 연구 결과에 따르면, 뇌의 크기는 일반인 비해 평균 20% 작지만, 측두엽은 정상이거나 더 크며, 그 상당수는 절대음감 소유자이다.

이 책에서 특히 우울증과 음악을 다룬 부분도 눈에 띈다. 저자는 자신의 경험을 자세히 소개한다. 어머니가 돌아가신 후 우울증에 빠져 있을 때, 길거리를 걸으며 어떤 건물 지하 창문 사이로 슈베르트가 흘러나왔다. 그 라디오 소리에 몇 주 만에 처음 웃음을 지을 수 있었다. 그의 어머니는 생전 슈베르트의 <밤의 노래>를 자주 불렀다. 그 후 카네기 홀에서 열린 바리톤 휘셔 디스카우의 <겨울나그네> 음악회에 갔지만 이번에는 아무 감흥을 느끼지 못했다고 한다. 한편 존 스튜어트 밀의 일화도 전해준다. 이 영국의 근대 정치사상가는 심한 조기교육 후유증인지 우울증에 시달렸다고 하는데, 쾌활한 음악을 듣고 활기를 찾았다고 한다. 우울증의 원인에 따라 거기에 맞는 음악이 있는 듯하다.

저자 올리버 색스는 '생명사랑(biophilia)처럼 음악사랑도 선천적인 듯하다.'고 말한다. 그는 이렇게 매듭짓는다. "음악은 인간존재의 일부이다." 다만 『뮤지코필리아』는 큰 기대에는 못 미친 책이었다. 음악과 뇌의 관계에 관한 궁금증은 여전하다. 공기진동의 일정한 수리적 패턴이 뇌물질의 물리화학적 변화와 어떤 상관관계가 있는지 밝혀질 날이 올 것이다.

'지음(知音)'이란 자기 마음을 잘 알고 이해하는 사람을 가리킨다. 소리를 아는 것은 마음을 아는 것이다. 음악을 듣는 것은 누군가의 마음을 듣는 것이다. 곡을 짓고 곡을 연주하는 이의 마음이 듣는 이의 마음과 통할 때 아름다운 감동이 솟아오른다. 공기진동을 접하는 뇌신경의 감응과 또 다른 뇌신경의 반응이 만나 이루어내는 오묘함을 과연 물리적, 생리적 풀이만으로 어디까지 설명할 수 있을까. 이렇게 물어도 마찬가지일 것이다. 무신론자, 물리주의자에게도 삶이 충만할 수 있을까.

음악에 부쳐

청명한 가을날 아침, 슈베르트를 듣는다. 아르투르 루빈슈타인이 피아노 소나타를 연주하고 있다. 1966년 9월 바르샤바에서의 실황 연주를 담은 흑백 영상물이다. 짧게 자른 뒷머리에 백발의 루빈슈타인이 턱까지 올라온 고전적 예복 차림으로 건반을 두드린다. 우울의 심연으로 침잠하는 마지막 소나타 (D.960) 2악장에서도 목을 꼿꼿이 세운 채, 그의 자세는 흐트러짐이 없다. 이따금 미간이 살며시 미동할 뿐, 얼굴 표정 또한 무심해 보인다. 청중의 모습 역시 고전적이다. 한결같이 정장차림은 물론이고, 연주자가 처음 무대에 등장할 때 여기저기 자리에서 일어나 박수를 보낸다. 중·노년의 저 사람들 대부분 지금은 이 세상에 없을 것이다. 이런 당연한 사실을 떠올린 순간 세상이 초현실적으로 몽롱해진다.

열정

동숭동 시절, 무언지 갈피를 잡을 수 없이 처질 때 자주 찾은 곳이 있다. 종로의 음악감상실 '르네상스'는 잿빛 청춘의 포로수용소였다. 삐걱거리는 좁은 나무 계단을 따라 2층에 올라 입장권 한 장을 손에 쥔다. 문 열고 들어서면 어슴프레한 자연(紫煙) 속에서 자주 들려오던 브람스 교향곡. 특히 1번 첫 악장 서두. 젊음의 온갖 번민을 토해 내는 듯하던 절규. 브람스는 20대 초에 시작해 장년에 들어서야 이 곡을 완성했다고 한다.

요하네스 브람스는 슈베르트와 더불어 내 인생 여로의 여울목에서 따뜻한 곁을 내준 또 하나의 길동무였다. 세월이 흘러 중년 이후 나는 점차 그의 교향곡 4번에 더 마음이 끌린다. 아마도 교향곡 1번 첫머리, 번뇌의 먹구름처럼 무겁게 밀려오던 팀파니 소리가 너무 버거워졌는지 모른다. 에스토니아 출신 명지휘자 파보 예르비가 브람스 교향곡을 가리켜 '신과 같다'고 말하는 걸 들으면서, 그렇게 말할 수도 있겠다고 느낀 적이 있다.

장년의 피곤한 내 넋을 다시 사로잡은 브람스는 현악6중주. '브람스의 눈물'이라 불리는 2악장이 그 백미다. 처음 들었을 때 자연스레 떠오른 클라라 슈만. 브람스에게는 스승의 부인이었던, 14년 연상의 클라라는 당대 뛰어난 피아니스트이자 작곡가였다. 1860년, 27세의 브람스가 클라라에게 생일선물로 헌정한 곡이 현악6중주다. 바이올린, 비올라, 첼로 각각 2대로 편성된, 당시로서 새로운 양식이었다고 한다. 교향곡 작곡에서도 그랬다는 것처럼, 브람스는 실내악 작곡에서도 베토벤의 무게에 짓눌려 있었고, 이 현악6중주가 그의 첫 실내악 작품이었다. 1악장은 첫 만남의 설렘과 따뜻함이 함께 어우러지는 듯, 감미로운 선율이 물결치듯 흐른다. 돌연 2악장에서 비탄 어린 음률로 급전한다. 사랑의 고통을 절박하게 실 엮듯 직조해간다. 이런 탄식의 연가가 또 어디 있을까. 당시 브람스는 힘들었다. 정신착란으로 강물에 투신까지 했던 스승 슈만은 세상을 떠났다. 약혼녀와는 파혼했다. 스승의 아내 생일에 바친 음악. 3,4악장은 경쾌하면서도 우아하다.

브람스와 클라라 슈만의 사랑 이야기는 넘쳐날 정도로 회자되지만 거듭 들어도 심하게 물리지는 않는다. 요즘 세상에 희귀한 순정의 무게 때문일 것이다. 젊은 시절 브람스가 클라라에게 보낸 편지에는 이런 구절이 보인다. "당신의 마력에서 나를 풀어줄 수 없는가." 1856년 슈만이 46세 나이로 끝내 세상을 떠난 후 그해 10월, 스승을 끝까지 보살폈던 23세의 브람스는 슈만이 살던 뒤셀도르프를 아주 떠났다. 슈만과 클라라를 만난 지 3년 만이었다. 그날 클라라는 일기장에 이렇게 썼다. "요하네스가 떠났다. 정거장까지 바래다주었다. 집에 왔을 때, 마치 장례식에서 돌아온 것처럼 느껴졌다.” 슈만이 세상 떠난 지 석 달 시점이었다.

슈만의 사후 클라라는 의식적으로 브람스와 거리를 두려고 한다. 두 사람은 가깝지도 멀지도 않은 거리에 살면서 평생 800여 통의 편지를 주고받았다고 한다. 먼저 세상을 떠난 클라라는 그녀의 원에 따라 슈만 곁에 묻혔다. 그 일 년 후 브람스 역시 눈을 감는다. 브람스는 60여 평생 독신으로 지냈다. 죽기 전 “내가 평생 사랑한 사람은 오직 한 사람뿐이다.”라는 말을 남겼다고 전한다. 120여 년 전 이야기가 아득한 고대 신화의 로맨스처럼 들린다.

예술가 중에는 자신의 열정을 그대로 드러내는 사람들이 있는가 하면 안으로만 다독이는 사람들도 있다. 브람스는 후자임에 틀림없다. 그의 음악에서는 억제된 열정에 따르는 통증이 느껴지기도 한다. 차이코프스키는 브람스의 곡을 일러 ‘선율이 약하고 무미건조하다’고 평했다 한다. 선율과 감정이 넘쳐나는 차이코프스키로서는 그렇게 들었을지 모르지만, 현악6중주 <브람스의 눈물>의 절절함에 비할 곡이 있을까.

슈베르트에게 그랬던 것처럼, 브람스에게도 베토벤은 넘고 싶은 거대한 산맥처럼 보였던 듯하다. 베토벤 숭배자 가운데는 혁명가 레닌이 있다. 혁명가가 다른 혁명가를 우러른 셈이다.

어느 날 레닌이 그의 친구였던 <어머니>의 작가 막심 고리키와 함께 어떤 러시아 피아니스트의 연주를 듣는다. 베토벤의 <열정> 소나타였다. – 피아니스트 스비아토슬라프 리히터가 연주하는 1,3악장은 숨넘어갈 듯 경이롭다. 혁명적 열정은 그처럼 정신없는 상태인지 모른다. –

레닌은 <열정>을 듣고 ‘기적 같은 음악’이라고 찬탄하면서 이렇게 말한다. ‘이런 음악을 매일 듣고 싶지만 그럴 수는 없다. 혁명을 할 수 없다.’ 베를린에 머물던 고리키가 레닌의 사망 소식을 듣고 쓴 추도의 글에서 전한 이야기다. 어떤 음악해설가는 이렇게 말한다. ‘열정 소나타는 추락하는 비극적 열정을 들려준다.’ 레닌의 혁명적 열정도 그랬다. 말년 병석의 레닌은 음흉한 스탈린을 경계했고, 스탈린 지배를 거치며 소련 공산주의 정권은 종내 맥없이 허물어지고 말았다.

일찌감치 망상을 떨쳐냈던 내게 영웅주의적 면모의 베토벤은 거북스럽고 힘겹게 느껴졌다. 들리면 들으면서 때로 감탄하기도 하였지만. 일부러 베토벤을 찾아 들은 적은 드물다. 다만 별난 경험도 있었다. 어느 날, 처음 듣는 듯한 현악 멜로디가 들려왔다. 또 다른 슈베르트의 보석이 있었는가라고 생각했다. 첫머리 몇 소절을 들었을 때부터 슈베르트의 우울이 느껴졌지만, 아니었다. 베토벤 현악4중주 14번. 그가 세상을 뜨기 한 해 전 작품이다. 슈베르트가 죽기 한 달 전 베토벤의 현악4중주의 초연을 듣고 탄복했다는 이야기가 있다. 이 곡을 소재에 담은 영화 <마지막 4중주> 역시 빼어난 작품이었다.

프랑스 작곡가 라벨은 베토벤에 대해 '불경한' 얘기를 뱉었다. "나는 베토벤을 좋아하지 않는다. 왜냐하면 그의 음악은 결코 완전하지 않음에도, 그의 영광은 그의 전기에 기인하는 가공의 전설에 바탕을 두고 있음이 분명하기 때문이다." 좋고 싫다는 차원은 전혀 무정부 상태다. 붉은색이 싫고 푸른색이 좋다는 주장에는 아무 할 말이 없을 것이다. 다만 때로는 라벨의 베토벤 평가에 공감하기도 한다. 열정의 빛깔이 항상 붉은 색은 아니며 음악가마다 다른지 모른다.

해독제

『참을 수 없는 존재의 가벼움』으로 널리 알려진 작가 밀란 쿤데라는 앞에서 말한 레닌의 일화를 두고 '이의'를 제기한다. 그의 소설 『불멸』의 한 구절을 옮긴다.

> 예술에 대한 사랑이라는 것이 과연 존재하기나 하며 언제 존재하기나 한 적이 있었던가? 그것은 환상이 아닌가? 레닌이 베토벤의 열정을 가장 좋아한다고 선언했을 때, 실제로 그가 좋아한 것은 무엇인가? 그는 무엇을 들었는가? 음악을? 아니면 피와 우애와 교수형과 정의와 절대에 홀린, 자기 영혼의 화려한 움직임들을 상기시키는 어떤 고귀한 소란을 들었는가? 그는 음악을

들었는가, 아니면 그 음악을 통해 예술이나 아름다움과 전혀 무관한 어떤 몽상 속으로 빨려들어갔는가? (김병욱 옮김).

작가란 대체로 냉소적 인생·세계관의 소지자들이긴 하지만, 이런 소견을 어떻게 볼 것인가. 자신의 구체적 경험이나 생각과 관련시켜서만 예술을 받아들이는 것이 고차원이라고 볼 수는 없겠지만, 과연 아름다움이란 구체적 대상과 무관하게 존재하는 것인가? '아름다움 자체'란 과연 무엇이며, 그것은 구체적 대상과 무관하게 존재하는 것인가? 그것이 존재하다고 하더라도 '아름다움 자체'를 표현하는 예술·음악이란 어떤 것인가? 도대체 '물자체'(物自體, Ding an sich)란 무엇인가. 관념적 가공물에 불과한 것은 아닌가. 하물며 물자체의 음악화, 예술화가 가능한 것인가. 이런 생각은 앞선 글에서 살펴본 쇼펜하우어의 예술·음악관과도 관련될 것이다.

나는 일찌기 중학교 초학년부터 음악소비자로 지내왔다. 순전한 소비자일 뿐, 악보도 읽을 줄 모른다. 귀의 수준도 소박하고 저질에 가깝다. 음질의 고하를 심하게 따지지 않는다. 물론 고성능 스피커에서 나오는 음향은 고급 서양음식처럼 별미이지만, 음악이 고플 때면 조금 찍찍거리는 라디오 소리라도 반가운 때가 있다. 배고플 때 한 술 밥처럼.

철학자 니체는 쇼팽의 녹턴을 가리켜 해독제라고 했다지만, 내게 음악은 신경안정제였다. 신경안정제는 일시적일 뿐이다. 그렇기에 나는 늘 음악을 곁에 둘 수밖에 없었다. 안정제를 상복한 셈인데 별 부작용은 느끼지 못하였다. – 800여 년 전 아씨시의 프란체스코 성인은 극심한 오상(五傷)의 고통을 당할 때마다 형제들에게 바이올린 연주를 부탁했다고 한다. –

35년간의 교수생활, 나는 집에서나 연구실에서나 늘 음악을 곁에 두었다. 아침에 일어나면 먼저 FM 음악채널을 열었다. 학교에 닿아 때로 감옥 같은 연구실 문을 열고 들어서면 먼저 라디오를 켠다. 집에 돌아와 손바닥만한 창문으로 멀리 도봉산이 보이는 쪽방 서재에 앉으면 다시 오디오를 연다. 음악을 곁에 두면 고적감이 덜했다.

법정 스님은 일찍부터 클래식 음악을 가까이 하신 것으로 알려져 있다. 이런 일화도 전한다. 불일암에서의 어느 날, 아래 큰 절에 내려갔던 수좌 스님이 암자에 오르니 음악 소리가 제법 크게 들린다. 법정 스님이 멋쩍은 표정으로 한마디 흘렸다. '이런 비 오는 날은 … .' 스님을 무안하게 만든 음악이 어떤 음악이었는지 궁금하다.

음악회

1962년 5월 서울에서 국제음악제가 열렸다. 안익태 선생이 박정희 장군을 설득해 열린 한국 최초의 '국제'음악제라고 했다. 학교에서는 학생들에게 할인권을 판매하여 음악회 참석을 독려하였다. 지금의 세종문화회관 자리에 있던 서울시민회관에서 오페라를 보고 피아노 연주를 들었다. 나로서는 생전 처음의 음악회 경험이었다.

외국 성악가들과 함께 한국인 성악가도 무대에 올랐다. 일제 강점기 일본 콩쿠르에서 수상하였다는 당시 한국 최고 베이스 바리톤의 목소리는 잘 들리지 않았다. 객석에 앉은 소년의 마음은 씁쓸하고 불편했다. 다행히도 또 다른 날의 피아노 연주회 기억은 나쁘지 않다. 그때 처음 들었던 베토벤 협주곡 <황제>의 당당하고 화려한 선율이 지금껏 귓전에 남아 있다.

클래식 음악회 참석은 내게는 특별한 이벤트다. 대부분은 가까운 지인들에게서 초대권을 받고 갔던 경우이다. 애써 찾아가고 싶은 클래식 음악회가 없지 않으나 턱없이 높은 입장권 가격은 감당이 안 된다. 밥은 굶어도 표는 살 만큼의 교양인은 못된다. 피아니스트 조성진이 베를린 필과 협연하는 공연을 독일 현지에서 듣는 상상을 해볼 뿐이다.

특히 기억에 남는 콘서트라면 정명훈이 바스티유 오케스트라를 이끌고 예술의 전당에서 연주한 때였다. 금의환향한 개선장군이 따로 없었다. 가감 없이 감동스러웠다. – 다만 음악교육을 미국에서 받은 정명훈이 음악적으로도 한국인이냐고 물을 수 있겠는데, 단순한 혈족관계라도 전혀 그의 음악과 무관하지는 않을지 모른다. 어떤 일본인 교수와 음악을 화제로 한담을 하던 중, 그가 세계적 지휘자로 알려진 오자와 세이지 이야기를 꺼냈다. 그는 오자와가 일본 음악교육이 산출한 일본산 지휘자임을 힘주어 말했다. - 겨우 구한 좌석이 꼭대기 구석이었는데, 냉방기 작동 소리가 작지 않은 데 놀랐다. 거슬리긴 했어도 어쩔 수 없었다. 젊은 동양인인 정명훈이 바스티유 음악감독으로 선임되었을 때 백인 고참 단원들의 사보타지에 배짱으로 맞서 이겨냈다는 언론보도는 대단하게 들렸고, 약간의 소음 정도는 그 전설에 묻혀야 했다.

정명훈을 주제로 신문칼럼을 쓴 적도 있다. 1999년 당시 집권당인 신당 발기인에 정명훈이 들어 있다는 뉴스가 전해졌을 때다. '정명훈을 보호해야 한다'는 제목으로 시평을 썼다. 폴란드의 파데레프스키처럼 음악가로서 수상을 지낸 사람도 있었고, 정명훈의 카리스마라면 정치인 자질도 보이지만, 험한 한국정치에서는 한사코 말리고 싶다고 말하면서, 유명인을 1회용품처럼 쓰고 버리는 정치행태를 비판했다.

대중음악 콘서트에도 몇 차례 간 적이 있다. 처음은 조동진의 콘서트였다. 동년배인 이 가수가 장년에 들어 공연활동을 재개할 즈음이었다. 요즘도 그의 노래 <겨울비>를 이따금 찾아 들을 때가 있다. 창밖이든 명치끝에서든 겨울비 내리는 날에.

연말에 이문세의 콘서트에 간 적도 있었다. 이화여대 강당에서 열린 그 콘서트는 딸아이가 입장권을 사주었다. 공연장 음향이 성에 차지 않았지만, 이문세의 노래에는 각별한 묘미가 있다. - "라일락 꽃향기 맡으면 / 잊을 수 없는 기억에 /햇살 가득 눈부신 슬픔 안고 … / 이제 그리운 것은 그리운 대로 내 맘에 둘 거야 … " - 따뜻하면서도 서늘한 곡과 가사가 이 가수의 거친 듯 소탈한 창법과 기묘하게 어우러진다. 그의 명곡들을 지은 이영훈은 우리 가요에서 서정의 순도와 향취를 훌쩍 올려놓았다.

독특한 음성과 창법의 한영애 콘서트에도 간 적이 있다. 조금 나이가 든 때였기 때문인지 음반에서 듣던 소리에 미치지 못했지만 그래도 괜찮았다. 그의 노래는 목소리와 무대동작 모두가 현대판 무당 모습이다. 아내가 특히 좋아하는 가수다. 자신과 전혀 다른, 아마도 부러운 유형이기 때문일 것이다.

제일 기억에 남기로는 10년 전쯤 아내와 함께 크리스마스 시즌에 갔던 들국화 전인권의 무대였다. 동숭동 극장에서였다. 콘서트 도중 해프닝이 벌어졌다. 돌연 암흑이 되었다. 정전이 길어지자 전인권이 통기타 반주만의 육성으로 몇 곡 노래했다. 마이크 없이 이런저런 이야기로 시간을 끌어갔다. 그래도 불은 들어오지 않았다. 시간이 길어지자 한 사내가 무대 옆에서 걸어 나오더니 전인권에게 몇 마디 하고 내려간다. 전인권이 입을 열었다. '김민기 선배가 이렇게 얘기하고 내려갔어요. 오늘 입장권 환불해 드린다고요. 여러분 환불해 드릴까요?' 우렁찬 합창으로 청중들이 대답한다. '아니오.'

정전 사태가 난 것은 이미 콘서트 시작한 지 1시간이 넘은 후였다. 어둠 속에서 임시 부분조명으로 전인권이 몇 차례 노래도 부른 터였다. 그 공연의 기획자 김민기를 거명하며 전인권이 얘기하는 모습에는 성인을 우러르는 경건한 신도의 자세가 보였다.

김민기의 노래 중에 <봉우리>가 있다. 김민기는 하나의 높은 봉우리다. 음악적으로만이 아니다. 그는 그의 노래를 넘어 도저한 인간적 면모와 더불어 우리 문화사의 외딴 거봉으로 보인다. 김민기는 미술학도 · 작곡가 · 가수 · 농부 · 광부 · 잡역부를 거쳐 이후 공연 기획연출가로 활동했지만, 그를 어떤 직업인으로 한정하는 건 부적절하다. 그의 여러 창작들 가운데 내가 그와 동시대인으로서 특히 가슴에 담고 있는 노래는 <금관의 예수 - 주여, 이제는 여기에>이다.

얼어붙은 저 하늘 얼어붙은 저 벌판
태양도 빛을 잃어 아 캄캄한 저 가난의 거리
어디에서 왔나 얼굴 여윈 사람들
무얼 찾아 헤매이나 저 눈 저 메마른 손길
…

오 주여 이제는 여기에 오 주여 이제는 여기에
오 주여 이제는 여기에 우리와 함께 하소서
…

이 노래의 가사는 시인 김지하의 희곡 <金冠의 예수> 제1장 첫대목에 나온다. 전4장의 이 희곡 첫머리를 본다.

때: 현대의 어느 겨울
곳: 한국의 소도시 한 구석
나오는 사람들: 예수·신부·수녀·문둥이·거지·창녀·사장·순경·대학생

막이 오르면

한국 1971년 겨울, 청회색의 음울한 하늘을 배경으로 삐에따의 예수像이 실루엣으로 보인다. 무대 중앙에 작은 탁자. … 탁자 좌우에 검은 옷의 신부와 수녀, 서로 말없이 노려보며 꼼짝 않고 앉아 있다. 기타 소리와 함께 노래가 들린다.

<금관의 예수>의 마지막은 암울하다. 흐느끼던 문둥이의 오광대 춤이 펼쳐지고, "못견디겠어. 이젠 정말 못견디어." 누군가의 독백이 울려 퍼지며 막이 내린다.

김민기가 곡을 쓰고 노래한 <금관의 예수 – 주여, 이제는 여기에>가 나온 것은 1973년, 유신 초기이다. 이 노래는 유신정권 시절 청·장년기를 보낸 사람만이 이해할 수 있지 않을까. 그러나 김민기의 모든 노래를 오직 역사적 현실에 밀착시키는 것도, 또 절연시키는 것도 모두 적절치 않을 것이다. 멀리서 지켜본 김민기의 삶은 인간자존의 어떤 표상이다. 어떤 때 그는 노래하는 디오게네스처럼 보인다.

전인권의 노래를 들으면 속이 트인다. 그가 일탈행동 없이 가수로서

성장했다면 세계적 가수가 되었을지 모른다는 생각을 해본 적이 있지만, 다른 한편, 그의 일탈이 어우러져 비로소 그의 독창적 음악을 만들어냈을지도 모른다.

2014년, '들국화'가 재결성되어 다시 꽃피웠을 때 냉큼 광화문에 나가 CD를 집어 들었다. 그 즈음 전인권의 신문 인터뷰 기사가 흥미롭다. 고등학교 1학년 때 학교를 그만두었고, 대마초 흡연으로 5차례 감옥을 들락거렸으며, 1년 4개월 17일간 정신병원에 입원했다고 털어놨다. 그가 '철들어' '새 사람'이 된 후의 생각들을 펼친다. 몇 대목을 그대로 옮긴다.

> "박자가 있어야 해. 음악은 물론이고 사는 것도. … 절제된 생활이 나에게 힘을 주거든. 뭐든 위대한 걸 하려면 지구력이 필요해. … 김연아가 같은 동작을 반복하면서 열심히 하는 것처럼 우리도 그렇게 살아야 해요." (조선일보. 2014.1.11.).

나의 귀에는 젊었을 적 전인권의 매끈하게 뻗쳐오르는 소리보다 재기 후의 쇳소리 나는 고음이 더 울림이 있다. 한 신문기사는 이렇게 썼다. "인상 한번 안 쓰고 올리는 그의 초고음은 멸종된 고대동물의 울부짖음 또는 알 수 없는 기계 장치에서 나는 굉음처럼 들렸다." (한현우 기자).

전인권이 작사 · 작곡한 <걷고, 걷고>는 세월의 흐름을 일러주며 잔잔하게 우리를 도닥거린다. – "내가 세상에 태어난 것 / 모두 어쩌면 축복일지 몰라." – 가사 말 가운데 '어쩌면'이 절묘하다. 그의 노래는 한 곡 한 곡 모두가 절창이다. '전인권은 하나의 장르다'라고 말해도 과장이 아닐 것이다.

세계적 수퍼스타의 콘서트에 가본 벅찬 경험도 있었다. 친구 덕이었다. 2015년 5월 초, 폴 매카트니의 서울 잠실 올림픽 주경기장 공연. – 중고교 야구반 친구들을 초대한 이성태 사장은 대학생 때 밴드활동을 하였다. 근래 젊은 무명 밴드를 후원하기도 했다. –

60여 년 전 까까머리 중학생 때부터 우리 세대와 함께 한 비틀즈였다. – 동세대의 일본작가 무라카미 하루키는 학창시절 '벽처럼' 둘러싼 비틀즈의 노래 속에 살았다고 했다. – 별나게 요란한 노래 <I want to hold your hand>를 들었을 때가 고교 1학년이었다. 73세의 폴 매카트니와 함께 잠실벌에서 <헤이 주드>를 합창한 우리는 68세 언저리였다.

공연 중간, 무대 맞은 편 스탠드의 청중석이 흰색 바탕 빨간 하트 모양의 카드섹션으로 뒤덮인 순간, 폴은 믿을 수 없다는 듯, 감동에 겨운 표정이었다. 초로의 나이에도 불구하고 폴 매카트니 경(卿)의 목소리는 두 시간을 거뜬히 버텨냈다. 끝날 즈음, 대형 태극기와 유니언잭을 힘차게 휘날리던 그의 모습은 감격이었다고 할밖에. 청중의 열띤 환호에 꼭 다시 서울에 오고 싶다고 말하던 그는 영락없는 영원한 개구쟁이였다. 봄비 내리던 그 저녁, 마지막 <예스터데이>가 들려오는 순간, 목덜미를 적시는 빗방울이 상쾌하였다.

최근에는 수년 전 성탄절 즈음 작은 콘서트에 갔다. 신촌로터리 지하 소극장에서의 조촐한 모임이었다. 모처럼 형님, 누이동생과 함께 흰머리 듬성한 삼 남매가 총출동하였다. 여러모로 독특한 가수 이미배는 누이동생의 여고 동창생이다. 노래 중간중간에 가수의 인생사가 나지막하게 곁들여진다. 소극장 콘서트는 얼마간 불편한 점이 따르지만 – 어디든 지하 소극장이 산뜻하고 쾌적하기는 어렵다. – 나름의 미덕도 없지 않다. 거대한 대극장이 주는 위압감이 없고, 무대가 낮으니 가수를 우러러보지 않아도 된다. 친구처럼 여길 수 있다. 작은 공간에 슬며시 인간미가 고이고 공감이 흐른다. 콘서트도 때로 작은 것이 아름답다.

대중음악 콘서트가 좋은 점의 하나는 편안히 음악을 즐길 수 있다는 점이다. 그래서 인간적이다. 클래식 음악회는 다르다. 클래식 음악회에서는 약간의 긴장감이 흐른다. 우선 극히 조용해야 한다. 나처럼 기관지가 안 좋아 기침이 걱정되는 사람은 더할 것이다. 의자에서 자세를 바꾸는 데도 신경이 약간 쓰인다. 그뿐만 아니다. 클래식 음악회에서 연주자와 청중의 관계는 미묘하다. 기본적으로 연주자가 중심이다. 굳이 역(力)

관계라고 부르기는 무엇 하지만, 연주자 우위의 관계가 느껴진다. 연주자가 유명할수록 더욱 그렇다.

적어도 근대 이전 예술가는 권력의 식객이었다. 바흐의 피아노곡 골드베르크 변주곡은 본래 후원자인 백작의 불면증 치료제로서 작곡되었다고 한다. 피아니스트 골드베르크는 바흐가 만든 곡을 백작이 잠들기까지 연주해야 했다. 타펠 무지크(Tafel Musik, table music)는 귀족들의 소화제였다. 이 역(力)관계는 시민계급의 성장과 함께 역전된 것으로 보인다. 이제 클래식 음악회는 청중의 음악듣기 못지않게 연주자의 예술적 성취를 드러내는 장소로 보인다. 어쨌거나 뛰어난 클래식 음악가들의 연주모습을 보면 인간 능력의 불가사의함을 느끼지 않을 수 없다. 때론 생명에의 경외감에 사로잡히기도 한다. 클래식 음악회가 주는 약간의 긴장감쯤이야 마땅하다고 여겨진다.

우리나라 오케스트라에는 눈에 띄는 특징이 있다. 단원의 압도적 다수는 여성 연주자들이다. 예전에는 유복한 집 딸들이 시집가기 위해 음악대학에 들어갔다는 얘기들이 적지 않았다. 결코 음악처럼 아름답게 들리는 이야기는 아니다. 그러나 세상사는 역시 오묘하다. 오늘 대한민국에는 지방 소도시 곳곳에까지 오케스트라가 있다. 서울에는 구립 오케스트라들이 늘고 있다. 인구비례의 각국 오케스트라 숫자 통계가 있는지 모르겠지만 단연 선두그룹에 속할 것이다. 수많은 음대 여대생들이 없었다면 불가능한 얘기다. – 멀리 내다보고 이런 아름다운 후일을 예비한 결과는 아닐 것이지만, '의도하지 않은' 아름다운 결과가 어디 이뿐이겠는가. –

국악 합주 공연에서 지휘자 격인 집박(執拍)은 시작과 끝을 알리는 박(拍)을 칠 뿐, – 시작할 때 한번, 끝날 때 세 번 – 오케스트라 지휘자 같은 요란한 모습은 없다. 집박은 무대 옆에 시종 서 있다. 선 채로 참선하는 모습이다. 집박 없이 합주하는 경우도 있다. 궁중예복을 입고 양반다리로 정좌한 채 악보도 없이 50분간에 이르는 정악 <영산회상>을 연주하는 모습은 경이롭다. 잠시 성스럽게 보이는 순간이 흐르기도 한다. 공자가 고기 맛을 잊을 정도로 심취한 음악은 어떤 음악이었을까.

– 한껏 겉멋을 드러내는 지휘자 카라얀이 국악공연을 본다면 어떤 생각을 할는지. 카라얀은 오케스트라 연주의 촬영을 즐겼다. 그의 연주 녹화들은 각별한 영상미학을 보여준다. 할리우드식 최고 연출기법이 동원됐다고 한다. 카라얀의 지휘 모습은 2중적 의미를 지닌다. 오케스트라 지휘이자 동시에 음악의 육체적 표현이다. 탐미주의자이자 완벽주의자라는 그는 공연에서 청각만이 아니라 시각적 아름다움도 추구했다고 한다. –

나의 음악 취향은 잡식이어서 이것저것 가리지 않지만, 제일 힘들게 사귄 음악은 국악이다. 사귀었다기보다는, 싫든 좋든 매일 정한 시간에 만나다 보니 서서히 정이 스몄다고 해야 할 것이다. 예전에 KBS 음악채널에서는 매일 오전 11시와 오후 5시, 두 차례에 걸쳐 한 시간씩 국악을 들려주었다. 방송국 정책 차원의 프로그램이었을 것이다. 그 시간이 되어도 연구실에서 라디오를 끄지 않았다. 참고 들었다. 들었다기보다는 들려오는 것을 막지 않았다. 해가 가고 십년, 이십 년이 지나다보니 귀에 익은 국악도 생기게 되고, 더러 솔깃 하는 곡목도 만나게 되었다. 수년간 나의 연구실 조교로 있던 한 제자가 후일 이런 얘기를 털어놓았다. 그 시간, 국악시간이 되면 고역이었다는 것이다. 그와 나 사이에는 가림막이 있었지만 공기 진동은 가림막을 아랑곳하지 않는다. 젊은이들이 국악에 다가가기는 더욱 힘들었을 것이다.

서양음악과 대비하여 국악을 이렇게 평한 작가도 있다. "국악이란 끝도 중턱도 하물며 시작도 없는 허망한 가락이다. 거기가 거기고 거기가 거기다. 홀연히 일어났다간 그윽하게 사라지는 신비한 목소리." (최인훈, <회색인>). 이렇게도 저렇게도 받아들일 수 있는 구절인데, 이 소설의 다른 곳에서는 현자로 등장하는 인물의 입을 빌려 이렇게 상찬한다. "국악의 가락을 들어보게. 그 멋. 유화스러움. 그윽함. 이것은 처지고 짓밟히고 원한에 찬 사람들의 음악이 아니야. 비할 수 없이 아름다운 영혼의 노래야." 나로서는 국악에 대해 이렇다 저렇다 한 마디 할 소양이 없다. 서양음악과는 서로 비교하기 어려운 다른 차원의 음악이 아닐까라는 느낌이 들 뿐.

주로 FM라디오나 CD로 음악을 듣는 나는 그것만으로도 음악의 향수(享受)에 큰 불만족이 없다. 음악감상의 고수 무라카미 하루키는 콘서트와 음반의 차이를 연극과 영화로 비유하면서, 콘서트에서는 레코드에서 알 수 없는 게 확실히 있다고 말한다. 음악을 잘 아는 친구에게 굳이 음악회에 안가도 좋더라는 이야기를 했다가 핀잔을 들은 일이 있다. '다른 데 가서 그런 얘기 하지 말거라.' 모처럼 좋은 음악회에서 오케스트라 연주를 들을 때면 그 친구 말이 옳다고 잠깐 느낀다.

'공연장의 음향을 녹음으로 모두 담는 것은 불가능하다'는 한 녹음 기술자의 이야기를 기억한다. 음향도 음향이지만 현장이 주는 직접 체험의 매력을 음반이 담을 수는 없다. 음악만이 아니다. 야구도 마찬가지다. 집에서 TV로만 야구를 보다가 모처럼 잠실구장에서 한국시리즈 게임을 보게 되었을 때의 그 설렘이란! 현장만이 줄 수 있는 삶의 반짝이는 순간이다. 가볍지만 반짝이는 행복의 순간! 행복론의 대세는 행복의 미니멀리즘이다. '소확행' 행복론은 결코 가볍지 않다.

우스크다라

음악은 나의 맞춤 치료제였지만, 더러 사회생활에도 유용하였다. 사회생활 말년, 관직에 있을 때 약간의 도움을 받은 일이 있다. 외국출장을 가는 일이 드물지 않았다. 업무관련 국제기구가 있기 때문이었다. 한국이 감사원 아시아지역기구 사무총장직을 맡고 있었다. 첫 출장은 터키 이스탄불이었다. 이스탄불 시내를 지나며 얼핏 도로표지판을 보니 옛 기억을 되살리는 글자가 보인다. 'Üsküdar'a.' 우스크다라는 초등학교 시절 들었던 노래제목이다. 당시 한창 유행했던 터키 노래다. 한국전에 참가한 터키군대로부터 전파되었다는 얘기가 있지만 세계적으로 알려진 노래이다. 터키 대표에게 그 노래 이야기를 꺼내니 몹시 반가워한다. 만찬시 자신의 옆자리에 좌석을 배정하기도 하며 유달리 내게 친근함을 보였다. 터키에서는 국민가요였던 모양이다. '우스크다라에 비가 내리면 …'

– 남녀 간 애정을 그린 가사라고 한다. 어디서나 유행가의 주류는 어쩔 수 없이 사랑노래다. – 식후 악단이 공연할 때였다. 사회자가 마이크를 잡더니 곡목을 소개하며 한국의 아무개가 좋아하는 노래라고 덧붙인다. 어릴 때 듣고 50년 지나 본토에서 그 곡을 생음악으로 다시 들을 수 있다니. 과분한 호사였다.

우스크다라 연주.

이슬람 지도자 이맘의 춤.

관직을 떠나던 마지막 해의 봄에는 필리핀 마닐라 출장이 있었다. 그 작별연회에서 몇 나라 대표단 직원들이 노래를 불렀다. 주최측 필리핀 직원들이 그처럼 흥겨우면서도 능란하게 춤추고 노래하는 데 감탄하였다. – 마닐라 교외 풍경은 서글펐다. 오래 전 선진국처럼 우러러보던 필리핀이 아니던가. – 터키 직원들이 중창을 하면서 나를 불러냈다. 거절하면 외교적 결례다. '우스크다라'를 함께 노래했다. 가사를 정확히 알 리 없으니 입을 우물거렸을 뿐이다. 뭔가 성이 차지 않았다.

순간, 무엇이 씌었는지 다시 혼자 마이크를 잡고 한 곡조 뽑았다. 일생 초유의 이변이다. '왓 어 원더플 워~얼드.' 고성능 음향기기의 효과는 대단하였다. 무대에서 내려와 자리에 앉자, 싱겁게 키 큰 일본 대표단 직원이 조심스런 걸음으로 내게 다가온다. 심각한 얼굴이다. 무슨 큰돈을 빌리려는 표정으로 조아리며 입을 연다. '다음 모임에 기타를 가져오겠습니다. 제 기타 반주로 그 노래를 불러 줄 수 있겠습니까.' 이것은 픽션이 아니다. 변성기 이래 유전적 성대결절로 고생해온 수십 년 응어리가 눈 녹듯 풀리는 순간이었다. 그 착실한 일본인은 나의 돌연한 퇴임 소식을 듣고 꽤나 실망했을지 모른다. 한일합작공연 무산은 내게도 아쉬웠다.

음악을 빌미로 도움 받은 여러 경험이 연이어 떠오른다. 오찬 때 옆자리에 메마른 인상의 노르웨이 대표가 앉았을 때, 침묵이 불편해진 내가 작곡가 그리그 이야기를 꺼내자 그가 다변가로 돌변했다. 큰 키에 시종 무게를 잡았던 인도 대표는 내가 인도 전통악기 시타르의 명인 라비 샹카를 거명하자, 라비 샹카의 딸 이야기까지 꺼내며 부드러워졌다. 권익위원장 시절, 국제 옴부즈만 회의에서 만난 포르투갈 출신의 마카오 여직원은 내가 꺼낸 모든 포르투갈 관련 상식들, 바스코 다가마에 이어 축구선수 에우제비우를 거쳐 파두(Fado)의 명가수 아밀리아 호드리게스 이야기에 눈빛이 반짝거리더니, 귀국 후 아밀리아의 귀한 CD세트까지 보내주었다. – 아밀리아가 타계하였을 때 사흘간 국장을 치렀다는 이야기를 들었다. –

국제회의라는 명목으로, 가보지도 못한 먼 나라 다양한 용모의 사람들을 두루 만난 경험은 감사하였고, 지구인이라는 말뜻을 처음 실감하는 기회이기도 했다. 음악이 그 지구인들 틈에서 부드럽고 충실하게 내 곁을 따르며 윤활유 구실을 해주었다.

호모 센티멘탈리스

음악을 듣기만 했을 뿐 악기 하나 다룰 줄 모르는 인생이 되어버렸다. 은퇴 후 악기 하는 사람들이 적지 않다. 록 밴드의 기타리스트가 멋져 보이고는 했지만, 노년에 감히 시도한다면 망령 났다는 소리 듣기 십상일 것이다. 어느 날 들려온 거문고 소리가 좋아 연습학원까지 찾아보았으나 아직 실행에 뛰어들지는 않았다.

지난 세월 내 곁에서 길동무했던 슈베르트와 몇 작곡가들 이야기를 꺼내보았지만, 어찌 그들뿐이겠는가. 밤하늘의 별처럼 숱한 명곡들 가운데, 인생길 굽이굽이에서 함께 길을 걸었던 몇몇 곡들을 떠올린다. 이럴 땐 눈 감고 신파조 감상에 젖는 수밖에 없다. 감상(感傷)은 인간만이 누리는 특권적 감정의 하나가 아닌가.

> 사위(四圍) 고요한 깊은 밤의 골방 같은 서재. 빈 원고지 앞에서 시간만 흘려보낼 때 들려오던 빌 더글라스의 <찬가>(Hymn)와 <비가>(Elegy), 꿈길을 헤매듯 느리게 읊조리는 프로콜 하럼의 <창백해진 그대 얼굴>(A Whiter Shade of Pale), 그리고 마침내 레드 제플린의 <천국으로 가는 계단>(Stairway to Heaven). 글이 나가지 않아도 좋았다. 캄캄한 우주 깊숙이 빛을 따라 걸어 오르는 잠시의 몽환.

> 늦은 오후, 한기 스며드는 연구실 구석에서 들려오던 <수제천>(壽齊天), <영산회상>(靈山會相). 바흐가 조선에 태어났다면 이런 곡들을 지었을지.

눈발 흩날리는 저녁, 독작(獨酌)을 곁들여 겨울 숲 창가에서 듣는 라흐마니노프 피아노 협주곡 2번. 20여 년 전, 시애틀의 대학 캠퍼스 주변 가게에서 구입했던, 1929년 작곡자 직접 연주의 중고 음반. 로맨틱 영화 장면에서 감초처럼 흐르고는 했지만, 언제 들어도 싫지 않았다.

황혼녘, 청춘의 영원한 음악적 표상 사이먼 앤 가펑클을 듣는다. <고향 가는 길>(Homeward Bound), <아메리카>, 그리고 <복서>(The Boxer).

청춘기에만 있을 수 있는 또는 이룰 수 있는 불가사의한 일들, 그런 일들이 더는 불가함을 확인할 때의 덧없음.

"그날이 덧없다 / 바람 갓하라 / 젊은 꿈의 날이 / 피끓던 날이 / 센 머리 세어보면서 / 그리운 지난날 더듬고 우네."

어느 신문기사에서 읽은 일제강점기의 유행가 <쓰러진 젊은 꿈>의 한 구절이다. 작사가가 이채롭다. 춘원 이광수.

음유시인 레너드 코헨의 노래는 흐린 날에 어울린다. <연인이여>(Lover, Lover, Lover), <이름난 푸른 레인코트>(Famous Blue Raincoat), <할렐루야>, …

노인 냄새가 물씬한 노년 코헨의 저음은 노인을 위한 노래처럼 들린다. 그의 노래는 페이소스만이 아니다. 눈물 빛이 어른거리는 유머 섞인 창법. 그렇다. 노년을 버티는 방책은 웃음이다. 헛소리, 억지웃음이라도 웃음이야말로 보약. 매일 아침 성 토마스 모어의 '유머를 위한 기도'를 낭송하신다는 프란치스코 교황님. '웃음은 마음의 꽃이다.' 그 분의 말씀이다.

요즘 한때는 빌라-로부스의 기타 선율, 전주곡 1번을 자주 찾았다. 기타 독주로 듣는 비틀즈 명곡들도 못지않다. 잔잔한 청량제다. 비틀즈 곡에는 젊음의 환희와 애잔함이 아름답게 공존한다. 그들은 노동자계급 출신이었다.

문득 절간을 찾고 싶은 한가한 오후. 무념무상, 한없이 이어지는 청량한 염불 소리 같은 바흐의 클라비어 <평균율>. 내면의 허기를 달래주는 쌀밥 향기 같은 음향. 글렌 굴드의 콧바람 섞인 음성이 끼어드는 연주는 가히 별유천지다. 애련(愛憐)에 물들지 않는 초연한 무한 음향. 흑백의 건반 소리가 이처럼 와 닿는 줄은 예전엔 미처 몰랐었네.

'모든 게 지나갔다'는 듯 들리는 음악이 있다. 영화 <아웃 오브 아프리카>에서 흐르던 모차르트의 클라리넷 협주곡. 눈을 감지 않아도 새털처럼 가볍게 하늘을 오르는 영혼의 영상이 펼쳐진다. 쇼팽의 야상곡 10번 첫 멜로디도 '모든 것이 끝났다'고 속삭인다. 체념의 미학을 건반으로 담담히 읊조린다. '다 끝났다'는 사실 앞에서 모차르트는 솜털같이 따뜻하고 쇼팽은 달빛 어린 시냇물처럼 시리다. 끝남은 두려움과 안도의 양가적(兩價的) 심회를 불러일으킨다.

종말과 구원을 다룬 타르코프스키(Andrei Tarkovsky) 감독의 마지막 영화 <희생>(The Sacrifice). 그 첫 장면에 흐르던 <불쌍히 여기소서>(Erbarme dich). 바흐의 칸타타 마태수난곡 중의 아리아다. 마지막 길에 듣고 싶을 법한, 알토 율리아 하마리(Julia Hamari)의 천상의 음성. - 아니, 바이올린 소리가 너무 애절하게 들릴지 모르겠다. 장자는 부인 장례에서 흥겹게 노래를 불렀다는데. … 바브라 스트라이샌드가 부르는 클래식 음반에는 거룩하고 따뜻한 바로크 성악곡들이 흐른다. 그 중에도 백미는 헨델의 <주께, 감사하나이다>(Dank sei Dir, Herr).

현대인은 '호모 센티멘탈리스'라고 말한 작가가 있다. 호모 센티멘탈리스는 '감정을 느끼는 사람이 아니라 감정을 가치로 정립한 사람'이다.(밀란 쿤데라). 온갖 세상사의 철학적 편린을 소설화하는 이 작가는 음악에 관해서도 이렇게 한마디 한다.

어떤 문명도 음(音)을 토대로 온갖 형태와 양식을 자랑하는 천년의 유럽

음악사 같은 기적을 창조해내지는 못했다! 유럽이란 곧 위대한 음악과 호모 센티멘탈리스다. 둘은 같은 요람에 나란히 누운 쌍둥이 같다.

유럽음악이 최고봉이라는 생각은 가령 가야금 명인 황병기 선생 같은 분도 내심 인정했을지 모른다. 세계의 모든 음악이 각기 고유한 미학을 지니고 있음은 부정할 수 없지만, 그 폭과 깊이와 다양함과 치밀함에서 어느 음악도 서양음악에 견주기는 힘들지 않을까. 어떻든 쿤데라가 낭판파 음악을 옹호하는 점은 그가 나이 들었음을 자인하는 것인지도 모른다. 그는 말한다.

> 음악, 그것은 영혼을 부풀리는 펌프다. 말러는 여전히 천진하고 직접적으로 호모 센티멘탈리스에 호소하는 최후의 위대한 작곡가다. 말러 이후 감정은 음악에서 수상쩍은 것이 된다. 드뷔시는 우리를 매혹하고자 하지 감동시키고자 하지 않으며, 스트라빈스키는 감정을 부끄러워한다. (『불멸』).

모든 첨단은 늘 파괴를 수반한다. 첨단을 추구하는 사람들은 늘 있기 마련이지만 첨단적인 것이 늘 아름다운 것은 아니며 도리어 아름답지 못할 때가 적지 않다. 아름답지 못하던 것이 아름답게 느껴지려면 대체로 긴 시간이 필요하고 끝내 실패하는 경우가 더 많을 것이다. 평범한 보수적 귀를 지닌 나는 스트라빈스키 음악에 매혹된 경험이 없다. 거듭 노력해도 노력해서 될 일이 아니다.

만일 인간이 센티멘털 감정을 느끼지 못하는 존재였다면 그 삶을 어떻게 견뎌냈을까. 휴일 없는 노동자의 사막 같은 삶이 아니었을까. 인간이 감성적 존재인 한 원초적인 낭만파 음악은 불멸이다. 낭만파 음악의 시대를 연 슈베르트 역시 불멸이리라. 노년에 들어선 음악소비자의 한담일 뿐이다.

요즘 나의 아침 음악 듣기에는 종래와 다른 점이 있다. 아침식사를 하면서 늘 바로크음악 CD를 틀어 놓았지만 가끔은 일탈의 쾌감을 맛본다. 한 음악채널에서는 아침부터 요란한 미국 대중음악을 보낸다. 오래 전의 디스코 리듬이 자주 흘러나온다. 아마도 출근 준비하는 사람들의 기운을 북돋우려는 갸륵한 배려일 것이지만, 아침을 맞는 노년에게도 때로 흥을 돋운다. 찬란한 아침.

현란한 심리적 수사가 범람하는 어떤 소설에서 이런 문장이 눈에 들어왔다. 음반들에 먼지가 쌓인 것을 보면서 한 등장인물이 이렇게 술회한다.

> 음악이 그의 인생에서 중요한 역할을 하던 시기는 오래 전에 지나간 모양이었다. (『리스본행 야간열차』).

음악 듣는 데 유효시한이 있는가. 이 작가는 음악광은 아닌 듯하다. 무라카미 하루키는 음악에 관한 잡문 끄트머리에서 이런 과잉 수사를 늘어놓는다. "정말로 좋은 음악을 만났을 때의 기쁨은 이루 말할 수 없이 큽니다. 극단적으로 표현하면, 살아 있어서 다행이라는 생각까지 듭니다." – 뭐 그렇게까지야 싶지만 순간적으로 그런 느낌이 들 수도 있겠다.

슈베르트가 스무 살 때 작곡한 가곡 <음악에 부쳐>(An die Musik)는 그의 절친 프란츠 폰 쇼버(Franz von Schober)의 시에 노래를 붙인 것이다. 이 노래를 그대로 음악에게 전한다.

> 오 그대 사랑스런 예술이여
> 어두운 시절, 삶의 거친 회오리가 나를 휘몰아칠 때
> 그대 따뜻한 사랑으로 내 가슴에 불 지피어
> 더 나은 세상으로 나를 데려가 주었네
> 더 나은 세상으로!

때로 이제는 정적(靜寂)에 친숙해질 시간이라는 생각이 든다. 하지만 나의 인생에서 음악이 중요한 역할을 하던 시기는 아직 지나가지 않았다.

야구의 추억

아버지

저녁이면 아버지는 늘 반주를 즐기셨다. 반주라는 말에는 까닭 없이 정겨운 느낌이 따르기도 하지만, 아버지의 반주는 반듯한 주량을 넘는 날이 드물지 않았다.

초등학교 시절 어느 날, 아버지가 불그레한 얼굴로 밥상머리 훈육 한 말씀을 꺼내신다. '사람은 덕이 있어야 한다.' 덕(德)? 그 말씀을 듣고 나는 부끄러워졌다. 아직 덕이 무언지 알 나이는 아니었지만, 내게 덕이 몹시 부족하며 그것은 마땅히 부끄러워해야 할 일임은 어렴풋 짐작하였다.

시험성적이 흡족하지 않을 때면 나는 집에 돌아와 어머니에게 괜한 심통을 부리고는 하였는데, 아버지는 그 이야기를 전해 들었음에 틀림없었을 것이었다. 오죽 어린 아들이 덕이 없어 보였으면 그런 어려운 말씀을 마다하지 않으셨을까. 내게 손톱만큼이나마 덕의 끝자락이라도 남아 있다면 그건 아버지 덕이다. 나는 내 아이들에게 아무런 인격적 교훈을 준 기억이 없다.

아버지가 어린 내게 그런 어려운 말씀만 해주신 것은 아니다. 휴일이면 아버지와 함께 자주 운동경기장에 갔다. 집 가까이 장충체육관이 있었다. 지금도 보수하여 사용되고 있지만, 1963년 필리핀의 기술지원으로 지었다는 그 돔 경기장은 당시로선 자랑스러운 첨단 실내 경기장이었다. 여자농구가 한창 인기이던 시절이다. 박신자 선수는 숙명여고 재학 때부터 전국적 스타였고, 그가 입단한 상업은행 여자농구팀은 최강이었다.

라이벌 한국은행 팀과의 경기는 늘 빅게임이었는데, 한국은행 팀에는 경기여고 출신의 유명한 선수가 있었다. 내가 한국은행 팀을 응원한 것은 그 경기여고 출신 선수 때문만은 아니다. '한은'이 '상은'을 이길 때보다 질 때가 많았기 때문이다. 상대팀이었지만 박신자 선수는 어린 눈에도 어딘지 모를 의연한 기품이 돋보였다. 그가 세계여자농구선수권대회 MVP로 선정되었을 때 당연히 큰 뉴스거리였다. 그런 실력과 품위를 겸비한 운동선수가 요즘도 있을 것으로 믿는다.

아버지가 자주 데려간 경기장은 동대문야구장이었고, 언젠가는 멀리 용산에 있던 육군야구장에 간 적도 있다. 제대로 관중석이 마련되지 않은 연습구장이었지만, 포플러 나무가 둘러싼 시골 풍경의 아늑한 구장이었다. 육군팀 1루수 김정환 선수는 중거리 강타자로 인기가 높았고, 해군팀 2루수 서 모 선수 – 이름이 가물가물하다. –도 국가대표였다. 홈런왕 김영조가 방망이를 들고 나서는 모습이 용산구장에서였는지 동대문구장이었는지는 기억이 흐리다. 그는 개선장군처럼 우람했다. 훗날 들으니 김영조는 일찍이 일제강점기 시절, 일본 프로야구단에서 명성을 날렸다고 한다. 김영조의 뒤를 이은 한국 4번 타자의 계보는 박현식, 그리고 김응룡으로 내려온다.

그 시절로부터 6,7년 지난 1964년 어느 날, 나는 동대문야구장 그라운드를 밟는 쾌거를 이룬다. 중학교 야구반에 들어간 이래 줄곧 후보 선수로 선배들 심부름만 하던 내가 동대문구장 정규 야구시합에서 뛰게 된 것은 작은 일이 아니다. 비록 C급 실력이었지만 아무렴 어떤가. 동대문야구장 그라운드에 섰다는 사실은 내 청소년기 중대 사건이다.

서울시 고교야구대회 예선전. 평일 오전 그 고등학교 야구시합의 관중석은 당연히 썰렁했지만, 몇 사람 안 되는 관중 가운데 아는 얼굴이 보였다. 이웃에 살던 J군이다. – 그는 학교 수업을 무시했다. – 멀리 또 아는 얼굴이 보인다. 아버지. 가슴이 콩닥거렸다. 그날 나는 우익수 앞에 높이 솟았다가 툭 떨어지는 빗맞은 안타를 때렸다. 어쨌든 내 첫 안타를 아버지 앞에서 이루어 낸 것이다. – 야구는 인생처럼 운이 적지 않게 작동하는 스포츠다. 그 시절 그런 '행운의 안타'를 속칭 '텍사스 안타'라고 불렀다. 지금도 가끔 그렇지만, 무슨 훌륭하지 못한 사물이나 장소를 일러 '텍사스'라는 접두어를 붙이고는 하였는데, 멀리 떨어져 있지만 텍사스의 넓은 평원에게 무례한 언사이다. –

내가 활동하는 모습을 현장에서 아버지가 직접 보신 것은 그 후 16년 지난 1980년 봄이다. 박정희 대통령 시해 사건 후, 이듬해 짧았던 '서울의 봄' 그 시절, 개헌논의가 무성할 때 한국일보 주최 토론회가 열렸다. – 지금의 서울시의회 의사당 자리에서다. – 외람되게도 32살 청년 법학교수로 그 토론회에 초대받았다. 떨리는 가슴을 누르고 연단에서 내려 보니 너른 강당 구석 뒷자리에 아버지 얼굴이 보였다. 3년 후 아버지는 당뇨 합병증으로 세상을 떠나셨다.

비싸고 복잡한

아프리카에서 야구하는 나라가 몇 나라나 되는가. 야구는 여간 비싼 스포츠가 아니다. 야구가 지속적으로 올림픽 정식종목이 될 수 있을지는 의문이다. 1960년대 경기고등학교 야구부에는 한 가지 특색이 있었다. 특정 초등학교 졸업생이 선수의 절반을 차지했다. 그 초등학교는 당대의 이른바 특수층 학교로 알려진 '귀족'학교였다. 기본 장비를 갖추고 야구놀이를 할 수 있었다.

경기 중고등학교에서도 그 시절 야구는 비싼 경기였다. 우선 공이 귀했다. 새 공은 보물단지 같았다. 주전투수가 연습할 때만 사용할 수 있었다. 내가 투수 후보가 되어 주전 선수가 몇 번 던지지 않은 공으로 던질 수 있었을 때 매우 감격스러웠다. 손끝의 그 감각은 고급 양단을 쓰다듬는 기분이었다. 저학년 후보 선수들은 때때로 너덜너덜 헤진 야구공 여러 개를 배당받아 집에서 꿰매 와야 했다. 나의 어머니는 그 껍질 벗겨진 야구공들을 기꺼이 바느질하는 시간외 초과노동을 마다하지 않았다.

유니폼도 그렇다. 상하의 저지(jersey)만이 아니라 모자, 언더셔츠, 스타킹, 스파이크에 이르기까지 갖추어야 할 품목이 여럿이다. 60년대에 야구유니폼은 사치품이었다. 처음 중학교 야구부에 들어가자 어느 옛적 선배부터 대를 이어 입었던 것인지 모를 누더기를 내어주었다. 요즘 학생들이라면 단연코 수령 거부할 것이다. '내가 거지인가'라고 거친 볼멘소리가 나왔을 것이다. 중고등학교 5년간의 야구부원 기간 중 – 고교 3학년 때는 입시준비로 야구를 할 수 없었다. – 새 유니폼을 지급받은 기억은 단 한 차례뿐이다. 선수증을 발급받기 위해 사진 찍을 때였다. 선수증이 있으면 경기장 자유 출입이 허용되었다. 그때 얼마나 뿌듯했는지.

경기중학 야구반 친구들. 오른쪽부터 강석호 · 강성룡 · 김덕기 · 이성태 · 저자 · 신경일 군, 그리고 이기동 체육선생님.

야구는 경기장비만이 아니라 경기규칙도 복잡하다. 축구와 비교하면 미적분과 덧셈 · 뺄셈과의 수준 차이다. 축구는 룰이라고 할 만한 게 별로 없다. 축구경기는 그냥 보면 된다. 스포츠에는 일체 무관심이던 아내조차 2002년 월드컵 때 열광하는 모습을 보고 놀랐다. 당시 월드컵은 경천동지할 이변이 하나둘 아니었지만, 아내가 아무 사전지식 없이 처음 축구 경기를 열성적으로 시청하는 데 아무 지장이 없었음은 물론이다.

아들 없이 딸뿐인 나는 둘째 딸이 중학생일 때 야구장에 데려간 적이 있다. 기본적인 규칙을 정성껏 무료 강습해 주었지만 현장 학습을 가니 무엇이 무언지 헷갈리고 지루한 모양이었다. 무엇이든 모르면 재미없다. 기초학습 한 시간만으로는 어림없었는지, 둘째 딸은 염불에 관심 없는 중처럼 관람을 포기하고 다른 것에 신경을 쏟기 시작했다. 수차례 매점으로 들락거리며, 아이스크림과 치킨 등 먹거리에 탐닉했다. 그럼에도 5회만 간신히 넘기고 얼마 안 지나 일찍 나와야 했다.

요즘 야구장에는 젊은 여성들이 적지 않다. 룰이나 작전 등을 제대로 알고 보는지 궁금하다. – 내가 고등학교 시절 작문숙제에서 칭찬받았던 글 제목이 "한국여성과 스포츠"이다. 그 다분히 계몽적 성격의 재미없는 수필에서 당시 야구장 관중에 여성이 없는 전근대적 현상을 질타하였다. 지금의 야구장 모습을 보면 세상은 너무 변했다. 공수 교대 시간에 관중석의 젊은 커플이 입맞춤하는 장면이 야구장 대형 스크린에 생중계된다. 한국사회의 빠른 변화는 오직 놀라울 뿐. –

요즘 일요일이면 야구장으로 향하는 지하철에서 심심찮게 볼 수 있는 광경이 있다. 응원팀 야구모자와 저지 상의를 갖춰 입은 어린 아들의 손목잡고 들떠 있는 젊은 아버지들. 아이 손에는 멋진 글로브까지 쥐어져 있다. 좋아진 세상 풍경의 하나다.

누추하지만 자랑스러운

1960년대 경기고 야구팀에서는 학업과 야구를 병행하였다. 학교수업이 끝난 후 해질 때까지 연습하였다. 그러면서도 곧잘 했다. – 해방 후 초기, 경기중학 야구팀은 경남중학 · 광주서중과 함께 명문 강팀이었다고 한다. – 매년 방문하던 재일교포 고교야구 선수단과의 시합은 당시의 빅게임이었는데, 1963년에는 경기고팀이 유일하게 재일교포팀을 꺾었다.

같은 해에 경기고등학교가 서울시 대표로 전국체전에도 참석한 적이 있다. 전주에서 열린 그 대회의 시합에서 나는 1학년 후보 선수로 참가해 심부름만 하였다. 인격수양의 시간이 되었을 뿐 아니라, 후보일지언정 전국체전 참가는 자랑스러운 개인사의 한 대목이다. 수년 전 야신(野神)으로 불리는 김성근 감독과 환담을 나눌 기회가 있었을 때, 당시 경기고 야구부의 에이스 변재혁의 이름을 꺼내니 김 감독도 알고 있었다. 과거 김 감독은 재일교포 출신의 좌완 명투수였다.

2년 위 선배였던 변재혁은 당시 흔치 않던 '사이드 암' 우완이었다. 오른손 타자 가슴 쪽으로 휘어 오르는 공이 위력적이었다. 당시에는 '슈트'라고 불렀다. 일본식 용어였지만 정체불명의 구식 야구용어이다. 한때 투수 후보이기도 했던 나에게 변 선배는 요즘 말로 나의 '사수'였다. 부산 원정 갔을 때다. 변 선배는 이미 전국구 스타로, 부산 여학생들에게 대단한 인기였다. 묵고 있는 여관에 여학생들이 찾아오는 바람에, 선수단과 함께 내려온 선생님이 그 단속에 애를 먹었다. 변 선배는 신출귀몰하게 방어막을 뚫고 무단 외출에 성공하였다. 그 다음 날, 부산공고와의 경기에서 경기고는 당연하고 마땅히 대패했다. 당시 부산공고에는 강타자 이재우가 유격수를 맡고 있었다.

부산 원정 때 나에게도 잊을 수 없는 '사건'이 있었다. 외출 통제령이 내려져 저녁식사 후 달리 할 일이 없자, 모두들 여관 옥상에 올라가 노래자랑이 벌어졌을 때다. 야구반과 동행한 기율반 담당 김영진 선생님이 갑자기 주머니에서 편지 한 장을 꺼내 읽기 시작했다. – 김 선생님은 경기고 선배이자 서울법대 선배이시기도 하다. 일반사회 과목 담당이셨다. – "용감하신 14번 … " 14번이라면 나의 등 번호다. 아니 '용감하신'이라니?

내가 그 부산 원정에서 한 일이라곤 선배들 뒷바라지밖에 없었다. 후보 선수라기보다는 유니폼 걸친 심부름 요원이었다. 시합 때 나의 주된 임무는 투수 변재혁이 이닝을 마치고 마운드에서 내려올 때 냉큼 달려나가 글로브를 받쳐 들고 나오는 일이었다. 그런데 '용감?' 기율반 선생님이 나의 그 첫 번째이자 유일한 팬레터를 무단 압수하였으므로 나는 편지의 다른 내용을 알 길이 없다. '용감하신 …' 부분에서 폭소가 터져 낭독이 중단되는 바람에 더 이상 편지내용을 확인할 수 없었기 때문이다. 지금까지 미궁이다. 팬레터 발신자가 부산여중 3학생이라는 사실만 공개되었을 뿐이다. 사실, 수많은 관중의 환시 속에서 매 이닝마다 스타의 글로브를 모셔오기 위해 쪼르르 달려 나갔다 나오는 일은 - 그것도 여학생들 앞에서 - 여간 용기를 요하는 일이 아니었다. 그 여중생이 설마 그런 용기를 뜻한 것은 아니었을 것으로 지금껏 굳게 믿고 있지만, 알 수 없는 일이다.

아버지 앞에서 첫 안타를 때렸던 서울시 고교춘계리그의 또 다른 이야기 한 대목이다. 당시 중앙고등학교 야구팀에 신예 강속구 투수가 나타났다. 이원국. 그는 2학년부터 큰 이름을 날렸지만 이미 1학년 시절에도 위력을 보여주기 시작했다. 그와 겨뤘을 때다. 타석에 들어서서 날아들어오는 공을 마주해 보자니 서 있기 겁이 날 정도로 빨랐다. - 삼진당한 기억이 없으므로 공을 맞추기는 했을 것이다. - 그는 그 후 대투수가 되었다. 고교 졸업 후 일본 프로야구단(도쿄 '오리온즈')에 입단하였고, 한국 프로야구 초기 MBC청룡 팀에서 잠시 뛰었다. 미국에 진출, 메이저리그에는 입성하지 못했으나 멕시코 리그로 옮겨 그곳 야구의 전당에까지 올랐다는 소식을 들은 적이 있다. 내가 이원국과 함께 야구를 했다는 사실은 동대문구장에서의 내 빗맞은 첫 안타와 함께, 누추한 내 야구 역사에서 내세울 수 있는 자랑스러운 한 페이지다.

오랜 역사의 동대문야구장이 사라진 것은 아쉽기 그지없다. 야구경기만이 아니라 다른 많은 역사적 행사가 열렸던 그곳을 굳이 헐어야 했는가. 지금 그 자리에 들어선 희한한 건축물을 보노라면 더욱 납득하기 힘들다. 어느 유명한 외국 건축가가 설계했다지만 아무리 보아도 역사적 야구장을 헐어버릴 만큼 근사해보이지는 않는다. 어떤 멋있는 건물이 들어섰더라도 마찬가지였을 것이다. 1924년 완공되었다는 일본 고시엔(甲子園) 구장은 한신 타이거즈의 구장이자 지금껏 고교생 야구의 메카로 불리며 건재하다. 사진으로 보았을 뿐이지만 그 외벽을 덮은 푸른 담장이 덩굴만으로도 숱한 사연이 쌓인 유서 깊은 야구경기장임을 감지케 한다. 그 지방 출신 소설가 무라카미 하루키는 고시엔 구장이 가장 아름다운 구장이라고 회고한 적이 있다.

다만, 요즘 학생야구가 본뜻의 학생야구에 걸맞느냐고 묻는다면 몹시 회의적이다. 마치 프로야구의 예비사단처럼 보인다. 이미 어린이 리틀 야구에서부터 프로선수들을 그대로 흉내 내는 경기장 매너는 보기 불편하다.

내 삶에서 야구선수라기보다는 야구반 학생으로서의 경험은 꽤 소중한 시간이었다. 지금껏 내가 매 맞아 본 기억은 몇 차례 없다. 처음은 고교시절 야구반에서다. 2년 위 선배가 어느 날 단체기합으로 엉덩이에 방망이를 휘둘렀다. 예상보다 아프지 않았던 까닭은 힘껏 휘두르지 않았기 때문이었다. 평소 인품이 좋아보였던 그 선배의 돌연한 기합은 기율확립과 성적향상을 위한 순정한 동기에서 나왔음이 틀림없지만, 요즘의 바뀐 세상에서는 이해받기 힘들지 모른다.

두 번째 경험은 역시 고등학생 때이다. 하교 길에 인사동 골목에서 1년 선배에게 맞았다. 구타 사유는 경례를 안 했다는 것. 주먹으로 뺨을 맞고 길바닥에 쓰러졌다. 다음날 아침 볼이 크게 부어올랐다. 그 후 권투경기를 볼 때면 권투선수들이 한편으론 대단하고 다른 한편 몹시 불쌍히 보인다. – 요즘은 권투를 보지 않는다. – 세 번째의 매 맞은 경험은 논산훈련소에서다. 일요일에 독실한 기독교도가 아님에도 예배장소로 향하는 중이었다. 멀리서 누가 부르는 소리가 들렸다. 다가가니 그저 아무 말 않고 발길로 내 무릎을 걷어찬다. 작대기 한 개의 2등병이다. 무등병인 훈련병 기간을 마치고 훈련소를 나서기 직전 2등병 계급장을 달았을 때 몹시 뿌듯하였다.

한때 상당 기간 이런 생각을 한 적도 있다. 정글 같은 인생길을 버텨 가자면 얼마간의 맷집이 필요하지 않은가. 학교폭력이 문제되는 요즘 세상에서는 구시대 사고방식일 것이지만, 어쨌거나 중고교 시절 야구반 생활의 경험은 소중했다. 청소년 시절, 반드시 스포츠 한 종목은 필요하며, 단체 스포츠 경험이 특히 남자들에게 중요하다는 생각이다. 가끔 결혼식 주례를 맡았을 때 신랑신부에게 이 점을 강조하기도 하였다. '아이 셋은 낳아 꼭 단체경기를 시키기 바랍니다.'

나는 왜 유달리 중고교시절 야구반의 추억에 매달리는 것일까. 야구의 재미 때문이겠지만 그것만은 아닐 것이다. 내가 결코 판박이 '범생이'는 아니었다는 유력한 증거이기 때문인가.

야구란 무엇인가 : 하늘을 보는 스포츠

우아하고 가혹한

"야구는 인간이 개발해낸 스포츠 중에서 가장 지적이고, 가장 섬세하며, 가장 우아하다." (소설가 김도언. '야구에 대한 생각').

한번이라도 야구장에 가보았을 만큼 야구를 조금이나마 안다면 누구나 야구가 얼마나 지적이고 섬세한지 느낀 적이 있을 것이다. 야구처럼 규칙이 세세하고, 자잘한 작전이 수다한 경기는 찾아보기 힘들다. 나아가, 장쾌한 홈런 타자의 스윙이나 날렵하게 능숙한 유격수의 수비 모습, 또는 아름답기까지 한 투구 동작을 보면 잠시 우아하다는 느낌도 스칠 법하다. 하지만 양지가 있으면 음지가 따르듯, 야구는 결코 착한 게임은 아니다. – 모든 게임이란 대체로 그렇지만. –

야구는 우아한 만큼이나 가혹하다. 우아하고 화려하기까지 한 모습으로 투수가 3진을 이끌어내는 순간, 타석에서 물러나는 타자의 얼굴을 보라. 그 게임이 큰 경기일수록 그 표정의 안쓰러움도 더해간다. 어떤 텔레비전 중계 카메라는 3진 먹은 선수의 얼굴을 클로즈업시키며 줄곧 따라간다. – 시청자의 잠재된 가학 취향을 부채질하는 것인가. 선의인지 악의인지는 모르겠지만 가혹한 것은 확실하다. – 요즘은 그런 순간 대부분의 선수는 자기를 물리친 투수의 얼굴을 향해 노려보는 척한다. 그에게는 그 순간 땅을 내려다보고 기죽을 자유조차 없다. 아마도 코치나 선배선수가 그랬을 것이다. '3진 먹더라도 기죽은 표정 짓지 말라.'

야구가 가혹한 경기임을 입증하는 사례는 수없이 들 수 있다. 역전

기회에서 병살타를 친 4번 타자의 모습, 만루 홈런을 맞은 원 포인트 릴리프, '알까기' 실책을 범한 내야수의 민망한 얼굴, 9회 말 밀어내기 4구로 패전의 짐을 짊어진 마무리 투수의 풀어진 눈동자와 두 다리 등등.

야구의 가혹성은 이 경기의 내재된 속성이다. 그 가혹성은 야구의 느린 진행속도로 인해 증폭된다. 투수들은 첫 공을 던지기 전, 곧잘 마운드에서 한 걸음 물러나 뒤로 돌아선다. 모자를 벗고 제사장처럼 하늘을 우러르거나 심장 위에 손을 얹고 머리 숙여 묵념을 하기도 한다. 잠시 숙연하다. 투수 플레이트에 발을 들여놓은 뒤에는 한참 포수와 교신한 후 대개는 뜸을 더 들이며 타자의 타이밍을 뺏으려 획책한다.

그 시간, 타자는 이리저리 자신이 오랜 시간 길들여 온 나름의 몸 풀기로 대비한다. 때때로 타임을 부르고 타석에서 벗어나 투수의 타이밍을 흩트려 놓는다. 이 모든 시간, 투수와 타자, 야수들, 감독과 코치들이 긴장의 끈을 놓지 못한다. 그렇게 3시간을 넘긴다. – 때로 그 두 배에 가까울 때도 있다. 자정을 넘겨 잠실 경기장을 떠났던 신나는 경험도 있었다. – 야구는 축구처럼 매시간 몸이 시키는 대로 쉼 없이 움직이지 않는다. 수십만, 수백만을 넘는 눈동자들이 주시하는 가운데 홀로 긴 시간 불안을 견뎌내야 한다. 야구는 가혹한 경기다. 그 가혹성을 이겨내는 굵은 뇌신경을 지니지 못하면 대선수가 될 수 없다.

가령 이런 장면을 상상해본다. 한국시리즈 최종 경기. 9회 말 8:7, 2아웃 만루, 3볼 2스트라이크. 투수와 타자 모두 절대 고독, 절대 불안의 상황이다. 로마 콜로세움 검투장에서 맞선 사자와 글래디에이터가 떠오르지 않는가.

가혹성을 넘어 잔혹성을 드러내는 야구경기도 있다. 선발투수가 초반부터 두드려 맞고 대량실점을 하는데도 투수를 교체하지 않는 게임을 본 적이 있다. 사실상 게임을 포기한 이상 불필요한 투수력 낭비를 않겠다는 속셈일 것이지만, 관중 모독일 뿐 아니라 선수의 인권 침해다. 설사 우승을 한다고 해도 이런 감독을 명장이라고 부를 수는 없다.

야구는 겉으로 우아하면서 가혹하기 짝이 없는 경기다. 야구의 재미는 야구의 가혹성과 불가분인가. 야구의 일면인 우아함을 인생에서 찾기는 쉽지 않지만, 야구의 내재적 가혹성은 사람 세상과 닮아 있다.

불확정성

『야구란 무엇인가』라는 제목의 책이 있다. 용감한 제목이다. '너희가 야구를 알아'라고 반문하고 싶을 만큼 야구는 알 수 없다. 야구 해설자들 누구나 애호하는 관용적 수사는 '야구 몰라요'다. 하나 더 든다면, '끝날 때까지 끝난 게 아니다.' 해설자의 경기 예측은 재미를 위해서가 아니라면 무모하다. 해설자가 타자의 재능을 칭찬하자마자 삼진으로 물러나는 장면은 흔하다. 야구의 특성은 돈 많이 든다거나 규칙이 복잡하다거나 등등, 그 외면에만 있는 것은 아니다. '야구는 모른다'는 불확정성, 불확실성이야말로 야구의 본질적 속성이 아닐까.

야구경기의 승패를 좌우하는 스트라이크 존부터 결코 확정적이지 않다. 물론 규정은 있다. 일반적으로 가로 폭은 홈플레이트의 폭, 세로 폭은 가슴・허리의 중간선에서 무릎까지로 되어 있다. 한국 야구 공식규칙에 따르면, 세로 폭은 '어깨의 윗부분과 바지의 윗부분의 중간점'과 '무릎의 아랫부분' 사이로 되어 있다. 과거에는 '무릎의 윗부분'이었으나 현재는 약간 확대되어 있다. 투수에게 유리하도록 변경한 것은 우리 투수들이 대체로 타자에 비해 약체임을 말해준다. 투수에게 더 유리하도록 다시 변경한다는 소식이 들린다.

'어깨의 윗부분과 바지의 윗부분의 중간점'과 '무릎의 아랫부분' 사이는 얼마나 불확정적인가. 그 폭은 선수들마다 다를 뿐만 아니라 동일한 선수라도 매번 똑같은 자세는 아니다. 전적으로 주심에게 맡겨져 있다고 해도 지나치지 않거니와, 과연 주심은 매 타자마다 다른 존을 그때그때 엄정히 재설정하는 신출귀몰한 능력을 지니고 있는 것인가. 요즘의 텔레비전 중계방송을 보면 매번 타석에서 직사각형 스트라이크 존을 표시해주기도 한다. 그러나 그것도 과연 정확한 것일까. 월드시리즈 최종

7차전 9회말 스코어 8:8, 투아웃 주자 만루, 스리 볼 · 투 스트라이크 상황에서 낙차 큰 커브 볼이 들어오는 순간, 그 스트라이크 여부 판정을 생각하면 오금이 저릴 정도가 아닌가.

스트라이크 존의 불확정성만이 아니다. 아웃과 세이프 여부, 피차 보크 여부, 또는 외야 폴보다 높이 솟아오른 타구의 홈런 여부의 판정 등 야구 승패의 운명을 가르는 판정들은 불확실성의 연속이다. '느린 화면'이 모두 해결해 주지는 못한다. '잘못된 심판 판정도 경기의 일부분'이라는 이야기는 그럴 듯하지만, 크게 억울하지는 않아야 한다.

스트라이크 존이나 심판 판정만이 아니다. 야구의 기술, 특히 타격이야말로 그 정체를 알기 어려운 미궁의 영역이다. 둥근 야구공과 둥근 배트의 중심 부분이 정면으로 맞을 수 있는 폭은 겨우 1.2cm에 불과하다고 한다.(레너드 코펫, 『야구란 무엇인가』). 눈 깜짝하는 순간에 이루어지는 타격 행위는 반사행동일 뿐이다. 무엇이 옳은 타격 자세이며 어떤 스윙이 좋은 것인지 정설은 없다. 타고난 재능이 결정적이라는 점 외에 그럴듯한 설명은 찾기 어렵다. 방망이 '스윗 스팟'에 공을 맞추었다고 해도 결과를 좌우하는 복병은 도처에 숨어 있다. 그라운드 상태, 바람의 방향과 세기, 수비수의 위치선정과 기술, 야간조명 상태 등. 타격은 오직 결과가 말할 뿐이다. – 결과로 말한다는 점에서 야구와 인생은 다르다. 인생에서는 동기와 과정이 중요하다. 다만 인생도 야구처럼 결과가 말한다고 보는 사람들이 점점 늘어나고 있다. –

기술을 떠나서도 불확정하거나 불확실한 영역은 넓다. 야구는 흔히 '멘탈 게임'이라고 한다. 사람의 정신이야말로 얼마나 종잡을 수 없는가. 뇌 연구야말로 인간연구의 마지막 영역일 것이다. 이런저런 불확정성에도 불구하고 야구는 얼마나 재미있는가. 아니 그렇기에 더 재미있음에 틀림없다.

인생도 그렇지 않은가. 새옹지마 인생여로에 불확정성이 없다면 얼마나 무미건조할 것인가. 오묘한 물리적 원리 가운데도 불확정성이 있다지 않는가. 원자의 세계도, 인생도, 야구도 모두 불확정! – 재판, 특히 헌

법재판 역시 불확정성에서 벗어나지 못한다는 점이 법학자로서 은퇴 후 나의 마지막 연구주제였다. –

야구 시(詩) : 여태천(余泰天)을 찾아서

야구의 원조라 할 미국에는 야구 시(baseball poem)가 적지 않다고 한다. 많이 알려진 야구 시 가운데, 로버트 프랜시스(Robert Francis, 1901–1987)의 <투수>(Pitcher)가 있다. 그 첫 연(聯)을 본다.

그의 예술은 벗어나기다. 그의 목표는
어떻게 하면 그가 노리는 듯 보이는 표적을 맞추지 않는가이다.
그의 열정은 어떻게 확연함을 회피할 것인가,
그의 기술은 어떻게 그 회피를 변용할 것인가에 있다.

His art is eccentricity, his aim
How not to hit the mark he seems to aim at.
His passion how to avoid the obvious,
His technique how to vary the avoidance.

이 시인은 류현진 같은 기교파 투수를 그리는 듯하다. 한창 때 류현진의 투구는 '예술'이라는 평을 들었다. 이 시의 둘째 연은 '투수'가 곧 시인의 은유임을 더 직설적으로 드러내고 있다. 다분히 난해시를 쓰는 시인을 염두에 둔 듯하다.

미국 못지않은 야구의 나라인 한국에는 독보적인 야구 시가 있다. 시인 여태천의 시집 제목이 『스윙』이다. 같은 표제의 시를 비롯해, 여러 야구 시편들이 눈길을 끈다.

커피 물이 끓는 동안에 홈런은 나온다.

그는 왼발을 크게 내디디며 배트를 휘둘렀다.
좌익수 키를 훌쩍 넘어가는 마음.
제기랄, 뭐 하자는 거야.
…
…
식탁 위로 찻잔을 찾으러 오는 시간.
커피는 아주 조금 식었고
향이 깊어지는
바로 그때
도무지 아무 생각이 나지 않을 때
국자를 들고 우아하게 스윙을 한다.
- <스윙>

이번에도 중견수는 머리 위로 날아오르는 볼을 놓쳤다.
…
플라이 볼의 실재는
볼에 있는 걸까, 플라이에 있는 걸까.
비어 있는 궁리(窮理)에 있는 걸까.

플라이 볼이 흔적만 남기고 간 허공.
…
적당한 높이에 마음을 걸어 두면
어두워서 뚜렷해지는 생각들.
모두 플라이아웃이다.
- <플라이아웃>

…
승패와 관계없는 몇 개의 게임이

남아 있었다.

애인으로부터 버림받은 사람처럼
불펜에서 노닥거리거나
구경 나온 다른 그녀를 위해
우리는 희생번트를 댔다.
…
우리는 전력 질주하지 않았고
홈으로 돌아오는 걸 잊었다.
…
포물선을 그리며
맥주 캔이 날아왔다.
더그아웃에서 우리는 진짜 프로였다.
- <더블헤더>

우두커니
몰려오는 저녁의 비를 바라보는
새의 표정으로

은퇴를 심각하게 고려하는 저 타자.
한때 그도
…
차례로 자리를 일어서는 저 관중들 앞에서
헛스윙으로
삼진을 당하고 돌아서는 타자의
무표정한 얼굴을, 다시 한 번
보여 주고 싶어.
…

이미 끝난 게임
9회 초 마지막 공격에서 터지는 장외 홈런.
우리의 생은 펜스 너머로 아득히 멀어지고
…
- <전력 질주>

소월의 시 <산유화>를 좋아하는 내게 여태천의 야구 시는 어렵다. 플라이 볼의 실재론을 펴는 대목은 선문답이다. 플라이 볼은 사라졌을 뿐, 어디에도 없다. 그나마 그의 야구 시만은 조금 알 만하다고 여기는 것은 내가 야구를 많이 안다고 생각하기 때문이다. 그의 시를 나름대로 느낄 수는 있다고 느낀다. 여태천의 시에서 건조하면서도 서글픈 약간의 쾌감을 느끼는 건 내 자유다.

시인이 바라보는 투수는 "애인으로부터 버림받은 사람처럼 불펜에서 노닥거리는" 불펜투수이다. 타자를 보되, "구경 나온 다른 그녀를 위해 희생번트를 대는" 타자를 본다. "머리 위로 날아오르는 볼을 놓치는" 중견수를 보고, "전력 질주하지 않는" 주자를 본다.

"스트라이크를 던지지 못한 저 투수의 볼과 / 볼의 궤적에서 한참 멀리 떨어진 / 핀치히터의 풀스윙"을 본다. - <원 포인트 릴리프>.

그리하여 "모두 플라이아웃"이다. 맥주 캔이 날아오는 "더그아웃에서 진짜 프로"이다.

야구를 보는 시인의 시선은 메마르다. 강속구의 선발투수를 찬양하지 않고 역전 홈런의 타자를 찬미하지도 않는다. 머리 위로 날아가는 볼을 보며 '제기랄 …'이라고 흥얼거릴 뿐이다. 그는 야구장이 아니라 집안에서 야구를 관조함에 틀림없다. 간혹 경기장에 가더라도 좀체 흥분하지는 않을 것이다. 현장의 열띤 분위기에 젖으며 야구를 건조하게 관조하기는 어렵다. 시인은 야구를 보면서 일상을 보고, 야구의 허전함을 보면서 일상의 공허함을 본다. 일상과 야구의 덧없음을 동시에 바라본다.

'야구는 인생을 닮았다'는 얘기는 이제 낡았다. 그렇지만 야구에서 인생의 그늘을 보는 여태천의 야구 시는 전혀 진부하지 않다. 야구만이 아니라 그는 어디서나 비어 있음을 본다.

다만 절망이나 비탄에 빠지지 않는다. 오후 한때, 커피를 마시며, '국자를 들고 우아하게 스윙'한다. 헛스윙이 일으키는 바람이 서늘할 뿐이다. 그 서늘한 쓸쓸함에 묘한 아름다움과 끌림이 있다. 여태천의 야구 시는 무의미의 미학개론이다. 굳이 나름의 현학적 표현을 불사하자면, 그는 일상의 풍경에서 시학적 존재론을 탐구한다. 존재론은 어렵다.

"… 길고 오래 지속되는 밤과 낮들을 / 그렇게 또 / 살아가야 하는 것이다." – <중독>.

<김수영문학상> 수상작인 시집 『스윙』에 실린 다른 시 몇 구절을 더 옮긴다. 암스테르담은 내 중년에 처음 밟은 유럽 땅이었다.

> 외로운 사람들은 모두
> 암스테르담으로 간다.
> 콧수염을 달고 빨간 나비넥타이를 하고
> 커피하우스가 있는 암스테르담으로.
> …
> 낭만적인 중년의 며칠을 위해
> 사람들은 물위의 도시로 간다.
> …
> 지명타자는 3루 측 관중석 하단에서 잡히는
> 빗맞은 타구를 멍하니 바라보고 있다.
> 다른 곳으로 향하던 눈들이 하나로 모이는 곳
> 일요일엔 모두
> 암스테르담으로.
> – <암스테르담>

일본 작가 무라카미 하루키가 소설 쓰기로 결심하던 때의 이야기는 잘 알려져 있다. 대낮 야구장에서 허공에 뜬 흰 야구공을 바라본 순간, 소설가의 꿈을 꾸었다는 농담 같은 얘기다. 여태천의 야구 시에 접하고 나는 달리 생각을 하게 되었다. 하루키의 이야기는 진담일지 모른다. 어쩌면 창공의 하얀 야구공이 시야에서 사라진 순간, 불현듯 모든 걸 새롭게 바라보게 되지 않았을까. 한국의 시인 여태천이 읊은 것처럼, "플라이볼이 흔적만 남기고 간 허공"을 본 게 아니었을까.

굿바이 홈런에 열광하는 나와는 달리, 시인처럼 야구에서 공(空)을 읽어내든 아니든, 타자가 친 공이 창공으로 떠오르는 순간, 선수든 관중이든 모두 하늘을 바라본다. 하늘을 보는 야구는 장엄하다. 하얀 공이 담장을 넘어가는 순간, 모두들 새가 되어 하늘을 날아 모처럼 벽을 넘는다. 야구처럼 자주 하늘을 보는 스포츠는 별로 없다.

하얀 공이 푸른 하늘에 올라 로켓처럼 뻗어나가는 순간 야구는 예술이 된다. 그 흰 공을 쫓다 공(空)을 보는 순간 야구는 철학이다. 선(禪)이다.

– 하늘을 덮는 구장은 꿈의 구장일 수 없다. 돔 구장은 야구의 숭엄함을 덮어버린다. 야구의 축소·왜곡이다. 돔 구장이 많은 일본 야구는 왜소하다. 잠실구장에 지붕 씌우기는 근시안 단견이다. 야구는 게임비즈니스 이상이다. –

주말 대낮의 그저 그런 야구 중계를 보고 있을 때, 카메라가 빌딩 너머 푸른 하늘 흰 구름을 비쳐주는 순간, 야구와 하늘은 한 몸이 된다. 야간 경기, 돌연, 밤하늘의 하얀 만월이 중계 화면에 떠오를 때 야구는 잠시 편안한 시가 된다.

야구소설가 하루키, 오에 겐자부로, 김지하

일본작가 무라카미 하루키(村上春樹)는 가히 야구소설가라고 할 만하다. 야구소설을 써서가 아니다. 젊어서 라이브 재즈 바를 운영하던 그가 작가로 나선 계기는 야구와 얽혀 있다고 한다. 앞서 말한 대로, 어느 날 오후 대낮, 관중이 드문 도쿄 진구(神宮) 구장에서 야쿠르트 팀의 경기를 보던 그는 한 외국인 선수가 친 하얀 공이 창공을 날아가는 순간, 문득 작가가 되기로 결심했다고 한다. 소설 같은 이야기인데, 사실일지도 모른다는 생각이 든다. 소설가가 흔한 직업은 아니며 조금은 별난 사람일 것이므로 그럴 수도 있지 않을까. 허공을 보며 공을 좇다가 하얀 공을 놓치고 공(空)을 본 순간, 공을 깨달은 것이 아닐까. 그의 소설에는 곳곳에 허공이 스며 있다.

그의 단편집 『일인칭 단수』에 실린 <야쿠르트 스왈로스 시집>은 야구에 얽힌 그의 자전 스토리이다. 첫 문장이 직설적이다. – "먼저 말해두고 싶은데, 나는 야구를 좋아한다. 그것도 직접 야구장을 찾아가 눈앞에서 펼쳐지는 시합을 직관하는 것을 좋아한다." – 하루키가 하필이면 이기는 날보다 지는 날이 훨씬 많은 야쿠르트 팀 팬인지 – 그가 전하는 야쿠르트 스왈로스는 '삼미슈퍼스타즈'와 닮아 있다. – 그 까닭에서부터 그의 직관 행태의 자잘한 묘사가 이어진다. – 외야 담장 너머 잔디밭에 누워 흑맥주를 마시며 외야수 엉덩이를 세밀 관찰하면서 '시'를 끄적거린다든가. – 도저히 수작이라고는 볼 수 없지만 그저 야구팬 독자이기에 흥미로울 수 있는 이야기들이 널려 있다.

> – 야쿠르트 팀의 전신 이름은 '산케이 아톰스'이고 우익 신문 산케이가 구단주였으며, 늘 이기는 요미우리 자이언츠는 구단주 요미우리신문이 정기구독자에게 입장권을 얹혀 주기도 해 부수를 늘렸다는 등, 맥주 안주감 같은 이야기들이다. 맥주는 보통사람 누구에게나 어떤 상황에서는 필수품이며, 안주가 곁들여지면 물론 금상첨화이다. 야구 직관에서 맥주가 빠지는 경우는 상상하기 힘들다. –

1950년대, 미국프로야구팀 세인트루이스 카디널스가 일본에서 친선경기 했을 때, 어릴 적 하루키는 아버지와 함께 '직관'했다는데, 카디널스 선수들이 관중에게 던져준 볼이 하루키 무릎에 내려앉았다고 한다. 하루키 왈, '나의 소년 시절 일어났던, 어쩌면 가장 눈부신 사건 중의 하나였을 것'이다. 당시 카디널스는 한국에도 왔다. 나는 비록 직관은 못했으나 당시의 기억은 생생하다. 강타자 스탠 뮤지얼이 출전했으며, 당시 한국팀 투수는 김양중, 포수는 김영조였다. 두 선수 모두 한국야구의 진정한 전설이다. 이승만 대통령이 시구하였다.

하루키 팬이라면 이런 생각이 있을지 모른다. 밥 딜런이 노벨문학상을 수상한 터에 무라카미 하루키는 왜 아닌가. 한때 하루키가 노벨문학상 후보에 거론되기도 했다지만, 이를테면 오에 겐자부로(大江健三郎) 앞에서 하루키는 어쩔 수 없이 작게 보인다. 두 사람이 겪은 고통의 차이 때문일 것이다. – 오에 겐자부로는 1994년 노벨문학상 수상자일 뿐 아니라 '일본의 양심'을 넘어 '세계의 양심'이라 부를 만한 인물이다. 그는 일본 평화헌법 수호를 위한 시민모임 주도자이기도 하다. –

하지만 하루키 나름의 미덕이 있다. 무겁지 않은 점이다. 하루키 최고의 덕목은 목에 힘을 주지 않는다는 데 있다. 다만 무겁지 않음이 미덕처럼 보이려면 무언가 있어야 한다. 하루키 소설은 얕은 개울물 흐르듯 잔잔한 재미를 준다. 봄날의 가벼워진 옷처럼 가뿐함이 오늘의 세태와 닮아 보인다. 그 점에서 하루키 소설은 '이 시대를 사진처럼 대변한다'라고 나는 느낀다. 하루키(春樹)라는 그의 이름이 문체와 어울린다고 생각한 적도 있다. 그의 소설에는 무심히 가벼우면서 슬쩍 가볍지만 않은 듯, 혹은 결코 가볍지 않지만 가벼운 듯 시치미 떼는 문장들이 산재한다. 위 단편집에 나오는 또 다른 문장이다. "우리의 인생은 결국, 그저 요란하게 꾸민 소모품일 뿐인지도 모른다."(단편 <위드 더 비틀즈With the Beatles>). 반박하기 어려운 하루키의 인생관이 비쳐 보인다. 그가 심각한 작가라고는 결코 말하기 힘들지만 '가볍다'는 표현은 조금 야박하게 들린다.

하루키 소설에는 현실이 아닌, 환상이라기보다는 비현실이라고 말해야 좋을 법한 이야기가 곧잘 등장하는데, 그럴 때 나는 장자의 호접몽(胡蝶夢) 이야기를 떠올린다. '흠, 이 친구가 또 꿈속을 헤매는 모양이군 ….' 상상력이 평균인보다 빈곤한 나는 SF소설 따위는 전혀 읽지 않는데 하루키의 소설에서 달이 두 개 떠 있다는 둥, 비현실적 이야기에는 별로 거부감이 없다. 도리어, '그렇지, 지금 내 눈 앞의 현실이 꿈 같은 잠깐의 현실, 아니 현실 같은 꿈에 불과할지도 모르지'라고 공감하면서. 이런 잡상은 나이가 조금 들어가면서 더 자주하게 된다.

–『해변의 카프카』 출간 후 하루키는 '프란츠 카프카 문학상'을 받았다. 수상 연설문 가운데 이런 얘기가 보인다. "카프카의 작품을 처음 만난 건 열다섯 살 때였는데, 나는 그때 큰 충격을 받았습니다. 처음으로 읽은 작품은 <성>이었습니다. 거기에 그려진 세계는 더없이 사실적이면서도 사실적이지 않아서 읽는 내내 마음이 둘로 갈리는 듯한 느낌이었습니다. … 현실감과 비현실감, 정기와 광기, 감응과 비감응. … 그것이 내 문학의 근원적 풍경인지도 모르겠습니다." –

앞에서 이왕 오에 겐자부로를 거명했으니, 매우 사사롭지만 꺼내고 싶은 얘깃거리가 있다. 1984년 캘리포니아 버클리대학 로스쿨 방문연구원으로 있던 시절이다. 어느 날 대학건물 복도를 지나다 조그만 모임알림 포스터가 눈에 들어왔다, 지나치려다 힐끗 되돌아보니, 아니 웬일인가, '김지하'의 이름이 보인다. 반가운 마음으로 다가가 보니 한 일본인 작가가 시인 김지하를 주제로 강연한다는 광고다. 저녁을 일찍 마치고 연설장소인 학생회관의 별로 크지 않은 방을 찾았다.

강연자는 오에 겐자부로. 그는 버클리에 객원교수로 체류 중이었다. 우선 놀라운 것은 동경대 불문학과 졸업생인 그가 영어로 원고를 읽지 않고 1시간 강의를 별 긴장 없이 하는 모습이었다. 한국인의 고유 정서인 한(恨)을 길게 풀이하면서 <大說 南>을 비롯한 김지하의 작품들을 이야기했다. <大說 南>은 판소리 형식을 빌린 실험적 작품으로, 일본에서 먼저 출간된 것으로 기억한다. 서슬 푸른 5공 전두환 정권의 공포시대, 으스스하던 시절이었다. 강연 중 오에 선생은 김지하의 희곡 작품을 거론하며 독일의 아무개 작가의 작품을 연상시킨다면서 김지하를 천재 작가로 칭송했다. 김지하의 희곡 <금관의 예수>를 가리킨 것이었는지는 기억이 분명치 않다. 잠깐, <大說 南>의 첫째 대목 '大說 풀이'의 첫머리만 옮긴다.

사람사람이 본시 모두 다 제가끔 저 생겨먹고 싶은 대로 생겨먹어
그 쌍통 생김새가 하나도 똑같은 놈 없고
길짐승 날짐승 물짐승에 풀 나무 돌멩이
왼갖 버러지 갖은 병균나부랭이마자 다 저마다 내노라 하고 뻐겨싸면서
… 이리저리 각각이 생겨먹었건마는
똑 한가지 같은 것이 있으니 다름아닌 생명이라 하는 바로 그 물건이라
…

– '대설'(大說)이란 무엇인가? 김지하는 1984년의 한 신문 인터뷰에서 이렇게 답한다. "소설이 엉터리라는 얘기가 아니고, 소설이든 시든 대설처럼 쓸 수도 있다는 얘기지요. … 한 주인공을 내세워 자기 개인사와 민중사가 하나로 통일될 길이 없느냐를 생각하는 건데, 그러다 보니 얘기도 큰 얘기가 아니고는 안되겠다 싶어 대설을 쓴 것입니다. … 기초는 소리꾼 스타일에서 빌려오되 모든 것을 수렴하자 이거지요." 1984년 6월, 동아일보 최일남과의 대담. –

강연이 끝난 후 나는 가득찬 사람들을 헤치고 오에 선생에게 다가가 구태여 말을 건넸다. 이런 일은 나로서는 일생에 한두 번일까, 매우 이례적이다. '김지하를 천재라고 얘기했는데, 혹시 김지하의 정치적 저항 때문에 그를 문학적으로 과대평가하는 것이 아닌가?' 나의 도발적 질문에 오에 선생이 부드러운 미소를 지으며 입을 열었다. '당신은 그렇게 생각하는가. 김지하의 정치적 입장과는 무관하다. 문학적으로 김지하는 천재다.' 물론 나의 질문은 의도적이었고, 그의 대답을 듣고서 그날 저녁 나는 모처럼 흐뭇했다.

당시 오에 선생은 노벨상 수상 이전이었다. 그가 김지하 구명을 위해 도쿄 긴자 거리에서 노상 단식투쟁을 벌였던 일은 잘 알려져 있다. 오에 선생은 노벨상 수상 강연에서 일본의 평화헌법조항을 거론하며, 한국 등 이웃나라에 피해준 점에 대해 유감을 표시했다. 나아가 일본 천황이 수여하는 훈장과 공로상 수상을 거부하였다. 그의 두툼한 단편집을 읽은

적이 있다. 읽기 쉽지 않았지만 결코 재미없는 소설은 아니다. 여기저기 의외의 그로테스크한 문장들이 궁금증을 유발하며 묘한 여운을 남긴다.

늘 의아하게 생각해왔다. 시인 김지하 노벨상 추진 움직임은 왜 없는가. 한때 후보로 오른 적이 있다고 들었건만 왜 지속적인 추대 노력이 없었는가. 후년의 그가 일시 심한 정신적 어려움을 겪었을 때 우리를 당혹하게 한 적이 있음에도 불구하고 그렇다.

이런 생각을 하던 중, 시인의 부음이 들려왔다. 순간, 어깨 힘이 가라앉는 걸 느꼈다. '한 시대가 가는구나.'

1970년 어느 봄날, 시내 길거리에 뛰쳐나가 담시(譚詩) <오적>(五賊)이 전면 가득 실린 야당 기관지 호외를 사들고 가슴 뛰던 기억이 선명하다. 거인들의 시대가 저물고 있다. 이 책 초고에서 나는 이렇게 썼다.

> 더 늦기 전 지금이라도 누군가가 김지하의 노벨문학상 수상을 위해 움직여준다면 무척 반가울 것이다. 수상자인 오에 겐자부로 선생이 벌써부터 천재라고 칭송했던 김지하가 아닌가, 라는 기억 때문만은 아니다. 요즘의 지구촌 세상 도처에서 민주주의가 시들고 있음을 목격한다. 일찍이 목숨 걸고 민주주의를 절규했던 시인 김지하였다.

> 신새벽 뒷골목에
> 네 이름을 쓴다. 민주주의여
> …
> 숨죽여 흐느끼며
> 네 이름을 남몰래 쓴다.
> 타는 목마름으로
> 타는 목마름으로
> 민주주의여 만세.
>
> \- <타는 목마름으로> (1975)

시인 김지하는 구속되기 전 피신처에서 이 시를 썼다고 한다. 80년대 학번들이 세상을 뒤흔들면서 특정 세력이 한국 민주화운동사를 전유(專有)하고 있는 듯 보인다. 앞 세대 선배들의 헌신이 잊혀져가고 있다.

1975년, 유신의 한복판, 김지하는 제3세계 노벨문학상이라고 일컬어지는 로터스(LOTUS)상을 수상했다. 아시아·아프리카 작가회의가 주는 이 상은 바로 전달되지 못했다. 뒤늦게 1981년 12월 원주에서 거행된 전달식에서 당시 40세의 김지하는 이렇게 말했다.

"저는 … 뜨거운 피와 무지개빛 나는 강철로 이루어진 영웅적인 투사는 더욱 아닙니다. 저는 그저 바람이 불면 눕고 바람이 그치면 일어서는 한낱 풀이요, 그 풀들의 넋일 뿐입니다."

자신의 회고록 제목처럼 <흰 그늘의 길>을 외롭게 걸었던 시인이시여, 이제 편히 쉬소서. - "하늘에 별이 가득한 밤의 검은 어둠 사이로 난 외줄기 흰 길, 나의 인생은 이 이미지, 이 흰 길과 연결되어 있다." 김지하, <모로 누운 돌부처> -

한 뜸을 들인다. 다시 소시민의 세계, 하루키로 돌아간다.

나는 아직껏 가끔 하루키 책을 초콜릿 씹듯 기웃거린다. 나의 너무 무겁지 않은 허무의식에 동세대인 그의 문체가 편하게 느껴지는지 모른다.

– "소설가란 많은 것을 관찰하고, 판단은 조금만 내리는 일을 생업으로 삼는 인간이다."(무라카미 하루키). 법학자는 비록 무권(無權)이지만 유권적 법률가처럼 판단을 생업으로 삼는 직업인이다.

내가 법학에 심각한 의문을 품기 시작한 것은 50대 즈음이며, 마침내 그 정체를 나름대로 밝혀냈다고 쾌재 아닌 쾌재를 부른 것은 칠순에 들어 저술에 몰입했을 때이다. 은퇴 후 발간한 졸저 『법 앞에 불평등한가? 왜?』에서 나는 '법학은 허학(虛學)인가'라는 주제를 나름대로 논구(論究)하였다. 내가 법학은 허학이라고 본 까닭은 어려운 법적 판단에서 정답이란 흐릿할 뿐이며 법의 궁극은 불확정적이라고 보기 때문이다. –

덧붙여, 무라카미 하루키에 대한 문학적 평가가 어떠하든, 간과하지 말아야 할 점이 있다. 그는 흔히 보는 편협한 일본인이 아니라 폭넓은 세계관의 소유자다. 그는 일본의 태평양전쟁 책임의식이 희박함을 비판해왔고, 후쿠시마 원전사고에 대해서도 일본의 책임 회피적 태도를 지적하였다.

야구영화 · 소설

미국영화 <머니볼>은 야구영화의 고전이다. 오클랜드 에이즈(A's)팀의 실례를 바탕으로 '돈 적게 드는 야구', '데이터에 기초한 새로운 전략 야구' 이야기를 보여준다. 야구 없는 겨울철에 야구팬들 사랑을 받은 근년의 한국 드라마 <스토브 리그>에는 머니볼을 연상시키는 여러 장면들이 보였다.

매우 현실적이고 계산적인 <머니볼>과는 달리, 또 다른 야구영화 <꿈의 구장>(Field of Dreams)은 초현실적 환상을 펼친다. 한 농장 주인이 어느 날 널리 펼쳐진 푸른 옥수수 밭에서 하늘의 계시를 듣는다. '여기에 야구장을 지으면 그들이 올 것이다.' 밭을 갈아엎고 야구장을 만든 뒤 실제로 시카고 화이트삭스 선수들이 유령처럼 나타난다. 1919년 월드시리즈에서 화이트삭스 선수 8명이 승부조작 스캔들에 얽혀 영구 제명된 사건이 있었다. 케빈 코스트너 주연의 이 영화는 미국 보통사람들의 삶에서 야구가 어떤 의미를 지니는지 보여준다. – 1989년 개봉된 이 영화의 꿈 같은 스토리는 30여 년 지나 현실이 된다. 2021년 8월 13일, 시카고 화이트삭스 구단이 영화 촬영지인 아이오와 평원에 임시경기장을 짓고 뉴욕 양키즈와 메이저리그 경기를 벌였다. 아이오와에는 메이저리그 팀이 없다. 주연 케빈 코스트너가 옥수수 밭을 헤치고 외야에 나타나 시작된 이 게임은 꿈같은 한판을 펼친다. 9회 초 4점을 내주며 역전당한 화이트삭스는 9회 말 8:7로 뒤진 1사 1루 상황에서 역전 투런 홈런으로 경기를 끝낸다. 이 경기에서 홈런 8발이 터졌다. 야구가 꿈의 경기임을 보여준 한 편의 판타지다. 이 경기의 입장권은 추첨으로 판매되었다는데, 가격은 약 400달러였고, 암표가격은 1,400달러에 달했다. 꿈과 돈은 동전의 양면인가. –

<내 인생의 마지막 변화구>(Trouble with the Curve)는 은퇴를 앞둔 야구 스카우트 이야기다. 노년의 클린트 이스트우드가 여전한 특유의 사나이 다움을 펼쳐 보인다. 컴퓨터를 활용한 데이터 야구시대 도래에 밀리는 노년 야구인생의 명암이 잔잔히 흐른다. 야구영화이면서 쓸쓸함이 가득 묻어나는 노년영화이다.– 마카로니 웨스턴으로 시작한 이스트우드가 명감독으로 변신하여 스스로 노년 역을 '폼나게' 연기한다. 막판 인생역전을 펼친 클린트 이스트우드의 삶 자체가 명화 한 편이다. –

야구 주제의 소설로는 박민규의 <삼미슈퍼스타즈의 마지막 팬클럽>을 빠트릴 수 없다. '삼미슈퍼스타즈'는 숱한 일화를 남긴, '희극적인 비극의 야구단'이었다. 일본 땅에서 고독사한 전설의 장명부 투수는 그 상징의 하나일 뿐이다. 이 소설은 작가의 도발적인 외관에서 이미 나타나듯, 이야기 줄거리나 문체 모두 기발한 작품이다. 실화를 바탕으로 배꼽을 잡는 유머의 범람 속에 '좌파 정서'가 짙게 깔려 있다. 제1회 한겨레 문학상 수상작인 이유를 알 수 있다. 이 소설에는 간간이 힘을 주거나 뺀 촌철살인의 경구들도 끼어든다.

> 역사상 그 어떤 대통령과 국회의원도 야구보다 위대하지 못했다. 아니, 애당초 더 위대할 수 없다. 정치와는 달리, 야구에는 원칙과 룰이라는 것이 존재하기 때문이다. 알고 보면, 인생의 모든 날은 휴일이다.

친구에게 이 소설을 권한 적이 있다. 중고교 시절 함께 야구반을 했던 가까운 친구이다. 잠시 흥미를 보였지만 소설에 깔린 저자의 이념적 취향을 듣고 나자 이내 도리질이다. 그는 태극기 부대 전사이다.

한국 프로야구는 5공 정권 초기 졸지에 태어났다. 1982년 3월 27일 원년 개막전에서 당시 전두환 대통령이 넥타이차림에 시구하였다. 정치적 우민화정책이라는 비판이 따랐다. '적폐청산'이나 '현대사 바로잡기'

에 충실하다면 폐지되어야 마땅하다고 할지 모르지만, 단연코 그런 일은 없을 것이다. 야구에 정치나 이념이 끼어들면 야구가 재미없어진다. 희귀한 낭만적 독재자 카스트로가 야구광이었음은 잘 알려져 있다. 그가 몰래 미국 플로리다에 숨어들어와 미국 프로야구를 구경한 적이 있다는 허무맹랑한 이야기는 유쾌하였다.

어떤 9회말

'끝날 때까진 끝난 게 아니다'라는 야구 명언은 이제 상투적 표현이다. 야구의 9회 말이 이따금 각별한 것은 특히 '굿바이 홈런' 때문인데, 그런 극적인 예가 아니라도 잊히지 않는 9회 말 장면들이 있다. 2013년 4월 21일 일요일 오후의 그 경기가 내게는 그랬다.

프로야구 한화 대 두산. 9회 말에 들어섰을 때 한화가 1:0으로 앞서고 있다. 두산 4번 타자 김동주 선수가 타석에 들어선다. 결과는 4구. 뒤이은 5번 홍성흔 역시 4구. 6번 타자 오재원이 번트를 성공시켰다. 1사 2, 3루. 결정적인 역전 끝내기 기회다. 한화 투수 송창식은 7번 고영민을 고의 4구로 걸러 보냈다. 1사 만루.

8번 양의지가 2볼 노 스트라이크에서 내야 뜬 공을 올려 보냈다. 이제 2아웃. 9번 타자 정세빈 선수가 들어선다. 체구는 작지만 야무지게 잘 치는 영리한 선수다. 1볼 2스트라이크에서 2루 앞 땅볼을 쳤다. 게임 종료. 한화가 승리했다. 이 승리로 한화 팀은 꼴찌에서 탈출한다.

승리에도 불구하고 한화 김응룡 감독은 별 표정이 없다. – 김 감독은 늘 그랬지만. – 위기를 넘기고 신승을 이뤄낸 마무리 투수 송창식 역시 무표정이다. 웃는 모습은 오직 1승을 챙긴 선발 외국인 투수 바티스타뿐이다.

나는 이 경기를 시청한 다음 일기장에 적어놓았다. 관직에 있던 그 시절, 상황이 몹시 힘들어지기 시작할 때였다. 내 관직의 끝내기를 수시로 생각하던 무렵이다. 잠시의 야구경기 관람은 잠시의 구원이었다.

그날 경기 후 4개월 남짓 지나 나는 관복을 벗고 삼청언덕을 내려왔다. 꽃다발을 안겨주며 환송하는 직원들에게 잠시 미소를 보였지만 속으로야 웃을 수 없었다. 애틋한 신승을 거두고 꼴찌에서 벗어난 그해 봄날 한화의 마무리 투수는 웃지 않았다. 쓸쓸한 승리였다.

마지막 야구영웅

야구장 풍경

야구장은 그저 하나의 운동경기장이 아니다. 번잡한 대도시의 어느 지점에 우뚝 성곽이 들어서 있다. 입장권 한 장 들고 성문을 들어서면 돌연 펼쳐지는 광활한 푸른 평원과 높은 하늘. 그라운드에서 벌어지는 우아하고도 가혹한 광경들을 바라보며 사람들은 환호하고 탄식한다.

한국야구장의 풍경은 독특하다. 무엇보다도 응원 광경 때문이다. 그 제1특색은 엄청난 소란함이다. 실제 경험한 외국인들은 클럽 분위기라고 표현한다. 지금은 익숙해진 편이지만 처음에는 이만저만한 소음공해가 아니었다. 응원이라는 명목의 야구관람 방해 경범죄행위로 보일 정도였다. 두 번째 특색은 관중의 전폭적 참여이다. 모두 일어나 몸을 흔들 때 가만히 앉아 있으면 흡사 부작위(不作爲) 반역죄를 저지르는 느낌이다. 세 번째 특색은 여성 치어리더 집단의 강렬하고 때로는 과도한 몸동작이다.

일본 도쿄돔 구장에서 이승엽의 경기장면을 본 적이 있다. 우선 다른 풍경은 관중의 자세였다. 비싼 좋은 자리일수록 노년 관중들이 차지하고 앉아 있는 듯 보였는데, 그들의 옷차림이 우선 눈에 띈다. 격식을 갖춘 학술강연장이나 혹은 엄숙한 추도식에라도 참석하는 듯한 단정한 옷차림에 자세 역시 반듯하고 진지하다. 미동도 없이 경기를 응시하듯 또는 음미하듯 바라본다. – 요즘은 그들도 달라지는 듯 보인다. 우리처럼 일반관중들이 응원선수 이름 적힌 피켓 등을 들고 있는 광경이 흔하게 눈에 띈다. –

일본에서도 우리처럼 여성 치어리더들이 있지만 여러 면에서 다르다. 응원하는 시간, 위치, 몸동작에서 차이가 있다. 그들은 이닝이 바뀌는 자투리 시간에만, 각기 1루 또는 3루 관중석 앞 그라운드에서, 다소 유치한 율동을 연출한다. 그들의 또 다른 응원문화의 특색이 있다. 우리처럼 모든 관중이 전폭적으로 호응하는 대대적 집단응원은 없다. 관중 응원이라면 오직 외야 관중석 응원단(서포터즈) 구역에 자리잡은 일단의 무리들뿐이다. 이들은 매우 질서 정연한 몸동작이나 합창으로 착실한 모범생 응원을 펼친다. 그 모습은 희화적이다. 마치 어른들이 갑자기 착한 유치원 시절로 되돌아 간 듯이 박수치고 곱게 소리 지른다. '짝! 짝! 짝!'. 그 소리를 들으면 타임머신을 타고 어린 시절로 회귀하는 착각을 일으킨다. – 1966년 비틀즈가 도쿄 부도칸(武道館)에서 공연했을 때의 이야기다. 비틀즈는 청중들의 매너가 침착하고 예의바른 데 놀랐다. 공연을 억지로 끌어갔다고 후일 실토했다. –

일본 야구응원 문화의 이런 특징은 어디에서 오는 것일까. 남에게 폐(메이와쿠迷惑)를 끼치지 말아야 함을 중시하는 사회규범의 반영이 아닐까. 응원하더라도 일반관중의 관람을 방해하지 않겠다는 배려일지 모른다. 이에 비하면 한국의 야구응원문화는 응원 우선이며, 관람에 지장을 주더라도 일반관중까지 응원에 몰입시키려는 열정이 앞선다.

이처럼 한국의 관중응원은 전 국민 개병제, 일본은 소수 용병제다. – 유럽의 전쟁은 본시 용병이 주력이었고, 마키아벨리는 용병에 의존하지 말라고 군주에게 권하였다. 개병제 전쟁은 나폴레옹 전쟁 때부터이다. 처음에는 돈 내고 병역을 면제받았지만, 후일 독일 비스마르크 시대에는 예외 없는 개병제 징병제도에 들어간다. 이 시기에 전면전 전쟁시대가 시작된다. 한국의 야구응원문화는 이를테면 전면전 방식이다. –

미국 프로야구를 현장에서 구경한 적이 있다. 샌프란시스코에서 유학 후 현지에서 일하던 첫째 딸 덕분에 그곳 해변에 인접한 AT&T 야구장에 두어 번 가 보았다. 나지막한 외야석을 넘는 홈런볼이 바닷가에 풍덩 빠지면, 기다리던 작은 보트들이 잽싸게 노 저어 뜰채로 볼을 건지는 진풍경이 펼쳐진다.

미국 야구응원문화는 한국, 일본과 다른 특징이 있다. 서너 번 경험으로 일반화하는 위험이 있지만, 첫 눈에 띄는 것은 야구를 열심히 안 본다는 점이다. 무엇하러 비싼 입장권 사서 야구장에 왔나 라는 의문이 들기도 한다. 간혹 소리를 지르기도 하지만, 열심히 무엇을 먹는 장면들이 유별나다. 핫도그, 맥주, 나초, 솜사탕 등등. 요즘은 한국에서 수입한 파도타기 집단응원이 간혹 펼쳐지기도 하지만 집단적 응원은 좀체 드물다.

넓게 보면 집단문화라는 점에서 공통인 한국과 일본이 그 야구응원문화에 여러 차이가 나타나는 이유는 무엇일까. 일본은 전문 응원단과 일반 관중을 구분한다. 한국에서는 응원단 리더가 있지만 전 관중이 함께 응원한다. 응원문화에서도 일본은 엘리트와 평민, 또는 전문가와 아마추어를 구분하는 비(非)평등주의 문화이다. 이에 비해, 한국은 우두머리 한 사람의 지휘 아래 모두 함께 펼치는 평등주의 문화이다.

미국 프로야구에서는 경기 시작에 앞서 국가가 울리는 국기경례 시간이 있고, 우리도 그것을 따르고 있다. 일본에서는 없다. 만일 일장기를 바라보며 기미가요가 흐른다면 군국주의 회귀라는 외교적 논란이 될 것이다. 이런 정치적 고려를 떠나서도, 시합 전의 일본 기미가요는 부적합하다. 장송곡같이 느리고 처지는 그 음산한 멜로디가 흐른다면 선수들은 싸울 의욕을 홀연 상실할지 모른다.

미국 샌프란시스코 야구장에서 박찬호 선수가 던지는 경기를 보았을 때였다. 당시 샌디에이고 파드레즈 팀 소속이던 그날의 박찬호는 5회를 넘기지 못하고 물러났지만, 어떻든 반가웠음은 물론이다. 그날 조금 늦게 도착한 야구장에 들어서서 목격한 특별한 장면이 있다. 매점에서 핫도그를 사려고 기다리려니 구장 안에서 벌써 미국 국가가 들려온다. 비싼 입장권이었기 때문만이 아니라 박찬호의 경기이므로 조바심이 날 수밖에 없다. 그런데 돌연 핫도그를 열심히 종이에 싸던 히스패닉 젊은 점원이 동작을 멈추고 부동자세를 취한다. 국가가 끝나자 비로소 다시 본업을 재개한다. 다인종 사회 미국에는 국민을 묶는 의례들이 고도로 작동하고 있다. 나의 경기 관람이 조금 늦추어져 버렸지만, 미국의 애국주의 장치가 얼마나 엄청난지 확인하는 순간이었다.

야구장 직관(직접 관람)의 추억은 다채롭다. 20여 년 전의 일이다. 어느 날, 연구실의 답답함을 못 이겨 이른 퇴근길에 홀로 야구장으로 향했다. 잠실구장 입구에서 김밥 한 줄과 생수 한 병을 샀다. 평일 경기로 관중은 드문드문했다. 앞 줄 좌석, 동년배로 보이는 중년 남자 세 명이 비닐주머니를 풀더니 족발과 오징어무침 등 푸짐한 먹거리를 펼친다. 한 사내가 뒤로 몸을 돌리더니 내게 고기 몇 점과 소주 한 잔을 권한다. 준비가 부실했던 나는 김밥 몇 개로 감사의 뜻을 대신할 수밖에 없었다. 그런 훈훈한 시절이 있었다.

외국인 용병

한국 프로야구에서 외국인 선수들이 뛰는 모습은 이제 일상이 되었지만, 처음엔 신기했을 뿐 아니라 그 소회가 가볍지 않았다. 특히 백인 선수들을 볼 때의 '감격'은 감격이란 말의 본뜻에 결코 모자라지 않았다. 백인들이 한국인들의 즐거움을 위해 스포츠 노동을 하다니. 그런 장면은 몇 십 년 전만 해도 상상하기 힘들었던 광경이 아닌가.

나의 응원팀(이었던) LG 야구단 소속의 한 백인 투수는 유달리 깊은 인상을 주었다. 미국 명문대학 출신이라는 그는 실력이 뛰어났을 뿐 아니라 미남배우 못지않은 외모에다 매너도 깔끔하여 금상첨화였다. 그런 선수도 몇 년 후 실적이 떨어지자 해고당하였다. 한편 섭섭하면서도 아쉬움만이 아닌 묘한 그 느낌의 정체는 무엇인가. 나이 들어가며 자주 느끼는 일이지만, '한국 많이 컸다'는 노년의 실감을 젊은이들은 당연히 모를 것이다.

나의 세대에서 '백인 콤플렉스'라는 불편한 감정에서 자유로운 사람들이 얼마나 될까. 어린 시절, 배급받은 '찐 우유' 덩어리를 달게 씹어 삼키던 기억, 미군 레이션 박스에서 뜯겨져 나온 '미제' 과자의 황홀한 맛에 함몰되던 시디신 추억은 시리고 시리다. 거기에 미국생활 초기의 나날은 굴욕의 연속이었다.

또 달리 느끼는 점은 흑인 선수들과 관련된다. 미국이나 중남미에서 온 흑인 선수들과 흥겹게 어울리는 한국 선수들을 보면 흐뭇하다. 일반적으로 한국인들이 백인 외의 외국인들을 차별한다는 지적은 부인하기 힘들다. 한국 선수들이 흑인 선수들과 격의 없이 함께 운동하는 모습은 교육적으로도 좋을 것이다. 스포츠 선수들에겐 그들 특유의 시원한 기질이 있다.

마이너 리그

야구소설은 아니지만 야구제목의 소설이 있다. 은희경의 『마이너 리그』. 인생 마이너 리그의 삶을 그린 소설이다. 내게 이 제목은 왕년의 별난 별, 이만수 선수를 떠올리게 한다. 그는 한국 프로야구 원년 1호 홈런을 쏘아올린 큰 별이었지만, 그런 그도 마이너 리그의 아픈 시절을 보낸 적이 있다. 선수 은퇴 후 미국 마이너 리그 코치 시절이다.

그가 SK 감독 시절, 감사원 강당에서 강연을 한 적이 있다. 강연 주제는 '프로의 자세.' 무대에 오를 때부터 그는 그다운 프로의 모습을 연출했다. 약간 상기된 그의 웃음 띤 표정에서 나온 첫 마디는 "제 별명 아시는 분? 사인볼 드립니다." 당연히 많은 손이 올랐다. 야구팬이라면 그의 별명 '헐크'를 모를 리 없다. 이어서 그가 또 질문을 던진다. "이 질문에 답하는 분에게는 배트를 드립니다. SK 덕아웃에 뭐라고 씌어 있는지 아세요? 또박또박 말씀해주셔야 합니다." 놀랍게도 역시 여기저기서 손을 흔들어댔다. 이 광경을 전한 '스포츠 동아'의 기자는 30명 가까운 인원이 손들었다고 썼지만, 현장에 있었던 내 기억에는 대여섯 명 정도이다. 아무튼, 한 감사원 직원이 그의 주문대로 또박또박 답했다. "기본 · 집중 · 팀. Never ever give up!"

앞의 기사는 "헐크의 눈이 휘둥그레졌다"고 썼다. 나 역시 내심 놀랐다. 헐크 이만수가 그 답을 받았다. "감사원 역시 하나의 조직입니다. 가장 중요한 것은 기본, 집중, 팀입니다. 그리고 포기란 없다는 것은 제 인생의 지표입니다."(스포츠 동아, <감사원 강연 갔다 깜짝 놀란 '헐크' … 왜?> 2013.1.10.)

뒤이은 그의 강연에는 눈물겨운 대목이 적지 않았다. 그가 미국 마이너 리그 코치시절 겪은 이야기들이다. 눈물 젖은 빵을 씹으며 종내는 짐을 싸고 서울로 철수하기 직전, 그는 메이저 리그 코치로 승격되는 콜업을 받는다. 40년 간 일기를 써왔고 매일 야구일지를 기록한다고도 했다. 야구스타의 또 다른 인생 이면을 엿볼 수 있던 희귀한 기회였다. 코믹한 그의 행태의 이면에 깊은 삶의 철학이 쌓여 있음을 볼 수 있었다. 그렇지 않고서는 은퇴 후 낯설고 거친 동남아 국가들에서 사비를 들여 야구 전도사 소임을 해낼 수 없었을 것이다. 그의 야구봉사활동은 무척 아름답게 보인다. 2021년 1월 초 신문기사는 이런 소식을 전하고 있다. "라오스 수도 비엔티엔 인근에 생긴 야구장에서 첫 야구대회가 열린다. '제1회 주라오스 한국대사배 야구대회.'" 그 주인공이 한국대사가 아니라 헐크 이만수임은 물론이다.

– 도대체 사람이 다른 사람을 올바로 안다는 것이 가능한 일인가. 자신의 공언대로 팬츠만 입은 채 웃으며 그라운드를 달린 사나이. 이것이 이만수를 떠올리는 우리들의 이미지일 것이다. 그 모습은 이만수의 내면의 표출일 것이지만 그의 내면의 어느 작은 일부만 드러낸 것이리라. 우리는 드러난 그의 일부만을 보고 개개인의 눈높이와 안경의 색깔을 통해 그를 인지한다. 무릇 사람과 사람 사이에는 적어도 2중의 굴절이 가로놓여 있다. –

홈런왕 이승엽에게도 한때 힘든 시절이 있었다. 일본에서 뛸 때였다. 언젠가 은퇴 후 이승엽이 그 시절을 회고하는 영상물에서 이런 아픈 기억을 토로했다. '요미우리 하라(原) 감독이 어느 날, 경기 시작 전에 이런 얘기를 하더라. 오늘도 잘못하면 2군으로 내려 보낸다.' 이 말을 뱉으며 이승엽이 아직껏 쓰라린 듯한 표정으로 덧붙였다. '어떻게 그런 말을 할 수 있는가.' 그의 입에서 다른 사람에 대한 비난의 소리를 들은 적은 이때가 처음이자 유일하다. – 관직을 겪어본 나로서는 그 심정을 이해할 만하다. – 모든 영광에는 쓰라린 아픔이 따름을 다시 확인한다.

한국 프로야구에서도 오랜 2군 생활 끝에 1군 무대에서 활약하는 선수들이 있다. 흔치 않지만 아주 드물지도 않다. 그런 늦깎이 선수들 가운데 뛰어난 실력을 내보이는 어간에 이따금 눈에 띄는 모습을 볼 수 있다. 뒤늦게 1군 붙박이 선수로 올라왔음에도 좀체 웃는 표정을 짓지 않는 선수가 있다. 만년 무명의 설움이 켜켜이 쌓였기 때문일까, 멋진 안타를 때리고서도 묵묵한 표정을 보노라면 삶의 고단함과 숙연함이 읽힌다.

야구영웅

야구팬에게는 좋아하는 특정 선수가 있게 마련이다. 나에게도 야구영웅들이 있다. 우선 백인천 선수. 소싯적 영웅은 한평생 영웅이다. 초고교급으로 불린 전설의 경동고등학교 야구선수 시절, 당시 고교선수로는 드물던 홈런을 날리고 그라운드를 돌던 그의 모습은 무쇠 탱크 같았다. 경동고 야구팀은 유니폼부터 특이했다. 염색 기술에 문제가 있지 않았는지 추측해보기도 하는데, 희끗희끗 얼룩져 보이는 푸르등등한 빛깔의 경동고 야구유니폼은 별나 보였다.

백인천은 한국의 해외 스포츠 진출의 개척자였다. 어느 분야든 개척자는 힘들게 마련이다. '왜적' 일본에서 선수로 뛴다는 자체가 시빗거리가 되던 시절이었다. 은퇴 후, 간혹 해설이나 인터뷰할 때 백인천의 입에서 '만루이 호무랑'(만루 홈런) 등 일본어발음이 그대로 나오더라도 내게는 애교스럽게 들릴 뿐이다.

한국의 역대 야구스타들 가운데서 특히 백인천이 대단하다고 보는 이유가 있다. 그가 거둔 성과를 그가 뛰던 상황에 비추어 보면, 그가 누구보다도 여러모로 열악한 조건에서 큰 성과를 이뤄냈기 때문이다. 백인천은 1975년 일본 퍼시픽 리그 타격왕인 수위타자 타이틀을 따냈다(타율

0.319). 백인천 선수에게 이런저런 구설이 따른다고 들었지만, 어느 분야든 한국은 영웅 배출에 척박한 풍토이다. 영웅 반열에 오르더라도 지탱하기 힘들다.

덧붙여 사사로운 에피소드 한 토막을 떠올린다. 당시 전국을 휩쓸던 경동고 야구팀이 일본 원정을 한 적이 있다. 출국 전, 다른 서울시내 고교팀 선수들로 구성된 서울선발팀과 동대문야구장에서 환송전을 벌였다. 후일 노동부장관을 지낸 이영희 교수는 당시 우익수로 뽑혔다. 그는 경기고 야구부의 장타자로 유명했고 타격상을 받은 적도 있다. 당시 야구대회 시상식에서는 우승팀 트로피 외에 투수상, 타격상, 감투상 등이 수여되었다. 그 환송전 경기를 본 기억이 있다. 훗날 그와의 인연이 각별하게 될지 모를 때였다.

그 다음 영웅은 역시 일본야구에서 뛴 이승엽 선수이다. 내가 본 야구경기 중 가장 들떴던 경험은 앞에서도 말했던 요미우리 자이언트 시절 이승엽의 경기였다. 2007년, 환갑을 맞은 해, 옛날 야구반 친구들 – 강석호, 강성룡, 이성태, 이제병 선수 등 5인 – 이 일본원정 관람을 감행하였다. 마침 함께 야구반이던 한 친구 – 한평희 선수 – 가 대기업의 도쿄지사장을 맡고 있었다.

이승엽이 요미우리 4번 타자로 뛰던 시합을 금요일, 토요일 이틀에 걸쳐 현장 관람하는 호사를 누렸다. 두 경기 모두에서 홈런이 나오지 않아 아쉬웠지만 그래도 괜찮았다. 한 차례 중견수를 뚫는 2루타 치는 모습만이라도 좋았다. 다음 날 일요일 점심, 우리는 아카사카의 설렁탕집에서 벽걸이 TV로 이승엽의 경기를 보고 있었다. 어느 순간, 우리는 모두 자리에서 벌떡 일어나 환호했다. 드디어 그의 홈런이 터졌다. – 홈런의 순간, 하늘을 보는 야구는 장엄하다.

일본야구에서는 특히 4번 타자를 '숭배'한다고 한다. 그것도 일본야구를 대표하는 최고의 팀에서 4번 타자라면 더 말할 나위가 없다. 이승엽은 일본 야구팬 30퍼센트가 그 팬이라는 요미우리 자이언츠 군단(정식 명칭은 讀賣巨人軍)의 제70대 4번 타자였고, – 조상 숭배하듯 대(代)를 매기

서울에서 만났을 때 선물 받은 이승엽 싸인 볼.

야구반 친구들과 규슈 온천장에서. 왼쪽부터 이성태, 저자, 강석호, 성낙헌, 한평희, 이제병 선수.

며 4번 타자를 우러러 본다 – 그것만으로도 나의 세대에게는 꿈같은 이야기이다. 지금이야 일본야구를 대단치 않은 듯 여기지만, 지난 시절, 야구 세상에서 일본은 '선생님'이었다. 재일교포 고교야구 선수단이 고국방문 경기에서 늘 전승에 가까운 전과를 올리던 때다. 그걸 생각하면 우리 세대에게 '요미우리 4번 타자 이승엽'은 불가사의한 신화이다. 요미우리 4번은 일본 야구 4번이라고 한다.

그의 홈런 스윙에는 특징이 있다. 큰 힘을 들이지 않는 듯 보인다. 툭, 가볍게 팔을 돌려 방망이 '스윗 스팟'에 공을 맞히면 하얀 야구공이 3단 로켓 날아가듯 죽죽 뻗어 외야 담장을 넘어간다. 이승엽은 야구를 잘할 뿐만 아니라 자기절제의 인품을 보여준다. 절제와 성실을 이기는 것은 없다. 야구 잘하는 선수가 절제의 미덕을 몰라 몰락하는 예는 허다하다. 야구선수만이 아닐 것이다.

야구 영웅을 생각하자니 '비운의 영웅'을 떠올리지 않을 수 없다. 최동원. 1984년 한국시리즈에서 혼자 4승을 이루어 우승을 이끌어낸 '별 중의 별'이다. 선수들의 권익옹호에 앞장서며 은퇴 후 고초를 겪은 끝에 일찍 세상을 떠났다. 심지어 '빨갱이' 소리까지 들었다는 증언도 있다. 화려하기 그지없는 투구 폼에 대비되어 그의 말년이 더욱 안타깝게 보인다. 그를 최고의 야구 영웅으로 꼽는 이들이 적지 않을 것이다. 최동원은 열악했던 야구환경 시절의 비극적 제물이었다.

나는 아직 또 한 사람의 야구영웅을 기다리고 있다. 히딩크 수사학으로 말하면 나는 아직 배가 고프다. 그 누군가가 출현한다면 나의 야구영웅 가운데서도 최고의 영웅이 될 것이다. – '뉴욕 양키즈 구단의 에이스 또는 4번 타자를 맡는 한국선수.' 그 자리는 일본인 선수들이 이미 차지한 적이 있다. 양키즈 에이스 다나카 마사히로(田中將大)와 4번 타자 마쓰이 히데키(松井秀喜).

욕심을 더 부리자면, 한국 프로리그에서 전성기를 지난 선수가 미국 메이저리그 정상에 선다면 더할 나위 없겠다. 잘 아는 일본인 교수에게서 이런 말을 들은 적이 있다. '스즈키 이치로(鈴木一郎) 선수보다 노모

히데오(野茂英雄) 투수가 더 대단하다. 이치로는 일본에서의 전성기에 미국에 진출했지만 노모는 전성기를 지나 미국에 가서도 성공을 이루었다.' 노모는 메이저리그 데뷔 첫 해 내셔널리그 신인상을 받고 올스타에도 뽑혔다. 노모는 투구 폼에서도 별난 기질이 드러나지만 기인 속성이 엿보이는 선수이다.

이미 여러 영역에서 일본인이 못 이룬 성취를 한국인들이 이루어 냈다. 야구에서는 왜 아니겠는가. 아직 뉴욕의 양키즈 구장을 가보지 못했다. 양키즈 구단의 한국인 에이스 또는 4번 타자가 뛰는 야구시합을 볼 날이 있을까. 그 장면은 인생 말년 최고의 호사가 될 것이다. 8년 전 관직에 있을 때 어느 국제기구 모임에서의 일화다. 일본대표가 사석 대화에서 이런 말을 건넸다. '삼성이 소니를 앞섰습니다.' 묘한 표정과 어조가 인상적이었다. '한국야구가 일본을 앞섰습니다.' 이런 말을 일본인의 입에서 듣는 날이 있을까. 그런 날이 언제 올 것인가. 한 은퇴자의 어느 한가한 초여름 날 오후의 몽상이다.

야구는 공놀이의 하나다. 그렇지만 '하나일 뿐'이라고 말하는 것은 부적절하다. 하루 건너 집에 와 법석을 부리는 손자 녀석들을 관찰하노라면 인간 본성에까지 생각이 미친다. 녀석들에게는 오직 두 가지가 중요하다. 맛있는 음식과 재미있는 놀이. 놀이는 인간 본성에 속한다. 호모 루덴스(*Homo Ludens*). 사람은 유희하는 존재, 놀이하는 존재다. 프로야구는 선수의 입장에서는 놀이보다 노동의 성격이 강하겠지만 관람자에게는 무척 재미나는 놀이다. 역전 만루포의 짜릿한 맛은 선수에게도 노동의 기쁨 이상일 것임에 틀림없다. 야구는 음악과 더불어 내 곁을 함께한 내 삶의 플라타너스 한 그루였고 지금도 그러하다.

야구처럼 인생도 끝날 때까지 끝난 게 아닐까. 아직 나에겐 비밀의 꿈이 남아 있다. 사람은 밥과 꿈으로 산다.

나가사키 산책

연말에 항공사로부터 마일리지 소멸 예고의 통지가 왔다. 오래 벼르던 나가사키(長崎) 행으로 결정짓는 데 오래 걸리지 않았다. 일본여행이야 이미 스무 차례가량 되지만 나가사키는 처음이다.

나가사키 시에서만 2박으로 작정했다. 네덜란드 모형마을인 인근의 테마파크가 유명하지만, 내 마음을 나가사키로 이끈 것은 사카모토 료마였다.

료마를 찾아서

'일본 1,000년의 리더'라고까지 불리는 사카모토 료마(坂本龍馬, 1835-1867). 그는 메이지유신의 실질적 공로자이면서 그 개막을 눈앞에 두고 비운에 스러진 인물이다. 본래 시고쿠(四國)의 도사번(土佐藩, 지금의 고치현高知縣) 출신인 료마의 활동무대의 하나가 나가사키였다. 하급무사였던 그는 일찍이 탈번(脫藩)하여 - 영지(領地)인 번을 무단이탈한 낭인은 범죄자처럼 수배 대상이었지만 - 해양 개척에 눈떴다. 막부 고위관료이자 그의 멘토였던 가쓰 가이슈(勝海舟)가 관리하던 고베의 해군조련소에서 일하던 중, 이 조련소가 문을 닫게 되자, 동지들과 함께 나가사키로 이동했다.

나가사키에서 료마가 벌인 일 가운데 우선 '가메야마샤추'(龜山社中) 설립이 꼽힌다. 1864년부터 나가사키에 체류한 그는 이듬해 동지 20여 명과 더불어 일본 최초의 회사(會社)라고 일컬어지는 이 조직을 결성했다. 일본에서 회사의 존재는 각별하다. 1960, 70년대 일본의 부흥・번성

시기, 당시 이 나라의 대표적 인간유형을 '회사인'(會社人)이라고 불렀다. 과거 전통시대에 일본인의 삶을 규정지은 기본 단위가 마을(무라村)였다면, 회사는 곧 현대판 마을이다. 그 출발이 료마의 가메야마샤추라고 한다면 료마는 메이지 유신의 숨은 영웅일 뿐 아니라, 현대 일본의 주된 인간형을 주조한 인물인 셈이다.

가메야마샤추를 찾아가는 언덕길은 고즈넉했다. 12월 중순이었지만 춥지 않았고 날은 맑았다. 항구도시 특유의 물기 머금은 공기는 상쾌했다. 곳곳에 길 안내표지가 일본스럽게 세심하고 단정한 모습으로 여행객을 인도해준다. 언덕마을 아래를 흐르는 개천 옆, 그 출발지점 초입에 료마가 서 있다. 헝겊에 인쇄한 실물대 크기의 료마 사진이다. 그 옆에 정체모를 물건이 눈길을 끈다. 사진 속에서 료마가 기대고 선 연설대 모습의 받침대 모형물이다. 그 자리에 서서 료마의 포즈로 사진 한 장 찍는 노년의 치기를 마다하지 않는다.

이 사진에 대해 몇 마디 붙인다. 검정색 문복(紋服)을 입고 옆구리에 칼 찬 사무라이 모습. 문복의 양 어깨 앞쪽에 작은 문양이 새겨져 있다. 별 모양의 어긋난 이중 사각형 안에 벚꽃무늬가 새겨진 사카모도 집안의 가문(家紋)이다. 이 문복은 현재 교토의 국립박물관에 소장되어 있다고 한다. 료마의 키가 170센티미터 정도로 추정되고 있는 것은 문복의 사이즈에 근거하고 있다.

사진 이야기에 곁들여 한마디 첨언한다. 료마는 나가사키에서 이 사진을 찍었다. 사진사는 이 동네에서 사진관을 열었던 인물이다. 개인 사진관으로는 일본 최초의 사진관이었다고 한다. 이 사람은 나가사키 항구의 작은 인공섬 데지마(出島)에 거주하던 한 네덜란드인에게서 사진 찍는 기술을 배웠다고 전한다. 이 사진사의 묘소 안내 표지판이 길가에 자리잡고 있을 정도로 이 도시의 역사적 인물로 여겨지고 있다. 료마의 사진 옆에 놓인 당시의 사진기 철제모형도 시선을 끈다. 안내문에는 당시 사진 촬영료가 지금 돈으로 약 4만 엔에 달한다고 적혀 있다.

료마의 흔적을 만나러 가는 길은 정겨웠다. 언덕을 오르는 좁은 골목길은 시간을 잊고 설렁설렁 걸어가기 딱 알맞은 경사이다. 오밀조밀한 가옥들은 오랜 풍상을 견딘 모습이지만 누추하지 않다. 언덕배기 중간에서 한숨 돌릴 만한 즈음, 허리 굽은 한 할머니가 집 앞의 손바닥만 한 꽃밭을 가꾸다가 옅은 미소와 함께 인사말을 건넨다.

30여 년 전 처음 일본 땅을 밟았을 때 먼저 눈에 들어온 것은 거리를 메운 흰색 자동차 물결이었다. 일본인들이 이렇게 백색을 좋아하는가라고 짐짓 놀랐던 기억이 새롭건만, 오늘 중소도시 나가사키 대낮의 길거리 풍경은 무엇보다도 이 나라가 노인의 나라임을 실감케 한다. 일본은 이제 70세 이상 노인 인구가 전체 20퍼센트를 넘는 노령사회이다. 평일 대낮에 눈에 비친 모습으로는 할머니 할아버지들이 70퍼센트 이상인 듯하다.

십여 분 언덕길을 오르자, 가메야마샤추 유적지가 가까웠음을 알리는 조형물이 먼저 여행객을 맞이한다. 멀리 아래쪽으로 시원한 항구도시의 전경이 펼쳐진 지점에 커다란 청동 장화 모형이 놓여 있다. 료마는 서양식 부츠를 즐겨 신었다고 한다. 거기에 발을 넣고 사진 한 장을 찍는다. 마침 지나던 젊은 일본 여인이 뒤이어 장화 속에 발을 디밀며 사진찍기를 부탁한다. 외국 여행객이 현지인의 사진을 찍어주는 것도 재미있는 일이다. 노년에 들며 실없는 농담이 늘어난 내가 굳이 객쩍은 한 마디를 내뱉고 만다. 서툰 일본말로 '료마의 연인'이라고 한 마디 건네니 가볍게 웃고 만다. 료마는 자주 머물던 교토의 여관집 여인과 결혼했다. 결혼 후 신혼여행까지 떠났다는데, 일본 최초의 허니문 사례라는 이야기가 따른다.

드디어 일본 최초의 회사가 자리했던 흔적을 만난다. 작은 돌기둥에 '龜山社中の跡'이라는 글씨가 새겨져 있다. '龜山社中記念館.' 조촐한 일본 가옥의 현관 문 앞에 헝겊 광고물이 서 있다. 메이지 유신 150주년 기념 광고물이다. 료마를 필두로 메이지 유신의 대표적 인물들 20여 명의 사진이 입혀져 있다.

기념관은 낮은 천정에 작은 다다미방 몇 개뿐이다. 겉옷, 장화, 칼, 피스톨, 그리고 몇 편의 서한 등 료마의 유품 복제물들이 놓여 있고, 한구석에는 발굴 당시 바닥에 널려 있던 그릇 조각 몇 점이 유리판 아래 그대로 보존되어 있다. 본래 이 지역은 '구산요(龜山窯)'라 불린 도자기를 굽던 동네였다. '龜山'란 이름도 거기에서 나왔고, '社中'는 요즘말로 하면 회사에 해당한다.

료마의 유품 중에 작은 권총 한 자루가 이채롭다. 그는 사무라이 칼과 함께 권총을 차고 다니면서 이렇게 말하곤 했다. '칼보다 무서운 것이 총이다. 총보다 무서운 것이 무엇인줄 아는가. 바로 국제법이다.'

국제법이 무엇인가. 1960년대 후반, 내가 법과대학에 입학 후 처음 법학을 배우던 시절, '법 같지 않은 법' 몇 가지가 있었다. 헌법, 노동법, 그리고 국제법 … . 이들의 공통점은 무엇인가. '법이라는 명목은 있지만 법으로서의 힘은 거의 없거나 미약한, 잘 안 지켜지는 법.'

이 가운데 국제법은 약간 독특하다. 약자가 들고 나오는 국제법은 힘이 없지만, 강자가 내세우는 국제법은 그렇지 않다. 국제법을 내세워 협박이 가해지고 불응하면 무력이 따른다. 본시 국제법은 서구 열강들이 설정한 것이고 제국주의 침략의 방편이었다. 약소국에게는 무력의 다른 이름이었고, 그들 열강 사이에서는 침략자들 상호간의 규칙이었다. 일본이 메이지 유신 후 헌법제정에 착수한 이유의 하나는 서구 국가들과 같은 대접을 받기 위함이었다. 그들과 맺은 불평등조약 개정을 위해서는 일본도 서구적 입헌체제를 갖추어야 한다고 생각했다.

료마는 교토에서 활약 당시 여러 차례 막부세력 칼잡이들의 습격을 받았다. 권총으로 대응해 피한 적도 있지만, 마지막에는 총도 써보지 못한 채 난자당해 목숨을 잃었다.

가메야마샤추가 이룬 실적 가운데 제일로 꼽히는 것은 총기거래이다. 당시 막부에 대항했던 강력한 세력은 혼슈 서남부의 쵸슈(長州)번과 규슈의 사쓰마(薩摩)번이었다. 이 둘은 서로 앙숙이었다. 이들을 손잡게 만들어 막부 타도를 성사시킨 주역이 료마였고, 그 과정에서 매개역할을

맡은 것이 가메야마샤추였다. 1865년, 사쓰마는 죠슈에게 화해의 징표로 대량의 소총과 증기선을 증정하는데 이 꾀를 내어 부추긴 것이 료마였다. 그는 당시 나가사키에서 활동하던 영국 스코틀랜드 출신 상인을 통해 총기구매를 알선하였다. 오늘날 나가사키 관광명소로 꼽히는 구라바엔(ぐラバ–園)은 바로 그 영국 상인 글로버(Glover)의 저택을 공원으로 꾸민 곳이다.

가메야마샤추 기념관에서 조금 더 오르면 산마루에 공원이 펼쳐진다. 카자가시라(風頭)공원이다. 그 가장자리 산꼭대기에 료마의 동상이 우뚝 서 바다를 내려다보고 있다. '우뚝' 서 있다는 표현이 더없이 걸맞는 형상이다. 동상 옆에는 '홍·백·홍' 색깔의 해원대(海援隊) 깃발이 펄럭인다. 료마는 가메야마샤추가 재정난을 겪게 되자 고향 도사번과 제휴해 해원대라는 이름의 상사(商社)를 세웠다. 이때 도사번의 파트너가 료마의 동향 친구 이와사키 야타로(岩崎彌太郎)였다. 그는 재벌 미쓰비시 창업자이다. 나가사키에는 미쓰비시 조선소가 있다.

료마상 곁에서 나가사키 항구를 내려보자니 여러 갈래 소회가 엇갈린다. 료마의 일생을 그린 전기소설 『료마가 간다』(龍馬がゆく)에서 작가 시바료타로(司馬遼太郎)는 그 후기에서 이렇게 말한다. "일본의 역사가 사카모토 료마를 가졌다는 것은 그 자체가 기적이었다." 문학적 과장을 감안하더라도 최고의 찬사임에 틀림없다.

료마 칭송에는 다양한 관점이 있다. 경영철학의 측면에서 시대를 앞선 경영자로 평가하는 논자도 있다. 내가 특히 꼽힌 대목은 료마가 이른바 다이세이 호칸(大政奉還)을 성사시킨 후 취한 처신이다. 다이세이 호칸은 막부의 통치권을 천황에게 헌상한 결정이다. 메이지 유신의 원동력은 사쓰마와 조슈의 '삿추동맹'이었다. 당시로서 불가능해 보였던 두 적대세력의 화해와 동맹을 꿈꾼 점 자체가 대단하지만, 마침내 막부가 스스로 통치권을 내놓게 하는 다이세이 호칸의 대업을 이룬 다음, 료마는 새 정부의 직제와 그 요직의 인물 배치를 구상한다. 그 명단에 료마 자신의 이름은 없다. 그는 해양개척이라는 자기 할 일을 찾아 훌훌 떠날 결심

료마 동상.

조선인 희생자 비석.

을 한다. 소설은 이 장면에서 료마의 입을 빌려 이렇게 적고 있다. "나는 일본을 새로 태어나게 하고 싶었을 뿐이지, 새로 태어난 일본에서 영달을 누리고 싶은 생각은 없다. … 이런 마음이 아니면 큰일을 할 수 없다."

우리 역사에서는 누가 있었던가. … 언뜻 갑신정변의 풍운아 김옥균이 떠오른다. 혁명을 꿈꾸다 목숨 잃은 젊은이들이야 어느 시대 어느 땅에도 있거니와, 그런 점만이 아니다. 사람 사귀는 것 좋아하고 꿈꾸듯 도전하는 기백이 서로 닮았다. 일찍 해양개척에 눈떴던 료마처럼, 김옥균도 울릉도와 여러 섬들의 개척을 위한 직책을 맡은 적이 있다. 일본에 망명한 김옥균은 홋카이도 유배 시절에 료마처럼 회사를 세우고 간척사업을 벌이기도 했다. 종국에는 양자 모두 비운에 세상을 떠났다.

하지만 두 사람 사이에는 차이점이 두드러진다. 무엇보다도 료마가 성공한 혁명의 순교자로서 후일 위인으로 칭송받는 점과 달리 김옥균은 실패한 역사의 논쟁적 인물일 뿐이다. 이런 차이는 근대 일본과 조선 역사의 반영이기도 하다. 나가사키는 김옥균이 갑신정변 거사에 실패한 후 간신히 일본의 우편선박을 얻어 타고 망명지 일본 땅에 올랐던 항구이다. 김옥균은 살아서는 다시 조선 땅을 밟지 못했다.

– 나가사키와 얽힌 김옥균 관련 일화 한 토막이다. 도쿄대학 아카몽(赤門) 부근의 진조지(眞淨寺)에 김옥균의 가묘가 있고, 그 곁에 또 하나의 무덤이 있다. 그 주인은 가이쿤지(甲斐軍治). 가이쿤지는 나가사키 출신으로, 조선에서 사진업·무역업을 하던 중 김옥균이 일본에 갈 때 동행하였고 일생을 김옥균의 심복으로 살았다. 김옥균의 유발(遺髮)을 거두어 진조지에 모신 그는 자신의 유언에 따라 사후 김옥균 곁에 묻혔다. –

오늘의 한국에서 누구든 일본인을 호의적으로 말하는 자체가 쉽지 않다. 메이지 유신이 일본 군국주의의 시발점이고 보면 사카모토 료마 역시 마찬가지다. 이미 우리가 일본을 넘어선 분야가 한둘이 아니지만 '완전한 극일'을 이루고 마음의 응어리를 풀려면 시간이 더 필요할 것이다. 일본의 과거사 사죄가 독일의 수준에 버금가지 않고는 극일만으로 될 일이 아닐지도 모른다.

일본은 한민족과 복잡하게 얽힌 인연의 나라다. 새로운 남북·한미·한중·미북·미중 관계가 어지럽게 얽혀 전개되어가는 요즘, 한일 관계는 곤혹스럽기 그지없다. 국제관계에서 지난날에만 매달릴 수는 없고, 결코 과거사를 잊을 수도 없다. 과거사를 기억하면서 거기에 묶이지 않는 것은 지난(至難)한 일이다.

'깊은 강', 그리고 군함도

나가사키가 사카모토 료마의 도시만은 아니다. 나가사키는 일본 천주교 순교의 고장으로 알려져 있다. 구라바엔으로 오르는 길목에 아담하고 단아한 모습의 성당이 눈길을 끈다. 오우라(大浦) 성당이다. 작은 숲 언덕에 푸른 하늘만을 배경으로 자리잡고 있는 백색의 성당, 그 외벽이 더욱 정갈하게 돋보인다. 좋은 위치다. 건물 외관은 고딕과 바로크 양식의 혼합이라는데, 건물 정면의 양쪽 경사각은 밑에서 허공을 향해 점차 가파르다.

이 성당은 1865년에 건립된, 일본서 가장 오래된 천주교 건축물이라고 한다. 1597년, 도요토미 히데요시(豐臣秀吉)는 천주교 금교(禁教)령을 내렸다. 선교사 6명과 일본 신도 20명이 처형되었다. 최초의 그 처형지가 나가사키 니시자카(西坂)이며, 오우라 성당은 그곳을 향하여 바라보고 있다. 이 성당의 정식 명칭은 '日本二十六聖殉教者堂'이다.

일본 작가 엔도 슈사쿠(遠藤周作)의 <침묵>(沈默)은 일본의 천주교 박해를 배경으로 한다. 연전에 상영된 마틴 스콜세지 감독의 <사일런스>는 이를 영화화한 것이다. 순교 장면을 여과 없이 드러내 보이는 장면에서 나는 눈을 돌렸다. 좋은 영화이지만 여러모로 보기 힘든 영화이다.

일본에서 드물게 가톨릭 문학가로 꼽히는 엔도 슈사쿠의 또 다른 대표작에 <깊은 강>이 있다. 죽음을 주제로 한 명작으로 꼽힌다. 깊은 감동을 받았지만 남들에게 권하기는 꺼려진다. 노년의 친구들 사이에서도 이런 주제는 입에 꺼내기 힘들다.

이 소설을 읽고 한 가지 고개를 갸우뚱한 점이 있었다. 어떻게 이런 무거운 주제를 이처럼 깔끔히 정돈된 형식으로 잘 직조해 엮어 내었는가. 작가는 한때 천주교 신부를 지망한 적이 있었다고 한다. 가톨릭은 위계질서가 철저하고 형식적 엄격성을 유지하고 있는 종교다. 이런 가톨릭 문화에 깊이 배어 있지 않다면, 주제와 형식의 그토록 현격한 어긋남을 무리 없이 병존시키기 어려울 것이다. 나 자신 중년의 위기에서 가톨릭 영세를 받은 적이 있지만, '냉담자'로 전락한 지 오랜 때문인지 잘 이해되지 않는 대목이었다.

나가사키를 떠나는 날 오전, '평화공원'을 찾았다. 이 도시에서 원자탄 피폭 흔적을 지나쳐갈 수는 없다. 당시 나가사키 인구 20여만 가운데 7만 여명이 사망했다고 한다. 나가사키는 히로시마에 이어 두 번째 원자탄이 떨어진 곳이다. 본래 다른 도시가 목표였으나 날씨 때문에 바뀌었다고 한다. 사람의 운명이란 이런 것인가.

인근의 '폭심지(爆心地)공원'에 있다는 한국인희생자 추모비를 찾기는 쉽지 않았다. 공원 후미진 곳에 '追悼 長崎原爆朝鮮人犧牲者'라고 쓰인 검정색 비석이 놓여 있고, 그 앞에 시든 꽃다발 두어 개, 술병 몇 개, 생수 플라스틱 병 수십여 개가 놓여 있다. 추모비가 자리한 위치도 위치이거니와 그 초라함에 마음이 꺼지는 듯하다. 이렇게밖에는 못하는가. 대사관에서는 무얼 하는가. 그 옆을 보니 또 다른 검은 돌덩이가 낮게 엎드려 있다. '북조선' 이름의 그 추모비는 더 심한 모습이다.

'조선인희생자'는 이중의 피해자다. 식민본국에 끌려와 원자탄을 맞았다. 히로시마와 나가사키의 원폭 조선인 피해자는 약 7만에 달하고 4만 명이 숨졌다. 현장에서 거두어지지 못하고 마지막까지 남겨진 주검 대부분은 조선인 피폭자였다. 가해자는 누구인가. 일본인가 미국인가, 둘 다인가. 반면, 원폭 투하로 조국의 해방이 앞당겨진 점은 어떻게 풀이해야 하는가. 피폭의 참혹함을 그저 불운으로 돌려야 하나. 역사 풀이는 수수께끼다. 이런저런 필연과 우연이 실타래처럼 얽혀 있다.

나가사키에는 특히 한국인 여행객에게 또 다른 '어둡고 검은' 명소가 있다. 항구 북쪽 해변의 선착장에 '군함도 투어'라는 깃발이 나부낀다. 나가사키 앞 바다에 작은 섬 하시마가 있다. 해저 탄광이 있는 군함 모양의 섬이다. '군함도'라는 통칭은 일본제국의 군함 모양과 닮았다고 붙여진 이름이다.

군함도에는 7층 콘크리트 건물의 잔해가 유명하다. 탄광 직원들과 광부들의 숙소로, 일본 최초의 철근콘크리트 아파트라고 한다. 이 아파트의 숙소는 계급 서열에 따라 정해졌다. 맨 위층에는 미쓰비시회사 직원들이 자리잡았고 그 꼭대기에는 채소밭까지 있었다. 햇볕이 안 드는 아래층으로 갈수록 낮은 계급의 숙소가 배정되었다. 조선인과 중국인, 류큐(琉球)인, 그리고 맨 아래층이 재소자들이었다. 이곳은 세계문화유산으로 지정되어 있다. 일본의 근대 산업화의 상징이라는 것이다. 그러나 한국인 징용노동자의 처절한 희생에 관해서는 아무 언급이 없다. 이들은 군함도의 수직 갱도 해저 600미터를 내려가 석탄을 캐야 했다.

3일간의 나가사키 체제 기간 내내, 군함도의 존재를 애써 외면했다. 그런 태도가 옳지 않은지도 모른다.

일본사람

돌아가는 날 마지막 산책길은 다시 데지마 부두로 잡았다. 나가사키 첫 날 둘러본 데지마 부두 공원이 한적하고 아늑해서 좋았다. 데지마는 일본이 아직 개항하기 전부터 네덜란드 상인들이 머물던 곳이다. 도요토미 히데요시 시절, 포르투갈 신부들을 처형한 후 쇄국을 지속하던 막부정권은 1641년, 나가사키의 조그만 부채꼴 모양 인공섬에 네덜란드 무역상들이 모여 살 곳을 지정해주었다. 여러 제한조건들을 붙인 특별체류허가지였다. 네덜란드 동인도회사 소속의 상인들은 설탕, 면화, 의료품 등을 가져와 도자기, 은 등을 싣고 갔다. 서양과의 유일한 무역 창구였다. 당시를 재현한 데지마 건물들의 속 모습이 퍽 이채롭다. 일본의 서양문화 수입은 네덜란드에서 시작했고, 이른바 난학(蘭學)을 꽃피웠다. '대일본제국'의 메이지(明治)헌법이 제정되기 전, 이미 일본인들 중에 네덜란드 레이던(Leiden)대학에 유학하여 서구 입헌주의를 공부한 사람들도 있었다.

데지마 워프의 오래된 카페에 앉아 까페라떼 한 잔을 마신다. 찻잔 위에 료마가 있다. 우유거품 위에 그려진 그의 얼굴모습이 꽤 정교하다. 상술이지만 싫지 않다. 다만 료마가 토대를 놓은 메이지 유신 이후 일본제국의 부국강병책이 한국병합으로 이어진 점을 생각하면 마음이 무거워진다.

일본의 도시들 많은 곳을 가본 것은 아니지만 나가사키는 독특하다. 서구를 모방한 일본근대화의 출발지라는 역사적 의미를 떠나서 보더라도 그렇다. 도시 곳곳에 중소도시 특유의 정서가 배어 있는 듯이 느껴진다. 나가사키 첫 날, 짐을 풀고 데지마를 찾아 나선 길이었다. 미리 지도를 찾아보고 대충 위치는 짐작하고 있었지만, 몇 분 걷다가 지나가는 젊은 여성에게 길을 물었다. 괜한 객기였다. 갑작스럽고 서툰 일본말에 당황한 그 여성이 잠시 머뭇거리자, 앞서 걷던 한 노인이 뒤를 돌아본다. 작달막한 키에 허리가 굽은 전형적인 일본 할머니다. 80은 넘어보였다. 할머니는 자기가 안내하겠다는 듯이 이런저런 말을 이어간다. 막상 말을 건넸지만 제대로 들릴 리가 없다. 못 알아듣는 것을 낌새챈 할머니가 불쑥 영어를 꺼낸다. 뜻밖이다. 시종 할머니의 표정은 무심하고 어조는 건조하다. 한 블럭을 걷다가 헤어졌다. 다시 두어 블럭 지나 길을 꺾어 옆길로 들어서자 멀리 길 모퉁이에 그 할머니가 다시 보인다. 길을 헤맬까 염려해 샛길로 먼저 와 기다린 것이 역력하다.

나가사키에는 지상 전차가 다닌다, 꼭 옛날 서울의 전차 그 모습이다. 중학교 때 동대문에서 종로 종각 앞 화신백화점까지 전차를 타고 통학했다. 나가사키 전차는 지금 서울 경운궁 옆 길가에 놓여 있는 전차 모습과 판박이다. 그 시절 서울의 전차와 마찬가지로 나가사키 전차도 결코 빠르달 수 없는 속도로 달린다. 그래서 오히려 여유롭다. 슬로우 라이프. 전차에서 내릴 때 동전을 투입했다. 잔돈 40엔이 나오지 않는다. 등 뒤에는 내릴 사람들이 기다리고 있다. 소심한 여행객은 잔돈을 포기하고 그냥 내린다. 두세 걸음 걸었을까, 뒤에서 부르는 소리가 들린다. 늙은 차장 영감이 잔돈 동전을 건네준다.

그 키 작은 할머니는 왜 그렇게 낯선 여행객에게 친절을 베푸는 것일까. 아마도 독거노인일 것이고, 오후 산책길에 누구와라도 말 한마디 나눠보고 싶었을지 모른다. 그러나 그것만일까. 그 늙은 전차 차장은 왜 굳이 운전석에서 내려서까지 잔돈을 돌려주려 한 것일까. 그저 대수롭지 않은 자기 업무의 수행일 뿐이라고 여겼을지 모른다. 그렇다 해도 그런 자세는 어디에서 오는 것인가.

일본인들의 친절과 성실은 유명하다. 그 시원 또는 연유가 무엇인지 궁금하다. 19세기 후반 일본에서 오래 살았던 한 미국인은 이렇게 풀이했다. '막부시대 엄격한 위계사회에서 심하게 주눅들었기 때문이다.' (라프카디오 헌, <일본론>. 신문기자였던 그는 일본사회와 문화에 흠뻑 빠졌고 일본여인을 부인으로 맞아 살았다).

남들과의 관계에서 또는 정부와의 관계에서 일본사람들은 자신의 권리 주장보다 자신의 책임과 의무를 먼저 생각하는 듯이 보인다. 거기에서 사회 전체의 안정감이 나올 것이다. 대신 발랄한 생기는 찾기 힘들 것이지만, 통치하기는 편할 것이다.

한편, 일본어에 '손님접대'(おもてなし, 오모테나시)라는 말이 있지만, 전통적으로 일본에는 타인에 대한 환대의 문화가 없었다는 견해도 있다. 이런 글을 읽은 적이 있다. 일본 어느 텔레비전 방송국에서 중동 사막 취재를 갔다. 한 일본 기자가 자기 물병에 이름을 적어 넣었다. 그러자 이슬람 현지인들이 동행 취재를 거부했다. 그런 사람과 함께 할 수 없다는 것이었다. 사막의 유목민들에게 물은 혼자 마시는 것이 아니라 함께 마시는 것이라 한다. 낯선 사람에게도 집안에 들어온 이상 자리를 제공하고 목을 축이게 하는 타인 환대와 희사(喜捨)의 문화는 유목민들의 전통이다. 따지고 보면 결국 자신의 생존을 위한 것이지만, 공존의 문화와 개인주의 문화 사이엔 분명 거리가 있다.

한낮의 일본 중소도시 거리 풍경은 나른하면서도 정겹다. 길을 걷는 사람 대부분이 노인들이다. 일본이 노인국가임을 실감한다. 특히 할머니들이 눈에 많이 띈다. 나가사키 거리에는 또 하나 별난 점이 있다. 카스텔라 가게가 도처에 자리잡고 있다. 모두 오랜 역사의 유명한 빵집 분점들이다.

일본의 서구문화 수입에는 나름의 특색이 있다. 일본식으로 변용하는 과정이 끼어든다. 일본은 서양서적 번역서가 많기로 유명하지만, 음식도 그렇다. 서양음식의 도입과정에서 생겨난 명물의 하나가 나가사키의 카스텔라이다. 사카모토 료마의 이야기에도 그런 장면이 나온다. 회사를 차린 료마 일당은 돈벌이를 위해 카스텔라 제조를 시도하지만 제대로 된 제품 생산에 실패한다.

어쨌든 서양음식의 일본화 방식은 카스텔라에 한정하지 않는다. '도루코 라이스'도 희한한 일례다. 큰 접시에 여러 종류 음식이 담긴다. 돈까스 한 조각과 샐러드, 파스타 한 무더기, 거기에 흰 쌀밥과 미소 된장국 한 사발까지 곁들여 있다. 스파게티와 된장국의 공존이라니. '도루코'는 터키의 일본식 표기지만, 왜 터키인지 그 유래는 분명치 않다. 그밖에도 널리 알려진 '나가사키 짬뽕'이 중국 상인들로부터 시작됐다는 얘기는 잘 알려져 있다. 다채로운 고물이 얹힌 흰 국물의 짬뽕 맛이 예상보다 괜찮았다. 풍미로만 말하면 이곳 이름난 노포의 계란찜(茶碗蒸し, 자완무시)이 각별하였다.

귀국길 차편은 올 때와 달리하고 싶어진다. 입국할 때 후쿠오카공항에서 나가사키까지는 고속버스를 탔지만 돌아갈 때는 기차를 타기로 한다. 기차 칸은 깨끗하고 좌석은 편했지만, 신칸센과는 딴판이다. 몹시 흔들거리기가 버스보다 더한 듯하다. 버스 삯보다 두 배 되는 기차표 값이 아까울 정도다.

후쿠오카의 하카타역에 내리자 딴 세상이다. 퇴근 무렵 지방 대도시 풍경은 나가사키와는 사뭇 다르다. 개미떼처럼 빽빽한 무리들이 바쁜 길을 물결치듯 흘러간다.

공항 출국대기실 모습은 가히 난장판이다. 대부분 한국여행객들이다. 술취한 노인들이 의자에 누워 있고, 중년들이 맥주 캔을 들고 왁자지껄 소란하다. 여기저기 아줌마들의 한국말 소리가 남대문 시장바닥 같다. 한국인들의 강한 에너지 때문이려니 하고 좋게 봐주려 해도 이건 아니다 싶다.

수년 전 텔레비전에서 보았던 한 장면이 떠오른다. 한국에 홀로 장기체류한다는 한 중년의 일본인에게 리포터가 이렇게 묻는다. 왜 한국에서 사는가? 직업이 기타리스트라는 그 남자는 이렇게 답했다. '한국에서는 큰 소리로 이야기할 수 있어서 좋다.'

30여 년 간 도쿄에서 한국대기업 주재원으로 일했던 한 친구가 이런 말을 건네준 적이 있다. '서울에 오면 길거리 사람들의 걷는 모습이 일본과는 다르다. 한 사람이 차지하는 공간이 넓다. 팔을 내젓는 듯 걷는 사람들도 적지 않다. 일본사람들이 어깨를 움츠린 듯 걷는 모습과는 다르다.'

유치원에서부터 일본교육의 시작과 끝이 '남에게 메이와쿠(迷惑, 폐)를 끼쳐서는 안 된다'는 이야기는 귀담아 들을 만하다. 다만 일본의 모습은 복합적이다. '다테마에(立て前, 겉)와 혼네(本音, 속)가 다르다'는 점은 일본사회의 특징으로 일컬어진다. 여행 시에 만나는 일본사람들은 친절하고 착하게 보이지만, 장기체류 경험자들의 이야기는 다르다. 인간관계의 까다로움이 여간 심하지 않으며 정이 없다고 한다.

– 오래 전부터 일본 뉴스에는 때때로 기괴하고 잔혹한 사건들이 실린다. 비굴하게까지 보이는 일본인들의 친절과 겸양, 그리고 권력의 세계에 오불관하는 일반 백성들의 인종(忍從)의 태도는 이들 기상천외의 사건과 어떤 관련이 있지 않을까. 일종의 병적 부작용이 아닌가. 다만 요즘에는 이런 일들이 일본만의 현상은 아닌 듯하다. 오늘 지구촌 사회의 풍토병인가. –

일본 정부의 태도는 개인 일본인의 모습과는 또 다른 듯 보인다. 약자를 얕보고 억누르는 자세는 노골적이고 집요하다. 강한 자에게 약하고 약자에게는 강하다. 스쳐가며 보는 선한 모습의 일본인과 선하지 않은 일본정부의 대조적 명암은 뚜렷하다. 이 때문에 대일(對日)감정에 혼란을 겪는 한국인도 적지 않을 것이다. 다만 이런 심적 혼란조차 그대로 밝히기 쉽지 않다. 마치 그런 혼란 자체가 옳지 않다는 듯이. 전면적인 극일을 이루어 내더라도 일본을 편하게 이야기할 수 있는 날이 올지는 의문이다. '용서할 수 있지만 잊을 수는 없는' 한, 더욱이 독일처럼 매년 사죄하지도 않는 한, 그럴지 모른다.

– 세계은행이 발표한 2020년 구매력 기준 1인당 소득에서 한국이 일본을 앞질렀다. 한국은 4만 2,381달러, 일본이 4만 232달러. 그럼에도 반일감정은 철옹성처럼 견고하다. 오늘의 동북아 상황에 비추어 이 점을 어떻게 볼 것인가. 국제관계는 어디에서나 철저한 이해관계다. 어린애들의 세계와 한치도 다르지 않아 보인다. –

정부와 국민의 관계도 한국과 일본은 서로 달라 보인다. 일본의 일반 국민은 대체로 정부에 순종하는 듯하고, 엘리트들은 통치에 별 어려움을 느끼지 않는 것처럼 보인다, 한국은 다르다. 한국 국민은 무섭다. 쌓인 분노가 어떤 계기로 한번 폭발하면 누구도 걷잡지 못한다. 이 점은 서로 다른 역사적 결과로 나타난다. 일본에는 시민혁명이 없었다. 그 시도조차 없었다. – 1912년, 군인 총리의 등장에 항거한 '다이쇼(大正)정변' 같은 사례가 없지 않았지만, – 메이지 유신은 '위로부터의 혁명'이었다. 시민혁명의 경험이 없는 일본에서 특히 리버럴 지식인들의 콤플렉스는 적지 않다. 한국은 다르다. 수차례의 시도 끝에 시민혁명을 성취한 아시아의 희귀한 사례다. 반면 한국에서 정부와 국민의 관계는 불안정하다. 사회의 역동성의 대가는 불안정이다. 역동성과 안정성은 조화하기 힘든 모순관계인가.

– 일본을 생각할 때 늘 떠오르는 의문 하나가 있다. 19세기 제국주의 시대에 일본은 어떻게 살아남았는가. 왜 서양은 일본을 삼키지 않았는가 혹은 그렇게 못했는가. 작가 최인훈의 오래 전 생각을 되돌려 들어본다. 소설 <회색인> 가운데 등장하는 한 현자는 이렇게 말한다.

"일본사람이 아무리 영리하고 비교적 방비가 튼튼했더라도, 만일 당시의 서양 열강이 마음먹고 달려들었더라면 과연 당할 수 있었을까. 지난 태평양전쟁도 결국 서양 사람의 과학 앞에 굴복한 것인데 에도江戶 정부 말엽에야 비교도 안 됐을 게 아닌가? 그런데 영국이나 러시아는 그것을 안 했어. 왜 안 했을까. 또 이유를 댈 수 있겠지. 당시 서양 열강은 중국 침략에 여념이 없었다든가, 국내 사정이 이러저러했다든가 하는 설명이 되겠지. 그렇다면 결국 일본이 나라를 보전한 것은 우연이라고 볼 수밖에 없어. 추상적으로 보면 반드시 그렇게 됐어야 할 일이 사실은 그렇게 되지 않았다 할 때, 그것은 우연이라고 할 수밖에 없지 않은가? 나는 역사의 원우연原偶然이라고 부르고 싶어. … " –

'역사의 원우연'이라? 개인의 인생사가 우연과 우연으로 점철되듯, 민족의 역사 역시 우연에서 벗어나지 않으리라. 일본은 섬나라인 덕에 대륙의 침략을 면할 수 있었고, 19세기 서구열강의 동아시아 침략 시기에도 중국이 큰 먹잇감이 되는 와중에 난을 피했다. 그렇지만 일본이 20세기 초 세계 선진 열강의 하나로 올라서게 된 것이 그저 우연일까. 모든 개인사가 모두 우연이 아니듯, 민족사 역시 우연만은 아니리라. 일본의 근대사는 그들의 엘리트들이 출중했음을 보여준다. 하급 무사들이 서양의 앞선 지식을 배우려는 노력이 치열했고 근대 일본의 지력(知力)은 대단했다. 조선 양반들은 어떠했는가. – 연암 박지원은 탄식했다. '조선의 선비는 제 노릇을 못하였다.'

세종로 대로에 우뚝 설 인물로 이순신 장군 이후 누가 있는가. 그런 인물이 떠오르려면 좀 더 시간이 필요한가. 아니 엄연히 존재함에도 분열과 대립 때문에 내세우지 못하는가.

설렁설렁

나가사키 여행은 처음부터 끝까지 거의 내 손으로 준비하였다. 보너스 항공권부터 여행지의 가봐야 할 곳과 맛집 수소문까지 여러 날 공을 들였다. 떠나기 전부터 나가사키 시가지가 눈에 보이는 듯했다. 결과는 만족이다. 여행사 패키지여행과는 사뭇 맛이 다르다. 여행은 역시 자유여행이라야 제 맛이다.

또 하나, 여행은 누구와 떠나느냐는 것이 중요하다는 얘기는 역시 옳았다. 아내와 맏딸이 동행하였다. 사내아이 둘을 키우느라 진이 빠진 듯 보이던 딸아이가 결혼 후 모처럼 자유로운 여행길에 올랐다. 예상처럼 그렇게 마음이 편하지는 않은 듯, 딸아이는 첫날과 이튿날 여러 차례 아이들과 영상통화를 하였다. 여행 중에 딸의 도움은 매우 유익했다. 기차표나 버스표를 살 때 이제는 모두 자동판매기 앞에서 화면을 보며 버튼을 여러 번 눌러야 한다. 역시 젊은 딸아이가 빨랐다. 자동기계화가 가속화하는 현대사회는 노인에게 반갑지 않지만 어쩔 수 없다. 적응해야 한다.

설렁설렁 걸으면서 이런저런 생각들을 떠올리는 여행길, 그 참맛을 이제야 깨달은 느낌이다. 나가사키 산책은 좋았다. (2019.1.11.).

– 2021년 11월 6일 오전 11시 2분, 나가사키 평화공원 서쪽 입구에 모인 100여 명이 고개 숙여 묵념을 올렸다. '韓國人原爆犧牲者 慰靈碑' 제막식. 76년 전 8월 9일 오전 11시 2분 나가사키에 투하된 원자폭탄으로 약 1만 명의 한국인이 희생되었다. 대부분 강제징용자들이다. 위령비는 3m 높이의 품격 있는 외양을 갖추었다. –

타이베이 기행

더 늙기 전에 여행을 자주 다니자, 이런 생각은 은퇴노인들 대부분 마찬가지일 것이다. 물론 형편이 따라야 한다. 텔레비전 프로그램에서 본 크로아티아를 다음 행선지로 오래 염두에 두었지만 그만 두었다. 시차 문제도 이젠 버겁게 느껴지지만, 무엇보다 열 시간 넘게 좁은 비행기 좌석에 묶이는 것이 내키지 않았다. 그 대안이 대만행이다. 이번에는 아내와 단 둘만이다.

거리 음식, 옥구슬, 일본색

타오위안(桃園)공항에 내리자 하늘은 잔뜩 흐렸다. 4월 중순, 예상과 달리 서늘한 기운이 감돈다. 이런 날씨는 내게는 나쁘지 않다. 여행에 성패가 있다면, 그 첫째 조건은 날씨가 아닐까.

도심에서 조금 떨어진, 프랑스 건축가가 지었다는 호텔은 사진과 달랐지만 나쁘지 않았다. 무엇보다 단체관광객이 없어 좋았다. 서양인 투숙객들이 많이 눈에 띄어 마치 유럽의 어느 작은 호텔 분위기를 풍겼다.

여장을 푼 뒤 저녁 무렵, 타이베이의 명물이라는 스린(士林) 야시장을 찾았다. 한마디로 실망이다. 소문난 굴전도 맛보았지만 기대가 너무 컸는가. 십여 년 전 작은 딸과 함께 동대문 광장시장 빈대떡집을 찾아간 일이 떠올랐다. 빈대떡을 좋아한다는 어느 퇴직기자가 인터넷 카페에 쓴 글을 보고 모처럼 나선 길이었다. 알려준 지점에 도달했지만 도무지 옥호가 보이지 않는다. 두리번거리다가 공중에 매달린 무슨 나무판 같은 것에 머리를 부딪칠 뻔하였다. 바로 그 가게 이름이 적혀 있는 손바닥만 한 간판이 전깃줄 같은 것에 매달려 있었다. 시장 골목길 가운데 등받이도 없는 긴 나무의자 두어 개가 놓여 있을 뿐이다. 빈대떡 한 장을 맛보았지만, 더 시킬 마음은 생기지 않았다. 서울서 제일가는 빈대떡집 세 곳 중 하나라는 글을 그대로 믿었건만. 무엇보다 녹두 맛이 덜했다. 명절날 아내가 만드는 빈대떡에 한참 미치지 못하는 맛이었다. 배를 더 채울 요량으로 옆 가게에서 칼국수를 주문했다. 엄청나게 양이 많았다. 고민거리였다. 많이 남기자니 푸짐하게 담아준 아주머니에게 미안했다. 억지로 두어 젓갈은 더 삼켰을 것이다. 거리 음식에도 등급이 있고 운이 따라주어야 실패하지 않는다.

이튿날 오전 고궁박물관을 향했다. 전철을 내려 버스를 갈아탔다. 꼭 30년 전 대만을 처음 여행했을 때 가장 깊은 인상을 준 볼거리는 바로 고궁박물관이었다. 장개석이 수많은 국민당 패잔병들을 대륙에 남긴 채 싣고 왔다는 그 보물들은 양과 질에서 엄청났다. 제일 엄청나게 보인 것은 콩알만한 옥구슬 조각이었다. 큰 돋보기로 들여다보니 그 작은 알맹이 속에 겹겹이 집과 사람이 조각되어 있다. 이것이 어떻게 가능한가. 그 극미세 옥공예 작품을 들여다보자니 가슴이 꽉 막혀 왔다. 3대에 걸쳐 완성하여 황제에게 바쳤다던가. 이번 여행에서 그 옥구슬과의 재회는 이뤄지지 못했다. 약 70만 점에 달한다는 유물을 교체 전시할 뿐만 아니라 지방에 분원이 생겼다고 한다.

둘째 날 저녁 때 타이베이 시내 시먼딩(西門町) 거리를 거닐었다. 서울 명동거리의 타이베이판이라고 할까. 거리 이름부터 일제 강점기의 냄새가 날 뿐 아니라 당시 일본 건축가가 설계했다는 서양식 건물이 문화재처럼 보존되어 있다. 대만은 청일전쟁 후 일본에 넘겨져 우리보다 15년 더 오랜 세월 일제 식민지 신세를 겪었다.

언젠가 이런 글을 읽은 적이 있다. 같은 일본 식민지였지만, 조선과 대만은 달랐다는 것이다. 조선 사람들은 거셌던 데 비해, 대만사람들은 조선보다 더 순응하는 듯하면서도 실속은 더 차렸으며, 창씨개명만 하더라도 조선인과 대만인의 대응에는 차이가 있었다고 한다. 타이베이 거리를 둘러보기만 하여도 일본색을 도처에서 느낄 수 있다. 식민지 시절 대만총독부 건물은 여전히 총통부 청사로 쓰이고 있다. 거리엔 토요다 등 일본차 물결이고, 미쓰코시 등 유명한 일본계 백화점들이 시내 한복판을 차지하고 있다. 전철에서는 일본어 안내를 한다. '중산(中山)'역의 일본어 안내 방송에서 '나카야마 에키'라고 굳이 일본어 원음으로 말한다. '중산'은 일본에 망명했던 쑨원(孫文)의 일본이름이다. 한국어 안내는 없었다.

제국일본은 그들의 최초 식민지였던 대만을 '식민통치의 진열장'으로 여겨 나름대로 식민지 근대화에 공을 들였다. – 메이지 유신 직후 일본에 '편입'된 오키나와는 특이한 사례일 것이다. – 대만인들로서는 일제 통치하에서 과거 어느 외래 통치자들에 비해 많은 혜택을 받았다고 생각하며, 그 시절을 그리워하는 사람들도 있다는 얘기다. 또한 조선총독은 모두 육군대장이었던 데 비해, 대만총독은 문관이거나 해군제독이었다고 한다. 어떻든 3박4일 내내 호텔 프런트에서부터 식당과 상점에 이르기까지 늘 일본인 관광객으로 오인받은 뒷맛은 떨떠름할 수밖에.

2 · 28 사건

사흘째 날 오전, '중정(中正)기념당'에 들른 후, 인근의 '2·28 평화기념공원'을 찾았다. 두 공간은 확연히 다르다. 강자의 공간과 약자의 공간의 대비는 확연했다.

장개석의 이름을 딴 중정기념당은 권력자의 힘이 물씬 풍긴다. 광활한 터 여기저기에 웅장한 건물들이 자리잡고 있고, 관광객들이 줄을 잇는다. 수십 계단을 오른 후에야 쳐다볼 수 있는 장개석 좌상은 턱없다 싶을 만큼 크기부터 압도적이고, 그 앞 좌우에 부동자세로 서 있는 헌병들 모습에서는 지난 시대의 필름을 되돌려보는 어떤 거부감이 밀려온다. 죽은 사람의 석상을 지키는 산 사람의 석상 같은 모습이 기묘한 몽타주를 이룬다. 기념당의 드넓은 광장에는 관람객들이 쉴 수 있는 벤치 하나 찾기 어렵다. 힘들더라도 앉지 말고 경건히 서 있어야 마땅하다는 뜻인가. 다만 오늘날 대만이 누리는 풍요의 터를 세웠다는 점에서 장개석을 평가하는 견해도 있을 것이다.

2·28 기념공원은 중정기념당 분위기와는 판이했다. 들어서자마자 서민적 체취가 풍겨온다. 관광객 아닌 부근 주민들이 편한 옷차림으로 벤치에서 도시락을 먹거나 속옷 바람의 노인들이 느린 태극권 동작을 펼쳐 보이고 있다. 2·28기념관은 낮게 엎드린 외관부터 초라하다. 그 옆에 '수난자'(受難者)들 이름과 사진이 입혀진 플라스틱 패널 역시 남루해 보이기는 마찬가지다. 조금 떨어져, 높이 솟구친 기념탑만이 이곳이 심상치 않은 공간임을 외롭게 외치고 있는 듯하다.

2.28공원 안의 기념탑.

사건의 발단은 1947년 2월 27일, 타이베이 시내 한 찻집에서 시작됐다. 밀수담배를 팔던 40대 여인이 전매관청 단속원에게 담배를 뺏기자 싱강이가 벌어졌다. 단속원이 권총으로 여인의 머리를 내리쳤다. 이를 보던 시민들이 대들었고, 항의군중들이 관청에 몰려갔다, 경찰의 발포에 한 사내가 피살됐다. 이튿날 28일, 소문이 퍼지면서 각지에서 소요가 일어났다. 시민들은 일본 패망 후 대륙에서 건너온 국민당 통치자에게 불만이 가득한 터였다. 새 통치자는 거칠었고 무능했으며 부패했다. 실업자가 넘쳐났고 쌀값이 400배나 뛰었다.

군중들이 라디오 방송국을 장악해 선동했다. 대만 행정장관 겸 총사령관 천이(陳儀)가 계엄령을 선포했다. 대만 전역에서 양측 사이에 충돌이 일어났다. 본성인(本省人)들은 외성인(外省人)들을 찾아내 구타했다. 본성인은 본래 대만에서 살던 대만인들이지만 따지고 보면 그들 대부분도 일찍이 대륙에서 건너온 한족들과 그들의 후손이었다. 외성인들은 1945년 이후 대륙에서 넘어온 중국인들이다. 양측의 무차별 살상은 5월 중순에야 일단락됐다. 대륙의 국민당 군대 2개 사단 이상이 넘어와 학살극을 벌인 뒤였다.

이후 이 사건은 대만에서 금기어가 됐다. 1949년 12월, 모택동에게 쫓겨 대만으로 도망간 국민당 정부는 1987년까지 계엄령을 지속했다. 계엄통치 아래 '백색테러' 시대가 펼쳐졌다. 1988년, 본성인 출신이자 국민당원이었던 리덩후이(李登輝)가 총통으로 취임한 후 비로소 이 사건은 본격적으로 조명되기 시작한다. 리덩후이 자신 2·28사건 당시 구속된 경험이 있던 터였다. 1996년, 2·28 당시 항의군중이 처음 모였던 '중산공원'이 '二二八和平紀念公園'으로 개칭되었다. 이듬해 1997년, 2·28 사건 50주년 되던 해, 중화민국 정부가 처음으로 공식 사과했다. 2·28 사건의 희생자 수는 아직까지 공식화되지 않고 있다. 수천 명에서 3만 명 내외라는 추산이 있을 뿐이다.

오늘날 대만의 인구 구성이 궁금했다. 동남아시아 및 폴리네시아 계통인 원주민은 전체 인구의 2% 정도에 불과하고, 나머지는 모두 한족이다. 한족 중에도 인구의 70여%는 해협 건너 후젠성(福建省) 출신의 본성인이고, 외성인은 13%에 불과하다. 대만의 역사는 기구하고 복잡하다. 16세기 대만 땅에 처음 올랐던 서양인인 포르투갈 선원들은 이 섬을 'Formosa'라고 불렀는데, '아름다운 섬'을 뜻한다. 이후 네덜란드, 청나라에 이어 일본이 지배했다.

비정성시(非情城市)

사흘째 오후, 지우펀(九份) 행 버스에 올랐다. 지우펀은 타이완 북부 해안에 위치한 옛 광산촌이다. 산골에 단 아홉 가구가 살던 시절, 아랫마을에서 식용품을 사들고 올라와 아홉 등분했다는 데서 유래한 지명이란다. 대만영화 <비정성시>의 무대로 널리 알려졌다는 곳이다. 산골의 좁다란 언덕길 양편에 잡다한 상점들이 오밀조밀하다. 평일이지만 좁은 계단의 언덕길이 관광객들로 붐빈다. 멀리 해안을 내려다보는 경관이 뛰어

린안타이 민속박물관 정원.

나지만, 기대가 컸던 탓일까, 소문에는 미치지 못하는 느낌이었다. 이 느낌은 귀국 후 바뀌게 된다.

나흘째 마지막 날 오전, 호텔 인근의 명소 한 곳을 찾았다. '林安泰(린안타이) 古厝 民俗文物館.' 웬만한 관광안내서에는 눈에 뜨이지 않는 곳이다. 뜻밖의 작은 즐거움을 안겨준, 타이베이에서 만난 가장 아름다운 공간이었다. 18세기 중엽 청나라 시대, 후젠성에서 넘어와 장사로 성공한 린(林)씨 일가가 지은 너른 정원의 고택이다. 신혼부부 여러 쌍이 사진 찍기에 여념이 없고, 풍경화를 그리는 노인 화가들 모습이 한가로웠다.

귀국 후, 2·28 사건을 더 알고 싶은 마음이 생겼다. 기록을 찾던 중, 영화 <비정성시>가 2·28 사건을 배경으로 하고 있음을 알게 된다. 인터넷에서 영화를 찾아보았다. 담담하면서도 긴 여운을 남긴다. 영화의 여러 장면에 지우펀 골목 가파른 언덕길이 등장한다. 인근 금광이 한창이던 시절에는 술집, 홍등가들이 즐비했다는 곳이다.

지우펀의 식당 '비정성시' 앞에서.

영화 장면에서 주점 간판 중에 '朝鮮樓'라고 쓰인 것이 얼핏 보인다. 광산촌에 조선인들도 있었던 것일까. 일제하 대만에 살았던 조선인 가운데 독립운동가가 있었다. 조명하

(趙明河) 선생.

1928년 대만 타이중(臺中)시. 일본 왕족 구니노미야 구니히코(久邇宮邦彦)라는 자가 육군특명검열사로 역전에 나타났다. 환영 인파 속에서 뛰쳐나온 한 청년이 독검으로 그를 찔렀다. 조선 청년 조명하는 현장에서 붙잡힌 후 사형당했다. 당년 23세. 구니노미야는 이때의 부상으로 이듬해 죽었다.

조명하 선생은 보통학교 중퇴 후 강의록으로 독학, 일본으로 건너가 오사카에서 상점 점원 등으로 지냈다. 다시 대만으로 가 부국원(富國園) 상점에서 일했다. 동아시아를 홀로 떠돌던 그가 그 젊은 나이에 거사를 결심한 마음의 행로가 궁금하다. 과천 서울대공원에 그의 동상이 서 있다.

영화 <비정성시>는 영화 측면에서도 특이했다. 오랜 시간 고정된 카메라 앵글이 멀리서 인물들과 풍경을 무심히 비춘다. '롱 테이크' 기법이라고 부른다던가. 주인공 역의 하나는 홍콩 배우 양조위(梁朝偉)다. <화양연화>(花樣年華)에서 장만옥(張蔓玉)과 공연했던 그 나름의 독특한 분위기와는 또 다른, 그늘진 구석을 지니면서도 맑은 모습이다. 그가 특유의 잔잔한 풍모로 대만의 지난 한 시절 어렵게 살았던 사람들의 이야기를 차분히 재연한다. 영화 말미, 반정부 활동에 동조하던 그는 신혼의 아내와 어린 아들을 남기고 관헌에게 붙잡혀 어디론지 사라진다. 살아남은 아들을 통해 삶은 이어질 것이라는, 유교 가족주의적 인생관의 표현인지 모른다. <비정성시>의 감독 허우샤오셴(侯孝賢)은 대만 본성인이다. 이 영화는 1989년 베니스 영화제에서 황금사자상을 받았다. 자연의 풍광 속에 아픈 역사가 배어드니 지우펀의 모습이 새롭게 다가온다. 가파른 계단 입구의 식당 '비정성시'에 들르지 않은 것이 조금 후회되었다.

따뜻한 사람들

좋은 여행을 결정짓는 요인이 날씨만은 아닐 것이다. 결국은 사람이 아닐까. 현지인과의 좋은 경험은 여행길의 뒷맛을 훈훈하게 한다. 첫날 공항버스에서 내려 호텔을 찾을 때였다. 40대로 보이는 여인이 상세히 길을 알려주며 택시를 타는 것이 좋을 것이란 말도 곁들여준다. 유창한 영어다. 둘째 날 오후 고궁박물관을 나와 단쉐이(淡水)를 찾았을 때도 고마운 현지인이 있었다. 긴 해변로를 걸어 명소로 꼽히는 홍모성(紅毛城)에 이르니 이미 저녁 무렵이다. 손바닥만큼 열려 있는 출입문 입구에 관리인 여인이 문 닫을 시간이라고 막아선다. 시계를 보니 정한 시간에 3분가량 지났다. 쓴 웃음을 지으며 사정도 않은 채 돌아서려니 어디서 왔느냐고 묻는다. 올라가 사진만 찍고 곧 내려오라는 몸짓이다. 홍모성은 해변 언덕 위에 우뚝 선 붉은 벽돌의 요새다. 스페인에 이어 이곳을 장악했던 네덜란드인들이 세운 건물이라고 한다. 당시 현지인들이 네덜란드인을 붉은 털의 사람이라고 불렀다나. 더 둘러보고 싶었지만 관리인의 호의를 저버릴 순 없어 그야말로 사진만 찍고 내려왔다.

셋째 날 지우펀 행 버스를 탈 때도 친절한 대만인들을 만났다. 대만 여행 안내서를 미리 읽고 찾아간 곳에 버스정류장이 보이지 않는다. 마침 부근 과자점 앞에 나와 있던 점원 소녀에게 물으니, 가게 안으로 이끌며 다른 점원 청년을 불러낸다. 역시 유창한 영어다. 정류장이 근처로 옮겨졌다면서 종이 위에 위치를 상세히 그려준다. 고마운 마음에 작은 과자상자 하나를 사겠다니 멋쩍은 웃음을 날리며 냉장고에 넣어야 할 시간까지 알려준다. 지우펀 골목길에서 먹은 그 과자 맛도 좋았다.

마지막 돌아오는 날에도 또 고마운 대만 사람의 도움을 받았다. 동파육(東坡肉)으로 유명하다는 식당을 찾아 의자에 앉자마자, 아침에 입고 나섰던 윈드브레이커 상의가 떠올랐다. 택시에 두고 내렸는가도 생각해 보았지만 그렇다면 찾을 길은 없다. 택시를 기다리던 호텔 로비에 남겨 둔 것일까. 여행 중에는 핸드폰을 꺼놓는 것이 내 습관이다. 다시 로밍을 하자니 번거롭다. 식당 종업원에게 영어하는 사람이 있느냐고 물으니 종업원 청년이 나선다. 자신이 직접 전화를 걸고 호텔에서 옷을 보관 중이라고 알려준다. 이런 고마운 일이. '대만에서 제일 아름다운 것은 대만

사람이다'라는 대만여행 홍보 문구가 빈 말이 아니었다.

식당을 나서기 전에 별난 경험을 했다. 갑자기 건물이 흔들린다. 지진이다. 살짝 겁이 났지만 오래 흔들리지는 않았다. 일 년 전 계획했던 대만행을 취소했던 것도 출발 며칠 전에 일어난 지진 때문이었다. 귀국 후 뉴스를 보니 대만 중동부 화렌(花蓮) 지방에 큰 지진이 있었다는 것이다.

귀로의 공항에서도 마지막 친절한 대만인이 기다리고 있었다. 체크인을 하려고 긴 행렬 뒤에 다가가려니 자원봉사 차림의 노인이 무어라고 말하면서 비어 있는 1등석 카운터로 이끈다. 아마도 흰 머리칼의 노인 둘이 서성이는 모습이 안 되어 보였는지 모른다. 대만사람들에게서 느낀 점 중에는 친절과 영어 외에 또 한 가지가 있다. – 일본인으로 오인한 데서 온 친절이 아니었겠느냐는 해석은 지나칠 것이다. – 시내 전철에 우대석(priority seat)이 있을 뿐 아니라 그 자리가 찼을 때 노인에게 양보하는 모습을 두어 차례 보았다. 거리 이름과 전철역 이름에서도 고색창연하다고 할까, 짙은 유교 전통이 드러난다. '충효부흥(忠孝復興)역.' 총통제 계엄통치를 뒷받침하려고 충(忠) 이데올로기를 강조하려던 것이 아닐까라는 생각에 껄끄러운 느낌이 없지 않았지만, 효(孝)의 전통은 오늘에도 미덕일 것이다. 다만 나 자신 불효막심하였으니 효를 들먹일 염치는 없다.

대만 기행에 음식 이야기가 빠지면 결례일지 모른다. 서울에도 지점을 둔 소문난 만두집은 마침 휴일이었다. 그 인근의 또 다른 만두전문식당을 찾았다. 관광객이 모여드는 유명업소가 대개 그렇듯 종업원 서비스는 그랬지만 맛은 괜찮았다.

동파육이라면 북경에서 현지인들이 즐겨 찾는다는 식당 공을기(孔乙己)가 떠오른다. 이십여 년 전이었나, 북경 런민(人民)대학 유학생의 안내를 받아 찾았던 식당이다. 입구에서 손님을 맞는 루쉰(魯迅)의 흉상이 허름하고 컴컴한 식당의 품격을 높여준다. 거기에서 맛본 진한 맛이 오래 기억에 남아 굳이 대만에서도 동파육 맛집 징딩루(京鼎樓)를 찾았다. 깊은 간장 풍미가 밴, 녹는 듯한 맛이 북경 공을기 못지않았다. – 루쉰의 소설 <공을기>에서 동명의 주인공 공을기는 무력한 지식인으로, 언제나 따뜻한

술 두 잔에 콩 한 접시만 주문하였다. 루쉰은 저장성(浙江省) 사오싱(紹興) 출신이고, 갈색의 사오싱주(酒)는 따뜻이 데워 마신다. – 대만의 맛이라면 귀로의 대만 여행객들이 한 상자씩 들고 들어오는 펑리수(鳳梨酥) 과자도 빼놓을 수 없다. 사각형 육면체의 과자 소에 파인애플 잼을 넣는다고 알려져 있지만, 맛을 더하기 위해 파이애플 대신 박의 일종인 동과(冬瓜)를 넣기도 한다는 얘기다. 그밖에도 지우펀 골목언덕을 오르며 마신 찬 버블티가 더운 날씨에 어울렸다. 불과 나흘간에도 섬나라 날씨는 변덕이 심했다.

사족 한마디를 붙인다. 버스를 타고 이동 중 창밖으로 뜻밖의 광고 글씨들을 목격하였다. 금강산과 묘향산 관광을 선전하는 북한의 커다란 옥외광고판이다. 여행기간과 가격까지 적혀 있었지만 기억이 희미하다. 갑자기 마음 한구석이 서늘해지는 기분이었다.

30여 년 전 무더운 8월에 찾았던 타이베이의 기억이 새롭다. 당시 고단한 대만 유학생이던 한 제자가 길안내를 해주었다. 대만대학 법학도서관 등 캠퍼스를 둘러본 후 저녁 어스름이 깔려오자 그가 간단히 식사를 하자며 이끌었다. 허름한 건물 이층의 우중충한 식당에서 매우 소박한 음식을 주문하고 그가 식대를 지불했다. 계단을 함께 내려오면서 그의 신발이 눈에 띄었다. 얼마나 오래 신었는지 헝겊 운동화가 해져 밑창이 떨어지고 너덜거렸다. 나의 지인 중에 그런 신발을 신고 있는 모습을 본 것은 그때가 처음이자 그 후로도 없었다. 스승에게 한 끼라도 대접해야 마땅하다고 여긴 고학생이 얼마나 고심했을지를 생각하니 미처 헤아리지 못한 자책감이 밀물처럼 몰려왔다.

– 비단 이 경우만 아니다. 헝가리 부다페스트에서의 법사회학 학회에 참석 후 베를린으로 향했을 때였다. 거기에서 유학 중이던 제자 두 명이 호텔로 찾아왔다. 그 중 한 명은 반짝이는 BMW 새 차를 몰고 왔다. 지인에게서 빌렸다고 했다. 차가 불안하게 움직였다. 차도가 붐비지 않아 다행이었다. 하차한 뒤 이야기를 듣고 본 즉, 면허받은 뒤 첫 운전이었다고 했다. 오랜 세월 흐른 후 그가 잠시 귀국했을 때 그날의 후일담을 들려줬다. 나와 헤어진 후 돌아가는 길에 접촉 사고가 있었다는 것이다. 저런!

학부 졸업 후 대학원과정에서 나의 지도를 받던 그는 박사과정 중도에 독일로 갔다. 결코 여유 있어 떠난 유학이 아니었다. 전라북도 산골에서 태어나 전주의 형님 집에서 기거하며 고등학교를 다녔으며, 서울에 올라온 후부터는 혼자 학비와 생계를 꾸려왔다고 했다. 그는 독일에서 박사학위를 받은 후 현지 회사에 취직하여 지금껏 거기에서 잘 살고 있다. 마이산 부근 산골 – 전주 – 서울 – 라이프치히 – 프랑크푸르트에 이르렀으니, 대한민국의 저 숱한 입지전적 인물의 일례라 하겠다. 수월치 않은 인생항로를 헤쳐온 그의 외모는 전혀 악착스럽지 않다. 한없이 느슨하고 푸근한 표정을 지닌, 얼핏 하회탈을 떠올리게 하는 얼굴이다. 소식 끊긴 지 오래지만 잘 살고 있으리라 믿는다. –

중국법제사를 전공한 대만에서의 그 제자는 지금 어엿한 로스쿨 교수이다. 한족(漢族)의 둥근 얼굴을 닮은 그의 표정 역시 늘 느긋하였다. 살며 겪는 모든 어려움을 철저히 속으로만 흡수하는 사람만이 이룰 수 있는 그런 얼굴이다. 그의 소개로 그때 만났던 대만의 젊은 헌법학교수를 후일 한국의 학회에 초청한 적이 있다. 대학입학을 앞둔 딸과 함께 서울에 온 그 대만 교수는 온화한 인품에 실력을 겸비한 단아한 인물이었다. 독일에서 박사학위를 받은 그가 발표와 토론에서 유창한 영어를 구사하는 모습이 돋보였다. 대만에서 스치거나 만난 사람들, 외지에서 만났던 제자들 모두 따뜻한 사람들이었다.

타이베이 기행의 사족 또 하나. 이지카드라고 불리는 전철·버스 공용의 교통카드는 무척 편했다. 한번은 아내의 교통카드가 말을 안 들었다. 아내는 전철역 직원에게 평소보다 높은 어조로 항의했다. 중국말이었다. 젊은 직원이 알아들은 듯 웃음을 띠며 처리해준다. 노년에 들어 중국말 공부를 열심히 한 아내는 마침내 자신의 중국어가 통한 것에 희희낙락이다. 아내와 함께 찾은 두 번째 대만 여행 역시 따뜻한 기억으로 남을 것이다. (2019.4.30.).

<폴란드로 간 아이들>

노년에 들며 눈물이 늘었다. 특히 영화를 보면서 눈물 흘리는 때가 잦다. 노인네 우는 모습이 좋을 리 없고 남들 볼까 난처하지만 어쩔 도리가 없다. 생리적 이유만은 아닐 것이다. 작년 가을 한편의 다큐멘터리 영화를 보며 내내 눈물을 주체하지 못했다. <폴란드로 간 아이들>.

'사랑한다고 전해 주세요'

1951년, 폴란드 어느 시골, 우거진 숲가 한적한 기차역에서 일단의 동양인 어린아이들이 열차 칸에서 쏟아져 내린다. 6·25전쟁기록영화에서 보았던 중공군들의 방한복 차림이다. 남자 애들은 한결같이 까까머리이거나 더러 모자를 썼다. 여자애들은 자로 그은 듯 일직선 앞머리의 단발머리 일색이다. 그 해 모두 1,500명의 한국전쟁 고아들이 폴란드에 왔다. 그들 중 상당수는 애초 러시아에 보내졌다가 병들어 다시 폴란드로 옮겨져 온 아이들이다. 영화는 그 고아들 중 300여 명이 수용됐던 어느 폴란드 양육원을 배경으로 한다. 8년간 한국고아들을 보살폈던 프와코비체 양육원의 원장 · 교사들과의 인터뷰, 그리고 남아 있는 당시 필름과 자료들을 보여준다. 1959년, 아이들은 모두 북한으로 송환됐다. 폴란드에서의 이별 장면이 애처롭다. 천리마운동으로 노동력 확보가 필요했기 때문이라는 내레이션이 곁들여진다.

어떻게 이런 기막힌 사연이 밝혀지게 되었나. 십여 년 전 어느 날 폴란드의 한 공동묘지에서 이상한 묘비명이 발견된다. 묘비에는 이렇게 쓰여 있다. “김귀덕 Kim Ki-Dok, 13살, 1955년 9월 20일 사망.” – ‘김귀덕’이란 이름은 한글, 나머지는 폴란드어 표기이다. –

폴란드 언론인 욜란타 크리소바타와 그의 친구 극작가 패트릭 요카는 패트릭의 할머니 장례식에 참석했다가 우연히 이 의문의 묘비명에 마주친다. 호기심을 느낀 이들은 묘비에 얽힌 비화를 캐내어 방송에서 밝힌다. 이후 2006년, 폴란드 공영 TV에서 다큐 <Kim Ki-Dok>이 방영된 데 이어, 2013년 욜란타 크리소바타는 이를 소재로 소설 <천사의 날개>를 발표한다. 이를 계기로 한국전쟁고아 1,500명의 이야기는 유럽 등 세계에 널리 퍼진다. 당시 한국전쟁고아들이 러시아와 폴란드만이 아니라 체코, 헝가리, 동독, 루마니아, 그리고 몽골에까지 보내졌음이 알려진다.

양육원 교사였던 백발의 폴란드 할아버지와 할머니는 인터뷰 도중 눈물을 참지 못한다. ‘밤이면 아이들이 폭격의 두려움 때문인지 침대 밑으로 들어갔다.’ ‘아이들에게 선생님들을 가족처럼 파파, 마마라고 부르게 했다.’ ‘아이들이 폴란드 말을 그처럼 빨리 익혀 말하고 쓰는 데 놀랐다.’는 등 옛 이야기가 이어진다. 북한으로 돌아간 아이들이 보낸 편지, 엽서들도 소개된다. 자강도 소재 어느 중학교 학생인 한 아이는 자신을 다시 폴란드로 데려가 달라고 조르지만, 몇 차례 편지가 오간 뒤, 원장은 결국 답장을 끊고 만다.

이런 뜻밖의 이야기도 밝혀진다. 북한 고아들만이 아니라 남한 지역 아이들도 많았다는 것이다. 전쟁 초기 파죽지세로 밀고 들어온 북한군은 남쪽에 버려진 고아들도 폴란드에 보냈다는 것인데, 남쪽 출신임을 어떻게 알았나. 양육원에서 아이들 X선 촬영을 하니 기생충이 가득했고, 그 종류를 분류해 발생지역을 가려보니 남한 아이들도 많았다는 것이다. 당시 원장이던 93세 할아버지는 이런 의문을 덧붙인다. ‘그간 남쪽에서는 아이들 소식 묻는 일이 한 번도 없었다.’ 원장 할아버지가 눈물을 흘리며 한 마디 남긴다. ‘그 아이들에게 사랑한다고 전해 주세요.’

남아 있는 당시 필름 가운데는 김일성의 모습도 등장한다. 폴란드 양육원을 찾은 김일성이 말 안 듣는 아이들은 북한으로 보내라고 말했다는 설명이 따른다. 그의 생김새나 거동이 지금의 김정은과 너무 닮은 데 새삼 놀란다.

인터뷰를 진행한 이 영화의 감독은 이런 의문을 품는다. '양육원 교사였던 폴란드 노인들이 어째서 이토록 애달피 눈물을 흘리는가?' 현지 통역인은 이런 설명을 붙인다. '이 분들은 당시 2차 대전을 겪었던 분들이다. 모두 그 자신 고아였거나 가족 중에 희생자가 있었던, 가난한 폴란드 젊은이들이었다.'

바르샤바 봉기

'폴란드'라면 우선 김광균의 싯귀가 떠오른다. "낙엽은 폴-란드 망명정부의 지폐 …" <추일서정>(秋日抒情)의 이 첫 구절을 떠나서도, 폴란드라는 나라는 우리에게 동병상련의 연민을 불러일으킨다. 우리가 그랬듯 그들의 역사도 강대국에 시달리고 짓밟혀온 아픔의 역사였다. 1795년, 거듭된 내우외환에 시달리던 폴란드는 이웃 러시아, 프러시아, 오스트리아에 의해 분할 점령되면서 소멸되었다. 그 후 독립을 되찾은 것은 1차 대전 이후이며, 나치에 의해 다시 유린된다. 저명한 국제정치학자 브레진스키가 한국의 지정학적 위치를 폴란드에 비견한 적이 있다. 그는 폴란드 출신이었다.

일찍이 『서유견문』(西遊見聞)의 저자 유길준(兪吉濬)이 국민계몽을 위해 펴낸 외국역사서 중의 하나가 『파란국쇠망사』(波蘭國衰亡史)였다. 폴란드 멸망의 역사를 다룬 이 책은 그가 망명지 일본 땅에서 출간한 것이다. 유길준은 김홍집 내각의 내무대신으로 갑오경장에 앞장섰다가 '역도의 괴수'로 몰렸다. 매국노 이완용 역시 폴란드를 국망(國亡)의 표본으로 일컬은 적이 있다. 1896년 아관파천 후 당시 외무대신 이완용이 독립협회 창립총회 위원장으로서 일장 연설을 펼친다. '조선의 앞길이 어떠할꼬'라는 제목의 이 연설에서 이완용은 이렇게 말했다. "만일 인민이 단결하지 못하고 서로 싸우면 폴란드처럼 남의 종이 될 것이다."

2차 세계대전 당시 폴란드는 엄청난 비극을 겪었다. 그 비극의 정점은 '바르샤바 봉기'이다. 전쟁 막바지, 독일군이 동부전선에서 퇴각하고 소련의 붉은 군대가 폴란드 국경 동쪽에 다다른다. 여기에 맞추어 1944년 8월 1일, 폴란드 지하정부군이 봉기했다. 초기에 해방구(解放區)가 생기기도 했지만 잠시였다. 결과는 참혹했다. 63일간의 전투에서 저항군 16.000여 명, 민간인 20만 명이 죽었다. 바르샤바는 초토화되었다. 1939년 나치의 폴란드 침공 이래 1943년의 바르샤바 게토 봉기를 거쳐 바르샤바 봉기를 겪으면서 이 도시의 85%가 폐허로 변했다.

오늘날 바르샤바의 관광명소인 구 시가지는 종전 후 복원된 모형 거리일 뿐이다. 이곳은 체코의 프라하와 대비된다. 체코는 나치에 백기 항복, 병합됐고 프라하는 온전히 보전됐다. 오늘날 옛 모습대로의 프라하는 세계 각국 관광객들로 붐빈다. 비록 소련의 탱크 앞에 굴복했지만 잠시나마 저항을 꿈꿨던 '프라하의 봄', 지성과 품위로 세계인의 사랑을 받았던 하벨 대통령이 없었다면 프라하의 아름다움은 훨씬 덜 했을 것이다.

바르샤바 봉기는 2차 대전 저항운동사에서 최악의 비극으로 꼽힌다. 그럼에도 오늘날 폴란드 사람들은 독일보다 러시아를 몹시 싫어한다고 한다. 왜 그런가? 전쟁 끝 무렵, 서쪽으로 진격하던 소련군은 바르샤바 동쪽을 흐르는 비스툴라 강 건너편에서 멈췄다. 그들은 재정비한 독일군이 바르샤바를 잿더미로 만들고 퇴각한 후에야 강을 건넜다. 바르샤바 봉기를 강 건너 불구경한 셈이다. 거기에 그치지 않았다. 그들은 바르샤바 시가지 점령 후, 남아 있는 저항군 지휘부를 살해하거나 수용소로 끌고 갔다. 나아가, 소련은 미국 · 영국과 달리 폴란드 저항군을 연합군 일원으로 인정하지 않았다.

종전 후, 폴란드에 소련의 위성국가가 들어서자 바르샤바 봉기는 잊혀진 이야기로 묻혀 버린다. 소련이 붕괴하고 지금의 폴란드 공화국이 들어선 후에야 비로소 바르샤바 봉기는 재조명되기에 이른다. 바르샤바에 간다면 빼놓지 말고 찾아보아야 할 곳이 바르샤바 봉기 기념관이다.

몹시 어둡고 서늘한 공간이지만 외면할 수 없다.

바르샤바 봉기 기념관과 더불어 깊은 상념을 남기는 곳이 바르샤바 게토 희생자를 추념하는 석벽이다. 1970년 12월, 겨울비 속에서 빌리 브란트 서독 수상이 무릎을 꿇고 머리를 숙였던 그곳이다. 높은 직사각형 벽 모양의 기념물이 놓인 너른 공간이 휑하게 차가운 공허감을 불러일으킨다. – 브란트는 격이 다른 정치가로 보였다. 진흙탕에서 연꽃을 피우는 지난한 정치예술에 가까이 다가간 드문 인물로 보인다. – 지금까지도 독일은 매년 사죄의 뜻을 표한다고 한다. 현재의 폴란드인들이 독일 아닌 러시아를 혐오하는 까닭을 알 수 있다.

바르샤바 게토 희생자 추념 석벽.

다만 폴란드가 나치의 최대 피해국가의 하나이지만, 이런 비판적 지적도 있다. 나치의 폴란드 내 유태인 학살 이면에는 일부 폴란드인들의 밀고 등 협력이 있었다는 점이다. 어떤 역사든 그 역사 평가는 섣부르게 단언하기 힘들다.

한탄강 건너

내가 영화 <폴란드로 간 아이들>을 보며 시종 눈물을 거두지 못한 것은 무엇 때문이었나? 그저 동족으로서 막연한 동정과 슬픔 때문만이었는가?

이 영화는 기록영화 형식이지만 애초 감독은 극영화를 만들 생각이었고, 주인공 역을 맡을 배우 오디션까지 마쳤다. 뽑힌 사람은 '이송'이라는 이름의 탈북민 젊은 여성이다. 평안북도 강계 출생으로 중국을 거쳐 2014년부터 남한에 정착했다고 한다. 극영화 준비를 위해 감독과 이송은 함께 폴란드로 떠나 곳곳에서 취재활동을 한다. 감독 이름은 '추상미.' 나의 세대에게는 요절한 연극배우 추송웅의 딸로 잘 알려진 여배우이다. 추상미는 취재작업을 하면서 그 자체 다큐멘터리로 만들 생각을 하게 되고 그 소산이 이 영화로 결실 맺는다.

이 기록영화의 중심 줄거리는 폴란드 양육원의 한국전쟁고아들 얘기다. 하지만 영화를 보다보면 거기에 또 다른 한 줄기 이야기가 끼어든다. 오디션에서 선발된 이송의 이야기다. 감독은 이송이 여행 내내 마음을 열지 않는다고 느낀다. 겉으로 씩씩한 모습이지만 그의 상처는 깊다. 그는 한국에 오기 전 중국에서의 생활을 입 밖에 내지 않는다. 이송은 60여 년 전 폴란드로 떠난 한국전쟁고아들과 다름없는, 오늘날의 또 다른 전쟁고아가 아닌가.

영화 주제 자체가 지닌 엄청난 역사적 무게 때문에 영화예술 측면 등을 살펴볼 겨를은 없었다. 눈물지을 정도로 감동받은 관객이 나뿐만은 아닌 듯하니 결과적으로 성공작이라 할 것이다. 극영화로 만드는 경우에 과연 다큐멘터리가 주는 호소력을 넘어설 수 있을지 염려스럽기도 하다.

나는 1947년 함경북도 청진에서 태어났다. 이듬해 초가을, 북한정권이 수립된 날, 어머니 등에 업혀 남으로 한탄강을 건넜다. 천우신조였다.

그때 나의 가족이 월남 길에 나서지 않았다면, 이윽고 월남 행에 성공하지 못했다면, 나 역시 그 폴란드 양육원으로 보내졌을지도 모른다. 이런 상상은 지나친가. 어머니는 말년에 이렇게 이야기하곤 했다. '그때 붙잡혔으면 아오지 탄광인데 … '

쇼팽의 나라

사족을 붙인다. 폴란드 수도 바르샤바에 가면 꼭 둘러보아야 할 곳이 더 있다. 쇼팽기념관. 바르샤바 공항 이름이 '쇼팽국제공항'인 데서도 알 수 있듯, 폴란드는 쇼팽의 나라다. 쇼팽은 젊어서 프랑스로 떠났지만 늘 조국을 사랑했다. 파리로 떠날 때 폴란드의 흙을 담아갔다는 일화는 유명하다. 쇼팽의 격정적인 피아노 연습곡 <혁명>은 그가 파리에서 바르샤바 함락 소식을 들은 후 작곡했다고 전해진다.

바르샤바의 쇼팽기념관은 현대적 건축미를 지닌 아름다운 공간이다. 첨단 기술도 곁들여져 있어 신선하다. 관람객은 기념관 곳곳에 설치된 헤드폰을 끼고 버튼을 누르면 원하는 쇼팽의 음악을 들을 수 있다. 수년 전 그곳에서 발라드 1번을 듣던 기억이 새롭다. 기념관에는 그가 치던

쇼팽이 치던 피아노 옆에서.

작은 피아노 한 대와 옷가지 몇 벌, 그리고 데드 마스크와 머리칼 한 줌 등이 전시되어 있다. 쇼팽의 아기자기하고 예쁜 유품들을 보면 그가 매우 여성적 취향의 예술가였음이 느껴진다.

바르샤바 대로를 지나던 중, 우뚝 선 빌딩 꼭대기에 'SAMSUNG' 마크가 눈에 들어온다. 삼성연구소 건물이라고 한다. 폴란드 사람에게 한국 하면 떠오르는 것이 무엇이냐고 물으니, '첨단 기술의 나라'라는 답이 돌아온다.

사족에 사족 또 하나를 덧붙인다. 쇼팽을 말하면서 피아니스트 조성진을 떠올리지 않을 수 없다. 2015년, 그가 21세 나이에 마침내 쇼팽 콩쿠르 우승을 차지하던 때의 장면은 거듭 떠올려도 감격적이다. 최종 결선에서 쇼팽 피아노 협주곡 연주를 마쳤을 때 터져 나온 청중의 환호와 지휘자의 환한 표정, 이미 우승자가 누구인지 예고하는 광경이었다. 한밤중의 1등 수상자 발표 직후 그의 즉석 영어 스피치는 깔끔했다. 요즘 외국에서 송출되는 텔레비전 클래식 채널에서도 훨씬 성숙해진 조성진의 모습을 자주 볼 수 있다. 지휘자 사이먼 래틀은 그를 가리켜 '피아노의 시인'이라고 부른 적이 있다. 이제 그는 세계적 스타다. 방탄소년단도 대단하지만, 이와 병행하는 젊은 한국 클래식 음악가들의 활약이 있어 흐뭇하다.

폴란드와 한국의 예술적 인연은 이것만이 아니다. 폴란드 현대 작곡가 펜데레츠키(Krzysztof Penderecki)의 교향곡 5번 부제는 '한국적'(Korean)이다. 곡 말미에 녹두장군 전봉준을 기리는 노래 '새야 새야 파랑새야' 가락이 언제나처럼 구슬프면서 장렬하다.

어떻든 폴란드는 이래저래 한국과 얽혀져 있는 느낌이다. 그 얽힘이 어두운 지난날만이 아니어서 한결 마음이 가볍다. (2019.1.20.).

* 후기: 2020년 발표된 김덕영 감독의 다큐 <김일성의 아이들>에는 이런 이야기가 나온다. 북한으로 송환된 어떤 아이가 폴란드가 그리워 중국 국경으로 탈출하다가 목숨을 잃었다.

제 3 부

삶의 근본 모순

- 존엄하게 죽는 것이란 그게 종말임을 인정하는 거야.
불멸에 관한 온갖 유치함을 극복하는 것이지. - <리스본행 야간열차>

- 신적 신비를 향해 오직 불확실성 속에서 비틀거리며 나아간다.
- <다윈 안의 신>

어떤 대화

최인훈의 동숭동

집구석에 쌓아놓은 오래된 책들을 정리하다가 한순간 눈길이 멈췄다. <최인훈전집 11 수필집. 유토피아의 꿈>. 내 또래의 많은 대학생들에게도 그랬을 것이지만, 최인훈(崔仁勳, 1936-2018)은 대학촌 동숭동 시절 나의 지적 우상이었다.

다양한 주제의 수필 중에 몇 제목이 눈에 들어온다. 우선 '<그레이>俱樂部 시절'을 반가운 마음으로 펼쳐본다. 최인훈의 데뷔작 <그레이俱樂部 전말기>는 동숭동 시절 내 이야기처럼 읽었던 단편이다. 수필은 그 발표 전후의 이야기다.

눈에 띈 또 다른 제목의 하나는 <象牙塔>. 어느 잡지사 청탁으로 쓴 동숭동 시대 서울대학교 탐방기이다. 글 내용으로 미루어 1970년 전후, 바로 나의 대학 졸업반이나 대학원 석사과정 시절쯤 이야기다. 50년 전의 나를 만나는 환영에 빠져든다. 작가는 6·25 동란(動亂) 부산 피난시절 바라크 교사(校舍)의 서울대 법대에 입학했고, 훗날 명예졸업장을 받았다. <상아탑> 몇 대목을 그대로 옮긴다.

> 대학 밖의 사회라는 것은 강 건너 마을이 아니라 학생들이 다음 단계로 소속돼야 할 곳이다. … 사회 예비군으로서의 대학생은 그들의 主戰場이 위험에 처했을 때는 그리로 달려가려는 당연한 충동을 가지고 있다. 전쟁이나 혁명이 고조됐을 때 사관생도조차 투입되듯이.

… 대학은 사회의 기상탑이며, 그것이 대학의 사회 봉사다. … 현대 사회는 … 승려의 시대에서 과학자의 시대로 옮아간다. 이 경우에도 승려와 과학자를 不相容의 개념으로 생각해서는 안 된다. 현대의 승려가 과학자인 것이다. 지탄되어야 할 것은 승려가 아니라 기도라는 相補的 원리를 捨象해 버린 과학자다. 그는 로봇이지 인간이 아니다.

… 대학에서 질서나 정숙만을 찾거나 위험과 흥분만을 갖는 두 가지 태도는 생명의 無碍한 자존성을 잊은 어린애다운 태도다. 대학은 그 두 가지 얼굴을 모두 가져야 한다.

장황한 위의 인용은 '지적 성직자'로서의 최인훈의 면모를 보여 준다. 작가가 이 글을 쓸 무렵, 나는 동숭동에서 대학생 현실참여의 당위성, 학생시위의 불가피성을 주장하는 논설을 대학신문에 기고하기도 했고, 뒤이어 '대학의 자치'를 주제로 석사논문을 쓰고 있었다. 이 논문은 청년의 열정을 바친 내 '인생논문'의 하나다.

대화 1 · 2

최인훈은 위의 글 또 다른 부분에서 소설가의 모습을 살짝 드러낸다. 동숭동 법대 캠퍼스에서 문리대로 넘어가는 나무 구름다리 근처 후락한 건물 안을 들여다보며 작가는 대학시절의 자신과 대화를 나눈다. 그 일부를 엿들어 본다.

…

아무튼 당신은 자살도 않고 그러고 살고 있지 않소?

자살? 그게 자네 생각처럼 그렇게 대단한 게 아니야.

대단하든 않든 당신은 날 잊어서는 안 돼요. 하나도 잊어서는 안 돼요.

기억이라는 감옥, 잊어서는 안 된다는 獄則. 잊지 않았다는 다짐 - 그게 소설인즉 그 점은 안심하게.

말은 늘었군요. 이따가 또 들르시겠어요?

갈 때 들르지. 지금은 바빠요.

…

<광장>의 주인공 이명준은 중립국으로 향하는 선박 타고르 호 위에서 끝내 몸을 던진다. '크레파스보다 진한 푸른 바다' 위로. 그렇지만 현실은 소설에서보다 더 어렵다.

유리창을 바라보며 자신과 대화를 나누는 장면은 최인훈의 작품에서 자주 만난다. 그의 또 다른 대표작 <회색인>은 1950년대 말을 시대배경으로 한다. 국문과 대학생인 주인공 독고준은 절망적인 현실과 대면하며 자아를 찾아 방황한다. 그 한 구절을 본다.

유리에 얼굴이 비쳐 있었다. … 유리 속의 남자의 눈도 그를 지켜보고 있었다. 그 남자는 그에게 묻고 있었다. 나는 누구냐? 너는 그것을 나에게 말해 주어야 한다. … 네가 가는 곳이 어디든지 그곳에 나는 있다. 나를 잊어버리면 안 된다. 너는 나의 그림자다. …

어느 시대든 젊은이는 고뇌하고 방황하기 마련이다. 1인 소득 1백 달러에도 못 미치던 1950년대나 3만 달러를 넘는 오늘에나 청춘은 푸르다 못해 잿빛이다. 최인훈의 모교 탐방기 마지막 문장에 나의 시선이 머문다.

초여름의 아직도 한창인 교정의 햇빛 속에서 나의 친구들은 오가고 테니스를 하고 혹은 우울하게 벤치에 앉아 있었다.

벤치에 앉아 있는 학생은 낯익은 모습이다. 여윈 얼굴이다.

이봐, 그만 일어나지.

… 세월이 많이 흘렀네. 어땠어요?

그렇지 뭐.

힘들었어요?

처음이고 단 한 번뿐이니까. 남들은 더 심했지.

… 고마운 거예요.

알고 있지. 근데 … 허망하네. 속은 것 같기도 하고.

…

겪어보지 않곤 몰라. 만사가 그렇지 않나.

나이 거꾸로 드신 건 아닌가?

그럴지도. 그건 그렇고, 자넨 그렇게 앉았지만 말고 좀 걸어 보라구.

그래요. 또 들를 거유?

글쎄.

바쁜 일도 없으면서 뭘 …

<회색인>의 중간쯤에 한 '현자'(賢者)가 잠시 등장한다. 경주 토함산 부근의 집으로 찾아온 정치학과 대학생에게 현자 황 선생은 한국의 상황과 이를 둘러싼 세상사의 속살을 종횡무진 파헤치며 설파한다. 혁명, 역사, 종교 등등. 그 끝에 황 선생은 이렇게 넋두리를 맺는다.

알 수 없는 우주 속에서 사람이 할 수 있는 일은 한없이 노력하는 것뿐이야. 그 결과를 가지고 조급히 따지기에는 이 세계는 너무도 오묘해. 무엇을 해야 하나? 그건 자네들이 생각하게. 자기 인생은 자기가 사는 거야. 자네들 할 탓이야. 나로 말하면, … 달리 살았더라면 하는 생각은 없어. 만족해 … 재미있었어.

만일 어떤 젊은이가 내게 찾아와 한 말씀 부탁한다면, 메마른 법・헌법이야기 외에 무엇을 말할 것인가, 또는 말할 수 있을 것인가. 황 선생처럼 '만족해 … 재미있었어'라고 시치미 뗄 수 있을 것인가. 자기의 길은 스스로 찾아야 한다고 말을 되돌려 줄 수밖에 또 무어라고 할 것인가.

– 훗날 오랜 침묵을 깨고 최인훈이 작품 <화두>를 내놓았을 때다. 반가운 마음에 냉큼 책방으로 달려 나가 두 권으로 된 두툼한 책을 구입했다. 나는 완독을 포기하였다. 유명한 한 후배작가가 '걸작'이라고 치켜세우며 '예의'를 다했지만, 솔직히 당혹스러운 작품이었다. 흔히 자전소설이라고 일컬어지지만 출간 당시 이 작품의 '소설성'을 두고 일부에서 논란이 일기도 했다. 최인훈 자신은 '이 소설은 소설이다'라고 스스로 단언했고, 나아가 <광장>과 더불어 자신의 대표작이라고 자평하기도 했다. 실험 소설이라는 평가도 있었지만 작가에 대한 존경심의 다른 표현으로 들린다.

이 책은 작가의 60세 무렵 출간되었다. 요즘에야 달라졌지만 환갑은 한국인에게 각별한 뜻을 지닌다. 내게 <화두>는 '소설가의 자서전'으로 읽힌다. 자서전이되 소설가로서의 자서전이다. 이 작품의 대부분은 작가의 개인적 비망록에 가깝다. 이런 생각도 든다. 그의 소설 <회색인>에 자주 등장하는 어휘를 빌리면, '에고'를 굳게 붙잡고서 타인의 시선을 의식적으로 별로 의식하지 않는 듯한, 자신의 지나온 행보와 온갖 사유를 담은 자술서가 아닌가. 자술서의 상대방은 신문(訊問)하는 작가 자신인 것처럼 보인다.

<화두>의 평가는 어떠하든, 그의 전작 소설들만으로 그가 특출한 한국의 소설가임은 불변일 것이다. 최인훈은 반가사유상을 닮았다. 그는 '사유하는 한국인'이었다. –

노년의 아침, 저녁

가내(家內)의 관습헌법

아침마다 요즘 젊은이들 말투를 빌리면 '루틴'이 있다. 자리를 개고 물 한잔을 마신 후 가벼운 스트레칭을 하기까지는 '노말'이다. 거기에 더해 어쩌다가 수년 전부터 아침식탁 마련은 나의 몫이다. 비(非)사회상규적(社會常規的) 또는 탈(脫)상식적인? 이 관행이 - 친구들은 몰상식적이라 말하지만 - 이제 가내의 관습법의 단계에 달하였다.

> - 관습법과 관습의 차이는 무엇인가. 이 주제는 법대생 민법 시험에 자주 등장하던 문제다. 관습법은 관습과 달리 법이며, 관습에 법적 확신이 얹히면 관습법이 된다고 배웠다. 법적 확신이란 무엇이며 그 성립시점이 언제인지는 애매하다.
>
> 대체로 심각하고 중대한 법적 문제일수록 그 정답은 오리무중이고 애매하다. 법률가가 힘을 갖는 건 이 덕분이다. 상상력까지 얹히면 '서울이 대한민국 수도임은 관습헌법'이라는 '명판결'이 나온다. -

아침준비가 뭐 대수인가 여기는 최첨단 노인들도 있겠지만 아침메뉴라 하여 그렇게 허술하지는 않다. 영양학자들의 주장이 때로 갈짓자 걸음을 보여 미덥지는 않지만 매일 계란을 빠트리지 않으며 그들의 조식중시론을 존중하고 있다. 메뉴가 무엇인지 궁금해 하는 친구 아내에게 내용을 공개하였더니, 자신의 메뉴보다 낫다는 후한 평가를 내려준 일도 있다. 다만 준비에 20여 분 걸린다는 나의 설명에 '그러면 그렇지, 아직 서툴구나'라는 표정이었다. 내가 주방 근무를 하는 동안 아내는 대개 중국 드라마를 본다. 아내는 중국어 공부시간이라고 강변한다.

오후에 빨래를 널기도 하며, 빨래 너는 방법에 관하여 주의를 들은 일도 있다. 젖은 빨래를 그냥 널어서는 안 되며, 반드시 두 손으로 옷 양단을 잡고 두 팔 들어 좌우로 적당히 편 다음, 한 차례 '탁' 힘주어 털어 주어야 한다는 것 등.

설거지 기피증을 아내가 잘 이해해주어 다행이지만 이해심 수준은 항상 불변은 아니다. 결혼생활 40여 년을 넘기며 여태껏 아내가 제일 행복해 하는 모습은 내가 저녁 설거지한 직후이다. 그 순간은 또한 아내가 '남편이 진정 나를 사랑하는구나'라고 확인하는 시점이기도 하다. 사랑이란 별 게 아니다. 대신 설거지하며 주고받는 것이 사랑이다.

가사노동에는 때로 불편한 감정이 따르게 마련이지만, 비교라는 비법을 이끌어내면 순간적으로 극복이 가능하다. '아, 내가 아직 이렇게 움직일 수 있으니 얼마나 행복한가'라고 재빨리 사고의 전환을 감행한다. 사람은 영리하다. 더 힘들어질 나의 미래를 저당잡히고 지금의 불편함과 게으름을 홀가분하게 벗어날 수 있다.

더불어, 예상 못한 장면도 마주하게 된다. 어느 아침, 아내가 묻는다. '계란 삶는 시간은 몇 분 정도?' '9분.' '끓는 물로?' '끓기 시작할 때부터.' 경력 40여 년이 경력 4년여에게 고견을 묻는다.

가사업무보조인 행세를 하면서 생활상의 법칙이 눈에 띄기도 한다. 이를테면 '3일의 법칙'이다. 가사업무 가운데 중심 영역의 하나는 역시 집안청소이다. 아무리 노인 두 사람이 조용히 지낸다 하더라도 먼지는 쌓이게 마련이다. 청소한 지 3일이 지나면 햇살 비치는 방구석 도처에 어김없이 먼지가 보인다.

며칠마다 청소를 해야 하는가는 사람에 따라 다르다. 누군가는 송글송글 구슬만한 방구석 먼지덩어리를 보고 아름답다고 했다는데, 여간한 도력(道力)이 아니다. 약간의 강박증 기운이 있는 내가 아내보다 먼저 청소장비를 드는 경우가 많다. 그럴 때 아내는 또다시 봄처녀처럼 행복스런 얼굴이다. 평소에 못 듣던 찬사를 연발할 때도 있다.

예외 없는 법칙이 없다고 했듯, 손자 녀석 둘이 다녀간 뒤엔 즉시 청소해야 한다. 청소를 하면서 여러 잡생각이 떠오를 때가 있다. 세상에는 세 부류의 사람이 있다. 늘 청소를 하거나 해야 하는 사람, 거의 청소를 안 하거나 안 해도 되는 사람, 자주 또는 가끔 청소를 하는 사람. 늘 청소하는 사람이 행복하기는 쉽지 않으며, 만일 그렇다면 그는 도인의 경지에 이른 사람이다. 청소를 안 하는 사람이 '괜찮은 사람'이기는 어려우며, 만일 그렇다면 그는 타고난 괜찮은 사람이다. 가끔이나마 청소하는 사람은 행복할 수도, 괜찮은 사람일 수도 있을 것이다.

가사노동은 말 그대로 가내에서 이루어지지만 반드시 그렇지만도 않다. 분리수거 쓰레기를 밖으로 운반하는 일이 그렇다. 어느 날, 새삼스레 구청에서 공식인증한 쓰레기 비닐봉투를 집어 들고 현관을 향하려니 아내가 돌연 막아선다. '그것만은 안 된다'는 단호한 표정이다. 어떨 때 아내는 나보다 단호하다. 그럴 때 나는 무엇이 최상책인지 이젠 안다. 자율적 하방(下放)의 강도를 높이자는 내 나름의 갸륵한 즉흥적 결단은 다행히도(?) 제지당하고 말았다. 창밖으로 가끔 노인이 분리수거 봉투를 들고 쓰레기장으로 향하는 모습이 보인다. 그 광경이 아름답다고 느껴본 적은 없다. 어린이집 앞에서 손자 손녀 손을 잡고 집으로 향하는 할아버지 모습과는 다른 풍경이다.

어쨌거나, 가내 관습법의 본질을 두고 여러 학설이 분분하다. - 법학 교과서에는 다수설, 소수설, 절충설, 통설 등 설이 가득했다. 과학에도 설이 갈리는 것을 보고 조금 실망했다. - 사랑 때문이라는 해석은 순정하지만 너무 고전적이고 오글거린다. 점심밥상 수준이 급상승한다는 견해는 의도치 않은 부수효과를 너무 부풀린 실용적 관점에 기울어 있다. 삼식이 영감의 심적 부담 경감이라는 심리학적 분석이 핵심에 가까울 것이다.

덧붙여, 가내 관습법의 또 다른 속내도 결코 가볍지 않다. 이 점은 내가 딸 둘만 두었고 모두 시집갔다는 점과 관련된다. 그 관련성을 굳이 구체적으로 밝힐 필요까지는 없겠다. 딸들이 커가면서부터 나는 비로소 남녀평등 문제를 진지하게 대하게 되었다.

– 남자는 인간을 남자인간으로서 인식한다. 여자는 인간을 여자인간으로서 인식할 것이다. 남녀를 넘는 인간은 관념으로만 존재할 뿐이다. 무엇이든 직접 경험하지 않고는 제대로 모른다. 체득하지 않고는 제대로 알 수 없다. 제대로 모르는 상대를 제대로 동등하게 대우할 수 있을까. 성차별의 근원은 인식의 한계에 있다. 젠더 평등은 영원한 과제다. 인간의 많은 과제가 그렇듯이. –

아무튼 '누이 좋고 매부 좋은' 이 현대적 관습법의 전파 속도는 기대보다 빠르지 않아 보인다. 관습법의 홍보는 불온 작태로 여겨져 낭패를 겪기도 한다. 선구자는 항상 박해당한다고 했던가. 학교동창들과 부부동반 버스여행을 했을 때 겪은 일은 그 일례에 불과하다. 재래의 관광버스 풍습대로 한 사람씩 나와 5분 자유발언을 할 때 나의 가내 관습법을 소개하자, 이를 공산당처럼 위험시한 친구들이 러시아 농노 반란군처럼 함성을 질러댔다. 좌석에 돌아와서도 쇳소리의 거친 언사들은 여기저기서 이어졌다. 이튿날 아침에는 이런 장면도 있었다. 호텔 조식 뷔페에서 마주친 친구 아내가 내게 이런 아침 인사를 건넨다. '오늘 아침은 좋겠네요.'

어쩌다 시작된 나의 아침상 차리기는 이제 관습법 단계를 넘어 성스러운 '관습헌법'으로 격상되었다. 기상 후 기분 여하에 불문하고, 심지어 전날 저녁 오랜만에 아내와 입씨름을 벌였더라도, 로봇처럼 주방으로 향한다. 아침에 일어나 해야 할 의무가 있다는 건 나쁘지 않다.

평등 전시장

노년에 들어 오늘과 내일을 비교하며 유쾌하기는 어렵다. 노인에게 오늘보다 더 나은 내일은 드물 것이다. 그러나 생각 나름이다.

오늘이 제일 좋은 날이라고 고쳐 생각하면 감사한 마음이 스멀스멀 올라온다. 오늘 이렇게 걸을 수 있으니 얼마나 고마운 일인가. 아직 아침 커피를 맛볼 수 있으니 이런 감사한 일이! 어느 아침 산책길, 전에는 안

보이던 작은 풀꽃이 예쁘게 눈에 들어오는 때도 있다. 지인들의 작은 호의가 산처럼 크게 느껴지는 것도 전에는 몰랐다. 어느 오후, 수년간 격조했던 친구에게서 걸려오는 안부 전화 한 통은 젊은 시절 풋사랑 연인들의 설레는 통화와는 또 다른 정감이 있다. 뜻밖의 작은 즐거움과 기쁨이 늘어나는 건 노년의 덤이다.

노년에 들면 비교감정에도 변화가 온다. 남들과의 불편한 비교감정에 대한 면역력을 놀랍게 높여준다. 불평등은 인류 출현 이래 불변의 사회현상이지만, – 원시공산사회의 평등 여부는 확인하기 어렵다 – 노화가 진행할수록 만인은 평등해진다. 요양원은 인간평등의 모범 전시장이다. 비록 요양원에도 급(級)이 있다고는 하여도. '평등지수는 노화에 비례한다.' 이것은 물리학적 수준의 사회법칙이다. 다만 이것이 행복한 사회법칙인지는 생각이 엇갈릴 것이다.

아침에 눈을 떠 푸른 하늘이 보이면 부활의 기쁨이 스며든다. 노년은 오늘을 산다. 어제까지는 내일을 살아왔지만, 이제부터는 오늘 이 시간!

민주(憫酒)

하루를 보내는 노년의 저녁은 각별하다. 해가 저물면 마음 풍경은 때로 적막강산이다. 독작(獨酌)을 마다하기 힘들다.

내가 술을 처음 입에 대본 것은 고등학교 3학년 때이다. 학교에서 교외로 소풍갔을 적, 한 친구가 내 입을 벌려 소주병을 밀어 넣고 강제 주입하였다. 대학입학 후에는 선배들 따라 대학 부근 대폿집에서 정체 모를 불량 막걸리를 억지로 마셨다. 반 잔만 마셔도 얼굴이 붉어졌기에 그 악습은 오래가지 않았다.

아버지의 저녁 반주는 늘 과하기 일쑤였다. 누구라도 과음하고서 보기 좋은 모습을 유지하기는 힘들다. 아버지의 주정이 시작되면 나는 일찍 자리를 피했다. 아버지 별세 후 언젠가 어머니가 이런 말씀을 흘렸다. '아버지가 학교는 길게 못 다녔지만 머리는 좋은 분이다. (복식)부기 장부도 혼자 익히셨다.' 아버지보다 길게 학교를 다닌 어머니는 아버지의 잦은 과음을 못마땅해 하면서도 아버지 술안주 마련에는 열성이셨다. 그 모습을 보는 나의 심사는 엇갈렸다.

어머니는 먼저 가신 아버지를 떠올릴 때면 늘 '그만하면 잘 사셨다'고 했다. 병세가 심해져 아버지가 끝내 장기 입원하기 전, 날카로워진 신경으로 어머니를 힘들게 하던 장면이 자주 있었건만, 어머니가 그런 얘기를 꺼낸 적은 없다. 어머니가 아버지 추억에 이어 외할머니 말씀을 곁들일 때 들은 이야기로는, 어머니의 아버지 '선택'에는 외할머니의 조언도 한몫 하였다. 외할머니는 일찍이 선구적으로 여학교 교사로서 '워킹맘'의 길을 걸었던 분이다. 더구나 외할아버지는 카메라 들고 사진 찍기 좋아하며 바이올린까지 켜면서 마르크스 전집을 아끼신 분이었다니, 외할머니 고초가 오죽하였으랴. 인텔리에 질린 외할머니가 어머니의 결혼 상대를 흔쾌히 받아들이시며 하신 말씀은 '여자는 그저 집에서 살림하는 게 제일이다'였다니까.

부모님 살아계실 적, 집의 벽장 안에는 제법 외양이 그럴듯한 길고 단단해 보이는 검정색 주판이 놓여 있었다. 처녀 적 잠시 은행원 생활을 했던 어머니는 그 주판으로 집에서 아버지 일을 거드시기도 했다. 부모님 손때 묻은 그 골동품 같은 주판을 아직도 잘 보관 중이다. 나의 '가방끈을 길게' 해준 그 요술방망이를 어찌 소홀히 모실 수 있겠는가. 황금 알기를 돌같이 여길 정도는 못되지만, 내가 돈 욕심이 크지 않을 수 있었던 것도 이 주판 덕분에 궁핍의 기억이 없기 때문일 것이다.

아버지와 달리 학교를 길게 다닐 수 있었던 나도 언젠가부터 아버지처럼 저녁밥상 반주를 한다. 부전자전이라고 말하면 불경스런 조상 탓이 된다. 문장가 이태준의 수필 <민주>(憫酒)에 이런 대목이 보인다. "몸이 아픈 때 약 생각나듯이 마음이 고달플 때 생각나는 것은 그래도 술이라 이만만 해도 주맹(酒盲)은 아닌 듯싶어라."

부모님이 집에서 사용하던 주판.

손때 묻은 주판 알 하나하나에 배어 있는 아버지 · 어머니의 신산(辛酸)의 시간들. 내 부모님 세대는 누구나 소설 한 권쯤 품에 지니고 살아오셨다.

일제강점기 척박한 북녘 함경도에서 태어나 가족과 함께 만주 용정(龍井)으로 이주. - 45년 해방과 함께 함경북도 청진에 정착. - 48년 9월, 남북분단이 굳어진 시점에서 어린 두 아들 업고 한밤 중 38선 넘어 월남(越南). - 채 2년이 못되어 맞은 6 · 25 전란. 공산당 치하 서울에서 숨어 지낸 6개월. - 51년, 1 · 4후퇴 엄동설한에 올라탄 화물열차 칸. 부산 피난 3년. - 53년 휴전과 함께 상경.

몰락한 집안의 3남으로 태어난 아버지는 소싯적부터 생활전선에 나섰었고, 일찍부터 배운 무역거래 경험으로 작은 회사를 일궜다. 다섯 식구 배 곯린 적 없었고, 3남매를 원하시는 학교에 보냈다. 기적이 따로 있을까. 경이로울 뿐이다.

주론(酒論)이라면 <낙화>와 <승무>의 시인 조지훈의 주도(酒道)론을 빼놓을 수 없다. 그의 수필 <주도유단>(酒道有段)에 펼쳐진 주도 18계단론은 주론의 고전이다. '마실 줄도 알고 겁내지도 않으나 취하는 것을 민망하게 여기는 민주'는 7급이라 한다. 잠 안와서 마시는 수주(睡酎)가 3급, 밥맛 돕기 위해 마시는 반주(飯酒)가 2급이니 그의 민주 홀대는 가혹하다.

그의 다른 짧은 글 <술은 인정이라>에는 주도 유단자의 경지가 어떤지 보여주는 일화가 담겨 있다. 6·25 전란 중 1·4후퇴 피난열차가 머물던 역 플랫폼에서 덥석 모르는 이의 술을 마신 이야기다. 가히 '주도 삼매에 든 주선(酒仙)', '술을 아끼고 인정을 아끼는 주현(酒賢)'의 세계이다.

늘 약간의 반주를 곁들이지만 나는 하급의 소졸도 못되는 저 뒤의 열외에 속할 뿐이다. 매일 저녁 어려운 결정 - 마시느냐 마느냐 - 의 순간에 부딪치고 있으니, 부주(不酒), 곧 '술을 아주 못 먹진 않으나 안 먹는' 9급에도 미치지 못한다. 조지훈 선생은 '술의 진경(眞境)을 배우는' 1급 학주(學酒)의 주졸(酒卒)을 자처하셨는데, 49세 이른 연세에 9단의 폐주(廢酒),

곧 다른 술 세상으로 떠나는 열반주(涅槃酒)로 승단하시었다.

노년의 시제(時制)

민주(憫酒)를 부르는 마음은 고달픔만이 아니다. 고달픔과 이웃하는, 노년에 특유한 심회가 있다. 이를테면 자기연민이겠는데, 연민에는 슬픔의 감정이 따른다. 만년에 스며드는 연민과 슬픔은 감각을 지닌 모든 생명체로, 더 나아가 풀 · 나무 등 온갖 생명 가진 것들에게로 이어진다. 산책길 풀 한 포기 밟기를 삼간다는 노시인의 심경에 절로 고개를 끄덕이게 된다. 일찍이 '풍장(風葬)'을 읊었던 시인이 노래한다. "아는 풀 모르는 풀이 함께 시멘트 터진 틈 비집고 나와 / 거리 두지 않고 꽃 피우는 지구는 역시 살고픈 곳! / 그 지구의 얼굴을 밟을 뻔했다."(황동규, <밟을 뻔했다>). 다만 '다정도 병인 양하여' 애상(哀傷)에 이른다면 다른 무슨 치유책이 있을쏘냐. 민망하지만 민주 두어 잔, 그리고 자주 단주하는 수밖에. 19세기 프랑스 시인은 외치듯 노래했다. '취해라!'

> … 물어보아라. 바람이든, 물결이든, 별이든, 새든, 시계든, 지나가는 모든 것, 슬퍼하는 모든 것, 달려가는 모든 것, 노래하는 모든 것, 말하는 모든 것에게 지금 몇 시인가를. 그러면 바람도, 물결도, 별도, 새도, 시계도 당신에게 대답할 것이다. "이제 취할 시간이다! '시간'의 학대받는 노예가 되지 않기 위해서는 끊임없이 취해라! 술이든, 시든, 덕이든, 무엇이든. 당신 마음대로."
> - 보들레르, <파리의 우울>, 윤영애 역.

시? 덕? 누구나 예술가 혹은 현자가 될 수 있는 건 아니라면, 누구에게나 가까이 곁에 또 무엇이 있겠는가. 이런 술회는 철없이 불온한가.

노년의 가슴 한 구석에 늘 자리잡고 있는 것은 굳건한 센티멘털리즘이다. 사람에 따라서는 더러 정중앙을 차지할 것이다. 그 뿌리는 슬픔이다. 노년의 이 정서는 전혀 부끄럽게 느껴지지 않는다. 누구든 겪어보지 않으면 모를 것이기에.

> 1989년 초여름의 어느 날 아침, 나는 잠에서 깨었다. … 까치까치 하고 까치가 운다. 가지 끝에 앉아서 목청이 울릴 때마다 꼬리를 까닥까닥하고 있을 그 새의 모습을 나는 떠올렸다. 그러자 역시 늘 그런 것처럼 나는 서글퍼졌다. …

최인훈 후년의 자전소설 <화두> 2권 첫머리다. 작품이 발표된 것은 1994년, 작가가 환갑을 맞는 해였다. 이 문장 뒤의 스무 줄 남짓 가운데 '서글프다', '슬프다'는 단어가 일곱 군데나 등장한다.

이 소설 후판의 첫 문장은 더 직설적이다. – "사람은 한 번밖에 살 수 없어서 슬프다." 이 글귀를 접한 순간 반가움과 함께 작은 떨림이 겹쳐져 느껴졌다. 마치 서늘한 현악 중주의 대위법 선율처럼. 칠순을 앞둔 작가의 거리낄 것 없는 토로. 그 나이 즈음부터 나 역시 줄곧 헤어나기 힘든 그 정서. 부끄러울 것 없지만 내 입으로 드러내기 쑥스러웠던 그 어휘 '슬픔', '서글픔.' 나는 최인훈의 그 서글픔, 슬픔이 무슨 뜻인지 안다, 라고 생각한다.

노년의 정서에서 '덧없음'과 '서글픔'을 제하면 무엇이 남겠는가. 노년의 즐거움을 말하는 얼굴에서 묻어나는 어쩔 수 없는 어색함. '이 나이 되고 보니 삶이 덧없다, 서글퍼진다'고 떳떳이 말하며 버텨내는 것이야말로 노년의 자존이 아닌가. 자연스런 것보다 아름다운 건 없지 않은가.

초로의 저녁은 회억(回憶)의 시간이다. 저물녘, 기억으로 산다. 따뜻한 그곳은 피난처이고 휴양소다. 최인훈의 어법으로는 '부활'과 '윤회'의 생생한 현장이다. 여행할 때보다 다녀온 뒤의 회상이 더 즐거운 까닭은 여행의 불안감이 사라지고 좋은 기억만 되살리기 때문이라고 한다. 길고도 짧은 인생 여로, 노년은 귀로의 시간이다.

어스름이 스며들면 추억의 문이 슬며시 열린다. 점점 아침부터 열리는 때가 잦아진다. 노년의 시제는 어쩔 수 없이 과거형, 아니 현재형이다. 과거형을 빌린 펄펄 살아 있는 현재형이다.

교황 프란치스코

같은 영화를 두 번 보는 일은 내겐 좀체 드문 일이다. 극장에서 같은 영화를 연 이틀 보았던 첫 경험이 근래 있었다. 두 번째 날은 오전 첫 회, 수녀님 두어 분 말고는 몇 사람 보이지 않았다. 다큐멘터리 <프란치스코 교황>(Pope Francis: A Man of His Word). 가톨릭 교단에서 제작에 협력한 영화였지만. 포교용 영화일 것이라는 선입견을 바꾸게 한 것은 감독 이름이다. '빔 벤더스'(Wim Wenders).

– 그의 초기작 <파리 텍사스>는 첫 장면부터 심상치 않았다. 황량하게 펼쳐진 벌판, 허공을 낮게 가로지르며 길게 뻗은 전깃줄과 전신주만이 적막을 달래고, 사막의 메마른 풍경을 배경으로 낮은 기타 음률이 무겁게 흐른다. 사람도, 풍경도, 이야기도 모두 쓸쓸하다. 쓸쓸한 아름다움을 이처럼 깊숙이 그려준 영화가 또 있을까 싶다. –

'사랑할 자유'

영화 <프란치스코 교황> 역시 멀리서 내려다보이는 풍경에서 시작한다. 이탈리아 북부 아씨시 언덕. 800여 년 전, 프란체스코 성인을 기리는 성당 내부의 벽화를 보여준다. 프란체스코 성인이 무릎 꿇고 기도하는 모습. 성인은 '나의 집을 복원하여라!'(Restore my house!)라는 예수님 말씀을 듣는다. '나의 집'? – 그 집은 성당 건물에서 더 나아가 온 지구로 확산된다.

– '프란치스코'는 스페인어식 표기이고, '프란체스코'는 이탈리아어식

표기이다. 교황을 지칭할 때는 프란치스코, 아씨시의 성인을 가리킬 때는 '프란체스코'라고 쓴다. -

수많은 기독교 성인이 계시지만, 아씨시의 성 프란체스코는 기독교 역사상 독특한 성인이다. 그는 '청빈과 결혼했다'고 일컬어질 정도로 가난한 수도자였다. 부잣집 아들이었지만 걸인들에게 재산을 나누어주고 빈손으로 예수의 길을 따라 방랑 걸식, 수도하였다.

교황 프란치스코가 무엇보다 관심을 쏟는 주제는 세상의 가난이다. 교황 즉위 후 인터뷰에서 어린아이가 묻는다. '왜 호화 아파트가 아닌 작은 집에서 사시는가, 왜 큰 차가 아닌 주교 버스를 이용하시는가'라고. 교황은 말씀하신다. '모두 먹일 수 있는데 굶는 사람이 있음은 수치이다. 있는 자는 모두 조금 더 가난해질 수 있어야 한다.' - 가난과 인간불평등의 문제를 생각할 때 늘 떠오르는 구절이 있다. 법철학자 드워킨(Ronald Dworkin)은 이렇게 말했다. '부의 불평등은 제도 때문이다.' -

교황 프란치스코는 프란치스코라는 이름의 첫 교황이라고 한다. 이 이름은 변방의 뜻을 함축한다. 그 옛날 아씨시의 성 프란체스코 당시 로마에서 보는 프랑스는 변방이었다. 성 프란체스코의 아버지는 프랑스를 오가며 비단을 장사하는 큰 상인이었다. 그 이름에 걸맞게 교황 프란치스코는 지구 곳곳의 변방을 찾아간다. 중앙아프리카의 어린이병원, 지중해의 난민수용소, 필라델피아의 교도소, 태풍재난을 당한 필리핀 이재민 등등. 특히 교도소 장면이 인상적이다. 강론을 듣던 우락부락한 흑인 죄수의 표정에 변화가 일렁인다. 얼굴부터 온 몸에 문신을 새긴 그의 얼굴에 아름다운 미소가 흐른다. 교황께서 검은 발등에 입맞춤한다.

환경파괴 문제는 가난의 문제와 더불어 교황 프란치스코의 핵심 관심사이다. 파리환경회의에서 교황의 메시지가 전해지는 장면은 이 다큐멘터리의 압권이라 할 만하다. 베드로 성당의 웅장한 건물을 배경으로 스크린에 거대한 폐차장과 쓰레기장의 적나라한 풍경, 대도시 빈민가의 참상이 투영된다. - 트럭에서 쓰레기 산더미가 쏟아지자 흑인들이 앞다투어 달려가 뒤지는 장면은 마주보기에 몹시 아프다. 늘 그렇듯, 환경파괴의 경우에도 최대 피해자는 가난한 사람들이다. – 아씨시의 성 프란체스코는 '어머니 대지'(Mother Earth)와의 조화를 선구적으로 강조한 성인이었다. 새들과의 교감 일화가 전설처럼 전해진다.

가난의 주제는 영화 곳곳에서 다시 재연된다. 교황은 교회와 사제들의 잘못을 열거하며 그 마지막에 부의 유혹에 빠지는 병폐를 지적한다. 교회와 사제들이 반길 리 만무하다. 일찍이 청빈을 실천했던 아씨시의 성 프란체스코 역시 이단으로 몰릴 위험에 처했다.

– 청빈은 비단 교회와 사제만의 문제는 아니다. 공직자 역시 마찬가지 문제를 안고 있다. 이 문제에 대해 나는 오래 전부터 이런 생각을 했다. 대통령 같은 한 나라의 최고 지도자는 대통령으로서의 생활태도에서 그 나라 중간층의 수준을 넘어서지 말아야 할 도덕적 의무가 있지 않은가.

2010년부터 2015년까지 남미 우루과이의 대통령을 지낸 호세 무히카(José Mujica,1935–)는 '세계에서 가장 가난한 대통령'으로 불렸다. 그는 자발적으로 가난을 선택했던 희귀한 인물이다. 작은 오두막에 살면서 월급 12,000달러의 90%를 빈민들을 위해 기부했고, 낡은 자동차를 손수 운전하여 출퇴근했다. 퇴임 후 시골농부로 돌아갔다.

미국 오바마 대통령은 임기를 마친 후 뉴욕 앞 섬에 대저택을 구입했다. 뒤이어 코로나 환란 속에 호화판 60회 생일 파티를 열고 노마스크 춤판을 벌였다는 소식이 있었다. 그의 정체성이 야릇하다.

꼭 대통령만이 아닐 것이다. 고위공직자라면 모두 해당되는 이야기다. 나는 감사원장 취임사에서 '수도사가 수도하는 마음가짐'을 다짐했지만, 돌아보면 크게 미흡했음에 몹시 부끄럽다. –

이 영화에서 만나는 교황의 말씀 가운데 가장 오묘하게 들린 한 구절이 있다.

인간에게는 자유가 주어졌다. 자유와 더불어 고통, 악이 따른다. 그러나 자유롭기 때문에 사랑할 자유도 갖게 되었다. 사랑은 선택이며 선택할 자유가 있어 사랑이 가능하다. 사랑은 우리가 선택한 가장 아름다운 자유이다.

– 'free'(자유)의 어원은 '사랑하다'라는 뜻이라고 한다. 사랑할 수 있는 권리는 오직 자유인에게만 인정된 데서 유래했다. 노예에게는 사랑할 자유, 사랑하는 사람과 함께 할 자유가 인정되지 않는다. 사랑과 자유는 굳게 얽혀 있다. –

자유에 따르는 위험에도 불구하고 사랑할 자유를 위해 자유롭게 인간을 지으신 것인가. 영시 한 구절이 떠오른다.

사랑하다 잃는 것이 아예 사랑하지 않은 것보다 낫다. - T'is better to have loved and lost than never to have loved at all - (Alfred Lord Tennyson, In Memoriam).

영화의 마지막 장면들이 특히 푸근하다. 교황은 결코 근엄하고 경직된 엄숙주의자가 아니다. 사제들의 병폐의 하나가 '침울한 표정 짓는 병'이라고까지 말한다. '다른 사람들을 돕는 방법 중에 모든 사람이 할 수 있는 것이 있다. 웃는 것이다. 웃음은 마음의 꽃이다.' 이어서 교황께서 말씀하신다. '나는 매일 아침, 아침기도 후에 성 토마스 모어의 '쾌활함의 기도'를 낭송합니다.'

이제는 냉담자이지만 오래 전 영세를 받고 내가 택한 가톨릭 본명은 토마스 모어이다. 성 토마스 모어의 일명 '유머를 위한 기도문'에 이런 구절이 보인다.

주님, 제가 먹은 음식을 잘 소화하도록 해주시고,
아울러 소화하기 좋은 음식도 내려주소서.
…
주님, 남을 즐겁게 해줄 유머 감각을 선사하시고,
제 삶 속에 스며 있는 많은 행복을 느끼며,
그 행복을 내 이웃과 함께 나눌 수 있는

은총을 내려주소서.

영화를 본 후, 문득 김수환 추기경님이 떠올랐다. 대한민국 현대사의 큰 인물 가운데 대통령 이승만, 대통령 박정희와 더불어 김수환 추기경님을 꼽아 마땅할 것이다. 늘 '가난한 이들 속으로 들어가라'고 말씀하셨다는 김 추기경께서는 성 프란체스코의 다음 기도문을 사랑하셨다고 한다.

… 절망이 있는 곳에 희망을, 어둠에 빛을, 슬픔이 있는 곳에 기쁨을 가져오는 자 되게 하소서. …

김 추기경님이 언젠가 어느 혼인미사에서 하셨다는 말씀 한 구절이 마음에 닿아 적어놓았다.

우리가 의지적으로 누구를 사랑하려고 하는 것, 그 사랑을 위해 겪을 수 있는 어떤 어려움이나 시련도 이겨내겠다는 뜻을 굳게 세우고 사랑하는 것, 그것이 참사랑이다.

'공부만 한 죄'

공교롭게 다큐 <프란치스코 교황>을 본 며칠 후, 영화 <두 교황>을 보게 되었다. 지금의 프란치스코 교황과 전임 베네딕토 16세 교황을 주인공으로 하는 다큐 같은 극영화이다. 두 주인공 역을 맡은 노배우들이 모두 실제 인물을 닮은데다 연기가 자연스러워 다큐를 보는 듯한 착각을 불러일으킨다. 그러나 대부분 픽션이라고 한다. 다만 두 분의 평소 언행에 바탕을 두고 있다.

영화는 베네딕토 16세 교황과 베르골리오(Bergoglio) 추기경이 이틀간 만나 이야기를 나누는 가상적 장면들로 시종한다. – 프란치스코 교황의 즉위 전 이름이 호르헤 마리오 베르골리오(Jorge Mario Bergoglio)이다. – 현직 교황과 미래 교황의 만남과 대화에는 날선 대립의 긴장 속에서도 유머가 흐른다. 마침내는 서로를 이해하고 화합하는 과정이 잔잔하게 흥미로우면서도 감동적이다.

교황이 추기경 앞에서 고해성사를 하는 장면은 이 영화의 압권이다. 무릎을 꿇으려는 교황을 추기경이 만류하고 두 사람은 의자에 나란히 앉는다. 교황이 '죄'를 고백한다. '어린 시절 처음 저지른 죄가 있다. 삶 자체를 맛볼 용기를 갖지 못하고 책 속에 묻혀 공부만 한 죄.' '이 때문에 교회가 도와야 할 이 세상을 모르게 된 죄.' '마시엘 신부의 소년성추행 사건 처리에 미온적이었던 과오. …' 앉아 있는 교황 앞에 추기경이 서서 말한다. '당신의 죄를 용서합니다.' 교황청 앞에서 두 사람이 헤어지는 장면은 정겹기 이를 데 없다. 오랜 친구처럼 포옹한 후 손을 흔든다.

영화 후반부에 흑백 화면이 길게 이어진다. 과거 아르헨티나의 군사정권 시절 예수회 신부 베르골리오가 겪었던 어두운 시절 이야기다. 1974년 아르헨티나에서 무장저항운동을 벌이던 신부와 수녀가 피살된다. 1976년 이래 수년 간의 '더러운 전쟁'(Dirty War)에서 3만 명 이상의 아르헨티나 사람들이 실종, 살해당했다. 당시 빈민촌 현장에서 사목활동하던 예수회 사제 두 명의 납치사건에 베르골리오 신부가 연루됐다. 예수회 아르헨티나 관구장이던 베르골리오 신부는 두 사제와 예수회의 안전을 위해 실력자와 면담하였지만 실패한다. 도리어 사제들에게 배신자로 몰리고 모욕을 당한다. '가서 살인자들과 차나 마셔라.'

민주화 이후 베르골리오 신부는 교단 직책에서 배제된 후 멀리 코르도바 시골구석에서 사목활동을 한다. – 이때 '듣는 것을 배웠다'고 후일 토로한다. – 납치됐던 2인의 예수회 사제 가운데 1인과는 화해하지만, 다른 1인은 끝까지 그를 '배신자'라 부르며 세상을 떠났다. 훗날 베르골리오 추기경은 후회한다. '나는 어디에 있었는가.' 저항가수 메르세데스 소사(Mercedes Sosa)의 깊고도 청아한 노랫소리가 은은하게 퍼진다.

2005년에는 한 인권운동가가 베르골리오 추기경을 고발하기도 했다.

그러나 많은 이들이 그의 결백을 증언하였고, 여러 도피자들을 은신 보호한 사례들도 알려진다. 1980년 노벨평화상을 수상한 아르헨티나 인권운동가 에스키벨(Adolfo Pérez Esquivel)은 베르골리오가 '아마도 저항에 가담할 용기가 없었지만 공모자는 아니다'라고 말한다.

2013년 2월 28일 교황 베네딕토 16세가 신병 등을 이유로 사임한다. 교황의 생전 사임의 사례는 1294년까지 거슬러 오르는 드문 일이다. 2013년 3월 13일, 교황청 굴뚝에서 흰 연기가 피어오르며 새 교황 선출을 알린다. 흰 평상 사제복의 제266대 새 교황이 발코니에 나타나 성 베드로 광장의 군중들에게 첫 인사를 건넨다. '콘클라베(교황선출회의)에서 추기경 형제들이 세상 저 끝에서 한 명을 찾았네요.' 세상의 저 끝에서 온 새 교황은 지중해의 람페두사 난민수용소를 시작으로 세상 곳곳의 변방을 찾아 나선다. 얼핏 교황의 서울 방문의 장면이 지나간다.

영화 마지막이 각별하다. 두 교황이 실제로 만나는 기록 화면을 끝으로 엔딩 크레딧이 오른다. 보통은 그것으로 끝나지만 이 영화는 다르다. 크레딧이 길게 흐르는 중에 계속해서 물소리, 새소리, 바람소리가 깔리더니 맨끝에 다시 멀리 내려보이는 산악 풍경 장면이 나타난다. – 그 장면은 800여 년 전, 아씨시 언덕의 허물어진 교회 안에서 기도하는 성 프란체스코의 모습을 떠올리게 한다. 30년 전 유럽 여행 중 아씨시 언덕을 올라 성 프란체스코 교회의 벽화를 무심히 '관광'했던 나의 무지가 부끄러워진다. –

다큐 <프란치스코 교황>이 환상어린 감동의 기록이라면, 영화 '두 교황'은 현실 같은 아름다운 허구이다.

– 교황 베네딕토 16세는 누구인가.

영화 <두 교황>은 두 교황 가운데 은연 중 전임 베네딕토 교황(1927–)의 이미지를 살려주는 느낌이다. '명품 빨간 구두' 구설수로 가뜩이나 안 좋았던 그의 대중적 이미지가 이 영화로 상당히 만회되지 않았을까라는 세속적 생각이 떠오른다. 이렇게 생각할 수도 있겠다. 보수적인 베네딕토 교황으로 말미암아 개혁적이고 개방적인 교황의 길이 열리지 않았나. 높고 깊은 뜻이 '역사하신 것'이리라.

교황 취임 전, 추기경 요제프 라칭거(Joseph Ratzinger)는 이미 보수주의자로 정평이 나 있었다. 그는 요한 바오르 2세 교황시, 교황청 신앙교리성성(聖省) 장관이었다. 그 옛날 조르다노 브루노(Giodarno Bruno)를 화형시킨 이단 심판기관의 후신이 신앙교리성성이다. 라칭거 추기경은 교황의 무오류성을 비판한 신학자 한스 큉(Hans Küng)의 신학교수직을 박탈하였다. 교황 취임 후에도 그는 보수 기조를 이어갔다. 첫 강론에서 낙태와 안락사 거부를 천명했고, 신앙교리성성 장관에 극단적 보수주의자를 임명했다.

청년 라칭거가 이미 보수주의자였던 것은 아니었다고 한다. 튀빙겐대학 교수로 있던 그가 1968년 유럽을 휩쓴 학생봉기를 겪으면서 자유주의 노선을 떠난 것으로 알려져 있다. 젊은 시절의 리버럴이 후년 보수주의로 선회하는 예는 허다하다. –

교황과 무신론자와의 대화

프란치스코 교황은 즉위 이래 전례 없이 높은 대중적 '인기'를 모아온 분이다. 그에 관한 서적들도 헤아리기 힘들 정도로 많다. 그 중에서도 나의 눈을 끈 책제목은 『무신론자에게 보내는 교황의 편지』(프란치스코 교황, 에우제니오 스칼파리, 최수철 · 윤병언 옮김, 2014).

2013년 7월 7일과 8월 7일, 이탈리아의 유력 신문 <라 레푸블리카>(*La Repubblica*)에 두 편의 도발적 기사가 실렸다. 기사는 프란치스코 교황에게 보내는 질문을 담고 있다. "무신론자가 교황에게 묻는다 1. 하나의 진리만이 존재하는가. 2. 무신론자도 '용서'받을 수 있는가". 발신인은 이 신문의 창립자인 언론인 에우제니오 스칼파리(Eugenio Scalfari). 뒤이어 그는 조목조목 질문한다.

첫 번째 질문. 만약 어떤 사람이 믿음을 가지고 있지 않고 믿음을 얻으려 하지도 않는 상태에서 교회가 죄로 규정한 짓을 저지른다면, 그는 그리스도교의 하느님으로부터 용서받을 수 있는가?

두 번째 질문. 신자는 신에 의해 계시된 진실을 믿는다. 그러나 무신론자는 절대적인 것이란 존재하지 않고, 따라서 절대적인 진실도 없으며, 다만 상대적이고 주관적인 일련의 진실들만이 있을 뿐이라고 믿는다. 교회의 입장에서 이러한 사유의 방식은 오류나 죄를 범하는 것인가?

세 번째 질문. … 인류의 소멸이 신에 대해 사유할 수 있는 생각 주체의 소멸로 이어진다고 생각한다. 따라서 인간이라는 종족이 사라지면 신도 사라지게 되는데, 신을 생각할 능력을 갖춘 존재도 전혀 남지 않게 되기 때문이다. 교황은 분명히 이 질문에 대한 대답을 가지고 있을 터이고, 나는 그 대답이 무엇인지 알고 싶다.

한 달여 지난 9월 11일, <라 레푸블리카>지에 교황의 답신이 실렸다. 질문자도 기대하지 않았던 파격적인 일이 일어난 것이다. 교황의 답신 가운데 몇 대목만을 그대로 옮긴다.

… 저는 진리가 절대적이라는 이야기는 신자들에게조차도 허락하지 않을 것입니다. 왜냐하면 절대적인 것은 이탈되어 있는 초월적인 것, 모든 관계를 벗어나 있는 것을 의미하기 때문입니다. 그리스도교 신앙에 따르면 진리는 우리를 향한 하느님의 사랑이고 그 사랑은 예수 그리스도를 통해서 나타납니다. 따라서 진리는 관계입니다!

… 인간과 신이라는 두 가지 실재 사이의 관계가 중요합니다. 하느님은 아무리 고양된 표현이나 형체를 얻는다 하더라도 - 더욱이 내가 가지고 있는 생각과 경험은 수없이 많은 다른 사람과 공유하고 있는 것일 따름입니다 - 하나의 관념이나 인간 사유의 결과가 아닙니다. 하느님은 대문자로 시작되는 궁극적인 실재입니다. … 신은 우리의 생각과는 무관합니다. 더욱이 비록 지구상에서 인류의 생명이 멸종한다 하더라도 … 우리가 모르는 어떤 방식으로 인간은 계속 살아남을 것이며 인류와 함께 창조된 우주도 마찬가지일 것입니다.

교황의 답신이 실린 며칠 후 스칼파리에게 한 통의 전화가 걸려왔다. 전화를 직접 거는 것은 프란치스코 교황의 스타일이다. 교황이 먼저 말을 꺼냈다. "당신의 생각을 더 알고 싶으니 직접 만나서 이야기합시다." 직접 만나 이야기하는 것 역시 그의 스타일이다. 9월 24일, 교황의 거처인 산타 마르타 관의 작은 방에서 신선한 사건이 벌어졌다. 탁자 하나와 의자 대여섯 개가 전부인 소박한 방에서 교황과 무신론자와의 긴 대화가 이루어졌다.

나는 특히 두 가지 주제에 관해 어떤 대화가 오고 가는지 궁금했다. 첫째, 교황이 믿는 하느님은 어떤 존재인가. – 내가 기독교 신자에게 늘 묻고 싶지만 묻지 않는 질문은 '당신이 믿는 하느님은 어떤 분인지 구체적으로 말해줄 수 있는가'이다. – 둘째는, 교황은 해방신학을 어떻게 생각하는가. 두 사람 간 대화의 여러 대목을 그대로 옮긴다.

스칼파리: 공산주의에 마음이 끌리셨나요?

프란치스코 교황: 공산주의의 유물론은 제게 그리 와 닿지 않았어요. 하지만 한 용감하고 정직한 분의 중개를 통해 유물론을 접한 것은 제게 무척 유용했습니다. … 나중에 교회의 사회적 책임을 이해하는 데도 도움을 받았습니다.

스칼파리: 요한 바오르 2세에 의해 파문당했던 해방신학은 라틴아메리카에 널리 퍼져 있었지요.

프란치스코 교황: 맞습니다. 해방신학의 주창자 중 상당수가 아르헨티나 사람들이지요. … 그들 중에 인간성이라는 개념에 대해 고매한 견해를 가진 독실한 신자들도 적지 않았습니다. …

스칼파리: 당신은 은총을 접했다고 느끼시나요?

프란치스코 교황: 그 점에 대해서는 아무도 알지 못해요. 은총은 의식의 일부가 아닙니다. 은총은 우리가 우리 영혼 속에 담고 있는 빛의 총체이고, 지혜나 이성과는 무관합니다. 당신 자신도, 전적으로 당신도 모르는 중에, 은총과 접할 수 있습니다.

…

스칼파리: 저는 영혼을 믿지 않습니다.

프란치스코 교황: 영혼을 믿지 않아도 영혼을 가지고 있습니다.

…

스칼파리: … 저는 '생명'을 믿습니다. 달리 말해 그건 온갖 형체들과 개체들이 생겨나는 근원적인 덩어리 같은 것입니다.

프란치스코 교황: 저로 말하자면, 신을 믿습니다. 그리스도교의 신을 믿는 게 아닙니다. 그리스도교의 신이 존재하는 게 아니라, 하나의 신이 존재하기 때문입니다. 그리고 저는 그 신의 화신인 예수 그리스도를 믿습니다. 예수는 제 스승이자 목자입니다. 그러나 신, 아버지, '아바'는 빛이고 창조주이십니다. 그것이 곧 당신이 말하는 저의 '생명'입니다. 이제 말해 보세요. 우리가 서로 그렇게 멀리 떨어져 있나요?

…

스칼파리: '생명'은 에너지 덩어리입니다. 영원한 혼돈의 상태에 있지만 결코 파괴할 수 없는 불멸의 혼돈스러운 에너지이지요. 이 에너지가 폭발 지점에 이를 때, 그로부터 형체들이 솟아납니다. … 저는 인간이 본능과 욕망으로부터 삶의 활력을 얻는 동물이라고 말했습니다. 그러나 이제 저는 인간이란 자기 속에 혼돈의 속성과 울림과 메아리를 지닌 존재라는 말을 덧붙이고 싶습니다.

프란치스코 교황: … 당신에게 쓴 편지에 제가 이렇게 말했던 것을 기억합니다. 인간이라는 종족도 다른 종족들과 마찬가지로 소멸할 것이지만, 그러나 하느님의 빛은 꺼지지 않을 것이고, 장차 그 빛은 우리 모두의 영혼 속으로 흘러들어 올 것이며, 그때 우주가 만물 속에 임하게 될 것이라고 말입니다.

두 사람의 대화를 옮기면서 낙태, 동성애 등 교회와 관련한 여러 현실적 쟁점에 관한 대목은 제외하였다. 현실 문제와 관련해 교황은 이렇게 말씀하셨다. "오늘날 세상을 괴롭히는 가장 심각한 재난은 젊은이들이 겪고 있는 실업과 노인들이 처해 있는 고독입니다."

교황과 무신론자와의 대화를 기록하고 정리한 스칼파리는 기록 끄트머리에 이렇게 적었다. “만약 언젠가 교회가 그가 구상하고 바라는 대로 변한다면, 분명 우리는 혁명의 시기를 맞이하게 될 것이다.”

위에서 아주 장황하게 두 사람의 대화를 옮긴 것은 교황의 말씀이 궁금했고 남에게도 전하고 싶기 때문이지만 그것만은 아니다. 무신론자 스칼파리가 나를 대변하는 것처럼 느껴졌기 때문이다.

– 스칼파리(1924–)의 이력을 뒤져본다. 제노바대학에서 법학 전공 후 언론계에 투신했고, 젊어서 잠시 파시스트당에도 가입했지만, 자유당, 급진당(자유주의 좌파)을 거쳐 사회당에 가입했다. 76년에 중도좌파 노선의 <라 레푸블리카>를 창간, 편집자를 역임하면서 이탈리아의 유력지로 성공시켰다. 작가로서 의회의원도 지냈다. –

혼돈의 강

50대 중반, 내 정신이 무너져 내리고 있다고 느꼈을 때, 한 신부님과 상담한 일이 있다. ‘하느님의 존재’에 관해 짧은 논쟁이 벌어졌다. 나는 대학시절 읽은 버트랜드 러셀의 『나는 왜 크리스천이 아닌가』를 들먹이며 논리적으로 반박했다.

그 신부님이 물었다. ‘신적(神的) 체험’을 경험한 적이 있는가.’ 거기에서 그 주제의 대화는 멈추고 말았다. 결국 신앙인이냐 아니냐는 ‘신을 만난 경험’이 있느냐 여부에 달려 있는가. 신은 신을 만난 사람에게만 존재하는 것인가라고 묻는다면 불경스러운가.

기독교신앙과 무신론 사이에는 건널 수 없는 깊은 강이 흐르고 있다. 그 검푸른 강물 속에서 ‘빛의 신적 체험’ 또는 ‘울림과 메아리’를 둘러싼 격랑이 회오리친다. ‘신’은 메타포어인가. ‘빛’은 영적 존재이자 물리적 존재이다. 근원적인 ‘에너지 덩어리’, 그것을 누구는 신이라고 부르는 것이 아닐까. 신이란 물리적 실재의 신화적 표현이 아닌가. 실체가 아니라 명목이 다를 뿐 아닌가. 사랑의 에너지는 그냥 에너지와는 다른가. ‘인격적 요소'를 지니지 않은 신이라면 그 신은 내게 무슨 의미인가. 물음은 꼬리를 문다.

'빛'은 저 높이 또는 '내 안'에 있다고도 한다. 나는 그 뜻을 모른다. '영혼의 빛'(프란치스코 교황)과 인간 내면의 '울림과 메아리'(무신론자 스칼파리) 사이의 거리는 얼마나 먼가 또는 가까운가. 그 사이에 지금도 혼돈의 강이 흐른다.

– 호르헤 베르골리오 – 교황 프란치스코는 누구인가.

이탈리아 이민자의 아들이었던 호르헤 마리오 베르골리오(Jorge Mario Bergoglio, 1936–)는 청소년 시절부터 쾌활한 젊은이였다. 탱고보다도 더 격렬한 춤이라는 밀롱가를 즐겼고 술집 문지기 알바를 한 적도 있었다. 철도공무원이던 그의 아버지는 일찍부터 인생의 지혜를 심어주었다. '위로 올라갈 때 언제나 사람들에게 인사해라. 네가 내려갈 때 그 사람들과 마주치게 될 테니. 네 자신을 너무 높게 생각하지 마라.' 그의 할머니는 소년 베르골리오에게 죽음의 지혜를 일러주었다. '하느님이 너를 보고 계심을 알라. 언제인지 모르지만 너도 죽으리라는 것을 알라.'

공업학교를 졸업하고 화학기술자가 된 그는 제약회사 직원을 거친 후 신학교에 입학한다. 예수회에 입단한 신부 베르골리오는 '엘리트' 사제는 아니었다. 후일 그의 강론을 듣고 국제회의에서 그를 눈여겨 본 아르헨티나의 콰란치오 (Quaranccio) 추기경이 1992년, 그를 주교로 임명한다. 뒤이어 2001년 추기경에 서임된다. 그는 교황 선거에서도 애초 유력 후보 명단에는 보이지 않았다. 그의 강론과 인터뷰 중에 몇몇 대목을 옮겨본다.

나는 교도소에서 힘든 삶을 살아가는 사람을 지켜보는 것이 몹시 힘들어 그곳에 가는 것이 두렵습니다. 그렇지만 늘 거기에 갑니다. 이는 하느님께서 내가 도움이 필요한 사람들, 가난한 사람들, 마음이 아픈 사람들과 직접 함께 하길 바라시기 때문입니다. (저서, 『복음의 기쁨』).

'아담아, 너는 어디 있느냐?', '너의 형제는 어디 있느냐?' 이 두 물음은 인류 역사의 처음부터 하느님께서 던지시는 물음이고, 우리 시대의 모든 인간과, 또 지금 우리를 향해 던지는 물음이십니다. 여기에 나는 세 번째 물음 하나를 추가하고 싶습니다. '우리 중에 누가 이 상황을 두고 이들과 함께 울어주고 있습니까?' 누가 이 형제자매들의 죽음을 두고 울고 있습니까? 누가 보트를 타야 했던 이들을 위해 울고 있습니까? … 우리는 타인의 고통에 함께 슬퍼하는 울음과 연민(compassion)의 경험을 상실한 사회에서 살아갑니다. 무관심의 세계화는 우리에게서 우는 능력을 빼앗아갔습니다! (2013.7.8. 가장 먼저 찾은 외부 순방지, 람페두사 섬 난민수용소에서의 미사 강론).

교회는 전투 후의 야전병원과 같다고 나는 봅니다. 중상 입은 사람에게 콜레스트롤이 높다든가 당뇨가 있는지 묻는 것은 무익한 일입니다. … 상처 치료하는 것, 그것이 먼저입니다. 기본에서부터 시작해야 합니다. (2013.8.19. 한 신부와의 인터뷰).

많은 이들이 말하듯, 프란치스코 교황은 하나의 '스타일'이다. 소탈하고 열려 있다. 주교, 추기경 시절에도 그는 손수 요리하기를 즐겼고, 버스와 전철을 애용했으며, 밤거리 노숙자에게 빵을 나눠주기도 했다. 직접 전화하고 호텔 숙박료도 직접 지불하였다. '교황'이라는 호칭보다 '로마의 주교'를 더 선호한다고 한다. 기도 중에 졸기도 한다고 털어놓기도 했다. 새로운 스타일 그것만으로도 신선하다.

그러나 새로운 스타일을 통해, 아니 스타일을 넘어, 그가 우리에게 어떤 알맹이의 변화를 보여줄 것인지 궁금하다. 그의 표현대로 교회는 '전투 후의 야전병원'이다. 교회는 치유소이며 그는 치유소장이다. 오늘의 탈도덕적 세계에서, 세상의 도덕적 지도자이신 프란치스코 교황이 이 세상에 어떤 변화를 줄 수 있을 것인가. 불신자에게 교황님은 도덕의 상징이다. 도덕의 종말을 향해 빵소니치며 달리는 이 시대에 교황님은 무척 외로워 보인다.

(참고자료: 프란치스코 교황 강론선집, <네 형제가 어디 있느냐?>, 오민환 옮김, 빛두레, 2014; 프란치스코 교황, 에우제니오 스칼파리, <무신론자에게 보내는 교황의 편지>, 최수철 · 윤병언 옮김, 바다출판사, 2014 ; 차동엽 신부, <따봉, 프란치스코! 교황의 10가지>, 위즈 앤 비즈, 2014; 호르스트 푸어만, 차용구 역, <교황의 역사: 베드로부터 베네딕토 16세까지>, 길, 2013. 등)

위의 주제와 관련하여, 가톨릭 신학자 존 호트의 『다윈 안의 신』(John F Haught, *Deeper than Darwin*) 일부분을 옮긴다. 이 책은 아래의 다른 글에서 다시 다룬다.

> 소멸의 베일 너머에 있는 영원성 … 이를 논리적으로 부정하기는 힘들다.
>
> …
>
> 신의 영원성을 알게 해주는 모든 직관은, 투명성에 대한 열망을 기꺼이 접어둔 채 그 자체로 참을성 있게 오랜 고난을 견디는 희망으로 넘치는 그런 의식에 의해서만 이해될 수 있을 것이다. (11장 죽음보다 더 깊이)

호트는 고백한다. "신적 신비를 향해 오직 불확실성 속에서 비틀거리며 나아간다." 불확실하지만 비틀거리면서도 전진하자는 다독임은 따뜻하건만, 투명성 · 명료성을 향한 나의 이 강박증을 어쩌랴.

"하느님께 반항하지도
복종하지도 않았고 단지 자신에게만 충실했던
저 사악한 무리 …
이들에겐 죽음의 희망조차 없다." (단테, 『신곡』, 지옥편 3곡).

"삼위일체를 하나의 존재 안에 내포하는 그
무한한 길을 인간의 이성이 가로지를 수 있기를
바라는 자는 미친 짓이다.

인간들이여 있는 그대로에 만족하라!" (『신곡』, 연옥편 3곡).

" …

내 소망과 의지는 이미, 일정하게
돌아가는 바퀴처럼, 태양과 다른 별들을
움직이시는 사랑이 이끌고 있었다."
(『신곡』, 천국편 마지막 33곡 대미. 박상진 역).

네 권의 책 선물 : 김용준 선생님을 추모하며

1999년 5월 초 어느 날 오후, 대학 연구실에서 뜻밖의 전화 한 통을 받았다. 김용준 선생님이셨다. – 전화받은 시점을 기억하는 것은 그 며칠 전 한 신문에 시평을 썼기 때문이다. 제목은 '전 全 대통령, 그저 가만히' – 그때까지 함자만 들어 알고 있었을 뿐, 선생과의 첫 유선 만남이었다. 선생께서 이사장으로서 주관하시던 '한국학술협의회' 참여 의향을 물으시는 전화였다. 이후 십년 가까이 선생을 모시고 한 달에 한 번 정도 내 또래의 타 분야 교수들과 함께 자리하면서 회의 겸 간담을 나눌 기회를 가졌다. – 이 단체는 대우재단의 학술사업을 위탁받아 운영해온 기구이다. 김용준 선생님은 학술협의회 운영을 주도하시며 특히 대우재단 석학강좌 주관에 공을 들이셨다. 고급 지성을 존중하셨고 인격적 평가의 기준이 엄한 분이셨다 –

두 번의 해직

지식인사회에서는 고명한 분이시지만 대중적으로 널리 알려진 분은 아니기에 선생의 프로필을 간략하게나마 소개하고 싶다. 김용준(金容駿, 1927–2019)선생은 자연과학과 인문학을 아우른 이 시대의 보기 드문 큰 학자이셨다. 서울대 공대 화학공학과 졸업 후 미국 텍사스 A&M대학에서 유기화학 전공으로 박사학위를 받으셨다. 1965년부터 고려대 화학공학과 교수로 재직하셨고, 한국기독자교수협의회 등 기독교단체에서 요직을 맡아 활동하셨다. 험난하고 암울했던 군사정권 시대에 두 차례나 교수직에서 해직당하시면서 꼿꼿한 한국의 선비상을 지켜 오신 분이다.

‘과학 없는 종교는 미신이며, 종교 없는 과학은 흉기’라는 지론에 입각, 『과학 · 인간 · 자유』(1979), 『사람의 과학』(1994), 『과학과 종교 사이에서』(2005) 등, 과학 · 사회 · 종교를 관통하는 많은 저서를 남기셨다. 2007년, 제21회 인촌상 특별부문상을 수상하셨다. 생전에 선생의 매씨(妹氏) 김숙희 교수(식품영양학 전공)를 무척 아끼시는 모습이셨고, 20년 터울의 김용옥 박사가 선생의 계씨이다.

오래 전 선생의 따뜻한 모습 한 장면이 떠오른다. 김영삼 대통령 시절, 김숙희 교수님이 교육부 장관에 취임하신 직후 어느 일요일 점심, 신촌 부근 중국집에서 몇 분 소장 교수들과 간담회를 가진 적이 있었다. 식사가 거의 끝날 무렵 출입문이 살며시 열리더니 김용준 선생 모습이 나타났다. 특유의 약간 수줍은 미소를 띠시며 동생을 불러 무엇을 전하신다. 신용카드로 보였다. 김 장관께서 급히 나오려다 잊은 모양이었다. 그 장면이 훈훈하면서도 살짝 코믹하면서 왠지 애틋한 느낌도 없지 않았다.

『함석헌 평전』

선생께서는 함석헌(咸錫憲, 1901-1989) 선생의 수제자로 꼽히는 분이다. 1949년 서울 종로 YMCA에서 열린 ‘함석헌의 성서강해’에서 처음 함석헌 선생의 강연을 들은 후 그 제자가 되시어, 평전 『내가 본 함석헌』(2006)을 저술하시기도 했다. “신을 향한 태도부터 사회와 세계를 바라보는 관점까지, 유기화학을 제외한 모든 것을 함석헌 선생에게 배웠다. 만일 오늘의 내 모습에 인격 같은 것이 있다면 거기서 함 선생님의 가르침은 빼놓을 수 없다.”고 토로하신 적이 있다.

김용준 선생의 생전, 나는 황송하게도 네 권의 책을 선생님으로부터 선물받았다. ‘황송하다’는 단어를 내가 일상에서 사용한 적은 좀체 없지만, 이 경우에는 적합하기 이를 데 없다. 두 권은 선생의 저서로, -『과학과 종교 사이에서』, 『내가 본 함석헌』- 손수 직접 건네 주셨고, 나머지 두 권은 타인의 저서를 구입하셔서 내게 우송해 주셨다.

『내가 본 함석헌』, 『과학과 종교 사이에서』 표지.

그 나머지 두 권 중의 한권은 미국의 신학자 존 호트(John F. Haught)의 저서 『다윈 안의 신』(*Deeper than Darwin,* 2003)이다. 이 책을 받은 것은 2006년 1월 말이었다. 그 전 해에 선생께서 출간하신 『과학과 종교 사이에서』를 읽고 간단히 독후감을 말씀드리면서, 더불어 나의 아내가 그 책을 읽고 건네준 소감까지도 말씀드린 기억이 있다. 당시 호트의 책을 보내주시며 동봉한 서신에 이런 구절이 보인다. "어떻든 생각은 죽기 전에 改訂版을 내던지 또는 예컨대 續『과학과 종교 사이에서』라는 또 하나의 저서를 냈으면 하는 소원은 간직하고 있습니다."

우선 아들뻘인 내게 존칭과 존대어를 사용하신 서신에 송구하고 당혹스러웠던 기억이 새롭다. 그 후 얼마 지나지 않아 선생의 서간 문체의 정중함의 소이(所以)를 가늠할 기회가 있었다. 선생의 저서 『내가 본 함석헌』 가운데 이런 부분이 눈에 들어왔다. 김용준 선생께서 고향의 천안농고에서 화학과목을 비롯해 영어·독일어 교사로 재직하시던 시절, 함석헌 선생을 처음 대면하던 무렵의 회고담 한 구절이다.

선생님과 이렇게 첫 대면을 한 후 어느 날 새벽에 나는 집에서 멀지 않은 월봉산 산정에 올라 선생님께 편지를 썼다. … 선생님이 나에게 처음 주신 편지의 서두에 "김형에게, 나에게 기쁜 소식을 전하는 그대는 나의 친구"라는 글귀가 씌어 있었다는 것은 분명히 기억한다. 그 편지를 받아들고 나는 얼마나 놀라고 감격스러웠는지 모른다. 아들뻘인 나에게 어떻게 '김형'이라는 호칭을 쓰셨을까? … 지금도 나는 함석헌을 서슴없이 '정신적 낭만주의자(Spiritual Romantist)'라고 부른다.

나의 세대에게 함석헌 선생은 우선 『뜻으로 본 한국역사』의 저자로서, 그리고 긴 흰 수염과 두루마기 자락을 휘날리시며 한일회담반대 국민운동을 이끄시던 '재야인사'의 대명사로 기억된다.

안타깝게도 나는 함석헌 선생을 직접 뵌 적이 없다. 다만 구태여 이야기를 만들어 내어 억지를 부리자면 함 선생님과 돌고 도는 실낱같은 인연이 없지는 않다. 김용준 선생은 함 선생님이 발간하신 잡지 『씨올의 소리』의 편집위원을 거쳐 한때 발행인 겸 편집인 책임을 맡으신 적이 있다. – 함 선생께서 직접 잡지운영을 맡기 어렵게 되자 김 선생께서 운영 책임을 떠맡게 되었다. 함 선생 주변 인사 가운데 맡기로 정해진 사람이 있었지만 책임을 피하였을 뿐 아니라, 잡지 운영에 비판과 간섭을 일삼았다고 한다. – 그 시기에 나는 『씨올의 소리』에 글 한편을 기고한 적이 있다. 1989년 7월호의 특집 「법 · 정의 · 인권」에 시론 "헌법과 현실"을 실었다. 내가 김용준 선생의 함자를 처음 들은 것은 이미 1980년 '서울의 봄' 시기였지만, 그 당시 나는 그저 편집진의 전화 청탁으로 그 글을 보냈을 뿐, 발행인 · 편집인이 김용준 선생이신지는 미처 몰랐다. 어떻든 지나고 보니 『씨올의 소리』는 나와 김용준 선생의 첫 간접적 만남이었고, 나아가 그것은 또한 함석헌 선생과의 가느다란 인연이라면 인연의 실타래 한 가닥이라고 믿고 싶은 마음이다. 『내가 본 함석헌』에서 김용준 선생은 함석헌 선생을 '영원한 믿음의 구도자'로 자리매김하신다. 인격과 인격의 이런 깊은 만남이 실재하던 그런 시절이 있었다.

이따금 사석에서 김용준 선생으로부터 '낭만주의자' 함선생의 이런 저런 면모에 관하여 들은 기억이 있다. 이런 작은 일화도 떠오른다. 함선생께서 언젠가 이화여대 강당에서 강연을 하셨을 때다. '여대 앞에 책방은 보이지 않고 웬 옷가게만 그렇게 즐비한가'라고 꾸짖고 강연을 마치신 다음 교정을 걸어 나오던 중, 주위의 여대생들이 나누는 이야기가 귓전에 들렸다. '아니, 수염을 그렇게 길게 기르는 것도 멋내기는 마찬가지 아닌가'라는 쑥덕거림. 이런 이야기를 꺼내시면서 빙그레 웃으시더라는 말씀이었다.

함석헌 선생은 시인이셨다. 많은 이들이 사랑하는 함석헌의 시 <그대 그런 사람을 가졌는가>는 절절하기 이를 데 없다.

온 세상이 다 나를 버려
마음이 외로울 때에도
'저 맘이야'하고 믿어지는
그 사람을 그대는 가졌는가
…

〈다윈 안의 신〉

다시 호트의 책 이야기로 되돌아간다. 『다윈 안의 신』을 처음 읽고 난 뒤 독후감 한 자락이 줄곧 머릿속에 남아 있었다. '과학의 성과를 수용하면서 그 너머로 신을 찾는 길찾기의 과정이 논리적이며 치열하다. 그럼에도 종국에는 몽롱한 안개가 서린다. 이를 어찌할 것인가'라는 독후 감상. 10여 년 지나 요즘 다시 이 책을 통독하면서 처음보다 더 깊은 감동을 느낀다. 저자의 논리적 접근은 물론이거니와 그의 꼭 집어내는 주제 설정과 따뜻한 설득에 어떤 이끌림이 느껴진다.

저자 존 호트는 가톨릭 평신도 신학교수이다. 『다윈 안의 신』에서 저자는 진화생물학이 근본적으로 정확하다고 전제하면서도 그것이 생명의

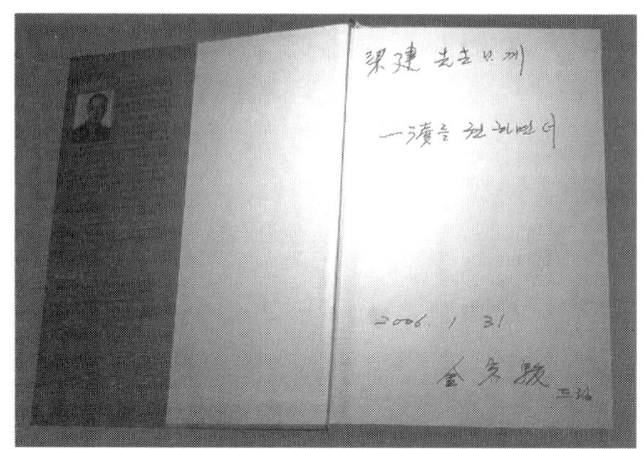

『다윈 안의 신』 표지 안쪽의 김용준 선생님 서명.

모든 것을 설명해주지 못한다고 강조한다. 그는 과학과 종교의 화해, 진화와 신 관념의 조화를 추구하면서 진화론적 유신론을 전개한다. 밑줄을 그어가며 숙독한 이 책에서 내게 와 닿은 몇 구절을 옮겨본다.

오늘날 진화론적 유물론은 일종의 '우주적 문자주의(cosmic literalism)'이다. 그것은 '근본적인' 물리 법칙들과 자연선택의 이면에는 아무것도 없다는 근거 없는 주장에 만족한 채 자연의 표면에만 집착한다. '성서적 문자주의(biblical literalism)'가 성서를 피상적으로 읽는 데 그치는 것과 마찬가지로, 우주와 생명의 진화를 '단순히 물질적인' 것으로만 보는 태도 역시 본질적으로 자연의 깊이로부터 도망치는 문자주의다.

'신에 대한 인식'이 신으로부터 온 것이 아니라 오직 생물학적 요소들로부터 온 것이라면, 종교의 토대는 완전히 사라지게 된다. … 다윈 이후의 시대에는 당연히 신에 대한 우리의 생각이 이전과 완전히 똑같을 수 없다. 하지만 진화가 반드시 창조와 섭리의 신에 대한 신뢰를 감소시키는 것은 아니다. … 진화가 다윈주의 이전의 세계관이 제공했던 것보다 훨씬 더 깊이 신을 이해할 수 있게 해 준다. … 다윈은 마침내 우리에게 종교에 대한 설명을 완벽하게 자연화하는 길을 열어 주었던 것이다. … 과연 종교가 과학만으로는 발견할 수 없는 깊이와 진리의 차원으로 우리를 이끌어 줄 수 있을지 다시 한 번 진지하게 물어야 한다. … 거의 감지할 수 없는 깊고 깊은 그 무엇이 바로 생명과 진화 그리고 종교에 관한 궁극적인 설명일지 모른다.

과학이 명료성을 추구하는 것은 당연한 일이다. 하지만 명료성에 대한 강박에 사로잡히면 결국 문자주의로 돌아가게 된다. 우주를 읽는 독법이 우리를 가장 깊은 곳까지 데려다주고 각자에게 의미 있는 것이 되려면, 그것은 불가피하게 불명료해야만 한다. … 우리가 우주의 진정한 깊이에, 즉 존재하는 것에 더 가까이 다가가면 갈수록, 명료하고 분명한 생각들은 상징과 은유에게 자리를 내주게 된다.

우리의 지능은 우리 자신의 존재가 담겨 있는 것을 결코 온전히 알 수 없다. 우리는 깊이에 사로잡혀 있다는 의식만 가질 수 있을 뿐이다. 그리고 그런 의식을 우리는 '신앙'이라고 부른다.

실재의 깊이에 푹 **빠져들 때**에만 비로소 우리는 겉으로 보이는 표면 아래를 들여다 볼 수 있다. 그러므로 깊이로부터 도망치는 우주적 문자주의를 떠받치는 것은 과학이 아니라 **과학주의**(오직 과학을 통해서만 진리에 도달할 수 있다는 신념)다.

과연 어떻게 해야 우주를 깊은 의미의 풍성한 저장고로 삼을 수 있을까? 미완의 우주(an unfinished universe)에서 살고 있다는 새로운 진화론적 의식이 좋은 출발점이 된다. … 미완의 우주는 측량할 수 없이 깊은 **약속**의 표현일지 모른다. … 희망을 버리지 않는 우리의 타고난 성향을 한껏 발휘하는 쪽에 모든 것을 **걸어야만** 비로소 우리가 자연의 깊은 약속에 동화될 수 있다

만일 깊은 곳에 궁극적인 신적 차원이 정말로 존재한다면, 그것이 인간 의식에 현존한다는 사실은 어떤 의미에서는 정보입력과 유사한 측면을 가질 것이다. 신이 정말 존재한다면, 신적 깊이가 일종의 정보 피드백을 통해 인간의 의식 속으로 스며든다고 해서 놀랄 것은 없다. … 존재의 무한한 깊이는 그 어떤 단일하고 투명한 표상으로도 다 포착할 수 없기 때문에, 종교적 의식은 당연히 풍성하고 다양한 상징들을 가지고 실험하게 될 것이다. … 우리가 신

이라고 불러온 존재의 무한한 깊이 … 종교들은 … 언제나 초대하고 약속하는 신적 신비를 향해 오직 불확실성 속에서 비틀거리며 나아간다.

…
오! 덧없고 하찮은 삶이여!
…
응답과 희망이 있습니까?
베일 너머에, 베일 너머에. (알프레드 테니슨, In Memoriam)

'베일 너머에'는 정말로 무언가가 있다. 모든 죽음보다, 모든 소멸보다 더 깊은 무언가가. 우리는 그것을 '신'이라 부른다. … 우주적 생물학적 진화의 흐름에서 완전히 사라지는 것은 아무것도 없다. … 신의 영원성을 알게 해주는 모든 직관은, 투명성에 대한 열망을 기꺼이 접어둔 채 그 자체로 참을성 있게 오랜 고난을 견디는 희망으로 넘치는 그런 의식에 의해서만 이해될 수 있을 것이다.

몹시 장황하게 호트의 저서를 인용하였다. 신의 문제를 두고 이 책처럼 논리적이면서도 설득력 있게 다독이는 신앙론을 본 적이 없다. 한편으론 야트막한 나의 독서의 한계 때문이기도 하지만, 이 책처럼 따뜻한 열린 마음을 만나는 것은 쉽지 않다. 대학생 때 러셀의 『나는 왜 크리스천이 아닌가』를 읽고 무신론으로 무장한 이래 유물론과 불가지론을 오가며 오늘에 이른, 나 같은 몰(沒)영성의 사람이 모처럼 겪은 작은 흔들림이었다.

김용준 선생께서 이 책과 함께 동봉한 서신에서 "近來에 읽은 册中에서 가장 감명을 받았읍니다."라고 말씀하신 뜻을, 십여 년 만에 두 번째로 이 책을 읽으면서 확인하게 된다. '베일 너머에 무언가를 향하여' '투명성에 대한 열망을 접고' '참을성 있게 고난을 견디는 희망으로 넘치는 의식'!

선생의 저서 『과학과 종교 사이에서』의 마지막 17장의 제목은 '진화 신학을 향하여'로 되어 있다. 진화에 수반하는 고통의 문제가 다루어지는 데 이어, 호트의 전작 *God after Darwin* 가운데 여러 부분이 인용되어 있다. 선생의 『과학과 종교 사이에서』 마지막 문단의 첫 문장을 그대로 옮긴다.

> 신은 모든 피조물과 더불어 그들의 불확실한 미래를 향한 개방성에 동참한다.

『장준하 평전』

내가 김용준 선생님으로부터 선물받은 마지막 책 한 권 역시 뜻밖이었다. 송구스럽고 감사하기 이를 데 없었음은 물론이다. 2009년 4월 국민권익위원회 위원장 시절, 한 일간신문 기자로부터 '좋아하는 책' 추천을 요청받고 장준하 선생의 일본군 학도병 탈출기 『돌베개』를 언급하였다. – 나는 책을 좋아하는 편이지만 듬직이 들어앉아 긴 시간 책을 읽지 못하며 다독가와는 거리가 멀다. 책 추천이나 독후감 원고를 요청받는 때는 곤혹스럽기 그지없었다. – 그 인터뷰 기사가 나간 지 얼마 지나지 않아, 책 한권을 우송받았다. 『장준하 평전』(김삼웅, 2009). 책을 보내주신 분은 김용준 선생님이었다.

『장준하 평전』 표지.

네 번째 책 선물을 받은 후 10년이 지난 2019년 8월 4일, 김용준 선생님은 영면에 들어가셨다. 이튿날 아침신문에서 돌연한 부음에 접하고 가슴이 내려앉았다. 안암동 고려대학교 병원으로 한낮의 빈소를 찾으니 교회신도들이 찬송하며 예배드리는 중이었다. 빈소를 나오면서 허망감에 망연하였다. 비감(悲感)이라기보다 무상감(無常感)이었다. 8월의 태양은 뜨거웠고 세상은 평온해 보였다.

학술협의회 행사의 일환으로 속리산 법주사 탐방 시, 김용준 선생님과 함께. 아내가 동행하였다.

김용준 선생님을 마지막 뵌 것은 타계하시기 수삼 년 전이다. 쇠잔한 병구를 아드님의 부축을 받으시며 힘들게 점심식사 자리에 나오셨다. 한국학술협의회 이사장으로 활동하시던 시절 아껴주시던 아래 세대 교수들 대여섯 명이 동석하였다. 선생은 음식을 거의 들지 못하시는 모습이었다. 본래 말씀이 적으셨지만 그 날 내내 한두 마디 말씀만 어렵게 흘리셨다. "아무 것도 하는 일이 없으니 …", "구십이 넘으면 언제 … "

선생의 장례 시에 일반 조문객을 위한 조촐하나마 격을 갖춘 장례식이 따로 마련되지 않았던 점은 심히 아쉽다. 나라도 앞장서 나서지 못한 용렬함이 후회되건만, 오직 자괴할 뿐이다. 그날 빈소에서 선생님과 작별한 후 집에 돌아와 책상 서랍을 뒤졌다. 선생께서 『장준하 평전』과 함께 보내주신 짧은 편지 한 장을 꺼내 다시 읽었다.

> "… 近刊 『장준하 평전』이 나왔기에 한권 보냅니다. 咸先生님이 가장 아끼셨던 韓國의 人才였습니다. …"

선생이시여, 편히 쉬소서.

'과학-종교 접목' 한평생… 학술지원에도 힘써

명복을 빕니다
김용준 고려대 명예교수

시국사건으로 두차례 해직-복직
사상가 함석헌선생 1대 제자

원로 학자인 김용준 고려대 명예교수(사진)가 4일 별세했다. 향년 92세. 1927년 충남 천안에서 태어난 고인은 1952년 서울대 화학공학과를 졸업하고 미국 텍사스 A&M대에서 이학박사 학위를 받았다. 1965년 고려대 화학공학과 교수로 임용됐지만 1975년 민청학련 사건(1974년)에 연루돼 해직됐다가 4년 뒤 복직했다. 1980년엔 3·1구국선언(1976년)에 서명했다는 이유로 다시 해직됐다가 1984년 복직됐다.

1981년 대우재단 자연과학분야 자문위원을 맡았고, 1993년 고려대에서 명예퇴직한 이후에도 대우재단이 1986년 설립한 한국학술협회 이사장으로 취임해(1999년) 학술지원 사업을 이끌어 왔다. 학술총서 발행 업무를 도맡아 온 그는 1800명의 학자를 지원했고, 그 성과를 담은 학술총서 600권을 발간했다.

고인은 과학과 종교의 접점을 찾고 후학 양성에 평생을 바친 공로로 2007년 제21회 인촌상 특별부문상을 수상했다. 그는 당시 수상 인터뷰에서 '하나의 잣대로 자유를 제약하거나, 잘못된 잣대로 자신의 비합리성을 정당화하는 모든 행위'에 대한 비판의 목소리를 높였다. 그는 사상가 함석헌 선생(1901~1989)의 1대 제자였다. 모태신앙의 기독교인인 그는 1948년 함 선생을 만난 뒤 '과학 없는 종교는 미신에 불과하고, 종교 없는 과학은 흉기'라는 신념을 간직해 왔다. 저서로는 '과학인의 역사의식'(1986년), '현대과학의 윤리'(1988년), '과학과 종교 사이에서'(2005년) 등이 있다.

유족으로는 여동생 숙희 전 교육부 장관, 남동생 용옥 한신대 석좌교수, 아들 인중 숭실대 명예교수, 형중 전 서강대 평생교육원 부원장, 사위 여인묵 전 SK케미칼 상무, 며느리 남궁미경 연세대 원주의과대 교수가 있다. 빈소는 서울 고려대 안암병원, 발인 7일 오전 5시 반. 070-7816-0233

신규진 기자 newjin@donga.com

동아일보의 부고 기사.

(附記 1) <돌베개>

고등학교 3학년 어느 날 하교 길, 『사상계』 정기구독을 위해 출판사로 찾아갔던 일이 엊그제 같다. 종로 종각 옆 허름한 건물 2층의 사무실은 잡지의 명성에 어울리지 않게 소박하였다. 장준하 선생은 나의 청년시절 이래 '행동하는 지식인'의 표상이었지만, 나는 선생을 직접 뵌 적이 없다. 아쉬움이 크다.

『돌베개』는 장준하(張俊河) 선생(1918-1975)이 일제 때 학병을 탈출, 중원땅 6,000리를 헤맨 끝에 광복군에 투신, 해방을 맞기까지의 이야기를 담고 있다. 돌베개라는 책제목은 구약성경의 한 대목인 '야곱의 돌베개' 이야기에서 비롯한다. 장준하 선생이 결혼 일주일 만에 남기고 떠난 아내에게 일본군 탈출의 경우 암호로 약속했던 말이 '돌베개'였고, 마침내 그 암호를 사용하면서 "앞이 보이지 않는 대륙에 발을 옮기며 내가 벨 돌베개를 찾는다." 고 썼다는 것이다. 언젠가 나는 '가슴에 담긴 한 권의 책'이라는 부제가 달린 이 책 독후감 말미에, 행동에 주저하는 50대 중반 대학교수의 푸념을 늘어놓은 적도 있었다.

1975년 8월 17일, 장준하 선생은 57세로 이 세상을 떠났다. 처음 시신이 발견된 곳은 경기도 포천군 약사봉 계곡. 선생의 사망은 아직 풀리지 않은 미스터리로 남아 있다. 진상규명을 위한 활동이 있었지만 의문은 여전하다. 정황을 보면 당시의 공식적 발표처럼 단순한 '추락사'로 보기는 도저히 어렵다. 1993년 당시 야당인 민주당의 사인규명조사위원회에 따르면, 직접적 사인은 실족추락이 아니라 원형의 인공물체에 의한 후두부 골절이다. 2002년 대통령 소속 의문사진상규명위원회는 '진상규명 불능'이라고 판정하였다. 역사란 그런 것인가. 장준하, 그는 한국 현대사에서 순수와 용기의 표상이다.

은퇴 후 어느 한가한 오후, 파주에 있는 선생의 추모공원을 홀로 찾은 적이 있다. 조촐한 공간이나마 마련되어 있어 다행이라는 느낌이 있었지만, 너무 외진 곳의 외로운 공원이었다. 아무도 보이지 않았다. 번화가의 장준하 기념 공간은 선생의 삶과 어울리지 않을지도 모른다. 다만 동상이 서 있었으면 하는 아쉬움이 남았다.

(附記 2) 함석헌 선생과 장준하 선생

두 분의 만남은 어떤 계기였는가. 『장준하 평전』은 이렇게 전하고 있다.

평안북도 의주에서 태어난 장준하 선생은 목사인 아버지를 따라 삭주를 거쳐 평북 선천으로 이주, 신성중학교를 졸업하였다. 신성중학 학생 시절, 장준하 선생은 친구와 함께 함석헌 선생을 찾아간 적이 있다. 선천 인근의 정주 오산중학교 교사로 봉직 중이던 함석헌 선생은 당시 학생들 사이에서 '함 도깨비' 란 이름으로 불렸고 인근에도 소문이 나 있었다. '모르는 것이 없는 선생님' 이라 하여 붙여진 별명이었다. - 함석헌 선생은 평양고등보통학교 중퇴 후 오산 중학교와 일본의 동경 고등사범학교 역사교육학과를 졸업하였다. - 당시 실제로 장준하 선생이 함석헌 선생을 만났는지는 분명치 않지만, 이미 중학생 장준하의 머릿속에 함석헌 선생이 짙게 새겨져 있었음을 알 수 있다.

장준하 선생과 함석헌 선생의 만남이 커다란 용트림으로 울려 퍼지게 된 것은 월간지 『사상계』를 통해서이다. 6·25 전란 중이던 1953년, 장준하 선생이 부산 피난지에서 첫 발간한 『사상계』가 대중적 주목을 받게 된 결정적 계기는 함 선생의 『사상계』 기고였다. 거꾸로 함 선생이 사회적으로 크게 부상하게 된 것도 『사상계』를 통해서였다. 1956년 1월호에 실린 "한국기독교는 무엇을 하고 있는가", 1957년 3월호의 "할 말이 있다" 에 이어, 1958년 8월호의 "생각하는 백성이라야 산다" 등 선생의 독특한 문체의 글들은 큰 사회적 반향을 일으켰다.

장준하 선생이 정치사회 운동가로 나선 1960년대 이후에도 두 분의 인연은 굳게 이어졌다. 장준하 선생 추모사 가운데 이런 글이 보인다. "그는 함석헌 선생을 참 좋아했다. 함석헌 선생도 그를 참으로 아꼈다.” (강원룡 목사의 회고). 함석헌 선생 스스로도 이렇게 술회하셨다.

> 내가 장준하에게 가까이 한다고 친구들의 충고도 듣고 시비도 많이 받았습니다. 그리고 그것이 전혀 까닭이 없는 것이라고 말하지도 않습니다. 그에게 잘못도 있고 부족한 점도 있습니다. … 사실 양심으로 말이지만 내가 그에게 기대한 것은 아무것도 없습니다. 내가 그를 믿는 것은 부족함이 있는데도 불구하고 그에게 믿어지는 것이 있기 때문입니다.

장준하 인물평 가운데 눈에 띄는 몇몇을 본다. “‘금지된 동작’을 맨 먼저 시작한 위대한 혁명가.” (『장준하 평전』). “장준하에게는 보통 사람에게는 없는 신들린 일면이 있었다. … 범인들이 접근할 수 없는 신비로운 일면을 가지고 살다 홀연히 떠난 불운한 사나이.” (김동길, 『인물에세이-100년의 사람들』). 같은 취지의 회고담을 최근에 접하였다. ‘장준하 앞에서는 당대의 내로라하는 인물 누구도 꼼짝하지 못하였다.’ (선생을 따랐던 김도현님의 증언). 선생이 지니신 순수와 용기의 힘일 것이다.

김용준 선생은 함석헌 선생을 일러 ‘투사’에 앞서 ‘구도자’였다고 회고하셨다. 20세기 한국 현대사에 함석헌과 장준하가 없었다면 얼마나 허전했을 것인가. 함석헌, 장준하, 김용준 선생 세 분 모두 기독교인이셨다.

헌법 인연 55년
: 김철수 교수님을 추모하며

"한스 켈젠의 근본규범은 헌법과 어떤 관계인가요? 근본규범과 헌법 중에 어느 것이 더 상위입니까?" 강의실 안은 조용했다. 교수님 질문에 수십 명 학생 가운데 아무도 손을 들거나 대답한 사람은 없었다. 처음 법을 배우는 학생들에게는 고난도의 질문이었다. 독일 유학에서 귀국 후 오래지 않은 신예 헌법교수님은 별 반응 없이 강의를 이어가셨다. 늘 어조는 높지 않았고 잔잔했다.

내가 김철수(金哲洙) 교수님을 처음 뵌 것은 1967년 대학 2학년 헌법 강의 시간에서였다. 그 학기 시험에서 A를 받지 못했을 것이다. A를 받았다면 기억했을 것이지만 그런 기억이 없다. 서울대학교 법과대학이 동숭동에 있던 그 시절, 김 교수님의 초기 저작인 『헌법질서론』(憲法秩序論)과 『헌법총람』(憲法總覽)이 나와 있었고, 아직 교수님의 주저 『헌법학개론』(憲法學概論, 1973)이 출간되기 전이었다. 『헌법질서론』은 주로 당시의 독일 헌법이론을 소개하는 내용이었는데, 그 서문에 적힌 한 구절이 잊히지 않는다. "도서관의 불비와 참고문헌의 구득난 때문에 정확한 저서 인용은 어렵게 되고, 부득이 외국에서 본 기억에 의존하게 되었으므로 부정확한 것이 될 우려가 컸다."

'애매할 때는 자신에게 유리하게'

김 교수님을 더 가까이서 뵐 수 있었던 것은 대학원 입학 후이다. 당시 서울대 법대 한 학년 정원 160명 가운데, 66학번의 경우, 학문연구 목적의 '순수' 대학원 입학생은 나를 포함해 단 2명뿐이었다. 다른 대학원 입학생들은 대개 사법시험 공부를 위한 징집 연기 혜택이 주목적이었다.

아직 대학원 교육이 정상적으로 운용되지 못하던 때였다. 강의 수강생이 2~3명 정도였고, 대체로 영어원서 강독이었다. 어느 학기에는 미국의 한 정치학자가 쓴 미국의회와 입법과정을 다룬 교재를 수강생들에게 주시고 교재로 사용하였다. 그 책에서 '미국의 정당제도는 사실상 4당제이다. 지역에 따라 당원의 성향이 둘로 갈라지기 때문이다.'라는 부분이 기억에 남아 있다.

나는 대학원 입학 후 육군사관학교 교관시험에 합격하였고 석사학위를 받고나면 훈련 후 임관이 예정되어 있었기에, 대학원 입학 직후부터 석사학위논문 준비를 염두에 두었다. 논제를 <학문의 자유와 대학의 자치>로 잡았다. 당시 '스튜던트 파워'의 열풍이 세계 곳곳을 휩쓸던 시절이었다. 후년 교수의 길로 들어선 이래 나는 늘 현실에서 대두되는 정치적 함의가 강한 주제를 연구 대상으로 삼는 성향이었는데, 이런 성향은 석사논문 쓸 때부터 시작되었다.

의욕은 좋았지만 막상 참고문헌을 찾으려니 난관이었다. 우리나라 문헌으로는 <고시계> 수준의 글이 몇 편 나와 있을 뿐 기존 연구가 태무하였다. 고등학생 때 학생시위를 주도하여 징계를 받은 전력에 이어, 대학 입학 신입생 때부터 '서울법대 학생운동권'에 속했던 나는 이영희(작고. 노동법교수, 노동부장관), 조영래(작고, 변호사) 등, 선배들의 권유에 따라 신입생 시절에 일본어 자습을 하였다. 일본책에 '좋은' 책들이 많이 있다는 것이었다. 사전을 펼쳐놓으면 한자가 많은 법학이나 사회과학 일본서적은 대충 읽을 만하였다. 아마도 우리나라에서 구할 수 있는 내 논문주제의 일본문헌은 거의 모두 찾아보았을 것이다. 충무로의 일본서적 전문점 <아카데미> 서점도 부지런히 찾았다. 그것만으로도 꽤 괜찮은 논문이 나올 만하다고 생각했지만 일본서적에만 의존하자니 자존심이 상했다.

어느 날 김철수 교수님 연구실을 찾아 논문 진행 상황을 말씀드리니 서가에서 책 한 권을 꺼내주신다. 『하버드 로 리뷰』(*Harvard Law Review*)였다. 그때 그런 학술저널이 있음을 처음 알았다. 거기에 'Note' 형식의 "Academic Freedom"이란 제목의 긴 글이 실려 있었다. 분량으로 보면 책 한 권 상당의 방대한 내용이었다. 관련된 미국 판례들의 분석이 치밀하게 서술되어 있었다. 이때 나는 이를테면 1차 학문적 개안을 했다고 생각한다.

애초에 나는 대학 4학년에 오르며 진로를 고민할 때, 학사편입제도를 통한 타 학과로의 전과(轉科)를 숙고했다. 중국정치 연구를 염두에 두고 선배들을 찾아다니며 일본 유학을 검토하기도 했었다. 김상협 고려대 총장의 『모택동사상』(毛澤東思想)이 출간된 것이 그 무렵이었고 유럽 등 세계 도처에 모택동 바람이 거세게 몰아칠 때였다. 소심한 나는 결국 전과 생각을 접고 정치학과 인접한 헌법학 전공으로 길을 바꾸었다. 여기에는 일본 법학서적의 영향이 컸다. 특히 당시에 발간되기 시작한 이와나미(岩波) 출판사의 <현대법강좌>(現代法講座) 시리즈에 심취하였다. 그 중에서도 도쿄대학 고바야시 나오키(小林直樹) 교수와 와타나베 요조(渡邊洋三) 교수의 글이 좋았다. 후년에 알게 된 사실이지만 고바야시 교수는 김철수 교수님과 친분이 깊은 교수였다. 학부 시절, 나는 일본 좌파 법학교수들 책에 빠져들었던 시기가 있었는데, 몇 년 지나지 않아 식상하였다. 그러던 차에 김 교수님께서 주신 『하버드 로 리뷰』는 판례 중심의 미국 헌법이론에 접하는 계기가 되었다. 미국문헌들을 접하며 치밀한 논리적 분석의 힘을 느꼈다.

석사논문 심사 최종일은 내 인생의 한 전기가 된 변곡점이다. 최종심사가 행하여진 대학원 행정사무실 옆방 문 밖에서 차례를 기다리고 있을 때였다. 앞서 심사실에 들어갔던 민사법 전공의 동급생 김 군이 문을 나선 후 내게 이렇게 일러주었다. '김철수 교수님이 다른 심사위원에게 너의 논문을 크게 칭찬하시더라.' 그 말을 듣고 나는 일렁이는 가슴을 가다듬으며 심사실 안으로 들어갔다. – K군은 전형적인 모범생으로, 그 후 고위 법관에 올랐다. 나는 K군의 전언을 액면대로 믿었다. – 잠시 침묵이 흐를 뿐 김 교수님은 아무 말씀 없이 앉아계실 뿐이었다. 내심 당황하였다. 순간, 옆에 앉아 계시던 다른 심사위원께서 말문을 여셨다. 고려대학 헌법 교수이신 한동섭 교수님이었다. 한 교수님은 내게 과분한 칭찬을 해주셨다. – 가회동 한옥으로 한 교수님 댁을 찾아 인사드린 일이 있다. 요즘처럼 세련된 가회동이 아니라 원형의 가회동 시절이었다. – 그러나 김철수 교수님은 여전히 아무 말씀도 하지 않으시고 논문합격 서명만 해주셨다.

이런 상황에서 이를테면 '애매할 때는 자신에게 유리하게' 해석하여도 괜찮지 않을까. 논문제출자의 위치는 피고인과 닮았다. 나는 김 교수님의 지속된 침묵을 한동섭 교수님의 칭찬에 대한 '묵시적 동의'로 받아들였다. 나의 학문적 능력을 인정받았다고 내게 편한 대로 결론지었다. 석사과정 내내 김 교수님께서 나의 진로에 대해 언급하신 적은 한 번도 없었다. 만일 이때 나의 자의적(恣意的) 해석이 아니었다면 나의 인생항로는 다른 길로 달렸을지 모른다. 대학 졸업 무렵 나의 또 다른 진로 선택지는 신문기자였다. 동아일보 기자를 염두에 두고 있었다. 나는 지금도 서울대 석사학위논문을 나의 대표논문의 하나로 여기고 있다.

엄혹했던 시절

석사과정 졸업 후 예정된 대로 육군사관학교 법학과 교관으로 있을 때도 김 교수님과의 인연은 이어졌다. 당시 판례분석에 대한 새로운 학문적 인식이 시작될 무렵이었다. 김 교수님께서 준비 중이시던 판례교재 중, 미국 헌법판례 상당 부분에 대한 번역 초안 작업을 맡았다. 이 작업은 내가 미국법의 기초지식을 공부하는 과정이기도 했다. 그 후, 교수님의 연구서 집필을 위한 문헌정리 작업을 한 적도 있었다. 특히 당시 유신헌법에 삽입된 '국가원수' 조항 및 '통일주체국민회의' 조항에 관한 비교법적 검토를 위해 문헌정리를 하던 기억이 선명하다. 김 교수님으로부터 10여 권의 참고서적을 건네받으며 나는 이 작업 역시 나에게 유리하도록

2019년 발간된 〈헌법학개론〉 복간본. 복간사 첫머리를 옮긴다.

"이 책을 복간하는 이유는 이 책의 초판본(1973년 1월7일), 재판본(1월30일본), 3판본(2월20일본)이 전부 압수되어 3월말에야 저자의 의사에 반하는 검열본이 출판되었기에 … "

임의로 해석하였다. 이 작업이 단순 작업이 아님에 비추어, 이 또한 교수님의 나에 대한 학문적 인정의 사례라고 고무적으로 받아들인 것이다. 다만 이 작업의 결과는 빛을 보지 못하였다. 당시는 유신 초기의 엄혹한 상황이었다. 검열에 걸려 책 출판이 어렵게 된 것으로 짐작하였다. 아쉽기 그지없었음은 물론이지만, 군부정권의 칼날이 시퍼렇던 시절에도 학자적 양심을 지켜 가는 김 교수님의 모습이 존경스럽고 자랑스러웠다.

육사 교관으로 있으면서 나는 한때 독일 유학을 생각한 적이 있었다. 남산의 괴테 인스티투트에도 몇 달 다녔다. 내가 미국 유학을 결심하게 된 데는 미국헌법판례 번역 작업의 경험이 적지 않게 작용하였다.

대학 선택에서 텍사스(오스틴)대학으로 결정하게 된 데도 김 교수님의 조언이 작용하였다. 김 교수님으로부터 텍사스대학 로스쿨도 괜찮을 것이라는 말씀을 들었다. 당시 미국의 워터게이트 사건이 세계 뉴스로 떠들썩할 때였다. 김 교수님은 이 사건의 특별검사로 임명된 찰스 앨런 라이트(C. A. Wright, 1927~2000)교수가 텍사스대학 로스쿨에 재직 중임을 알려주셨다. 이 대학에 원서를 보냈더니 입학허가서가 나온 데 더하여 조건 없이 1천 달러 장학금까지 준다고 하였다. 텍사스대학은 주립대학으로, 텍사스 주의 풍부한 석유 생산 덕에 재정이 넉넉하였고, 미국 타주에서도 학생이 몰려든다는 소문이었다. 당시 1년 등록금이 7백 50 달러 정도에 불과했으니 책값까지 충당될 정도였다. 명문 대학 몇 군데에도 원서를 냈다. 공법분야에 특장이 있는 뉴욕의 컬럼비아대학에서도 입학 허가를 받았다. 선택이 쉽지 않았다. 마침 나의 집안 경제적 사정이 기울기 시작할 때였으므로 생각 끝에 텍사스 행을 결정하였다.

1976년 여름, 비교법석사학위를 취득하고 1년 만에 귀국 후, 당시 처음 시작된 서울대 교수 공채에 응모하였으나 낙방하였다. 경쟁 상대는 김 교수님과 비슷한 연배의 K 교수였다. 당시는 유신시대 한복판이었고, 지도교수이신 김 교수님은 유신시대 '부역'을 거부한 분이셨다. 지금은 나의 부족 탓으로 받아들인다. 라이트 교수의 추천서를 첨부했지만 무력했다. 라이트 교수는 미국 내에서 대단한 위상을 지닌 분이었고, 후년 내가 미국학술단체협의회(ACLS) 연구비 신청을 했을 때는 그분의 추천서가 위력적이었다.

진로를 고심하던 차에 대학 선배인 임종률 교수님으로부터 전화를 받았다. 당시 경희대학 교수로서 숭전대학교(현 숭실대학교)에 출강하시던 임 교수님이 숭전대에서 공법 교수를 찾는다고 알려주며 나를 추천해 주셨다. 이미 2학기가 시작되고 조금 지난 9월에 법학과 조교수 발령을 받았다. 임종률 교수님은 김철수 교수님과 큰 연령 차이였지만 두 분은 가까운 고교·대학 선후배 사이로 보였고, 나는 학부시절부터 당시 조교이던 임종률 교수님을 잘 아는 터였다. 한일회담 반대시위 당시, 임 교수님은 법대 학생운동권의 핵심 일원이었다고 들었다.

숭전대 교수시절인 1979년, 김철수 교수님 지도로 박사학위를 받을 수 있었다. 후학들 가운데 첫 사례로 알고 있다. 유신 말기 상황이 험할 때여서 현실정치를 떠난 논문주제를 택하였기에 박사논문 쓰기에 흥이 나지 않았다. 미국헌법에 관한 주제를 다루며 독일문헌까지 참조하느라 끙끙거렸다. 김 교수님의 독려가 아니었으면 학위취득이 늦어졌을 것이다.

6인 교수 개헌안 - 미제(未濟)의 의문

숭전대 교수시절, 나의 인생항로에 또 하나의 전기가 있었다. 이 변곡점 역시 김철수 교수님 덕분이었다. 1980년 이른바 '서울의 봄'이 반짝 화창할 때였다. 개헌논의가 봇물 터지듯 만개하였는데 이를 촉발한 계기는 이른바 '6인 교수 개헌안' 발표였다. 이를 주관한 것은 강원룡 목사님이 이끄시던 크리스찬 아카데미였다.

6인 교수안 작성의 중심은 당연히 김철수 교수님이셨다. 언론인이자 정치학자이신 양호민 선생, 정치학자 장을병, 한정일 교수, 그리고 노동법학자 임종률 교수께서 함께 하셨다. 나는 심부름만 하였는데, 시안 작성 후 발표 시에 보니 나까지 6인 교수에 넣어주셨다. 추운 겨울날, 수유리의 크리스찬 아카데미 별채에서 여러 날 숙식을 하며 열성껏 작업하던 기억이 새롭다. 김 교수님의 명을 받아 큰 모조지에 조문 별로 역대 한국 헌법과 각국 헌법의 조문을 참조한 차트를 만드는 일 등을 하였다. 토의자료 작성이 내가 맡은 임무였다.

6인안의 권력구조는 언론으로부터 '이원집정부제'로 평가되었다. 6인안 토의 말석에 있었던 나의 기억으로는 이렇다. 김 교수님은 잘 알려져 있다시피 일찍부터 의원내각제 주창자이셨고 6인안 토의에서도 그 입장을 밝히셨는데, 양호민 선생을 비롯하여 정치학자들은 대통령제를 주장하셨다. 임종률 교수님은 기본권을 중심으로 토의에 참가하셨다. 결국 대통령제론과 의원내각제론을 절충하여 이원정부제적 권력구조를 택한 시안이 나오게 되었다. 이른바 '분권형 대통령제'시안이다.

이 문제와 관련해 그 무렵의 일화 하나를 떠올린다. 신군부에서는 당시 신현확 국무총리와 연합하여 절충적인 이원집정부제를 꾀한다는 뉴스가 돌았다. 6인안 작성 심부름꾼이던 나는 내심 의혹을 품었다. '아니, 신군부의 정치적 의도에 이용되는 시안을 만드는 것이 아닌가?' 대외 발표를 앞두고 최종 토의를 할 때였다. 강원룡 목사님도 참석하신 자리였다. 구석 자리에 앉아 듣고만 있던 나는 참지 못하고 기어코 한마디 뱉었다. 의혹에 바탕을 둔 비판적 의견을 밝힌 것이다. 그러자 강 목사님께서 빙그레 웃으시던 모습이 기억에 뚜렷하다. 강 목사님 웃음의 뜻은 이렇게 읽혔다. '이 젊은 친구, 당돌하고 재미있구만.'

이 점에 대해 한 가지 덧붙일 것이 있다. 6인안 발표 후 오랜 시간이 지난 언젠가, 얼핏 누군가로부터 이런 이야기를 들은 일이 있다. 6인 개헌안에서 이원정부제 권력구조를 택한 데는 다른 정치적 고려가 개재되어 있었다는 것이다. 1980년 정치상황에서 김영삼, 김대중 양 김 씨의 연합, 공존을 유도하기 위한 강 목사님의 심려(深慮)가 반영되었다는 것이다. 이것이 사실인지는 김 교수님께 여쭤본 적이 없다.

선생님이 돌연 타계하시기 일주일쯤 전에 임종률 교수님과 통화하던 중, 임 교수님에게 나의 의문을 말씀드렸다. 마침 임 교수님은 6인 교수 개헌안에 관한 회고담을 준비하던 중이었기에 이원정부제 권력구조에 관한 소문의 진실이 무엇인지 김철수 교수님께 여쭤보아 달라고 말씀드렸다. 이제 이 의문은 미제(未濟)로 남게 되었다.

6인 교수 개헌안 발표가 내 인생항로에 변곡점이 된 까닭은 이렇다. 개헌시안 발표 후 얼마 지나지 않아 한국일보로부터 원고 청탁을 받았다. 개헌문제 논의를 위한 시리즈를 연재하는 기획의 하나로 미국헌법에 대한 소개와 논평의 글을 써달라는 것이었다. 이 칼럼 발표 후 한국일보로부터 연이어 신문사 주최의 개헌 공청회 참석을 비롯해 대담 등, 여러 차례 신문에 '출연'하였다. 뿐만 아니라 다른 신문, 잡지사로부터도 많은 원고 청탁을 받았다. 그러나 '메뚜기도 한철이듯', 80년 5·17 사태가 닥치면서 상황은 얼음처럼 굳었다. 다시 개헌논의가 불거지기 시작한 5공 말기부터 다시금 신문잡지사로부터 많은 글 청탁을 받았다. 그 시발점이 80년 초의 6인 교수 개헌안 발표였다. 심부름만 했던 나를 6인 교수의 일원에 파격적으로 격상시켜 주신 김 교수님의 배려 덕분이었다. 대학 졸업 무렵, 행동가로의 꿈을 포기하고 교수가 되어 적극적인 현실참여와 문필활동을 펴겠다는 것이 나의 진로 설정이었다. 돌아보면 6인 교수 개헌안 작성을 위한 심부름 역할은 그 꿈의 발판이었다.

숭전대에서 8년여 지난 후, 한양대학교 법대로 전직하였다. 여기에도 김 교수님께서 매개가 되어주셨다. 당시 한양대 법대 학장께서 나의 한양대 전직 요청을 지도교수 김 교수님께 우선 밝혔던 것이고, 이 사실을 김철수 교수님께서 내게 알려주신 것이다. 사실 당시에 김 교수님은 별로 적극적으로 권하시지는 않았다. 그 대학 학내 사정이 매우 복잡함을 귀띔하여 주셨다. 나의 숭전대 교수시절은 매우 행복하였지만, 후년에 대학 분위기가 급변하면서 마음이 떠나 있었던 차였으므로 전직을 결심하였다. 막상 옮기고 보니 상황은 예상보다 엄청나게 심했다. 한 학기 지나자마자 이직을 생각할 정도였다. 마시던 우물물에 침 뱉기처럼 비칠까 보아 더 이상 언급은 피한다. 그럼에도 한양대 법대교수 26년은 감사하였다. 무엇보다도 좋은 제자들을 만났다.

학설(學說)

김 교수님 제자의 한 사람으로서 송구스러울 때의 하나는 권력구조 논쟁을 벌일 때였다. 앞에서 언급했듯이 교수님은 오래 전부터 의원내각제 지지자이시며, 다만 근래에는 현실적인 대안으로 '분권형 대통령제'에 동조하신 것으로 알고 있다. 나는 이 논지를 따르지 않는 입장이다. 그 주된 나름의 논거는 한국의 정치문화가 의원내각제나 이원정부제를 감당하기에는 미성숙하고 부적합하다는 데서 찾고 있다. 나는 법사회학 관점에서 문화의 힘을 중시하는 편이다. 권력구조 문제를 다루는 언젠가의 토론회에서 교수님이 앞자리에 좌정하신 가운데 다른 소견을 펴자니 곤혹스러울 수밖에 없었다. 근년에 출간한 졸저 『헌법의 이름으로 - 헌법의 역사 · 현실 · 논리를 찾아서』(2018)를 김 교수님께 증정하지 못한 까닭은 거기에 분권형 대통령제 주장에 대한 비판이 길게 담겨 있기 때문이었다. 일찍부터 교수님께서는 제자들의 다른 의견에 괘념치 않는다고 말씀하셨지만 부담스러운 점은 어쩔 수 없었다.

또 하나 부연할 점은 주로 기본권이론과 관련된다. 교수님께서는 일찍부터 자연권(自然權)이론에 입각하신 것으로 이해하고 있다. 나 역시 이 입장에 공감하여 왔다. 다만 근래에 나는 다소 변용된 입장을 개진하기에 이르렀다. 그 출발점은 김 교수님 회갑기념논문집 『헌법재판의 이론과 실제』(憲法裁判의 理論과 實際, 1993)에 실린 졸고 "헌법해석의 기본문제"(憲法解釋의 基本問題)에 나타나 있다. 그 논지는 이러하다.

"종래의 자연법론과 법실증주의의 갈등은 어느 면에서는 극복되었다고 할 수 있다. 왜냐하면 자유민주주의 헌법은 곧 '자연법의 실정화'를 의미하는 것이기 때문이다. 헌법의 해석과 관련하여 실정법을 떠난 초월적 존재로서의 자연법을 끌어댈 필요는 없어졌으며, 다만 헌법 내부적 차원에서의 헌법해석의 문제만이 남게 되었다고 할 수 있다."

"헌법원리에 있어서 궁극적으로 대립하고 있는 것은 개인주의적 원리와 집단주의적 원리이다. 대부분의 헌법문제는 이 두 원리를 어느 선상에서 조정하느냐 하는 이익교량(利益較量)에 따라 그 판단이 갈라진다. 그런 점에서 헌법문제는 곧 개인주의와 집단주의 사이의 이익교량의 문제이다."

– 위 졸문은 스승의 회갑기념논집에 실리는 것임을 염두에 두고, 나름 심혈을 기울인 논문이었고, 스스로는 대표논문의 하나로 여기고 있다. –

최근에 김철수 교수님께서 쓰신 한국헌법학의 역사적 동향에 관한 글(대한민국 학술원, 학문연구의 동향과 쟁점: 법학 제2편 헌법학, 2018)을 읽었다. 거기에서 김 교수님은 나의 위 논지에 대해 '독창적인 이론'이라고 논평해 주셨다. 기쁘고 감사하였다. 앞서 이야기한 나의 전래의 일방적인 자의적 해석, 곧 '애매할 때는 자신에게 유리하게' 해석하기에 따라 이 논평 역시 긍정적인 평가로 받아들이기로 했다. '독창적'을 '긍정적'으로 확대해석한다면 김 교수님의 이 논평은 저에 대한 교수님의 최초의 공개적 칭찬으로까지 대폭 확대해석해도 무방한지 모르겠다. 교수님께서는 논평 뒷부분에서 기본권제한 조항의 해석에 관한 나의 소견에 '탁견'이라는 극찬까지 마다하지 않으셨다. 나는 제자를 자칭하면서도 공적으로나 사적으로나 교수님께 찬사를 드린 기억이 없다. 생전에 김 교수님과 편히 말씀 나눈 기억이 없어 몹시 아쉽다. 나의 소심함 때문이기도 하다.

나의 위 논지는 근년의 졸저 『법 앞에 불평등한가? 왜? – 법철학 · 법사회학 산책』(2015) 및 『헌법의 이름으로』(2018)에서 더 진전되어 있다. 다분히 회의주의적 결론이다.

통일한국 헌법

늘 정중동(靜中動)의 모습이셨던 교수님의 학문적 관심은 상당히 광범하였다. 법학 외에도 박람강기(博覽强記)하시다는 느낌을 확인하는 여러 장면이 떠오른다. 오래 전 동양 법사상 연구 의욕을 비치신 적도 있었다. 독일분단과 통일에 관해서도 깊은 관심을 가지시고 이를 다룬 저술도 남기셨다.

교수님의 독일통일에 관한 깊은 관심이 통일한국의 헌법을 염두에 두셨음은 짐작하기 어렵지 않다. 오래 전 한국의 통일헌법과 관련한 작업을 교수님 밑에서 수행한 일이 있었다. 이미 고인이 되신 북한법 전문가 장명봉 교수와 함께 한 작업이었다. 이 작업은 세상에 거의 알려져 있지 않다.

아마도 교수님의 평생소원은 통일 한국의 헌법을 기초하는 일이 아니었을까라고 혼자 생각한 적이 있다. 유진오 선생이 1945년 해방 당시 유일한 헌법학자로서 대한민국 헌법을 기초하신 것처럼, 해방 후 현대한국의 헌법학을 정초(定礎)하신 김철수 교수님께서 통일한국 헌법을 기초하시는 모습은 자연스럽다. 감히 엉뚱하게도 이런 상상을 해본다. 김철수 교수님이 못 이루신 꿈을 내가 이어받아 이룰 날이 올 수 있을 것인가. 북한 태생인 내가 통일 대한민국 헌법의 기초에 참여하는 꿈같은 날이 올 수 있을까.

겨울날의 회억(回憶)

김 교수님과의 오랜 인연에 얽힌 수많은 장면들이 주마등처럼 흐른다. 석사학위를 받고나서 상도동의 김 교수님 댁을 처음 찾아가 뵈었을 때다. 지금의 빌딩이 세워지기 오래 전, 증축 이전의 단층 일본식 주택 시절이었다. 마당을 한참 걸어서 꽤 넓은 응접실에 들어서니 사방 벽에 책들이 가득 채워져 있어 압도될 지경이었다. 김 교수님의 어마어마한 장서와 책사랑은 제자들 사이에는 잘 알려진 사실이다.

상도동 댁을 찾았던 오래 전 또 다른 어느 날, 교수님은 원고를 쓰고 계셨다. 옆방에는 신문사 또는 잡지사 직원인지가 기다리고 있었다. 거침없이 써내려 가시는 모습을 옆에서 보며 감탄하였다. 원고 한 장 쓰려면 홀로 한참 뜸을 들여야 하는 내게는 신기한 광경이기도 하였다.

연이어 선생님과의 인연이 파노라마 영상처럼 흘러간다. 육사 교관 시절이었는지 그 후였는지는 기억이 분명치 않다. 어느 일요일 명동거리에 나갔을 때, 한전 건물 뒷골목 멀리에 선생님 옆모습이 보였다. 맏따님(정화 씨)과 함께이셨고 손에는 쇼핑백이 들려 있었다. 나는 다가가 인사드리지 않았다. 그 아름다운을 장면을 흐트러뜨려서는 안 되었다. 그 후 정동에서 있었던 맏따님 결혼식 장면이 떠오른다. 화창한 날씨였다.

어느 추운 겨울날의 또 다른 회억이다. 1978년 초일 것이다. 이촌동 조그만 아파트에 살 때였다. 놀랍게도 김철수 교수님의 사모님께서 친히 찾아오셨다. 나의 첫 딸아이가 출생하였다는 소식을 들으시고 예쁜 은수저 선물을 손수 건네주시는 것이었다. 감사에 앞서 송구스럽기 이를 데 없는 잊지 못할 추억이다. 사모님께서는 늘 온화하시고 근면·검소한 모습이셨다. 매년 정초 구름처럼 몰려드는 제자들의 푸짐한 세찬 식탁을 마련하시느라 분주한 가운데에도 항상 편안한 미소를 잃지 않으셨다. 김 교수님의 엄청난 학문적 업적에는 사모님(서옥경 여사)의 내조가 밑바탕에 깔려 있다고 믿는다.

55년의 학은(學恩)

근래에 인터넷을 검색하다가 '나무위키'라는 인터넷 백과사전에 들어가 내 이름을 두드려 본 적이 있다. 그 기록이 어떻게 작성되는지는 전혀 모르며, 일부 오류도 보인다. – 예를 들면, 나는 어머니 등에 업혀 1948년 9월에 월남하였는데, 거기에는 6·25전란 중에 남하한 것으로 씌어 있다. – 그 기록 첫머리에 이렇게 적혀 있다.

"전공은 헌법학이다. 헌법강의 저자이다. 스승은 대한민국 최고의 헌법학자 중 하나인 김철수 서울대 명예교수이다."

위 기록에서 "스승은 … 최고의 헌법학자 중 하나"가 아니라, 그냥 "최고의 헌법학자"라고 표현했으면 더 좋았을 것이란 생각이 일순 들었지만, 기록자로서는 고려할 사정이 있었을 것이다.

김 교수님의 회갑기념논문집 증정 무렵을 떠올린다. 증정식은 시청 앞 플라자 호텔 대연회장에서 있었다. 그 자리에서 축사를 해주신 언론인 양호민 선생의 말씀 한 가닥이 뇌리에 남아 있다. '외국 사람들에게 한국의 헌법학자로 자신 있게 내세울 수 있는 분은 역시 김철수 교수님이다'는 취지였다. 사실, 김 교수님처럼 두루두루 여러 외국의 헌법과 헌법이론을 섭렵하시고 정통하신 학자는 찾기 어려울 것이다.

오래 전 김철수 교수님의 부친께서 별세하셨을 때, 대구 외곽의 선생님 본가로 문상간 적이 있었다. 부친께서 9순을 넘기셨던 것으로 기억한다. 장수의 유전자에 더해 의학 발달을 감안하면 김 교수님은 백수를 훨씬 넘기실 것으로 믿고 있었는데, 2022년 3월 26일, 돌연 부음에 접하였다. 9순을 맞아 제자들이 기념문집을 준비 중이었기에 더욱 충격적이었다. 소식을 듣고 일순 가슴이 내려앉았다. 망연한 시간이 한참 이어지더니 어느 순간 걷잡을 수 없이 눈시울이 뜨거워졌다.

헌법으로 맺어지고 이어진 55년 세월의 인연이었다. 동숭동 그 후락한 강의실에서 헌법강의를 듣던 그 시절, '헌법은 법인가?'라는 물음이 진지한 학문적 질문이었던 그 시절이 엊그제 같다. 이제는 헌법의 이름으로 최고 권력자가 물러나는 세상이 되었다. 오랜 그 대한민국 헌법의 길에서 김철수 교수님은 앞장서서 헌법학의 길을 닦으셨다. 굳건한 자유민주주의 헌법의 정착을 위하여. 더불어 그 길은 나의 인생을 이끌어주신 길이기도 했다.

김철수 선생님, 한평생 헌법학 연구의 외길을 걸어오시며 현대한국 헌법학의 초석을 다져놓으신 선생님. 지금껏 55년간의 배움의 은혜 - 학은(學恩)을 입고도 제자 도리를 못하여 송구스럽습니다. 갑자기 저희들 곁을 떠나시다니 황망할 뿐입니다. 향년 89세. 이제 편히 쉬소서.

불민한 제자 양 건 재배(再拜). 2022.3.31.

"한평생 '인간 존엄' 가치 탐구… 헌법학 개척 외길"

김철수 서울대 명예교수 별세

정치참여 유혹 떨치고 연구 매진
저서 20여권-논문 400여편 펴내
'유신헌법은 공화적 군주제' 서술로
중정에 일주일 연행 고초 겪기도
1998년 헌법재판소 설립에 기여

한국헌법학의 학문적 토대를 마련하고 헌법재판소 탄생에 기여한 김철수 서울대 법학전문대학원 명예교수. 26일 지병으로 별세했다. 뉴시스

"한평생 '인간 존엄'의 가치를 탐구하며 헌법학 개척의 외길을 걸으셨던 분입니다. 정치에 참여해 달라는 요구를 여러 번 받았지만 유혹에 휘둘리지 않고 오롯이 연구와 후학 양성에만 집중하셨습니다."

26일 향년 89세로 세상을 떠난 김철수 서울대 법학전문대학원 명예교수의 제자인 성낙인 전 서울대 총장(72)은 27일 동아일보 기자와의 통화에서 이렇게 고인을 추모했다.

1933년 대구에서 태어난 고인은 1952년 서울대 법대에 입학했고, 졸업 후 독일 유학길에 올랐다. 1961년 독일 뮌헨대에서 법학석사, 1971년 서울대에서 법학박사 학위를 받았다. 독일 유학 시절 유명 수필가 전혜린 씨(1934~1965)와 결혼했는데, 전 씨가 요절하는 아픔을 겪었다.

1963년 서울대 교수로 부임한 고인은 1998년까지 35년 동안 서울대 강단에서 후학을 가르쳤다. 법조계에선 "같은 세대 헌법학자 중 가장 많은 후학을 배출했다"는 평가를 받는다.

고인은 국내 최초로 국제헌법학회 세계학회(IACL) 부회장을 지냈으며 한국공법학회장 등을 역임하며 한국헌법학의 지평을 넓혔다. 법대생 필독서인 '헌법학개론'을 비롯해 20여 권의 책과 400편이 넘는 논문을 펴냈다.

고인은 헌법학개론에서 유신헌법에 대해 '공화적 군주제'라고 서술했다가 중앙정보부에 일주일간 연행되고 책이 압수되는 고초를 겪었다. 1993년 입헌주의와 법치주의 신장에 기여한 공로로 국민훈장 모란장을 받았다.

박정희 정부 시절부터 고인은 사법부 독립과 위헌법률 심사권 도입을 주장했는데 이는 1988년 헌법재판소 설립으로 이어졌다. 양건 전 감사원장은 "1980년 '서울의 봄'을 맞아 김 명예교수님을 모시고 헌재 설립 등의 내용을 담은 '6인 교수 헌법개정안'을 발표했지만 전두환 정권 등장으로 빛을 보지 못했고 교수님은 체포령 속에 도피 생활을 하셔야 했다"며 고인을 추모했다.

고인의 구순 기념 논문집을 준비하고 있던 이효원 서울대 로스쿨 교수는 "지난해 1000쪽이 넘는 저서 '인간의 권리'를 출간할 정도로 끊임없이 연구를 이어오셨다"고 전했다.

윤석열 대통령 당선인도 27일 오후 빈소를 찾았다. 서울대 법대 시절 제자였던 윤 당선인은 "고인이 강의한 헌법학에 관심이 많았다"며 유족을 위로한 것으로 알려졌다.

유족으로는 부인 서옥경 씨, 자녀 정화 수진 수영 수은 상진 씨, 사위 박영룡 장영철 우남희 씨, 며느리 김효영 씨가 있다. 빈소는 서울 여의도성모병원 2호실(02-3779-1918)에 마련됐으며 발인은 28일 오전 8시다. 박상준 기자 speakup@donga.com

부고 기사. 동아일보 2020.3.28.

불 멸

사람의 가장 큰 꿈은 불멸이 아닐까. 진시황만이 아니라 첨단인간 앨런 머스크도 영생을 꿈꾸는 듯이 보인다. 그러나 영생이 형벌이라는 주장도 드물지 않다. '영원히 산다면 의미가 있는 일이 하나라도 있을까?', '시간이 한없이 많다면 시간을 낭비하면서 얻는 기쁨이 설 자리가 어디에 있으랴?', '불멸이라는 낙원은 바로 지옥.' – 『리스본행 야간열차』. 소설가의 현란한 수사는 매혹적이다. 그럼에도 불구하고 이런 명징한 듯한 논리에 선뜻 안도하면서 소멸 앞에 의연할 수 있는 사람이 얼마나 될까.

『참을 수 없는 존재의 가벼움』의 작가 밀란 쿤데라의 다른 작품 중에 『불멸』이 있다. 거기에서 쿤데라는 노년의 삶과 관련, 흥미 있는 이야기를 전개한다. '불멸'의 분류론에 이어 인생 3단계론을 펼친다.

큰 불멸과 작은 불멸

불멸은 '영혼불멸'과 '세속불멸'로 나뉘고, 후자는 다시 '작은 불멸'과 '큰 불멸'로 구분된다. 작은 불멸이란 '생전에 알고 지낸 사람들의 기억에 남는 어떤 인물에 대한 추억'이며, 큰 불멸이란 '생전에 몰랐던 이들의 머릿속에도 남는 어떤 인물에 대한 추억'이다. 영성이 깊은 사람이라면 영혼불멸을 꿈꿀 것이지만, 그렇지 못한 사람은 세속불멸을 생각한다.

영혼불멸은 모르겠으나, 쿤데라가 세속불멸을 불멸이라 부른 것은 따지고 보면 잘못이다. 인류가 멸망하는 날, 또는 지구와 태양이 사라질

날을 염두에 두면 세속불멸은 불멸이 아니다. 다만 너무 먼 날은 오지 않을 날처럼 여겨지므로 이 점은 제쳐두어도 무방하다.

쿤데라는 소설 『불멸』에서 문호 괴테의 말년 연애담 일화에 빗대어 세속적 큰 불멸의 허망함을 말한다. 60대의 괴테가 20대의 어린 여자 베티나와 연애하였다는 얘기는 잘 알려져 있다. 아무리 대문호라고 하더라도 수십 년 어린 여자와 연애라니. 뭔가 이상할 수밖에 없다. 쿤데라의 상상력은 이 세기적 연애담이 괴테를 따랐던 젊은 여인이 꾸며낸 이야기이며, 그 여인의 속뜻은 사랑이라기보다 불멸의 문호에 얹혀 함께 불멸의 특권을 누리려는 잔꾀라고 본다. 쿤데라는 괴테와 베토벤과의 만남 등, 이런저런 일화를 곁들이며, 불멸이 얼마나 '사후의 말 못할 시달림'이고 '사후의 고통'인지를 암시한다. 그는 말한다. "불멸을 단장하고 미리 그 본을 뜨고 임의로 조작하고 하는 일이 불가능하지는 않지만, 결코 불멸은 계획대로 실현되는 건 아닌 것 같다."

러시아 문호 톨스토이의 묘지에는 일체 묘비, 묘석이 없고 표지판조차 보이지 않는다고 한다. 사람들은 허세를 거부한 그를 칭송하기도 한다. 그러나 세계 도처의 서점이나 개인 서가에는 아직도 그의 작품들이 꽂혀 있다.

프랑스의 지성이라 불리는 사르트르는 어린 시절 외할아버지 서재를 신전으로 여기며 책 속에 파묻혀 자랐고 작품을 통한 불멸을 꿈꾸었노라고 회고하였다.(자전 『말』). 그에 비하면 법정스님의 마지막은 한결 높아 보인다. 스님은 큰 사랑을 받았던 그 많은 저서들을 사후 절판하도록 유언하였다. 영원한 무(無)에의 여장(旅裝)을 가볍게 하려는 뜻이었으리라. 법정스님 생전, 스님을 지식인 스님이라기보다 스님 지식인이 아닌가 여긴 적도 있었으나, 유지를 전해 듣고는 역시 지식인 이전에 스님이셨다는 생각이 들었다.

쿤데라가 말하는 '불멸의 시달림'은 주로 큰 불멸에 해당될 것이다. 작은 불멸은 좀 다르지 않을까. 큰 불멸처럼 심한 '사후 고생'은 피할 수 있을지 모른다.

그에 앞서, 큰 불멸의 실속에 대해서는 의문이 따른다. 가령, 내가 괴테의 시를 암송한다는 사실이 그에게 무슨 의미를 지니는 것일까. 내 손자손녀가 나를 기억하는 것이 내게 지니는 의미보다 더 큰 의미를 지니는 것일까. 큰 불멸의 바람이야말로 헛되고 헛된 망상이 아닌가. 작은 불멸의 바람도 헛되기는 마찬가지겠지만 큰 불멸의 바람이야말로 더 큰 헛일 아닌가.

큰 불멸은 모르는 이의 뇌리에 자신을 각인시킨다. 숭배 받으려는 욕구가 아닌지, 힘의 추구가 아닌가라고 보일 수 있다. 나아가서는 자칫 비도덕적이라는 혐의까지 받을 수 있다. '초연이 휩쓸고 간 깊은 계곡 양지녘'의 비목을 떠올리면, 큰 불멸의 욕망은 허영을 넘어 몰(沒)도덕적으로 비친다.

– 2021년 11월 어느 날의 신문은 약 70년 전 한 젊은이의 최후를 사실적으로 보여주었다. 참호 속에서 총구를 겨누고 있는 자세 그대로 발견된 이등병의 유해. 마치 창고 속에 오래 폐치됐던 조각품 형상이다. 잔해가 발견된 강원도 철원 백마고지는 6·25전란 최대 격전지의 하나였다. 사진의 기사는 그 근처에서 만년필과 숟가락 등이 함께 나왔다고 전했다. –

반면, 작은 불멸은 사랑을 희구한다. 사랑하는 이들과의 만남의 시간을 더 갖고자 한다. 큰 불멸, 작은 불멸, 둘 다 세속적이지만, 전혀 내실이 다르게 보인다. 큰 불멸은 허명을 추구하고 작은 불멸은 사랑을 소망한다. 나아가, 허명(虛名)이 따로 있는 것이 아니라, 본시 명예란 허명에 불과하지 않은가.

노자 『도덕경』에 이른다. '企者不立'(발돋움하는 사람은 오래 서 있지 못한다), '自見者不明'(자기를 드러내려는 사람은 현명하지 못하다).' 노자는 또한 스스로 자부한다. '知我者希 則我者貴'(나를 아는 사람 드무니 곧 내가 귀하게 되니라). 『장자』에도 이르기를 '聖人無名'(성인에게는 명예가 없다), 곧 높은 경지의 성인은 명예를 탐하지 않는다고 하였다.

2천 수백 년 지나 미국의 은둔시인 에밀리 디킨슨(Emily Dickinson, 18830–1886)도 닮은 곡조를 읊고 있다. <나는 무명인! 당신은?>(I'm

Nobody! Who are you?)에 이런 구절이 있다.

> How dreary - to be - Somebody!
> How public - like a Frog -
> To tell one's name - the livelong June -
> To an admiring Bog!
>
> 얼마나 끔찍한가요, 유명인이 된다는 건!
> 얼마나 요란스레 개구리처럼
> 찬양하는 늪을 향하여
> 길고긴 6월 내내
> 자기 이름을 외쳐대는 것은!

다만 보통사람으로서는 좋은 명예를 추구하는 것을 나무랄 수 없다. 공익을 위한 헌신을 명예로 여긴다면 이를 마다할 수 없을 뿐 아니라 추켜 주어도 괜찮지 않은가. 로마의 철인 정치가 키케로는 '명예를 가볍게 여기라고 책에 쓰는 사람도 자기 이름을 그 책에 쓴다.'고 했다던가.

근래 노인인구가 늘면서 나온 이야기들 중에 '자서전 쓰기'가 있다. 권장하는 소리도 들린다. 보통 사람들의 자서전 쓰기는 작은 불멸을 향한 바람으로 보이며, '불멸의 평등화'라는 점에서 나쁠 것이 없다. 조심한다면 사후 시달림의 빌미도 주지 않을 것이다. 노자 가로되 '知者不言'(지혜로운 자는 말하지 않는다)이라지만, 보통사람으로서는 쓸데없는 말 하지 말라는 충고로 들리며 이조차도 쉬운 일이 아니다.

자서전 쓰기에는 늘 따르는 시빗거리가 있다. 사진 보정처럼 꾸며내는 자기미화의 함정이다. 다만 작은 불멸의 소망은 소박하다. 이를테면 근년에 볼 수 있는 '소소하지만 확실한 행복', '소확행'의 연장이다. '작지만 확실한 행복'을 사후에도 잠시나마 누리고 싶은 바람을 탓할 수야 없지 않은가.

인생 후년 3단계

쿤데라는 나아가 불멸과 동전의 앞뒤 관계인 죽음과 관련해 삶의 3단계를 말한다. 해당되는 몇 부분을 그대로 옮긴다.

> 인생의 어느 순간까지는 신경 쓰고 근심하기엔 죽음이란 것이 너무나 먼 일로 여겨진다. 죽음에 대한 전망도 없고, 죽음이 보이지도 않는다. 가장 행복한, 인생의 1단계다.
>
> 그러다 갑자기, 우리는 목전에 다가선 우리의 죽음을 보게 되며, 우리 시야에서 떼어낼 수 없게 된다. … 곧바로 우리는 열심히 불멸을 보살피기 시작한다. … 괴테가 회고록 『시와 진실』을 쓰려고 결심한 것이 바로 이 시기이며, …
>
> 잠시도 죽음에게서 눈을 뗄 수 없는 인생의 이 2단계가 지나면, 가장 짧고 가장 은밀한, 그래서 사람들이 잘 알지도 못하거니와 얘기도 하지 않는 세 번째 단계가 온다. 우리의 기력이 쇠하고 견디기 힘든 피로가 삶을 사로잡는다. … 죽음이 너무 가까이 있으므로, 이제는 죽음을 바라보는 것조차 지겹다. 그래서 예전처럼 다시, 죽음에 대한 전망도 없고 죽음이 보이지도 않는다. … 피로에 지친 인간이 창문을 통해 나뭇잎들을 물끄러미 바라보면서, 머릿속으로 그 이름을 부른다. 마로니에, 포풀러, 단풍나무. … 피로에 지친 노인은 이제 더는 불멸을 생각하지 않는다.

젊은 시절, 한때 잠자리에 드는 순간 얼마간의 심리적 불편함을 늘 겪은 적이 있었다. 햄릿의 대사처럼 '죽는 것은 자는 것'이었으므로 자는 것은 곧 수 시간의 죽음이었고, 수 시간의 의식소멸 상태에 들어간다는 사실, 곧 일시적 죽음으로 들어간다는 사실이 몹시 껄끄럽게 느껴졌다. 이 증세는 30대에 접어들며 수그러들었다. 삶이 더 힘들어졌기 때문일 것이다.

2단계에 들어간 사람들의 상당수는 이 불편한 주제를 가급적 회피하려 든다. 물론 이것은 영혼불멸을 믿지 않는 사람들 이야기다. 그러나 영혼불멸은 영성을 지닌 분들의 특권이다. 이 특권을 가진 사람들 수는 급속히 줄어들고 있는 듯이 보인다.

눈앞의 일에 몰입함으로써 죽음의 주제를 피하는 태도에 대해서 무어라 말하기는 어렵다. 무섭고 두려운 것을 피하는 것은 생존본능이며 자연스럽다. 나 역시 때때로 이 입장에 기웃거린다. 미국 철학교수의 저서 『DEATH: 죽음이란 무엇인가』를 사둔 지 수년이 지났지만, 오랫동안 서가 저쪽에 방치하고 있었다. 눈에 띄면 불편했다. 문제는 회피적 대응의 실효성이다. 사람마다 다를 것이지만 나로서는 회의적이다. 죽음의 주제는 고약하기 이를 데 없어서 아무리 피하려 해도 그림자처럼 따라붙는다.

실효성에 대한 의문만이 아니다. 회피의 태도만으로는 무언지 성에 차지 않는 점이 도사리고 있다. '내일 세상이 무너져도 한 그루 사과나무를 심겠다'는 철학자의 말이 그저 눈앞의 일에 몰두하여 죽음의 문제를 회피하겠다는 뜻은 결코 아닐 것이다.

이 근본적이지만 불편하고 불안하고 두려운 주제를 피하지 않고 정면에서 응시하고 대결하려는 사람들도 있다. 고 이영희 선생(법학자, 전 노동부장관)은 은퇴 후 죽음의 주제를 다룬 3부작을 출간한 바 있다. 『삶 죽음 의식』(2007), 『비종교적 삶의 길』(2011), 그리고 『무와 초월』(2013). 마지막 저서의 말미에 선생은 이렇게 썼다.

> 생명이 '무'에서 나온다고 하면, '무'는 – 죽음의 세계가 아니라 – 생명도 출현시키는 (잠재적인) 생명의 세계이기도 하다.
>
> 인간(생명)과 '무'의 관계를 이렇게 의식한다는 것, 그리고 자신의 탄생과 죽음을 이러한 우주적 관계(원리)에 순응해서 이해한다는 것, 그리하여 다가오는 죽음을 진정으로 절망적 공포나 두려움 없이 담담하게 또는 평온하게 받아들일 수 있다면, (생명본능의 집착에서 벗어날 수 없는) 생명체로서의 인간에게는 참으로 있기 어려운 자기 초월적 태도라고 할 수 있다. 이는 오로지

깊은 수행을 쌓아 성인의 경지에 이른 초월적 인간만이 가능할 것이다.

이러한 자기초월적 의식은 인간을 숙주(宿主)로 하여 자라난 의식이 마침내 인간적 차원을 넘어서는 (우주적) 의식으로 발전하여, 그 동안 자기의 주인이었던 인간에게서 벗어나 – 그와 동시에 자신도 소멸해 버린다는 것을 알면서도 – 떠나고자 하는 것, 즉 (최후의) 초월의 비상(飛翔)을 시도·감행하는 것이기도 하다.

이영희 선생의 삶 · 죽음 3부작은 언뜻 별 특징이 두드러져 보이지 않는다. 이 주제에 관한 기존 저술들을 천착하여 정리하고 있다. 그러나 바로 이 점이야말로 선생의 성품을 드러내는 일면이 아닌가 여겨진다. 선생의 일생은 담대하면서도 세심한 성실성의 표본이었다. 근원적 문제에 대한 태도에서도 성실성이 묻어난다.

선생의 1주기 추모사에서 나는 이렇게 끝맺음하였다. "선생은 마지막 저서에서 삶과 죽음의 경계를 초월하는 절대적 자유의 경지를 말씀하셨습니다. 그 초월의 의지에 따르는 무거운 짐을 다 내려놓으신 지금, 이영희 선생님, 적멸의 피안 그곳에서 편히 쉬소서."

인생 2단계에서 나타나는 또 하나의 대응 양상은 앞서 말한 자서전 쓰기이다. 지금 나의 이 잡문쓰기 또한 이 단계의 증후이다. 다만 괴테처럼 '큰 불멸'이 아니라 '작은 불멸'임에 차이가 있을 뿐이다.

2단계에서의 작은 불멸의 시도로 음식 만들기가 있다. 맏딸이 가까이 살았을 때 손자 녀석들이 자주 집에 왔다. 아내는 평소와 다르게 특식을 마련한다. 손자들에게 아내가 기억되는 가장 유효한 수단은 맛있는 점심 만들기다. 점점 그 빈도가 줄어들면서 대안이 등장한다. 아이들이 평소에 못 먹던 '불량'과자를 무한 제공한다.

– 사르트르의 자전 『말』에는 고약하기 이를 데 없는 얘기들이 여과 없이 등장한다. 외할아버지 집에서 자란 그가 유년시절을 회고하는 장면들 중에 예컨대 이런 부분이 있다.

"그(외할아버지)는 애정으로 떨리는 목소리로 나를 자기의 꼬마라고 불렸고, 그 싸늘한 두 눈에는 눈물이 어렸다. '저 녀석 때문에 저 양반이 미쳤다.'고 모두들 떠들어댔다. 그가 내게 함빡 빠진 것은 분명한 일이었다. 그러나 정말로 사랑한 것이었을까? 그렇게도 야단스러운 정열의 표시만으로는 진짜와 가짜를 분간할 수 없다. … 그는 나를 통해서 자기의 너그러운 마음을 스스로 대견하게 생각했던 것이다. 사실인즉 그의 허세에는 좀 지나친 데가 있었다. … 할아버지는 황홀경을 만들어서 죽음의 불안과 싸워 보려고 한 것이다." (정명환 역).

서양 사람들은 왜 그러는가. 그렇게 할아버지 손자 사이에까지 정신분석의 싸늘한 현미경을 들여대고 떠벌려서 어쩌자는 건가. –

3단계는 생각하기조차 불편하기 이를 데 없다. 내 어머니는 운신도 못하던 말년의 어느 날, 침대 옆에 앉은 내게 이렇게 말했다. '이제는 정말 ×× 싶다.' 어머니는 특히 자식들 앞에서 품위를 지키고 싶어 하셨다.

존재론적 하심(下心)

100세 할아버지 김형석 교수는 정년 후 65세부터 75세까지가 인생 황금기라고 말했지만, 이 말씀은 50%만 맞는다. 각자의 경제형편이나 건강 상황을 제쳐두고 보더라도 그렇다. 일에서 벗어나 자유의 폭이 돌연 확대되고 선택의 자유가 주어진다. 행복하다. 그러나 그 행복감 곁에 늘 그늘이 따른다. 있는 게 시간이요 없는 게 또한 시간이라는 역설. – 김형석 교수님도 굳이 밝히지 않았을 뿐인지 모른다. – 다가올 정해진 마지막 단계를 담담히 받아들일 수 있는 사람은 극소수 신앙인에 국한될 것이다. 신앙은 선택하는 것이 아니라 선택받아야 하는 듯 보인다.

3단계를 생각하면 2단계의 불멸의 소망마저 허망하게 보일 뿐이다. 그럼에도 불멸의 작업을 그만두지 않는다면 불멸을 기대하기보다는 그 작업 자체에 의미를 두기 때문일 것이다. 내가 이런 글을 쓰고 있듯이. 작은 불멸을 향한 보통 사람의 자서전 쓰기는 '사후 소확행'의 바람이기보다도 그 자체가 '생전의 소확행'일지 모른다. 다만 슈베르트의 음악처럼 '조금 서글픈 소확행'일 것이지만.

지금 2단계에 처한 나는 아직도 헤매고 있다. 회피주의와 작은 불멸의 시도를 넘나들며 이따금 초월적 대응의 꿈을 먼 하늘 쳐다보듯 곁눈질하기도 한다. 비종교적 삶이 지고 가야 할, 벗어날 길 없는 짐이다.

풍랑을 맞은 쪽배 안에서도 태연하였다는 고승의 전설을 떠올린다. 소멸에 임하여 평상심을 가지려면 자아를 끊임없이 내려놓는, 이를테면 존재론적 하심(下心)이 필요하다. 과연 존재론적 하심이 인간적 자존과 양립할 수 있는가. 삶과 죽음에 끼어들 논리의 자리는 비좁아 보인다.

큰 불멸이든 작은 불멸이든 불멸의 바람을 떨쳐버리고 나면 더는 이런 이야기도 꺼내지 않으리라. 자아에의 집착을 덜어내고 끝내는 떨쳐내야 한다. 그러나 이것은 삶과 모순이다. 삶의 원동력은 자아에의 집착에 뿌리박고 있지 않은가. 이 상호모순의 자세를 동시에 성취하는 일, 이것이 절대자유, 초월인가. 초월이란 상호모순을 동시 실현하는 의식의 상태인가. 그것은 실재인가. 힌두교 경전은 이렇게 이른다.

> 불멸의 비법은 마음의 순결이고, 명상이며, 안으로는 신과 하나됨이며, 밖으로는 브라만과 하나됨을 실현하는 속에서 찾을 수 있나니. 그러므로 영원성이란 신과 하나가 되는 것이로다. - 카타Katha. 『우파니샤드』, 박석일 역.
>
> 내버림(tyaga)이란 모든 행작(行作)의 열매를 내버리는 것, 행동의 결과를 바라지 않는 것이다. 욕망을 떠난 사람은 내버림에 의하여 최고의 지경 즉 초행작(naishkarmya, 超行作)에 이르니라. 『바가바드기타』, 함석헌 역.
>
> <기타>는 행작(行作)의 완전한 포기를 가르치는 것이 아니다. 모든 행작을 무욕의 행동으로 변화시키는 것이다. - 라다크리슈난.

삶의 근본모순

유전자의 명령

- 우리의 모든 행위가 우주 전체로 봤을 때 얼마나 무의미한지 몰라야 천박한 허영심에 빠질 수 있다. 그것은 어리석음이 조야한 형태로 나타난 것이다. -『리스본행 야간열차』.

어떤 안도감을 건네주면서 슬쩍 기운을 빼는 여운도 남긴다. 하지만 생각해보자. 얼마간의 허영심이라도 없다면 어찌 그 막막한 무의미의 바다를 건널 수 있으리오. 천박한 수준만 넘는다면. 만만치 않은 지적 사유의 깊이를 보여주는 문장들이 산재하는 이 소설의 또 한 대목을 떠올린다.

우스꽝스런 무대. 우리가 중요하고 슬프고 우습고 아무 의미도 없는 드라마를 상연하기를 기다리는 무대로서의 세계. 이런 생각은 얼마나 감동적이고 매혹적인가. 그리고 얼마나 불가피한가!

'감동적', '매혹적'은 역설이겠다. '불가피'야말로 직설이렷다. 맹목적 유전자의 명령을 떠나서 삶에의 의지를 설명할 수 있을까. 그저 열심히 사는 사람들만이 아니다. 깊은 영성의 소유자이거나 혹은 비종교적이면서도 삶의 의미를 독자적으로 부여하는 - 가족사랑, 애국애족 또는 인류공영 등 - 사람들의 경우도 그 밑바탕에 유전자의 명령이 도사리고 있는 것이 아닐까. 사랑까지도 유전자의 명령이 아닌가. '이웃사랑은 자기사랑의 발현이다'라는 사회생물학(sociobiology)의 언명은 충격이다. 이기심과 이타심의 구별이 묘연해진다. 살신성인(殺身成仁)의 생물학적 재해석까지 필요할지 모른다.

– 사회생물학의 창시자 에드워드 윌슨은 후년 학설을 바꾼다. 자연선택(natural selection)의 단위가 개체가 아니라 집단이라는 집단선택설을 주장한다. 집단 사이의 경쟁이 이타성을 촉진한다는 주장이다. 순수한 이타성이 존재한다는 것이다. 그러나 집단선택설은 소수설이다. 『이기적 유전자』의 도킨스는 집단선택설을 부정한다. –

유생어무(有生於無)

물리학자들은 138억 년 전의 '빅뱅'을 말한다. 우주의 시원에 관한 빅뱅이론이 옳은지는 미심쩍어 보이지만, 그런 주장이 옳다고 가정하더라도 여러 의문이 따른다. 그 시초의 아주 작은 점의 실체는 무엇인가. 그것은 어디에서 생겼는가. 빅뱅 이전 상태는 무엇인가. 138억 년 이전의 상태는 무엇인가.

어떤 물리학자들은 빅뱅 이전은 '무'의 상태라고 말한다. 무? 단순한 진공이 아니라 아예 시공간도 존재하지 않는 상태라고 한다. – 진공에서도 에너지는 존재하며 이 에너지는 물질의 근원이라고 물리학은 말한다. – 시공간도 존재하지 않는 무의 상태란 과연 무엇인가? 손톱만큼의 감도 잡히지 않는다. 도대체 무에서 '유'가 나올 수 있는가. 그런 주장이 물리학 원리에 부합하는가. 영원한 수수께끼가 아닌가.

물리학자가 노자 『도덕경』을 읽은 것인지 모른다. '有生於無'(있음은 없음에서 생긴다). 『장자』가 이를 이어받아 더 나아간다.

'시작'이 있으면 아직 '시작하기 이전'이 있게 마련이다. 또 '아직 시작하기 이전의 이전'이 있게 마련이다. '있음(有)'이 있으면 '없음(無)'이 있게 마련이다.

또 있음(有) 이전의 그 없음(無)이 아직 있기 이전이 있어야 한다. 또 없음이 아직 있기 이전이 아직 있기 이전, 그것이 아직 있기 이전의 없음이 있어야 한다.

이러한데 갑자기 있음과 없음의 구별이 생긴다. 있음과 없음 중에 어느 쪽이 정말로 있는 것인지 모르겠다.

이제 내가 뭔가 말했지만 이렇게 말한 것이 정말로 뭔가 말한 것인지 말하지 않은 것인지 알 수가 없구나. (오강남 역)

有始也者 有未始有始也者 有未始有夫未始有始也者 有有也者 有無也者
… … … 而未知有無之果孰有孰無也
… 而未知吾所謂之其果有謂乎 其果無謂乎

'있음과 없음 중에 어느 쪽이 정말 있는가'라고? 나비의 꿈(胡蝶夢)을 다시 본다. 장자가 있는가, 아니면 나비가 있는가? 장자와 나비가 한 몸인가? 장자도 없고 나비도 없는가? 궁극에는 있음인가, 없음인가? 이제 나는 안다. 모르겠다는 것을 안다, 라고 생각한다.

모순의 공존

과학을 믿는 편이지만, 그 과학도 수시로 변하고 있다. 과학만이 모든 것을 밝혀줄 수 있다는 '과학주의'는 그 자체 형이상학이다. 뿐만 아니다. 과학은 유(有)의 세계를 말할 수 있을 뿐 아닌가. 절대적인 무, 또는 무와 유의 관계에 대해 물리학이 말할 것이 있는지 모르겠다. 이 지점에서 종교가 들어서려고 한다. 그렇지만 믿음은 믿는 사람들에게만 유효하며, 믿는 사람들은 그냥 믿을 뿐이다.

그냥은 믿지 못하는 사람들에게 결국 세상의 근원은 영구미제(永久未濟)인가? 우리는 광대무변한 우주의 작은 푸른 점에 잠시 머무는, 영구미제 사건의 찰나적 목격자일 뿐인가.

삶은 무의 세계에 잠시 반짝이는 유의 세계처럼 보인다. 그 찰나에 온갖 희로애락이 스며 있다. 삶은 고승의 게송처럼 잠시 일었다가 스러지는 뜬구름일 뿐이다. 그럼에도 불구하고 열심히 살아가는 모습을 어떻게 받아들여야 하는가. 삶은 허무하다. 그럼에도 열심히 살아가도록 프로그래밍되어 있다.

삶의 허무와 삶에의 맹목적 의지, 이 둘이 어떻게 조화롭게 설명될 수 있는가. 허무를 절감하며 동시에 삶에 매달리는 역설, 허무의식과 집착, 이 둘은 이질적이고 대립적 관계이므로 '모순'이며, 삶의 근본에 관한 모순이므로 '근본' 모순이 아닌가. '삶의 근본모순'이 아닌가.

그런데 생각해보자. 삶이 허무하지 않다면 시지프스 같은 삶의 프로그래밍도 필요 없었을 것이다. 오묘한 프로그램이다. **허무하니까 매달리도록 설계되어 있다. 동전의 앞뒷면이다. 삶의 본질은 모순의 공존이다.**

'삶이란 무엇인가?' '죽음이란?' 젊었을 적 처음 부닥친 이 시원적 물음을 제쳐두고, 미루고 미룬 채 그저 흔한 말대로 열심히 살아왔다. 그런 근원적이고 사변적 물음에 앞서 우선 직장을 찾아 생계를 꾸려야 했고 남들에게 뒤처지지 않으려 앞으로 또 앞으로 허겁지겁 걸어야 했다. 이제 그 끝머리에서 도달한 지점이 '삶의 근본모순'의 자각이라니. 다행스럽다고 해야 하나 아니면 우스꽝스럽다고 해야 하나.

<죽음>을 읽고

사람은 평등하게 태어났다는 말은 고쳐 써야 할 것이다. “창백한 죽음은 왕의 궁궐에나 가난한 자들의 초막에나 똑같이 찾아온다.” (호라티우스). 사람은 불평등하게 태어나지만 죽음 앞에서 평등하다. 다만 신앙을 가진 사람과 그렇지 않은 사람 사이에 어떤 차이가 있는지 나로서는 모를 뿐이다.

그 책을 마침내 읽었다. 『DEATH: 죽음이란 무엇인가』. 수년 전 사놓고도 서가 구석에 밀쳐놓았던 책이다. ‘용기’를 내어 책장을 펴들었다. 예일대 철학교수 셸리 케이건(Shelly Kagan)이 2012년 출간한 책이다. 죽음의 문제를 ‘물리주의자’ 입장에서 ‘논리적, 이성적’ 관점에서 다루고 있다. 물리주의란 종래 흔히 유물론이라고 부르던 입장이며, 물질만이 아니라 에너지를 포함한다는 취지이다.

두려움

책 대부분의 내용에 대해 별다른 이견이 없었지만, – 나는 아직 물리주의에서 벗어나 있지 않다. – 한 군데, 내게는 제일 중요하게 여겨지는 부분에서 납득키 어려운 점이 있었다. ‘죽음에 대한 태도’ 부분이다. 저자가 묻는다. ‘죽음은 두려운 대상인가.’ 결코 작지 않은 소주제이다. 저자는 이렇게 주장한다. ‘죽음에 대한 두려움은 이성적으로 적절한 태도가 아니다.’ 그의 논리는 이렇다.

두려움을 적절한 감정으로 인정하기 위한 일정한 필요조건들이 있다.

첫째, 두려움의 대상이 반드시 '나쁜 것'이어야 하고, 둘째, 그 나쁜 일이 일어날 가능성이 높아야 하고, 셋째, 나쁜 일이 일어날 것인지에 대해 어느 정도의 불확실성이 존재하여야 한다. 죽음은 이 가운데 첫째 및 둘째 조건은 충족하지만 셋째 조건은 충족하지 않으므로, – 죽음은 확실하므로 – 죽음을 두려워하는 것은 적절한 태도가 아니다. 저자는 이런 주장을 뒷받침하기 위해 일상사 가운데 두려움의 반응이 적절한 사례를 들어가며 죽음은 이것들과 다르다고 설명한다.

이런 설명이 과연 논리적인가. 저자는 두려움의 감정이 '이성적으로 적절한' 필요조건을 먼저 설정한 다음, 죽음에 대한 두려움이 이 조건을 충족하지 못하므로 '부적절'하다는 결론을 내리고 있다. 이것은 얼핏 논리적인 접근인 듯이 보인다. 그러나 과연 그런가?

저자는 일상에서 볼 수 있는 두려움의 예를 들면서 두려움이 합리적이기 위한 필요조건들은 설정하고 있지만, 그러나 일상사에서 접하는 두려움과 죽음에 대한 두려움이 질적으로 다를 수 있지 않은가. 죽음에 대한 두려움은 매우 특별한 대상에 대한 두려움이며 따라서 특별한 두려움이 아닌가. '나쁜 것'의 발생이 확실하면서도 두려운, 아주 특별한 대상에 대한 두려움이 아닌가.

저자도 인정하듯 사람들은 일반적으로 죽음을 두려워한다. 무엇을 두려워하는가. 자신의 소멸에 대한 두려움이다. 존재가 비존재로 바뀌는 무화(無化)에 대한 두려움이다. 무화가 왜 두려운가. 삶에의 의지는 사람의 본능이고 유전자의 명령이다. 죽음은 그 유전자의 명령과 배치되는 것이므로 두려운 것이다. 영생이 형벌이라는 점을 수긍하여 죽음에 '좋은' 점이 있음을 긍정하더라도, 무화, 곧 소멸 자체가 두려운 것이다. 삶에의 의지가 본능이듯, 죽음에의 두려움 역시 본능적 반응이다. 죽음에 대한 두려움은 삶에의 의지의 이면이다.

이처럼 죽음에의 두려움은 불합리하고 부적절한 것이 아니라 매우 자연적이며 타당한 근거를 갖고 있다. 죽음에 대해 어떤 태도를 갖고 어떻게 살아갈 것인가는 이 자연스런 인간 감정에 기초하여 생각해야 옳지 않은가. 저자의 접근이 결코 충분히 논리적인 것이라고 하기는 어렵다. 죽음을 두려워하지 말아야 한다는 전제를 합리화하기 위해 그에 맞게 두려움의 조건을 설정한 것이 아닐는지. 죽음이 두렵지만 어떻게 대응할 것인가, 이렇게 물어야 하지 않는가.

또 하나 짚어야 할 점이 있다. 저자는 '죽음은 나쁜 것인가'라는 주제에 대해 이른바 '박탈'이론에 근거하고 있다. 죽음으로 인해 삶에서 누릴 좋은 것들을 박탈당하기 때문에 죽음이 나쁘다는 것이다. 박탈이론은 삶의 가치에 관한 이를테면 효용가치설처럼 보인다. 그러나 삶의 가치는 그 자체가 지닌 '명목가치'에 그 핵심이 있지 않은가. '개똥밭이라도 저승보다 이승이 낫다'는 속담은 삶이 지니는 가치의 핵심이 효용을 넘는 명목가치임을 말해준다. 그 명목가치는 바로 본능적인 삶에의 의지에 뿌리박고 있지 않은가. 박탈이론이 틀렸다고는 보기 어렵지만 충분하지는 않으며, 또한 핵심을 건드린 것이라고 보기도 어렵다. 죽음이 나쁜 이유는 박탈 이전에 그 주체인 존재의 무화(無化)에 있지 않은가.

저자는 논리적, 이성적 접근을 천명하고 죽음에 관련한 여러 주제를 분석적으로 따지고 있다. 그 이성적 접근에 생물학적 토대의 반영이 부족한 것으로 보인다. 삶에의 의지는 유전자의 명령이며, 죽음은 이 유전자의 명령이 거부당하고 좌절되는 상태이다. 여기에서 논의가 시작되어야 하지 않을까.

죽음의 문제는 두 개의 자연법칙이 충돌하는 상황의 문제이다. **삶에의 맹목적 의지라는 자연법칙, 그리고 이와 충돌하는 생자필멸(生者必滅)의 자연법칙, 이 두 자연법칙의 모순적 충돌에서 생기는 실존적 문제가 곧 죽음의 문제이다**. 모순적 충돌의 상황에서 헤쳐 나가야 하니 어려울 수밖에 없다.

저자는 책 말미에서 불교철학에의 공감을 살며시 피력한다. 그러면서도 기독교문화권을 상대로 하는 접근태도가 불가피했음을 고백하고 있다. 이 책은 어떤 의미에서 죽음의 주제에 관한 서양철학자로서의 '직업적' 분석으로 보인다. 시각에 따라서는 무용한 논리적 분석이라고 평가할 수 있겠으나 너무 가혹할 것이다. 저자의 집요한 논리적 분석에 대해서는 응분의 평가가 따라야 마땅하다.

번역본 표지에 '예일대 17년 연속 최고의 명강의'라는 장삿속 문구가 보인다. 여기에 현혹되었다면 필시 미흡한 느낌을 갖게 될 것이다. 그럼에도 불구하고 책머리의 "삶이 소중한 이유는 언젠가 끝나기 때문이다"라는 프란츠 카프카의 인용문과 더불어, 에필로그의 다음 마지막 문장에 많은 사람들이 공감하지 않을까.

> 정말로 중요한 건 이것이다. 우리는 죽는다. 때문에 잘 살아야 한다. … 두려움과 환상에서 벗어나 죽음과 직접 대면하기를 바란다. 그리고 또 다시 사는 것이다.

언자부지(言者不知)

소설의 한 구절, '죽음을 통해서만 삶의 의미를 알 수 있다'(『리스본행 야간열차』)라는 말의 의미를 머리로는 이해한다고 생각한다. 흔히 '삶과 죽음은 둘이 아니요 하나일 뿐'이라고 이르거니와 이 말은 형이상학이 아니라 과학적으로도 옳은 것으로 보인다. 사람의 생명에는 산소가 필수적이지만, 산화과정에서 생기는 활성산소는 세포의 노화와 죽음으로 이끈다. 삶과 죽음의 동시적 공존이다. 삶과 죽음은 하나라는 생각은 사실의 반영이다. 그러나 이 사실의 정서적 수용은 쉽지 않다. 뇌 한쪽에서만 받아들일 뿐, 뇌 다른 쪽에서는 도저히 수용을 거부한다.

『장자』를 끌어들이자면, '죽고 사는 것은 운명이다. 밤과 아침이 늘 이어지듯이 하늘의 이치일 뿐이다. 사람으로서 어쩔 수 없는 일, 모든 사물의 모습이거늘.'(死生命也 其有夜旦之常 天也 人之有所不得與 皆物之情也). 그렇다면 죽음은 '매달림에서 풀려나는 것'(縣解)일 뿐이다.

노자 『도덕경』은 '아는 사람은 말하지 않으며, 말하는 사람은 아지 못한다'(知者不言 言者不知)고 이른다. 공자는 죽음을 모른다고 했고, 석가모니도 우주가 영원한지 아닌지의 물음에 침묵하셨다고 하지 않는가. 또한 『장자』에는 이런 구절이 보인다. '우리가 모른다고 생각하는 것이 사실은 아는 것이 아니라고 할 수 있겠는가.'(庸詎知吾所謂不知之非知邪). 곧 '모른다고 생각하는 것이 아는 것일 수 있다.'

사람으로서 어쩔 수 없는 것은 따지지 말고 말도 삼가야 할 것이건만 …

– "사람이 죽을 때의 모습은 살아온 모습과 같다." 40년간 병자를 돌봐온 예수회 수사의 술회. 『禪과 聖書』, 門脇佳吉. –

사모곡(思母曲)

"10, 18日
오늘은 몸이 안조와 쉬고 잇다
너무 오래사라 죄인 기분이다. 마음대로 안되나?
눈은 란시, 손도 글씨를 못쓰겟다 신문과 책으로 지낸다
세명이 빨리 결혼하게 매일 저녁 기도하는데 잘 갈줄 밋는다
하나님께 열심이 기도하여라
글씨를 이러케 힘들게 쓰니 억찌로 써본다
그래도 용기를 내어쓴다"

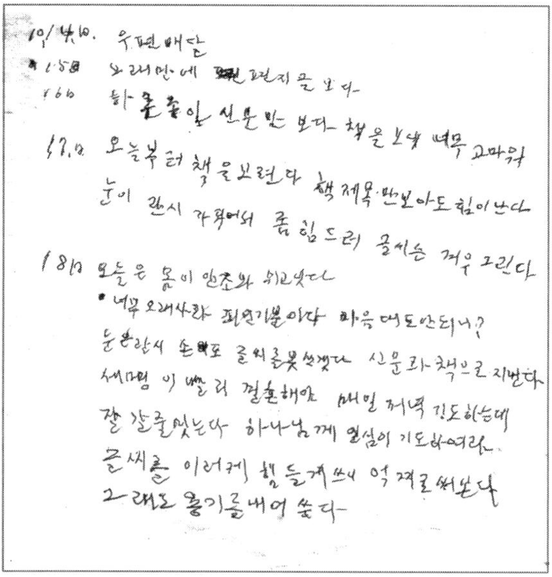
10/14日. 우편배달
15日 오래만에 편지를 보다
16日 하루종일 신문만 보다 책을 보내 너무 고마워
17日 오늘부터 책을 보련다 책 제목만 보아도 힘이 난다
눈이 란시 가려워서 좀 힘드러 글씨는 겨우 그린다
18日 오늘은 몸이 안조와 쉬고 잇다
너무 오래사라 죄인기분이다 마음대도 안되나?
눈은 란시 손도 글씨를 못쓰겟다 신문과 책으로 지낸다
세명이 빨리 결혼해야 매일 저녁 기도하는데
잘 갈줄 밋는다 하나님께 열심이 기도하여라
글씨를 이러케 힘들게 쓰니 억지로 써본다
그래도 용기를 내어 쓴다

어머니의 말년 일기.

저희 어머니 고 사금자(史錦子) 권사(1921.음력 9.27. – 2015.3.3.)의 어느 날 일기입니다. 아마도 2010년 전후가 아닐까 추정해봅니다. 어머니 말년 언젠가, 이제는 유품이 된 어머니 짐 보따리를 정리하다 발견했습니다. 몹시 흔들린 글씨였지요. 어머니는 본래 달필이었습니다. 특히 흘려 쓰는 한자 펜글씨가 한눈에 보아도 좋았습니다. 요즘엔 보기 힘든 글씨입니다.

어머니 글씨 얘기를 하자니 생각납니다. 어머니는 일제시대에 만주 용정(龍井, 룽징)에서 살았습니다. 같은 시기, 경동교회의 고 강원룡(姜元龍) 목사님이 사셨던 곳이고, 『하늘과 바람과 별과 시』의 시인 윤동주가 다니던 학교도 거기에 있어 꽤 알려진 곳입니다. 박경리의 『토지』에도 등장하는 북간도의 소도시지요. 어머니는 함경남도 원산 태생으로 그곳의 미션스쿨 '루씨(樓氏)여고'에 다니다가 용정으로 이사했고, 용정의 '광명고녀'(光明高女)를 졸업했습니다. 졸업 후 은행에 2년가량 다니다가 결혼으로 그만 두었습니다. 당시 이야기 한 토막입니다. 은행 지점장에게 사표를 냈더니 되돌려 주더랍니다. "사표는 자필로 쓰는 것"이라는 말과 함께. 스물도 안 된 젊은 처녀의 글씨라고는 미처 생각 못했던 것이지요.

이 글을 더 잇기 전에 제 이야기를 한 가지 하겠습니다. 제가 처음 경동교회에 나온 것은 꼭 50년 전, 고등학교 3학년 때입니다. 대학입시를 앞두고 불안해하는 저를 어머니가 이끌고 나온 것입니다. 그때 강원룡 목사님의 설교 모습이 지금도 눈에 선합니다. 경탄했던 기억과 함께. 그 후 제 결혼식을 경동교회에서 강목사님 모시고 했던 일도 물론 생생합니다. 지금까지도 자랑스럽고 감사하게 생각합니다. 이후 꽤 나이 들어 개종(?)해 가톨릭 영세를 받았습니다. 지금은 냉담자 상태입니다. 그러니 이 지면을 차지할 자격이 있는지 모르겠습니다. 어머니로부터 다시 교회에 나가라는 말씀을 수차례 듣고도 이 모양입니다. 다만 전통적으로 경동교회는 열린 믿음의 자세를 가져왔다는 점에 기대어, 무릅쓰고 이 글을 쓰고 있습니다.

앞서 용정 얘기를 했으니 이런 에피소드를 꺼내지 않을 수 없습니다. 15년 전인 2000년 7월말, 연변(延邊, 옌볜) 여행 때의 일입니다. 그곳 연변 과학기술대학에 강연 차 갔습니다. 돌아오기 전에 용정에 들렀습니다. 자동차로 한 시간 가량의 거리입니다. 자라나면서 수없이 어머니에게서 들었던 그 용정에 가는 길, 얼마나 설레었는지요. 사실 강연보다는 용정 방문이 더 큰 목적이었습니다.

일제 때 있었던 여러 중학교들이 지금은 '용정중학'이라는 이름으로 통합돼 있었습니다. 교문을 들어서자 오른쪽에 이층짜리 허름한 잿빛 기념관이 눈에 들어왔습니다. 기념관이라야 당시의 학교 별로 칸막이를 하고 사진 여러 장을 붙여 놓은 데 불과했지만, 어머니가 다녔던 광명여고 칸을 발견하자 가슴이 쿵당거렸습니다. 거기에서 특별한 것은 보지 못했습니다. 그 옆을 보니 같은 이름의 '광명중학' 칸이 있더군요. 그 벽면에 붙어 있던 몇 장의 사진을 들여다보던 제 시선은 한 장의 사진에 멈췄습니다. 아! 이것은! 박박 깎은 머리에 탁구선수 운동복 차림, 우승패를 안고 동료선수 한 명과 나란히 무릎 굽혀 앉은 낯익은 모습. 분명 어머니의 방, 오래된 사진틀에서 보았던 외숙(外叔)의 얼굴이었습니다. 저는 누렇게 빛바랜 그 사진을 사진 찍었습니다. 그 해 봄까지만 해도 어머니는 저의 연변행에 동행할 생각이었지만 지병 악화로 포기할 수밖에 없었지요. 그 사진 찍은 사진 한 장이 어머니에게 얼마나 위안이 됐는지는 알지 못합니다. 요즘 영화 <국제시장>이 많은 사람을 울렸지만, 6.25 한국동란 부산 피난 시에 국제시장에 큰 불이 일어났습니다. 제 뇌리에도 아직 그때의 시뻘겋던 불길이 선명하게 남아 있지요. 그 밤, 북쪽에서 가져온 사진은 다 타버리고 남은 거라곤 외숙 사진 한 장, 그리고 훗날 우연히 남에게서 받은, 외할머니 얼굴이 담긴 단체사진 한 장뿐입니다. 어머니는 친정식구들을 모두 북에 두고 아버지와 함께 달랑 한 가족만 남쪽으로 넘어왔습니다. 1948년 가을의 일입니다.

월남 당시의 얘기를 아주 짧게나마 해야겠습니다. 이미 3.8선에 북쪽 인민군과 남쪽 국방군이 대치하던 때였습니다. 함경북도 청진에서부터 오징어 등짐 장수로 위장해 원산을 거쳐, 지금은 남쪽 땅이 된 접경 마을 연천에 도착했습니다. 민가에 숙박하며 남쪽 가는 길 안내꾼을 찾았습니다. 수시로 나오는 검속 때문에 낮에는 부모님 모두 산속으로 피신했지요. 당시 여덟살이던 제 형님은 아버지 어머니가 무슨 잘못을 했기에 저렇게 숨는가, 무섭고 슬퍼서 울었답니다. 경계가 느슨해지기를 기다려, 초가을비가 부슬거리던 어느 날 저녁, 안내꾼이 말했습니다. '오늘 떠납시다.' 기다리다 못한 나머지, 먼저 길 떠났던 옆집 사람들은 붙잡혀 끌려간 며칠 후였습니다. 저를 업은 어머니가 산길에 발을 헛디뎌 절룩거렸습니다. 그래서는 못 넘어간다며 안내꾼이 험한 지름길을 택했습니다. 천우신조(天佑神助)랄까, 돌부리에 넘어지고 미끄러져도 어머니 등에 업힌 제가 그날따라 울지 않고 자더랍니다. 애기 울음을 막으려다 질식시킨 예가 드물지 않았던 시절이었습니다. 그렇게 나무뿌리를 붙잡으며 한탄강 비탈을 내려왔습니다. 어둠 속에 안내꾼이 강건너 쪽으로 손전등을 반짝이자, 작은 배가 조용히 물살을 갈라 건너왔습니다. 그렇게 강을 건너고 걷고 또 걸었습니다. 동이 틀 무렵, 안내꾼이 말했습니다. '이제 남쪽이요.' 그 말을 듣자 어머니는 맥이 풀려 더는 못 걷겠더랍니다. 고무신은 다 어디 가고 퉁퉁 부은 맨발에 버선목만 걸려 있었습니다. 제 돌날이었고 그때 어머니 나이 27세였습니다.

어려서부터 족히 백번은 들었을 스토리입니다. 오늘을 사는 노년치고 이같은 가족사 정도야 없는 집이 없겠지요. 그렇더라도 이런 이야기를 그저 '행운'이란 한마디 말로 넘길 수 있을까요. 저처럼 '길 잃은 어린 양 한 마리'조차 하느님이 역사하신 '기적'이라고 말하고 싶습니다.

어머니에게서 성경 말씀이나 기독교에 관한 이야기를 들은 기억은 많지 않지만, 여러 차례 반복해 들었던 얘기는 이것입니다. "성경 말씀이 다 맞다. 사실로서도 그렇다." 이 말씀은 어머니의 어머니, 곧 제 외할머니가 어머니에게 늘 하신 말씀이라는 것이고, 이 말씀을 어머니는 제게 여러 번 했습니다. 외할머니는 황해도 해주 출생으로 신학교를 졸업했고, 외할아버지를 만나 용정으로 이주한 후, 그곳에서 여학교 교사로 10

년 근속한 분이었습니다.

그런 외할머니, 그리고 어머니를 이어, 일곱 살 위의 형님은 다행이랄까 지금 경동교회 집사입니다. 형님 양정강 집사는 스스로 믿음이 약하다고 말하지만 저는 그 말을 그대로 받아들이지 않습니다. 치과의사인 형님이 외국인 노동자 진료하는 모습을 보아 그렇습니다. 이 글 첫머리, 어머니 일기 중의 '세명'이는 세 살 터울 누이동생 영옥이의 막내딸입니다. 1.4후퇴 당시, 영옥이는 태어난 지 몇 달 안 된 핏덩이였습니다. 살을 에는 그해 겨울, 덮개 없는 화물차 기차 칸에서도 용케 살아남았습니다. 그때 함께 내려가던 박×× 권사님 부친께서 영옥이를 돌보았습니다. 우리 식구에게는 은인이시지요. 세명이는 얼마 전 첫 딸을 낳았습니다. 기적은 계속되고 있다고 말해도 되겠습니까.

저희 삼남매를 이렇게 키우시고 엿새 전 새벽, 어머니는 영면하셨습니다. 이 글을 쓰는 지금 벌써 밤 한시가 넘었군요. 어머니 일기 한 장을 또 옮기며 이 글을 맺겠습니다.

> "17日 ?
> 지금 쉬고 잇다가 겨우 한 자 쓴다
> 하루하루 지내는 것이 한심하다
> 생일도 그 전에는 적어두지 안고 다 알안는데 이젠 (아버지) 기일도 모르고 너이들 생일도 하나 모른다
> 생각하니 완전 바보가 되엇쓰니
> 매일 하나님께 기도하는 일
> 작년부터 기억력이 빵점이니 마음대로 못하고
> 별도리 업시 기다릴 뿐"

불효막심한 이 자식 용서하소서. 어머니, 이제는 편히 쉬시나요?
아멘.

(2015.3.10.)

말년의 어머니. 요양원 뜰에서.

못다 부른 사모곡

어머니가 노래를 부르는 모습을 본 일은 거의 없다. 어쩌다 아주 드물게 어쩔 수 없이 노래를 불러야 하는 경우에 어머니는 '푸른 하늘 은하수 …' 몇 소절만 부르셨다. – 동요 '반달'의 작곡가 윤극영은 일제 강점기 한 때 만주 용정에 살았고, 어머니가 다닌 용정의 광명여고 교사로 지낸 적이 있다. –

어머니 타계하시기 얼마 전, 요양원을 찾았을 때다. 어머니가 보이지 않았다. 목욕 중이시라고 했다. 2인실 옆 침상의 할머니가 이런 얘기를 건네준다. '어머니가 일본 노래를 부르더라구요.'

그 후 다시 요양원을 찾은 날, 2015년 1월 29일, 마침 옆 자리 할머니 침상이 비어 있었다. 나는 어머니에게 일본 노래 불러 보세요라고 얘기했다. 처음엔 그저 "…도쿄 무스메" 한 마디뿐이었다. 함께 갔던 둘째 딸이 어머니를 졸랐다. "조금 더 해보세요, 할머니~, 하나 둘 셋~." 손녀의 부탁에 서슴없이 어머니가 입을 열어 천연스레 여러 소절 노래를 불렀다. 옆으로 누우신 채. "~ ~도쿄 무스메(아가씨) ~~세마이 긴자(좁은 긴자) ~~유메노 요루(꿈의 밤)~~."

옆얼굴이 깊숙이 베개에 묻힌 채 어머니 얼굴에 잔잔히, 그러나 꽤 오래 동안 미소가 번졌다. 모처럼의 행복한 표정이었다. 70여 년 전 어느 꽃 피던 봄날을 떠올리셨을까. 어머니가 일본 노래 부르는 모습은 처음이었다. 아마도 처녀시절 유행가였으리라.

어머니는 억세면서도 수줍음이 많은 분이었다. 부산 피난 시 그 난리통에도 날 유치원에 보내신 어머니가 유치원 아이들과 함께 국군병원 위문을 갔던 날, 아이들이 노래를 부르기 전, 어머니로서는 돌발적 상황이 벌어졌다. 학부모들을 대표해 한 마디 해야 하는 처지가 된 것이다. 그 때 얼마나 당황했는지 첫 입을 뗄 때까지 진땀을 흘려야 했다고 회고하신 일이 있다. 어머니는 그러나 자식들을 위한 일이라면 아무 장애도 거리낄 것 없는 함경도 또순이 엄마였다. '38따라지' 형편에 그 별난 학교에 형님과 내가 입학한 별난 사실이야말로 그 증좌의 하나다. 누이동생도 역시 그 학교에 입학하였는데, 당시에는 집안 형편이 훨씬 좋아져 그 학교 학생들의 중간수준은 되었을 것이다.

수수께끼 같은 의문이 남는다. 어머니의 마지막 시간, 혼자서는 운신도 못하는 그 상상하기 힘든 한계상황에서 어머니는 일기 몇 글자를 쓰시느라 진력을 다하셨다. 어머니는 노년에 이르기 전, 신문은 열심히 읽으셨지만 평소 책을 유달리 가까이 한다거나 글을 즐겨 쓴다든가 하는 분은 아니었다. 그런 어머니가 왜 어째서 전혀 무기력한 요양원 침상에 누워 "이렇게 힘들게 억지로 용기를 내어 쓰려" 하였는가.

일기의 내용은 자식들과 손자손녀들을 위한 바램, 먼 나라 여행을 갔던 즐거운 추억, 그리고 당신의 자존감을 허물어뜨리는 힘든 신체적 상황을 토로하고 있다. 죽음을 앞둔 공포를 내비친다거나, 지금의 내 푸념처럼 '삶이 허무하다'라든가 따위의 허튼 소리들은 거기에 보이지 않는다.

어머니의 마지막 일기 쓰기, 아니 그저 떠오르는 생각 몇 자 쓰기는 어머니에게 무슨 뜻이었나. 노벨문학상까지 거들떠보지 않은 사르트르는 자전 『말』에서 이렇게 말했다. "글을 쓴다는 것은 나로서는 오랫동안 죽음에게, 가면을 쓴 종교에게 내 인생을 우연에서 구출해 달라고 부탁하는 일이었다." 내 어머니의 일기쓰기와 사르트르의 글쓰기는 얼마나 다른가. 아니, 사르트르의 글쓰기가 어머니의 일기쓰기만큼 절실하였을까.

글쓰기가 공황장애 치료효과를 지닌다는 말을 들은 적이 있다. 어머니의 글쓰기는 끝까지 자존을 잃지 않으려는 간절한 염원의 표출이 아니었을까. 그리고 그것은 바로 글쓰기의 순수 원형이 아닌가. 지금의 내가 공연히 승강이하고 있는 '글짓기'가 아니라, 보석 원석 같은 순정한 '글쓰기', 아무리 몸이 힘들어도 인간 존엄성을 결코 놓지 않으려는 마지막 몸짓으로서의 글쓰기가 아니었을까.

나를 키운 8할 가까이는 어머니이거니와, 한 가닥 회한이 짙게 남아 떨치기 힘들다. 한 대학교수가 쓴 <엄마의 마지막 말들>에 이런 대목이 나온다. "나는 임종이 가까워졌다 여겨 엄마에게 마지막 작별 인사를 해야겠다고 생각했다. 그래서 엄마의 귀에 대고 '엄마! 다음 세상에서 또 만나요!'"라고 말했다. 엄마는 이 말을 알아들으셨는지 갑자기 '어어어' 하는 소리를 내셨다. 내 눈에서는 눈물이 하염없이 흘렀다. 나는 또 엄마 귀에 대고 이리 말씀 드렸다. '엄마 덕분에 이 세상에 태어나 학자가 됐어요. 엄마, 감사해요. 다 엄마 덕분이에요. 엄마, 정말 감사해요.' … " 사흘 후 그 교수의 어머니는 세상을 떠났고, 눈을 감기 전 아들을 쳐다보셨다고 한다. 나에게는 이런 대화와 마지막 장면이 없었다.

어머니를 만나러 요양원에 가는 날은 늘 온종일 마음이 갈피를 못 잡았다. 아내와 같이 가는 날은 조금 덜했지만, 혼자 가는 날은 달랐다. 출입문에 들어서 슬리퍼로 갈아 신을 때부터 다른 공기가 스며든다. 나무 계단을 올라 이층에 오르면 다른 세상의 광경이 나타난다. 넓지도 좁지도 않은 홀의 텔레비전 앞, 의자 여기저기 흐릿한 눈길의 할머니 몇 분이 앉아 있다. 창밖을 멍하니 바라보는 분도 계시고 간혹 요양원 직원과 얘기를 나누는 할머니도 보인다.

어머니가 계신 방으로 들어서기 전부터 심장의 고동이 약간 빨라지기 시작한다. 말년에 가까우면서 어머니는 거의 언제나 눈을 감고 누워 계신 모습이었다. 환자복 같은 실내복 소매 밖으로 나온 어머니 팔목을 가만히 잡는다. 약간의 한기가 섞인 감촉에 마음이 서늘해진다. 눈을 뜬 어머니는 잠시 놀라고 반가운 표정을 짓는다. '어떠세요.' 나의 첫 마디 후 대개는 날씨 얘기가 따른다. 어머니가 내게 여러 번 건넨 말씀은 '방학 했니?'였다. 관직에 몸담고 있을 적에도 같은 물음이었다. 몇 마디가 오간 후 얼마 안 지나 대화가 멈춘다. 휠체어를 밀어 바깥바람을 쐬기도 하지만, 날씨가 따라주어야 한다.

침묵이 길어지면 어머니가 입을 떼신다. '그만 가봐라. 바쁜데.' 이때부터의 내 마음의 상태를 무슨 말로도 표현하기 어렵다. 적절한 단어를 찾을 수 없다. 둘째 딸이 옆에 있었으면 하는 생각이 일기도 했다. 나를 닮아 말이 별로 없는 첫째 딸과 달리, 둘째 딸은 할머니 앞에서 유치원 학생 재롱처럼 분위기를 만든다. 한 시간 가까이 지나면 가장 힘든 순간이 온다. 용기를 내어 자리에서 일어선다. 휠체어를 끌고 홀을 지나 출입문을 나서기 전, 어머니에게 '작별' 인사를 건넨다. 그때 어머니의 얼굴은 늘 미소를 머금지만 어떤 때는 어쩔 줄 모르는 듯 안타까운 표정을 잠시 비친 적도 있다. 출입문을 나설 때의 내 심경은 한결같지 않았다. 모처럼 다리를 주물러드린 날은 나올 때 한결 마음이 가뿐했다.

효자의 기준은 무엇일까. 그 첫째는 부모님 마지막 가시는 길을 자택에서 모셨는가 아니면 요양원에서인가에 있다. 나로서는 확고한 생각이며, 내가 불효자일 수밖에 없는 까닭이다. 변명꺼리가 없는 것은 아니지만 변명일 뿐이다. 어머니가 요양원에 적응하는 과정은 힘들었다. 처음에는 두어 달이 못되어 사시던 집으로 되돌아오셨다. 하반신 불수여서 혼자서는 꼼짝 못하는 터라 상주하는 개인 간병인을 두었지만, 성격이 강한 어머니는 간병인과 편하게 지내지 못했다. 간병인이 몇 차례 바뀌는 우여곡절을 거쳐 어머니는 요양원 행을 감수하였다.

어머니가 계시던 서울 근교 아늑한 곳의 그 요양원은 아담하고 좋았다. 원장 선생은 명문대학 간호학과 출신의 실력과 인품을 지니신 분이었고 모범적 운영을 눈으로 확인할 수 있었다. 어머니가 돌아가시던 새벽, 나보다 먼저 눈물을 흘린 사람은 간병인 아주머니였다. – 요즈음 쓰이는 요양보호사라는 호칭에는 전문직업인의 의미가 짙다. 그 요양원에서는 '여사님'이라고 불렀다. 처음엔 좀 어색할 수밖에 없었지만, 지혜가 담긴 내부용 공식호칭이었다. –

한 가지 마음에 차지 않았던 점은 어머니 생일날 고깔을 머리에 씌우는 그곳의 '배려'였다. 축하의 뜻이었지만 그 유치원생 같은 모습에 나는 결코 즐겁지 않았다. 어머니가 그냥 쓰고 계시기에 아무 말 안 했지만, 어머니는 90이 넘은 존중받아 마땅한 노인이지 어린애가 아니지 않은가라는 생각이었다. 다만 알록달록 반짝이는 원추 모양의 그 고깔 쓴 어머니 모습이 싫지 않았던 적이 한 차례 있었다. 생일날에는 햇볕이 환히 드는, 높은 천정이 시원한 별실 마루에서 조촐한 생일 축하 모임을 가졌다. 여사님들이 축하노래도 불러주었고 떡과 과일과 과자도 다채롭게 쌓아 올렸다. 2014년 가을 그 어머니 생일날은 특별했다. 아내가 따로 비용을 더 들여 준비한 성대한 생일잔치였다. 금빛 은빛으로 빛나는 고깔 쓴 어머니 모습이 목에 두른 실크머플러와 어울려 아름답게 보였다. 우리 가족 모두는 어머니 곁에서 생일축하 노래를 불렀다. 어머니의 마지막 생일잔칫날이 되는 줄도 모른 채.

어머니가 안 계신 그 요양원에 형님과 함께 다시 찾아 간 적도 있다. 원장님과 여사님을 만나 감사의 인사를 드렸다. 지금도 그 요양원에 감사하고 있다. 그럼에도 불구하고 마지막 한 달만이라도, 아니 며칠만이라도 어떻게든 집에서 모시지 못한 회한은 남아 있다. 씻지 못할 죄목이다. 불효자들이 언제나 그렇듯, 다 지난 뒤에 이 무슨 멍청하고 고약한 참회란 말인가.

– 한국인 열에 하나만이 집에서 임종한다. 노인 열에 아홉은 사망 전 평균 707일을 요양병원이나 요양원에서 지낸다고 한다. 누구나 자신이 살던 집에서의 최후를 원한다. 이것이 가능하려면 공공 방문진료제가 필요하건만, 방문진료를 지원하는 의사를 찾기 어렵다고 한다. –

어머니가 남기신 마지막 유품, 일기 종이장들을 다시 들추어 본다. 글씨 한 글자를 쓰는 데 얼마나 손가락이 흔들리고 흔들리면 이런 글씨 모양이 나오는가. 흔들린 글씨들은 줄을 맞추지 못한다. 글줄들이 언덕에서 굴러내리듯 기울어 흘러내리고 있다. 90여 년 인생여로 마지막 순간, 혼신을 다한 영혼의 숙연한 흔적.

아직도 수수께끼는 확연히 풀리지 않는다. 그 흔적들은 침묵하고 있지만, 흔들리는 글줄의 행간에서 나는 읽는다. '삶이 허무하다는 허튼 소리, 다신 입에 올리지 말거라.' 그리고 또 한 말씀, '범사(凡事)에 감사하라. 항상 기뻐하라.' – 이 성경 구절은 부모님 묘비에 새겨져 있다. 오래 전 아버지가 돌아가셨을 때 어머니 뜻에 따라 묘석 측면에 새겨 넣었다. 지금 어머니는 그 비석 뒤에 아버지와 함께 계신다. –

새삼스레 넋두리하듯 사모곡을 읊조리고 있는 건 어머니 향한 사랑이 깊어서가 아니다. 불효의 회한이 깊기 때문이다.

2015년 3월 이른 봄 새벽, 어머니는 영영 눈을 감으셨다. 향년 94세. 요양원 침대에 옆으로 누워 아들과 손녀 앞에서 그 옛날 푸르던 시절의 노래 한 가락을 낭랑하게 읊으신 지 한 달 후 시점이었다.

어머니, 아베 마리아.

에필로그 – 사랑의 이름으로

– 비록 나의 인생 항상 터무니없는 행운을 누렸지만, 나는 그대의 위업을 부러워한다. 오, 위대한 돈키호테여! –『돈키호테』 서두 소네트.

멋쩍은 행운

돌아보면 행운이었다. 인생에 그림자처럼 따라붙는 운은 때로 폭군이고 때론 천사이지만 나와 동행한 운은 폭군은 아니었다. '운이 좋았다'든가 '뜻밖이다' 따위의 술회는 곱게 들리지 않기 십상이다. 다만 무엇보다도 48년 9월 돌날의 월남행 성공은 천우신조가 아니고 무엇인가. 인생사 새옹지마임을 몇 차례 실감한 적도 있다.

은퇴 후 하산 길에 들어서며 지나온 먼 길을 뒤돌아본다. 잠시 순정했던 그 시절의 풍경은 멀리 지나온 기차역처럼 가물거린다.

철없이 꿈꾸었던, 불꽃 같은 삶은 못되었다. 인연 따라 혹은 우연을 만나 걸어온 나의 길을 두고 이제 탓할 것은 없다. 모두가 불꽃이면 세상은 재로 뒤덮이리라. 다만, 세상을 얼마나 이롭게 했는가라고 묻는다면, 넘치는 행운을 누렸음이 멋쩍을 뿐이다.

되짚어본다. 어려움이 없지 않았으되 감당할 만한 것이었고, 누려온 행운에 비할 바는 아니다. 받은 복에 비해 베푼 것이 없어 부끄럽다. 받은 상처가 없지 않으나 입힌 상처에 대해 용서를 구할 뿐이다. 거듭, 감사한 나의 삶이었다.

또 하루

어느 저녁, 문득 서쪽 하늘 멀리 별을 바라본다. 지금 저 별을 보고 느끼며 생각하는 생명이란 얼마나 신비로운가. 그 생명의 시간이 우주적 시간에 비추어 눈 깜짝할 순간에 그치더라도. 얼마나 신비스런 허무인가.

삶의 긍정이 꼭 신앙이 아니라도 가능하다면 그 바탕은 무엇일까. 자신과 이웃에 대한 사랑의 힘이 아닌가. 사랑의 뿌리가 유전자의 명령이든 아니든, 사랑이라는 이름의 삶의 추동력에 순종하면서 남은 길을 걸어갈 뿐이다. 모름지기 감사한 마음으로. 그 길 끝에서 맞는 영원한 안식은 자연의 이치일 뿐이리라. 본시 내가 없었으니 다시 그 빈자리로 되돌아갈 뿐. 우주 속 나의 시공간적 자리를 깊이 새기고 나면 훨씬 심신이 가벼워지리라. 아상(我相)을 떨쳐내고 '존재론적 하심'을 지녀야 하리라. 이를테면 그렇다는 것이다.

창백하게 푸른 작은 별 위, 길고도 터무니없이 짧은 삶. 사람 생명의 뿌리인 에너지는 사랑의 에너지렷다. 생명의 불꽃이 꺼지는 순간, 그 사랑 에너지는 어디로 가는가. 사랑했던 사람들의 기억을 안고 슬며시 웃음 지으며 저 멀리 밤하늘의 안드로메다 성운(星雲) 속으로 헤엄쳐 올라가지 않을까. 그저 허언(虛言)일 뿐일까.

이제는 그만 묻기로 한다. 삶이 무엇인지, 저 베일 너머에 무엇이 실재하는지를 더 이상 묻지 않기로 한다. 묻고 답하고, 다시 또 묻고 답하는 무한궤도에서 이탈하기로 한다. 그저 겪어 나갈 뿐이다. 어머니 마지막 일기장의 흔들린 글씨들 행간이 일러주듯이 그저 흔들리며 걸어갈 뿐이다. 걸을 수 있을 때까지.

아침에 일어나 창문을 연다. 반짝이는 햇살, 푸른 하늘, 멀리 가까이 연이은 산봉우리들, 창밖의 느티나무와 소나무, 산등성이에 빽빽한 갈참나무들. 다시 읊조린다. 어제까지는 내일을 살아왔지만, 이제는 오늘을 산다. 또 하루다. 밝은 햇살 아래 맑은 바람을 마시고 싶다.

은퇴 후, 북한산성 길목에서.

후기

2013년 초가을, 하산 길에 들어섰다. 38년간의 교직생활과 4년의 관직생활을 마무리했다. 만 66세, 어정쩡한 나이였다. 나는 칩거를 택했다. 관직의 끝이 조용하지 못했던 탓이기도 했다. 임시거처로 여긴 북한산 기슭에서 소요한 지도 어느덧 십 년 세월이다. 수명이 늘었다 해도 70대 중반이면 노년이다. 어쩔 수없이 지나온 날들을 뒤돌아본다.

어떤 이름난 소설가가 자서전 출간 후 밝힌 소감 한마디가 기억에 남아 있다. '오장육부가 다 빠져나간 것 같다.' 출판사에서 보내온 편집본 1부를 받아 읽으면서 나는 돌연 걷잡을 수 없는 감정에 휩쓸렸다. 미묘하게 처연한 심경이었다. 이런 걸 써 뭣하나, 라는 생각에 한참 힘들었다. 노년은 쉽지 않다. 대책이라면 오직 하심과 감사의 마음가짐이리라.

이 책 대부분은 지극히 사사로운 삶의 이야기다. 어떤 47년생의 작은 기록일 뿐, 각별하달 것은 없지만 누구에게나 자신이 지나온 삶은 소중하다. 감상적 소회를 날것대로 드러내지 않으려 유념했지만 쉽지 않았다. 털어내려 할수록 갑절로 되살아나는 감상을 어쩔 수 없어서 손 놓아버렸다. 겪지 않고선 알기 힘들 것이다. 세 대목에서 특히 그랬다. 1948년 9월의 일가족 월남(越南) 이야기, 동숭동 그 시절 이야기, 그리고 어머니!

여기 실린 글들에는 지난날의 나와의 대화록, 그리고 내가 사랑하는 분들과 내게 사랑을 베풀어 주신 분들께 띄우는 감사의 편지 묶음이 담겨 있다. 혹 낯선 분들이 읽는다면 그 또한 반갑고 고마울 것이다. 글을 쓰면서 후세대와 후손들을 염두에 두기도 하였다. 불민한 동생을 널리 이해하여 주시는 형님 내외분께 감사드린다. 초고를 읽은 누이동생이 좋은 의견을 주었다. 저자의 뜬금없는 변덕을 감내해주신 백산서당 김철미 대표께 감사의 마음을 전한다.

2022년 환란 속의 초여름

북한산 향로봉 기슭에서

양 건

하산 길
양건 문집

초판 제1쇄 펴낸날 : 2022. 8. 10.

지은이 : 양　　건

펴낸이 : 김 철 미

펴낸곳 : 백산서당

등록 : 제10-42(1979.12.29)

주소 : 서울 은평구 통일로 885(갈현동, 준빌딩 3층)

전화 : 02)2268-0012(代)

팩스 : 02)2268-0048

이메일 : bshj@chol.com

값 35,000원

ISBN 978-89-7327-844-2 03300